高 中 数 学 名 师 工 作 室 系 列 丛 书

基于培育数学核心素养的行动：解题课例研析

Actions Based on the Cultivation of Core Literacy for Mathematics Teaching: The Analysis of Teaching Cases

主　编　杨孝斌　吴万辉　吕传汉

副主编　周国利　卢焱尧　袁景涛

华东师范大学出版社

丛书编委会

主　任　潘建春

副主任　刘肇军　蔡志坚　吕传汉

编　委　（按姓氏笔画为序）

叶明亮　冉源懋　任明勇　刘　芸　刘隆华

李以盛　杨跃鸣　汪　际　张佩玲　张学杰

陈　炬　郁　军　罗闲贤　周玉林　赵　敏

洪　莺　袁　松　袁开祥　夏小刚　湛　芬

游泰杰　谢　笠

本书编委会

顾　问　吕传汉　任子朝　王尚志　章建跃　宋宝和

刘祖希　项　昭　刘隆华　张晓斌　朱　龙

主　编　杨孝斌　吴万辉　吕传汉

副主编　周国利　卢焱尧　袁景涛

编　委　石小康　余　红　刘友军　李大林　李仕魁

李时建　李明健　杨汉军　吴丹丹　覃义超

曾　旭　宋　薇　夏小刚

内容提要

本书的解题教学课例选取了有代表性的数学高考试题，解法则集数学教学名师、教研员、命题专家和数学解题爱好者的智慧而成。每个解题教学课例从一道典型的数学高考试题开始，以“一题多解”“一题多变”“一题多说”环节为主线，对高考试题进行了全方位、多角度的解剖，探“源”觅“流”，从而构成“一题一课”。课例还包括学生“学习体验”、教师“教学反思”、师生“一题一诗”等环节，让学生在教师的引导下，通过积极的思考、交流、表达获得学习体验，促进数学核心素养的提升；让教师在与学生的合作中，通过有效的预设、生成、反思获得教学经验，促进数学教学素养的提升。

“一题一课”解题教学课例既促进了学生对数学的基础知识和基本技能的理解和掌握，又能让学生思考、体验数学的基本思想方法，增长数学的基本活动经验。

Executive Summary

The teaching cases in this book collect some representational test problems of college entrance examinations and their solving methods is a crystallization of wisdom of famous mathematics teachers, instructors and researchers, experts and math lovers. Each teaching case starts with a typical test question and focuses on the omni-dimentional and multi-angle analysis of the test problems through the main lines of "different solving methods to one test problem", "changeable types of one test problems" and "multiple analysis of one test problem", seeking the source and finding the solutions, so as to constitute "one test problem one lesson". All the teaching examples also include students' learning experience and teachers' teaching reflection, end with a poem by all the teachers and students to summarize the problem. Under the guidance of teachers, the students can gain learning experience through positive thinking, communication and expression, so as to promote their mathematics core competence, while in the cooperation with the students, the teachers can gain more teaching experience and improve their mathematics teaching quality through the effective classroom presupposition, generation and reflection.

"One test problem one lesson" teaching cases can not only help students to understand and master the basic knowledge and skills of mathematics, but also to consider and experience the basic thinking methods of mathematics, so as to enrich their basic activity experience during mathematics teaching.

目录

第三篇
数列与不等式

第四篇
平面向量与解析几何

第五篇
集合与逻辑、函数与导数

第六篇
概率与统计

附录

Contents

Chapter Five
Set Theory and Logic; Function and Derivative

Chapter Six
Probability and Statistics

Appendix

总序

顾明远（中国教育学会，北京师范大学）

党的十八届三中全会提出深化教育领域综合改革，立德树人是教育的根本任务. 认真贯彻落实党的十八届三中全会的精神，就是要办好每一所学校，教好每一个学生. 要根据学生的成长规律和社会对人才的需求，把对学生德智体美全面发展总体要求和社会主义核心价值观的有关内容具体化、细化，深入回答“培养什么人、怎样培养人”的问题. 教育部《关于全面深化课程改革落实立德树人根本任务的意见》中提出研究制订各学段的学生发展核心素养体系.“核心素养”是学生在接受相应学段的教育过程中，逐步形成的适应个人终身发展和社会发展需要的必备品格和关键能力.

中国学生发展核心素养，以科学性、时代性和民族性为基本原则，以培养“全面发展的人”为核心，综合表现为“人文底蕴、科学精神、学会学习、健康生活、责任担当、实践创新”等六大素养，具体细化为“国家认同”等十八个基本要点.

核心素养的培育，是一个各学段、各学科综合性的育人过程！它以学科知识、技能为载体，以辩证思维能力训练为核心，以育人体验为重点，以为人的高尚情操为目标！——重在核心价值观的培育！

数学是古今中外自然科学体系中的基础性、工具性学科，重要地位不言而喻. 核心素养具体到数学学科，便具有了明显的学科特征，它是数学课程目标的集中体现，是在数学学习的过程中逐步形成的. 数学核心素养是具有数学基本特征的、适应个人终身发展和社会发展需要的人的思维品质与关键能力. 主要包括：数学抽象、逻辑推理、数学建模、直观想象、数学运算和数据分析. 这些数学核心素养既有独立性，又相互交融，形成一个有机整体.

其中，数学抽象是数学的基本思想，是形成理性思维的重要基础，反映了数学的本质特征，贯穿在数学产生、发展、应用的过程中，使得数学成为高度概括、表达准确、结论一般、有序多级的系统. 逻辑推理是得到数学结论、建构数学体系的重要方式，是数学严谨性的基本保证，是人们在数学活动中进行交流的基本思维品质. 数学建模搭建了数学与客观世界的桥梁，是数学应用的重要形式，是应用数学解决实际问题的基本手段，也是推动数学发展的动力. 直观想象是发现和提出问题、分析和解决问题的重要手段，是探索和形成论证思路、进行数学推理、构建抽象结构的思维基础. 数学运算是解决数学问题的基本手段，是一种演绎推理，是计算机解决问题的基础. 数据分析是研究随机现象的重要数学技术，是大数据时代数学应用的主要方法，也是“互联网＋”等领域的主要数学方法，已经深入到科学、技术、工程和现代社会生活的各个方面.

课程是教育改革的核心，而课堂教学又是课程实施的主渠道. 在当前的新形势下，旨在培育学生数学核心素养的中小学数学教育应该如何改革？在数学教育不同阶段中，教师如何培育学生核心素养？都是值得深入研究的问题.

2014 年 1 月，贵州师范大学吕传汉教授提出在数学教学中教思考、教体验、教表达(简称“三教”)的教育理念，用“三教”引领“创设数学情境与提出数学问题”教学，培育学生的核心素养.

教思考，让学生会用数学的眼光观察世界，注重数学抽象和直观想象核心素养的培养. 从小学生开始，就要诱导学生，在学习中不断发现问题、提出问题、分析问题和解决问题. 学生自己发现和提出问题是创新的基础；独立思考、学会思考是创新的核心；归纳概括得到猜想和规律，并加以验证，是创新的重要方法.

教体验，让学生会用数学的思维分析世界，注重逻辑推理和数学运算核心素养的培养. 数学教师在教学中不能单纯地讲数学或让学生练习数学题，而是应引导学生在“做数学”中学习数学. 在不同的阶段，都要重视教学生“做数学”，引导学生在“做数学”中，发展、积淀个性化的素养，让每个学生都得到相应的发展.

教表达，让学生会用数学的语言表达世界，注重数学建模和数据分析核心素养的培养. 最终达到培育学生数学核心素养的目的. 教表达的主要途径是鼓励学生“说数学”，就是在数学教学中，鼓励学生叙述参与数学活动的思维过程、发表对数学问题的理解与看法、提出数学学习中的疑难与困惑、交流数学学习的体验与感悟等的师生或生生之间的交流活动. 表达是一种十分重要的软能力，引导儿童学会表达，让儿童在生生互动、师生互动中产生思维碰撞，在表达中倾听，在倾听中交流，在交流中思考，促进儿童知识学习的加深理解，增长智慧，获得体验，积淀素养.

在“三教”理念指导下，数学教育教学可以根据学生不同阶段的认知特征，通过教会学生“想数学”、引导学生“做数学”、鼓励学生“说数学”，以促进学生核心素养的发展.

为了培育中小学学生的核心素养，教学改革的重心要实现由研究以教为主向研究以学为主的转变. 教育改革的关键在观念改变，教师转变教育观念，就是用学生发展的思维代替以考试成绩为标准的思维，用相信学生能力的思维代替教师权威的思维，真正做到以学生为主体. 为此，务必要以培养学生核心素养为“抓手”，促进创新人才成长. 基于此目的，贵州师范大学数学科学学院自 2014 年以来，组织国内数学教育专家、学者以及城乡中小学骨干教师，开展了“三教”引领中小学数学教育培育学生核心素养的教学实验. 他们在城乡教学实验研究中，取得了较好的初步成果，并在此基础上编写出《“三教”引领中小学数学教育培育核心素养探究》等贵州省名师工作室系列丛书，旨在当前我国全面深化课程改革阶段，进行以培育学生核心素养为目标的、用“三教”教育理念引领中小学数学教育的实践探索和理论研究.

进入 21 世纪，全世界主要国家和国际组织纷纷提出基于核心素养的教育变革，这意味着世界教育将开启一个新的时代. 中国学生发展核心素养体系也于 2016 年 9 月正式公布. 这意味着中国教育的核心素养时代已经开启，中国教育与世界教育共同站在了核心素养时代的起跑线上. 这次新的起跑，对中国发展和中华民族伟大复兴具有历史性意义. 站在这个时代的开端，我们不能落后，必须一同起跑.

愿贵州省名师工作室系列丛书成为当前国内一线中小学数学教师更新教育观念、提升素质教育水平、深入探索核心素养培育策略、促进国家创新人才培养的参考用书.

2017 年 6 月 15 日

序言

王建磐(华东师范大学)

贵州省智库专家吕传汉教授工作坊团队的作品《基于培育数学核心素养的行动:解题课例研析》出版在即,邀我写一篇序.鉴于吕教授所引领的智库专家工作坊的各位成员和学员对数学教育的热爱和兴趣,我盛情难却,答应写一些体会.

作为一名理论与实践相结合的数学教育家,吕传汉教授取得了丰富的研究成果:跨文化数学教育研究、"情境—问题"教育研究、"三教"教育理念,且依思之所至、情之所在、育之所需而施之.近年来,吕教授又提出了"长见识、悟道理"的教学思考,旨在通过"五个一"的教学实践,即"一题一课""一题多解""一题多变""一题多说""一题一诗",引导学生关注数学知识内涵、发展脉络、逻辑体系的学习,激发学生数学的学习兴趣,有效地促进了学生数学素养与数学思维的培育.

吕传汉教授智库专家工作坊的数学教育研究实践,由贵州省教育学会数学教学专业委员会与贵州师范大学基础教育师资培训中心负责组织,贵州省高中数学名师工作室、贵州省示范性普通高中为活动的主要载体,聚集了项昭、周国利、吴万辉、杨孝斌、刘隆华、卢焱尧、袁景涛、余红、石小康、李明健、李时建等高校和高中的数学教育名师共同参与,为贵州省高中数学教师提供了一个研修和展示的平台.其中,"基于培育数学核心素养的行动:解题课例研析"研究活动已在贵州省开展了十余次,每次活动内涵丰富、思考深刻,极大地推动了贵州省高中数学教育的行动研究,形成了包含"一题多解""一题多变""一题多说""一题一诗"等教学环节、具有"长见识、悟道理"鲜明特征的"一题一课"教学模式和教学风格.

下面谈谈我的一些感悟.

一、一题一课,探源觅流

本书的解题教学课例,集贵州省数学教学名师、教研员、命题专家和数学解题爱好者的智慧,选取有代表性的高考试题和解法汇聚而成.每个课例从一道典型高考试题开始,以"一题多解""一题多变""一题多说"环节为主线,对高考试题进行全方位、多角度解剖,探"源"觅"流",从而构成"一题一课"."一题一课"还包括学生"学习体验"、教师"教学反思"等环节,让学生在教师的引导下,通过积极思考、交流、表达获得学习体验,促进数学核心素养的提升;让教师在与学生的合作中,通过有效预设、生成、反思获得教学经验,促进数学教学素养的提升.

"一题一课"解题教学课例,既让学生理解、掌握数学的知识和技能,也让学生思考、体验数学的思想和方法;既使学生在解题活动中增长数学经验,也使学生在解题探索中提升思辨能力.

二、一题三思，长识悟道

2018年5月2日，习近平总书记在北京大学师生座谈会上作了重要讲话，习总书记强调："要求真，求真学问，练真本领.'玉不琢，不成器；人不学，不知道'.知识是每个人成才的基石，在学习阶段一定要把基石打深和打牢.学习就必须求真学问，求真理、悟道理、明事理，不能满足于碎片化的信息、快餐化的知识.要通过学习知识，掌握事物发展规律，通晓天下道理，丰富学识，增长见识."

解题教学课例研究，倡导数学教师在教学实践过程，实践教思考、教体验、教表达的"三教"教学理念，以培育学生数学核心素养、引领学生"长见识、悟道理"为教学目的，展现自己的教学思考和教学主张，形成自己的教学风格.

解题教学课例研究，其核心是"一题三思"(一思多解、二思多变、三思多说)教学实践，它是学生"长见识、悟道理"的基础."一题三思"通过"一题多解"帮助学生理解数学内容的本质和联系，提升解决数学问题的能力和思辨能力，学会用数学的思维思考世界的规律性，从而培育学生的逻辑推理、数学运算等学科核心素养."一题三思"通过"一题多变"变式思维训练，在教师精心设计的教学活动中，引导学生体验数学试题的变化过程，学会用数学的眼光观察世界的本质性，从而培育学生的直观想象、数学抽象等数学学科核心素养."一题三思"通过"一题多说"(包括参与课例最后"一题一诗"的创作)鼓励学生进行口头表达、书面表达，学会用数学的语言阐述观点、传递思考、表达世界，从而培育学生的数学建模、数据分析等数学学科核心素养.

三、一题一诗，至臻至善

有人说"教育就是一首诗，诗的名字叫热爱".书中每一个解题课例的"一题一诗"，凝聚的是作者们的心血和智慧，彰显的是大家对数学教育的热爱和崇尚.数学教师用诗一般的语言讴歌教育、表达心声，这是"诗性伴理想同行"，是幸福、是享受，是对"诗意课堂"无限地追求和执着，是"认知"与"情感"教育的融合.从某种意义上讲，这是数学的魅力和数学思维赋予每一位教师的激情，本性如此而自然流露，不经意间我已走进了大家的"诗情画意".

我认为，教师教学水平的提升，只有通过亲身体验、实践和反思后，才会有专业成长的轨迹和印记."一题一诗"让我们深切感受到，如果没有对数学解题和教学无尽的热爱，就不可能有充沛的、不可抑制的情感，也就不可能迸发出诗和远方.远方的我，也一直在关注着大家的研究过程、关注着贵州的高中数学教育，我会和大家一起努力.

另外，翻阅大家的解题教学课例时我在思考两个问题.一方面，教育部考试中心已发布"一核、四层、四翼"高考评价体系，数学高考提出了考查学生理性思维素养和逻辑推理能力的目标."一题一课"的教学评价不是就一题谈一题、就一课谈一课，而是要关注"一题一课"在提高学生理解数学、独立思考、逻辑推理、信息加工、交流表达等方面素养的促进作用，这是大家要牢记在心并不断深入研究的课题.从关注教师的“教”到关注学生的“学”,从关注“结果”到关注“过程”,从关注“学会”到“会学”,从关注“一题”到“整体”都是课堂导向和重要变化,应该引起老师们的高度关注.另一方面,新的高中数学课程标准已经公布,根据新课标所编撰的教材启用在即.今后几年数学教学的改革必将围绕新课标的实施,在培养学生核心素养,促进学生对数学的理解、掌握和应用上做更多的尝试.高考改革也将会围绕数学核心素养,做好顶层设计、统筹谋划,突出考试内容与方法的整体设计及构建,形成更加科学、完备的高考评价体系,发挥高考的导向功能,与课程标准前后呼应,推动数学教育教学水平的提升,发挥数学学科育人的功能.在新的形势下,吕传汉教授的团队更有用武之地.希望他们在后续的教学研究中,结合新课标的实施有更深入的研究成果,为推动高中数学教育和数学高考改革奉献自己更多的才华和智慧.

华东师范大学原校长,教授

2020 年 2 月 9 日于上海

前言

——在数学解题学习中促进思辨能力发展

吕传汉(贵州师范大学)

心吕之臣杏坛驰骋奕生辉
夜郎传奇星汉神砂景善妙

今天,人类满怀豪情地跨进了一个崭新的科学技术时代.

信息技术方面,互联网与我们时时相伴、处处相随,但殊不知没有数学上的快速傅里叶变换,就没有现在的互联网,没有数学技术就没有现在的通信技术.

人工智能方面,人工智能彻底改变了人们的生活和工作,但殊不知人工智能的理论归根结底是数学上的算法,是代数分析、概率统计等数学分支学科的集成体现.

新型能源方面,风电、水电、核电等支撑着人们的幸福生活,但殊不知从发电到送电、配电,数学上的微分方程、几何学等直接发挥着理论和技术的支持作用.

先进制造方面,计算机辅助设计、3D打印、数控系统等技术越来越智能化,但殊不知这些技术的核心就是数学上的几何计算、线性方程组求解、控制理论等.

宇宙航天方面,人类天地间的来往越来越频繁、越来越快捷、越来越方便,但殊不知每一次火箭的设计制造都离不开齐奥尔科夫斯基公式,航天器的每一次飞行都离不开运筹学、方程求解、数值计算.

……

数学是自然科学的基础,也是重大技术创新发展的基础. 几乎所有的重大发现都与数学的发展和进步相关,数学已成为航空航天、国防安全、生物医药、信息资源、能源交通、海洋海事、人工智能、先进制造等领域不可或缺的重要支撑. 从这个意义而言,数学实力也正深刻地影响和决定着国家的综合实力与核心竞争力. 新时代是数学理论、数学技术的新发展和新应用时代,是数学的新时代带来了人类世界的新时代.

数学就是这么神奇!

数学就是这么伟大!

数学就是这么重要!

新时代需要数学,新时代也需要人们对待数学的态度和学习数学的目的、方式、方法与时俱进. 数学教学重在促进学生数学素养尤其是思辨能力的养成和发展.

今天,以知识为中心的学习方式已经无法满足时代发展需要,仅靠死记硬背就可以掌握的知识或技能逐渐失去价值. 我们必须转变教育观念,加快推动学习方式变革,从"学以致用"

走向“用以致学”，更加重视每个学生的学习感悟、独特体验，鼓励他们在现实情境中学会提出问题、解决问题，在解决问题中学会解决问题，在做事中学会做事，在学习中学会思考、学会学习，不断提升自己的学习能力，成为能够适应未来复杂挑战的创新型人才.

在整个数学教育体系中高中数学占有非常重要的地位，同时也发挥了重要的作用. 高中数学教学不仅是知识的基础性教育，其重点更在于培养学生的数学思维能力，进而促进学生综合能力的提升.

在高中数学学习中，要特别重视数学解题的学习. 因为我们所要学习的数学知识、思想方法等都蕴含在数学题目当中，题目是数学知识和思想方法的外在表现. 当我们面对一道数学题目或是运用数学知识去解决实际问题时，就是一个人训练和提升数学思维能力尤其是逻辑思维能力的最佳时期.

如何在数学解题学习中促进思辨能力发展？我们认为有四个方面的抓手.

一、要重视“一题多解”的解题思维训练

美国数学家、数学教育家波利亚的世界名著《怎样解题》开创了数学解题理论研究的先河，对“弄清问题”“拟定计划”“实现计划”“回顾反思”这四个解题步骤做了很好的论述和示范. “拟定计划”“实现计划”的多样性就带来了“一题多解”，在这个过程中人的思维品质和思辨能力将获得锻炼.

在学生的数学解题学习过程中，教师应留出时间和空间，鼓励、支持他们进行“一题多解”，走出“一题一法”的学习误区. 但要注意，“一题多解”并不是解题的终点，还需“多解归类”甚至“多解归一”. 也就是引导学生比较不同解题方法的优劣，提高鉴赏能力；优化解题思路和过程，提升思维品质；总结归纳解题方法，提倡通法和“多题一法”，发展思辨能力.

二、要重视“一题多变”的变式思维训练

所谓“变式”是指有目的、有计划地对命题进行合理的转化. 这种转化可以是变换问题中的条件或结论，也可以在保留问题本质的前提下对实际问题进行情境转换等. 比如某道试题是从课本上哪些知识变化出来、如何变的？题目还能如何变化？变换条件或者结论又将如何？等等.

解题变式思考的常用路径有：弱化条件，提出一般性的问题；强化条件，提出特殊性的问题；变换问题中的部分条件，从而引起问题的解的改变；保持结论或条件的结构不变，把条件中的某些已知元素变为未知元素，使得封闭题变成开放题；改变所求命题的结论，使提出的问题更趋简单或复杂；利用类比提出问题；利用命题的互逆关系提出问题；等等.

在数学解题学习过程中，常做一些“一题多解”“一题多变”的发散思维训练，定能促进思辨能力的提升.

三、要重视解题反思能力的培养

陕西师范大学罗增儒教授认为，学会数学解题的过程可分为四个阶段：一是简单模仿，二是变式练习，三是自发领悟，四是自觉分析．这是一个从被动到主动、从感性到理性、从内隐到外显的一个飞跃阶段，是一个通过已知学未知、通过分析“怎样解题”而领悟“怎样学会解题”的过程．其中，自觉分析是最高层次，在这个过程中，要常做自我反思性提问：已知的是什么？求解的是什么？基本关系是什么？哪些是通过关键问语明显给出的？哪些是条件之间关系隐蔽限定的？哪些是数学公式提供的？哪些是变动中不变量或不变性质所暗示的？等等．这些反思都起着十分关键的解题引导作用．

学生会在解题反思中不断地提出问题，是主动学习、专注思考的外显形式．能提出一个又一个高质量的数学问题更是其数学素养较高的体现．在解题过程中不断反思，提出问题、解决问题，再提出问题……养成反思的习惯将大大提升数学学习的有效性和思维的创造性．

四、要重视数学表达能力的培养

表达是一种十分重要的软能力，表达包括口头的语言表达和书面的文字表达．激发学生在生生互动、师生互动中的思维碰撞，在表达中倾听，在倾听中交流，在交流中思考，增进知识学习的深度理解，增长见识，获得体验，促进沟通能力的培养．

数学解题教学应该重视引导学生表达——“说数学”，让学生会用数学的语言表达自己的解题思路，要特别重视进行数学的三种语言——自然语言、图形语言和符号语言的转换表达．要鼓励学生敢讲话、敢追问，把自己的思考说出来，哪怕用自己原生态的、甚至有些粗糙的语言诠释对数学意义的理解．还可指导、鼓励学生课后撰写“数学学习日记”“数学小论文”等．让学生在表达、交流、写作中加深思考，感悟道理，增强学习体验．

数学表达能力的提升必然促进学生沟通能力的发展．培养学习力、创造力、沟通力是人工智能时代的教育改革大方向，也是数学解题学习培养学生能力的大方向．

基于以上认识，我们于 2016 年启动贵州省高中数学“一题一课”解题教学课例专项研究．在贵州省高中数学名师工作室的推动下，四年来开展了一系列行之有效的区域教学和校本研修活动，有主题研讨、跟岗研修、教学示范、观摩学习、经验总结、案例交流、送教下乡等多种形式．这些活动的开展，为贵州省高中学校尤其是偏远山区的学校和教师提供了共同交流的平台．每一次活动都凝结了数学教育专家张晓斌、易中建、吴万辉、周国利、杨跃鸣、刘隆华、杨孝斌、朱龙等老师的汗水和智慧．《基于培育数学核心素养的行动：解题课例研析》就是活动成果的集中体现．本书的编写还得到贵州省内十余个高中数学名师工作室的骨干教师和近二十所示范性高中的数学骨干教师的大力支持．在此一并向以上专家和老师表示衷心的感谢．

著名教育家、中国教育学会原会长、北京师范大学资深教授、博士生导师顾明远先生为贵州省名师工作室序列丛书拨冗撰写总序. 著名数学家和数学教育家、华东师范大学原校长王建磐教授,在百忙中为本书赐序. 我们特别致以衷心的感谢.

由于编著者水平有限,本书编写中的不足之处敬请读者谅解和指正. 让我们以本书的出版作为新起点,持续开展高中数学"一题一课"解题教学课例,在数学解题教学中,促进学生思辨能力的发展,努力为国家培养开拓性、创造性的人才作出应有的贡献.

贵州师范大学原副校长,教授

2020 年 2 月

第一篇

三角函数与解三角形

“解三角形”解题教学课例

——以 2017 年高考全国Ⅲ卷理科数学第 17 题为例

杨孝斌(凯里学院理学院)

题名对联

孝为根本仁义礼智信当先

斌兼文武赤黄白黑青胜蓝

一、教学设计

(一) 知识要点

正弦定理、余弦定理、勾股定理以及解三角形等.

真题再现: $\triangle ABC$ 的内角 A、B、C 的对边分别为 a、b、c,已知 $\sin A+\sqrt{3}\cos A=0$, $a=2\sqrt{7}$, $b=2$.

(Ⅰ) 求 c.

(Ⅱ) 设 D 为 BC 边上一点,且 $AD\perp AC$,求 $\triangle ABD$ 的面积.(注:原题无图)

(二) 学习背景

1. 教材分析

“解三角形”的主要内容是通过任意三角形边长和角度关系的探索,介绍正、余弦定理及简单应用.而作为高三复习的“一题一课”,更应考虑与“解三角形”有关的相关知识的综合运用.

2. 学情分析

此题可以作为学习正弦定理、余弦定理后单元复习课的例题,也可以作为高考第一轮复习的解题教学例题.解题教学过程中,要根据学生的实际情况,判断是否需要对正弦定理、余弦定理等有关知识进行适当的提示或复习,再开展“一题一课”的教学.本课例基于学生已经相对熟练地掌握了有关知识的基础上,拟采用“三教”理念与波利亚解题思想对该题进行“一题多解”的课堂教学设计.

3. 核心问题

(1) 求三角形边长的方法有哪些?

(2) 求三角形面积的方法有哪些？

（三）学习目标

1. 知识技能目标

掌握正弦定理、余弦定理、勾股定理、角的正弦(余弦、正切)的定义、特殊角的三角函数值、辅助角公式、两角和的正弦(余弦)公式、三角形面积公式、三角形中位线、平行四边形的有关性质、一元二次方程的解法等知识.

2. 长见识悟道理

让学生积累解题经验，学会充分把握问题条件蕴涵的各种信息，并综合考虑、灵活选择解题方法；特别地，在对图形的观察中，让学生体悟到充分把握整体与局部关系的重要性，并学会努力将残缺的图形补全，以便获得解决问题的简捷方法；同时让学生领悟到，在数学学习中既要关注数学学习的终结性(目标性)知识，又要关注数学学习的过程性知识.

（四）设计思路

针对每一个小问，利用波利亚的解题提示语，引导学生盯住目标、弄清条件，再提示学生有哪些方法可用，最后寻找条件和结论之间的关系，利用合适的方法解决问题. 对于每一种解法，将给出简要的评析，重在引导学生总结该类问题的解题方法；对于特殊或巧妙的解法，将加以详细的解释.

二、教学过程

（一）一题多解

1. 第(Ⅰ)问之问题分析、解法分析与教学研讨

(1) 第(Ⅰ)问之问题分析

求什么？——求 c，三角形的边长.

有什么？——a、b 已知，且有关于 A 的关系式.

有哪些方法可用？——正弦定理、余弦定理、勾股定理、面积法等.

(2) 第(Ⅰ)问之解法分析与教学研讨

解法 1：(用余弦定理)

因为 a、b 已知，且有关于 A 的关系式，由余弦定理 $a^2=b^2+c^2-2bc\cdot\cos A$ 知，欲求 c，只需求角 A.

由已知可得 $\tan A=-\sqrt{3}$，所以 $A=\dfrac{2\pi}{3}$ 或($A=120°$)，$\cos A=-\dfrac{1}{2}$.

由余弦定理 $a^2=b^2+c^2-2bc\cdot\cos A$，将 $a=2\sqrt{7}$，$b=2$，$A=\dfrac{2\pi}{3}$ 代入，可得

$28=4+c^2-2\times 2c\times\left(-\dfrac{1}{2}\right)$，整理得 $c^2+2c-24=0$，解得 $c=4$($c=-6$ 舍去).

教学研讨： ① 求角 A，方法多样. 还可以由辅助角公式、逆用两角和的正弦公式得 $\sin\left(A+\frac{\pi}{3}\right)=0$，或者逆用两角差的余弦公式得 $\cos\left(A-\frac{\pi}{6}\right)=0$. 实际教学的时候，要根据学生情况实时把控，有些方法只需点到为止；② 教学中要引导学生总结，在解斜三角形的问题中，凡是已知两边及其中一边所对角，求第三边，皆可以利用余弦定理，但是要注意，最终将得到一个关于第三边的一元二次方程，求得方程的两个解(通常是两个)以后，要注意讨论解的合理性，要对解作出适当的取舍.

解法 2：(用正弦定理)

由正弦定理 $\frac{a}{\sin A}=\frac{b}{\sin B}=\frac{c}{\sin C}$，且 a、b 已知，又有关于 A 的关系式，欲求 c 则只需求 $\sin A$、$\sin B$、$\sin C$ 的值.

由解法 1 知，$A=\frac{2\pi}{3}$，$\sin A=\frac{\sqrt{3}}{2}$，$\cos A=-\frac{1}{2}$.

由 $\frac{a}{\sin A}=\frac{b}{\sin B}$，可得 $\sin B=\frac{\sqrt{21}}{14}$，$\cos B=\frac{5\sqrt{7}}{14}$.

由 $\sin C=\sin(A+B)=\sin A\cos B+\cos A\sin B=\frac{\sqrt{21}}{7}$，于是

$$c=\frac{a}{\sin A}\cdot\sin C=4\left(\text{或者 } c=\frac{b}{\sin B}\cdot\sin C=4\right).$$

教学研讨： 这个解法看上去绕了很大弯子，但实际上是很常规的思路. 在教学中要引导学生总结，在解斜三角形的问题中，凡是已知两边及其中一边所对角，求第三边，可以先用正弦定理求出另一已知边所对角，再利用三角形内角和求出第三边之正弦值，然后继续利用正弦定理求出第三边.

此外，本题第(Ⅰ)问还可以借助面积法或勾股定理等知识来求解，限于篇幅不作赘述.

2. 第(Ⅱ)问之问题分析、解法分析与教学研讨

(1) 第(Ⅱ)问之问题分析

结合此题的已知条件构图(图 1).

求什么？——求$\triangle ABD$ 的面积.

有什么？——a、b 已知，且有关于 A 的关系式，$AD\perp AC$，以及第(Ⅰ)问的结论，第(Ⅰ)问解决过程中的过程性结论.

有哪些方法可用？——图 1 中三个三角形之间的面积关系以及各种三角形面积公式.

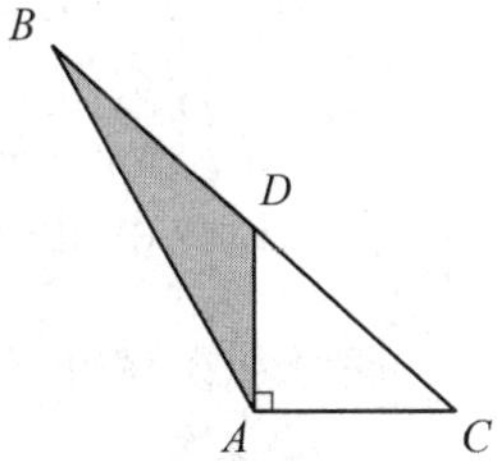

图 1

(2) 第(Ⅱ)问之解法分析与教学研讨

解法 1：(利用三个三角形之间的面积关系)

由(Ⅰ)知，$AC=b=2$，$AB=c=4$，$\angle BAC=\frac{2}{3}\pi$，于是

$$S_{\triangle ABC}=\frac{1}{2}\cdot AC\cdot AB\cdot\sin\angle BAC=2\sqrt{3}.$$

由 $\angle BAC=\frac{2}{3}\pi$，$AD\perp AC$，知 $\angle BAD=\frac{\pi}{6}$（或 30°），由三角形面积公式得

$$S_{\triangle ABD}=\frac{1}{2}\cdot AB\cdot AD\cdot\sin\angle BAD=AD,\ S_{\triangle ACD}=\frac{1}{2}\cdot AC\cdot AD=AD.$$

于是 $S_{\triangle ABD}=S_{\triangle ACD}=\frac{1}{2}S_{\triangle ABC}=\sqrt{3}$.

教学研讨: ①前面我们已经谈到，求一个量往往可以分成几部分各个击破，这里再一次表明了这一事实，这里将$\triangle ABD$的面积转化为两个易求的三角形的面积之差. 关于化归思想（转化、归结）的应用，数学解题教学中要给予足够的重视；②第（Ⅱ）问解法1表明，$\triangle ABD$的面积在数值上等于AD，因此，直接求出AD也是一种不错的选择. 在直角三角形ADC中，$\frac{AD}{AC}=\tan C=\frac{\sin C}{\cos C}$，由第（Ⅰ）问解法2的过程性结论，很快可以得到结论.

解法 2:（求出BD或CD）

由第（Ⅰ）问解法2可知 $\sin C=\frac{\sqrt{21}}{7}$，$\cos C=\frac{2\sqrt{7}}{7}$，则 $CD=\frac{AC}{\cos C}=\sqrt{7}$.

于是 $BD=CD=\sqrt{7}=\frac{1}{2}BC$，$S_{\triangle ABD}=\frac{1}{2}S_{\triangle ABC}=\sqrt{3}$.

教学研讨: ①第（Ⅱ）问解法1隐含了很多信息，如：$S_{\triangle ABD}=S_{\triangle ACD}$、$D$是$BC$的中点或$BD=CD$，因此我们只需要证明$D$是中点或求出$BD$与$CD$之一的长度即可，于是就引出了解法2；② 求出$BD$以后，如果我们能计算出$\triangle ABD$的边$BD$上的高，利用三角形面积公式，也可以求出其面积. 如果设$\triangle ABC$在BC边上的高为h，因为$S_{\triangle ABC}$易得（见解法1），可以利用等积法求$\triangle ABC$在BC边上的高，也就是$\triangle ABD$的边BD上的高. 这种方法可以让学生自己练习.

解法 3:（利用方程思想联合求AD、BD或CD）

设 $AD=x$，$BD=y$，则 $CD=2\sqrt{7}-y$，于是：

在$\triangle ACD$中，由勾股定理可得 $x^2+2^2=(2\sqrt{7}-y)^2$. ①

在$\triangle ABD$中，由余弦定理可得 $y^2=4^2+x^2-2\times4\times x\times\cos\frac{\pi}{6}$. ②

联立①②，解得 $x=\sqrt{3}$，$y=\sqrt{7}$.

接下来，利用 $AD=x=\sqrt{3}$，有 $S_{\triangle ABD}=\frac{1}{2}\cdot AB\cdot AD\cdot\sin\angle BAD=AD=\sqrt{3}$.

或：利用 $BD=\sqrt{7}$，知D为BC的中点，于是有 $S_{\triangle ABD}=\frac{1}{2}S_{\triangle ABC}=\sqrt{3}$.

教学研讨: ①在解法1、2的基础上，我们发现问题集中在求AD、BD、CD几条线段的长度上. 因此，我们可以胆子再大一点，一次性把AD、BD、CD全部求出来，于是产生了利用方程思想联合求AD、BD、CD的想法；②这里给了我们两个启示：其一，在解决与三角形有

关的问题时，往往可以联合使用正弦定理、余弦定理、勾股定理等多个结论；其二，当问题集中到几个有关的量时，我们甚至可以利用方程思想，有时候可以收到出其不意的效果. 当然，此题用方程思想，计算量稍大，考虑到实际教学的时间所限，这个方法可以提示学生，并不需要在课堂上详细展示. 上述的其他解法也是如此，都应根据教学的需要和学生的实际来安排.

（二）一题多变

1. 第(Ⅰ)问之题源分析及启示

深入分析发现，此题的第(Ⅰ)问可以用公式 $c=a\cdot\cos B+b\cdot\cos A$ 来求解. 结论 $c=a\cdot\cos B+b\cdot\cos A$ 来自于哪里？来自于正弦定理的推导过程(如图 2 所示)，结合此题的实际情况，可作图 3.

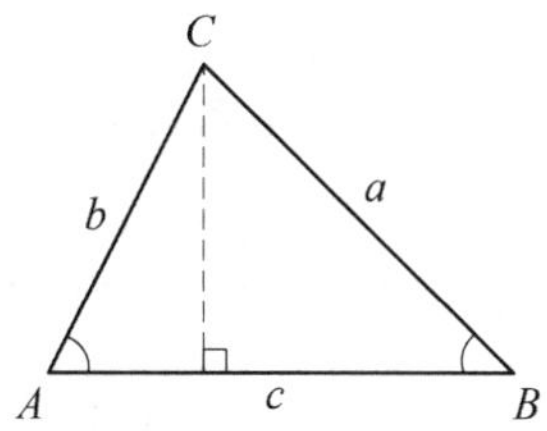

图 2

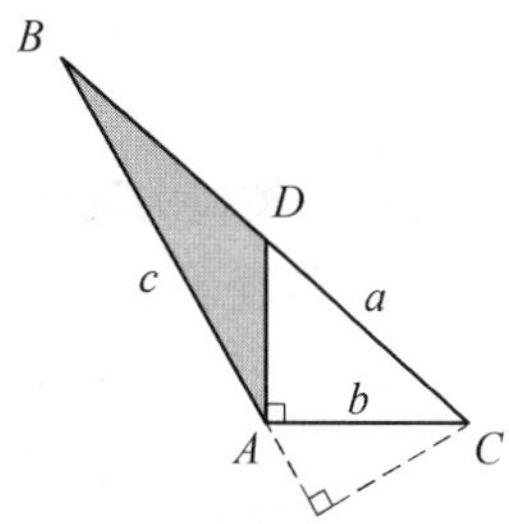

图 3

由上述可知：$\cos A=-\dfrac{1}{2}$，$\cos B=\dfrac{5\sqrt{7}}{14}$，代入有：$c=2\sqrt{7}\times\dfrac{5\sqrt{7}}{14}+2\times\left(-\dfrac{1}{2}\right)=4$.

题源分析及启示： 结论 $c=a\cdot\cos B+b\cdot\cos A$ 看似来得突然，实际上来自于正弦定理的推导过程. 这给了我们两点教学启示：① 求一个量(这里是边 c)，往往可以分成几部分各个击破，这是常用的方法；② 在一些定理的推导过程中，往往蕴含着一些有用的结论. 因此，对于数学定理的学习，不仅要求记住定理的内容，更需要理解定理推导过程中的有关思想、方法和过程性结论. 换言之，既要关注数学学习的终结性(目标性) 知识，又要关注数学学习的过程性知识.

2. 第(Ⅱ)问之题源分析及启示

上面的解法一再表明，题中 D 点为 BC 边上的中点这个结论若隐若现. 为此我们可以大胆猜测，命题者有可能是将一个完整的直角三角形故意残缺而命出此题. 于是我们可以大胆地将原图补全为一个大的直角三角形(如图 4 所示). 于是产生一种较简洁的解法.

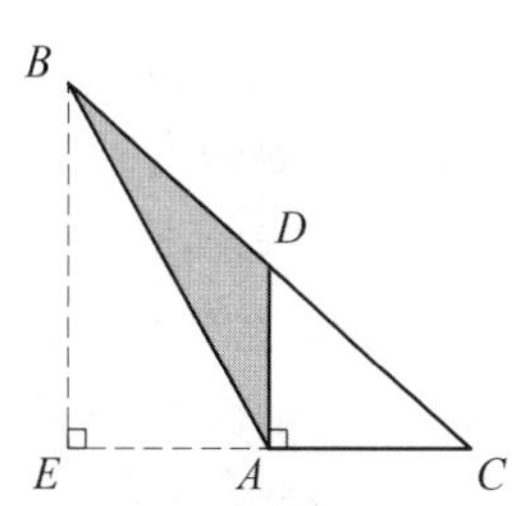

图 4

延长 CA，过点 B 作 AC 边上的高，垂足设为 E，如图 4 所示.

由(Ⅰ)知，$\angle BAC=\dfrac{2}{3}\pi$，于是 $\angle BAE=\dfrac{1}{3}\pi$，$\angle EBA=\dfrac{1}{6}\pi=30^{\circ}$.

于是 $AE=\dfrac{1}{2}AB=2=AC$，A 为 EC 的中点.

又 $DA /\!/ BE$，于是 DA 为 $\triangle BEC$ 的中位线，即 D 为 BC 的中点.

有 $S_{\triangle ABD}=\frac{1}{2}\cdot S_{\triangle ABC}=\sqrt{3}$.

题源分析及启示： 更进一步，我们甚至可以假设命题者有可能是将一个平行四边形（过点 B 作 AC 的平行线，并延长 AD 与之交于点 F，联结 CF，如图 5 所示）故意残缺而来.

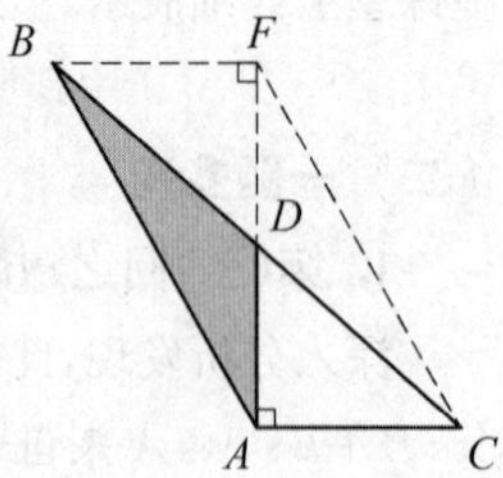

图 5

于是我们还可以产生证明 $BFCA$ 为平行四边形并用平行四边形的性质来解决这一问题的新方法. 这就进一步提示我们，学生在解答此题时，若能在对图形的观察中充分把握整体与局部的关系，并将残缺的图形补全，则显得容易得多. 这就要求学生具有较高的直观想象能力.

3. 类似问题举例

历年高考试题中，与此题类似的问题较多，在此以 2019 年高考全国Ⅱ卷理科数学第 15 题、2019 年高考全国Ⅲ卷理科数学第 18 题为例.

(1) 2019 年高考全国Ⅱ卷理科数学第 15 题：$\triangle ABC$ 的内角 A、B、C 的对边分别为 a、b、c. 若 $b=6$，$a=2c$，$B=\frac{\pi}{3}$，则 $\triangle ABC$ 的面积为 ____________.（此题直接由余弦定理结合问题的条件可得 a、c 边的大小，再利用两边及夹角可求出三角形的面积）

(2) 2019 年高考全国Ⅲ卷理科数学第 18 题：$\triangle ABC$ 的内角 A、B、C 的对边分别为 a、b、c. 已知 $a\sin\frac{A+C}{2}=b\sin A$.（Ⅰ）求 B.（Ⅱ）若 $\triangle ABC$ 为锐角三角形，且 $c=1$. 求 $\triangle ABC$ 面积的取值范围.（此题需要综合运用正弦定理、余弦定理、半角公式、角的正弦余弦的定义等知识，结合范围讨论进行求解）

关于与中点有关的正余弦定理问题，还可举一例：$\triangle ABC$ 中，$\angle C=90^\circ$，M 是 BC 的中点，若 $\sin\angle BAM=\frac{1}{3}$，则 $\sin\angle BAC=$ ________.（此题需要综合运用正弦定理、余弦定理、勾股定理等结论，并结合角的正弦、余弦的定义等知识求解）

（三）一题多说

总的来说，2017 年高考全国Ⅲ卷理科数学第 17 题作为考卷的第一个大题，难度并不大. 此题重在考查学生对正弦定理、余弦定理、勾股定理、角的正弦（余弦、正切）的定义、特殊角的三角函数值、辅助角公式、两角和的正弦（余弦）公式、三角形面积公式、三角形中位线、平行四边形的有关性质、一元二次方程的解法等具体知识的掌握情况，以及对数形结合思想、化归思想、方程思想等数学思想的理解与应用情况.

在数学核心素养的考查上，此题着重考查了逻辑推理、直观想象、数学运算等方面，同时兼顾合情推理能力的考查，因此本题教学的核心素养目标主要就是要提高学生逻辑推理、直观想象、数学运算、合情推理等能力.

就考生整体而言，此题知识覆盖面广，难度并不高，多种方法均可奏效，在实际考试过程中需要考生迅速地判断出哪种方法更简单易求，对考生思维的灵活性有较高要求.

逻辑推理对于数学的重要性不言而喻，高考中的几何问题也常常将逻辑推理能力作为首要的考查目标，此题的上述各种解法均涉及逻辑推理. 同时，先猜后证是几何解题中的常用方法之一，考生在实际解题过程中可以先猜出 D 点为 BC 边上的中点这个结论再进行证明，这就涉及到对考生合情推理能力的考查.

由以上分析可知，题中 D 点为 BC 边上的中点这个结论若隐若现. 通过上述解法探究，可以认为命题者有可能是将一个完整的直角三角形(如图 4 所示)或平行四边形(如图 5 所示)故意残缺而命出此题. 考生在解答此题时，若能在对图形的观察中充分把握整体与局部的关系，并将残缺的图形补全，则显得容易得多. 这就要求学生具有较高的直观想象能力.

运算能力也往往是高考数学综合题的重点考查目标之一. 就此题而言，在运算能力方面重点考查了特殊角三角函数值、一元二次方程的求解、利用正弦定理(余弦定理、勾股定理)进行计算、利用两角和的正弦(余弦)公式进行计算、利用三角形面积公式进行计算等. 特别地，上述第(Ⅱ)问解法 3，在实际解方程组的时候，计算量相对较大，对学生的计算能力要求较高. 此外，方程也数学模型，因此第(Ⅱ)问解法 3(列方程组求解)涉及到数学建模能力的考查. 事实上，从对数学模型的广义理解来看，高考数学综合题常常涉及对学生数学建模能力的考查.

三、学习体验

通过本题的“一题一课”，大多数同学都巩固了正弦定理、余弦定理以及其他的与解三角形有关的知识，掌握了解决此类问题的常用方法，获得了丰富的学习体验和解题经验，部分同学发表了他们的学习体验.

学生 1:通过这道题的学习，我知道了要综合把握问题的条件，充分考虑可能的解法，灵活选择更简便、快捷的解题方法.

学生 2:通过这道题的学习，我了解到，凡是遇到与三角形边的中点有关的问题，就想方设法去寻找或构造出另一个中点，以便利用三角形的中位线等有关知识解题.

学生 3:通过这道题的学习，我了解到，在对图形的观察中充分把握整体与局部的关系.

学生 4:通过这道题的学习，我了解到，在数学学习中，既要关注数学的结论性知识，又要关注数学公式、定理推导过程中的过程性知识.

四、教学反思

通过本解题课例的教学，结合学生的课堂表现及学习体验，从“四基”、学生的学习过程、教师的教学过程等方面进行反思.

1. 对问题涉及的"四基"的反思

数学教学不仅要关注"数学基础知识""数学基本技能"的学习，更要关注"数学基本思想方法""数学基本活动经验"的学习. 在此题的教学中，既包含了对正弦定理、余弦定理、勾股定理、角的正弦(余弦、正切)的定义、特殊角的三角函数值、辅助角公式、两角和的正弦(余弦)公式、三角形面积公式、三角形中位线、平行四边形的有关性质、一元二次方程的解法等基础知识、基本技能的学习，又蕴涵了对数形结合思想、化归思想、方程思想、整体与局部的思想、合情推理的思想等数学思想方法的学习，还涉及到对"解三角形""与中点有关的问题"以及对"过程性知识"的应用等数学解题经验的积累.

2. 对学习过程的反思

通过课堂观察及学生的课后反映，在此题的教学过程中，部分学生的学习出现了以下问题：

(1) 部分学生对基本知识、基本技能掌握不牢固.

(2) 部分学生在解题时产生思维定势，对于求边长的问题基本上仅限于正弦定理和余弦定理的使用，对求三角形面积的问题也只会用 $S=\frac{1}{2}ah$ 和 $S=\frac{1}{2}ab\sin C$ 等常见公式求解，不会整体把握问题的条件和结论，也无法灵活地运用各种公式和结论进行解题.

(3) 部分学生在面临多种方法时，不能快速地判断哪种方法更加有效，甚至出现在几种方法中兜圈子的情形.

(4) 大部分学生对于合情推理(先猜后证)的方法，运用得不好.

3. 对教学过程的反思

(1) 充分运用波利亚"怎样解题表"的提示语帮助学生解题

美籍匈牙利数学家、数学教育家波利亚在他的《怎样解题》一书中，首先给出了著名的"怎样解题表". 在怎样解题表中，波利亚给出了"你必须理解题目""未知量是什么?""已知数据是什么?""条件是什么?""盯住目标""回到定义去""你以前见过它吗""有什么方法可以利用?"等一系列提示语，把这些提示语统称为"怎样解题"的提示语.

在数学教学中，教师可以尝试用"怎样解题"的提示语开展教学，利用这些提示语帮助学生理解题意、弄清问题、找到问题的解决办法. 学生在教师的示范和引导之下，能够学会用怎样解题的提示语解数学题，并将其逐步内化，最终发展成为自己的解题提示语.

(2) 充分关注数学教学中的"过程性"知识

上述中用到的结论 $c=a\cdot\cos B+b\cdot\cos A$，来自于正弦定理的推导过程. 这提醒我们，在一些定理的推导过程中，往往蕴含着一些有用的过程性知识. 因此，对于数学公式、定理、法则的学习，不仅要求记住书本上的知识内容，更需要理解公式、定理、法则推导过程中有关的思想、方法和过程性结论. 也就是说，数学教学既要关注数学学习的终结性(目标性)知识，又要关注数学学习的过程性知识.

(3) 对于"一题多解"的教学，要适当取舍、灵活选择解题方法

上述问题有多种解法，在"一题一课"的教学中，面对有多种解法的问题，有些解法更需要

学生课后去练习. 同时限于时间，教师在教学中应适当取舍，灵活选择解题方法，重点讲解有启发性意义、有方法论意义、有利于学生解题经验的积累的解题方法，对于类似的方法或相对简略的方法，只需点到为止、适当点拨，要求学生课后练习即可.

(4) 与学生一起积累数学解题活动的经验，真正实现教学相长

教师在解题教学中，要努力教学生“通过学解一道题学会解一类题”，达到“一法多用、多题一解”的效果. 因此，解题经验的积累就显得非常重要了.

上述问题的各种解法中，尤其以“利用结论 $c=a\cdot\cos B+b\cdot\cos A$ 求边长”“联立方程组同时求解 AD、BD 或 CD”“利用局部与整体的关系补全图形求面积” 等方法对于学生的解题活动经验的积累更重要.

这些方法的尝试和实施，不仅可以促进学生解题经验的积累，而且对教师的解题经验、解题教学经验的积累也很重要. 在解题教学中，教师应与学生一起，对特殊的、有趣的解题方法及时进行讨论和总结，促进师生的共同成长，真正实现教学相长.

本课例运用的“一题一课多解变式”数学解题教学模式可以概括为图 6：

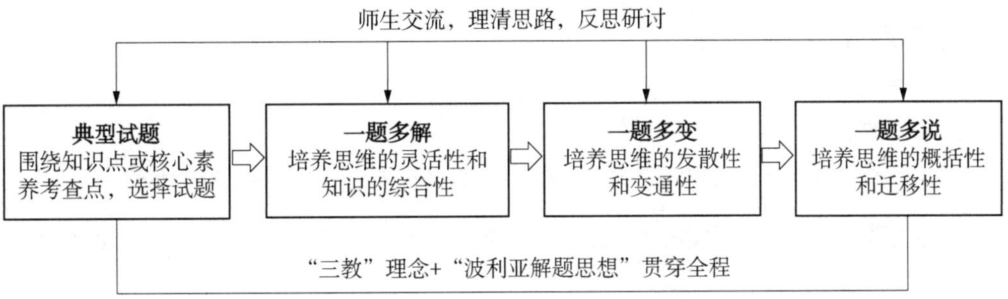

图 6　“一题一课多解变式”数学解题教学模式

五、一题一诗

正弦余弦不分家，边长面积一把抓.
勾股总来凑热闹，中点常引灵感发.
数形结合万般好，代数几何均不差.
局部整体慧眼辨，巧思妙解乐开花.

“解斜三角形”解题教学课例

——以一道高考复习题为例

石小康，李明（贵州师范大学附属中学）

题名对联

不畏艰辛深耕细作育桃李

潜心钻研提升技能见光明

一、教学设计

（一）知识要点

正弦定理、余弦定理、均值不等式、圆的方程、线性规划、三角形的边角关系等.

原题再现： 在$\triangle ABC$中，角A、B、C所对的边分别是a、b、c，若$\frac{a}{b}+\frac{b}{a}=4\cos C$，且$c=2$，则$\triangle ABC$的周长的取值范围为（　　）.

A.（2，6]　　B.（4，6]　　C.（2，6）　　D.（4，6）

（二）学习背景

1. 教材分析

“解斜三角形”属于高中数学的必修内容. 本课例选择的题目是上述这道选择题.

2. 学情分析

笔者任教的班级为学校2020届少数民族宏志班，这些学生基础较好、学习刻苦、勤于思考，有较强的积极性和主动性. 学习中，经常提出一些意想不到和不拘一格的问题. 本课例中的问题即为笔者在课堂教学过程中的生成问题. 它挑战了教辅资料的权威性，突破了思维定势的影响，客观理性地给出了恰当的解法和正确的结论.

3. 核心问题

（1）三角形中的边角关系互化的方向是什么？

（2）如何构造三角形中两边之和的不等式（组）？

（三）学习目标

1. 核心素养目标

通过余弦定理的运用及相关运算，以培养学生的逻辑推理和数学运算的能力；通过对"初次结果"的分析，以培养学生数据分析及直观想象的能力.

2. 长见识悟道理

通过本堂课的教学，借以培养学生树立科学理性的求学态度，敢于质疑挑战权威的品格，坚持真理勇于创新的精神.

二、教学过程

（一）一题多解

解法 1：由余弦定理，得 $\frac{a}{b}+\frac{b}{a}=4\cos C=4\cdot\frac{a^2+b^2-4}{2ab}$，整理得 $a^2+b^2=8$.

由 $a^2+b^2=8\geqslant\frac{(a+b)^2}{2}$，得 $a+b\leqslant 4$，当且仅当 $a=b=2$ 时取等号.

又 $a+b>c=2$，所以 $a+b+c\in(4,\ 6]$. 故选 B.

教师在教学中出示了原题编者给出的上述解法，并得出了答案 B 选项，然后请同学们讨论. 本堂课的疑惑与争论便从此处开始.

学生 1：老师，选项 A 为什么不能选？因为$\triangle ABC$ 的周长 $L\in(4,\ 6]$，也满足 $L\in(2,\ 6]$，故选项 A 也是可以的.

师：应该选最接近实际取值范围的选项.

学生 1：选项 B 其实也不是最接近实际取值范围的选项. 因为 $L=a+b+c=\sqrt{(a+b)^2}+2=\sqrt{a^2+b^2+2ab}+2=\sqrt{8+2ab}+2>2\sqrt{2}+2$，所以$(2\sqrt{2}+2,\ 6]$ 更接近实际取值范围.

师：的确，这位同学的说法是有道理的，那么正确答案是不是$(2\sqrt{2}+2,\ 6]$呢？

学生 2：我赞成这位同学的说法，因为我从另一种角度求解，也是这个结果.

由 $\frac{a}{b}+\frac{b}{a}=4\cos C$，$c=2$，得

$$a^2+b^2=2(a^2+b^2-2^2)\Rightarrow a^2+b^2=8(0<a,\ b<2\sqrt{2}).$$

周长 $L=a+b+c=2\sqrt{2}\cos\theta+2\sqrt{2}\sin\theta+2=4\sin\left(\theta+\frac{\pi}{4}\right)+2,\ \theta\in\left(0,\ \frac{\pi}{2}\right)$.

故 $L\in(2\sqrt{2}+2,\ 6]$.

学生 3：老师，好像 $(2\sqrt{2}+2,\ 6]$ 也不是最接近周长的实际取值范围. 因为 $L\rightarrow 2\sqrt{2}+2$，即 $2ab\rightarrow 0$ 时，这样的三角形也不存在. 比如，不妨设 $a\rightarrow 0$，由 $a^2+b^2=8$ 知 $b\rightarrow 2\sqrt{2}$，而 $c=$

2，显然满足 $a \to 0$，$b \to 2\sqrt{2}$，$c=2$ 的三角形是不存在的(不满足 $a+c>b$).

师：第三位同学的说法似乎有道理，看来 $(2\sqrt{2}+2,\ 6]$ 也不是最接近周长的实际取值范围的选项. 那么，究竟 L 的取值范围是什么呢？请各位同学继续探究，求出周长 L 的(最佳)取值范围.

学生 4：老师，何为最佳取值范围？

师：最佳取值范围就是与实际范围相比"不多又不少"，即三角形周长 L 的值域. 因此，问题转化为：在 $\triangle ABC$ 中，若 $a^2+b^2=8$，$c=2$，求周长 L 的值域.

经过近十分钟时间的讨论及探究，有两位同学提出了他们的解法. 其中一位同学的解法更具代表性(如图 1 所示)，具体情况如下.

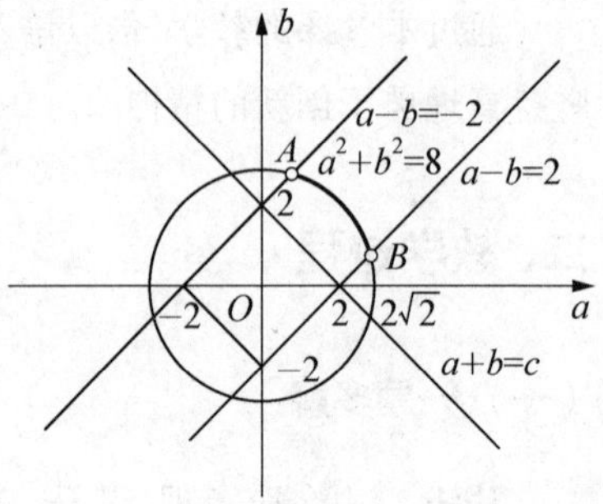

图 1

解法 2：
$$\begin{cases} a^2+b^2=8, \\ a+b>c, \\ a+c>b, \\ b+c>a. \end{cases} \Leftrightarrow \begin{cases} a^2+b^2=8, \\ a+b>2, \\ a-b>-2, \\ a-b<2. \end{cases}$$

根据线性规划的知识以及圆的方程知，以上条件即为圆 $a^2+b^2=8$ 上在点 $A(\sqrt{3}-1,\ \sqrt{3}+1)$ 与点 $B(\sqrt{3}+1,\ \sqrt{3}-1)$ 之间的一段劣弧(不包括端点). 而直线 $L=a+b+2$ 经过点 A、B 时，L 取值"最小"且为 $2\sqrt{3}+2$，直线 $L=a+b+2$ 与圆弧相切时，L 取值最大且为 6. 因此，L 的值域为 $(2\sqrt{3}+2,\ 6]$.

至此，本问题得以圆满解决，同学们对问题的深入挖掘及充分思考都让笔者很欣慰. 此题对我们的启发确实不少，原题答案的迷惑性不言而喻，其实就是受思维定势的影响，考虑问题缺乏完整性与系统性. 我们要及时总结经验，汲取教训，在今后的学习探究中，要像今天这样勤于思考、善于发现、敢于质疑、勇于挑战. 同时，以上问题其实还有很多值得探究的地方，比如可作一些引申或变换.

（二）一题多变

(课堂和课后同学们提出的问题整理如下)

变式 1：在 $\triangle ABC$ 中，角 A、B、C 所对的边分别是 a、b、c，若 $\dfrac{a}{b}+\dfrac{b}{a}=4\cos C$，且 $c=2$，则顶点 C 的轨迹是什么曲线？

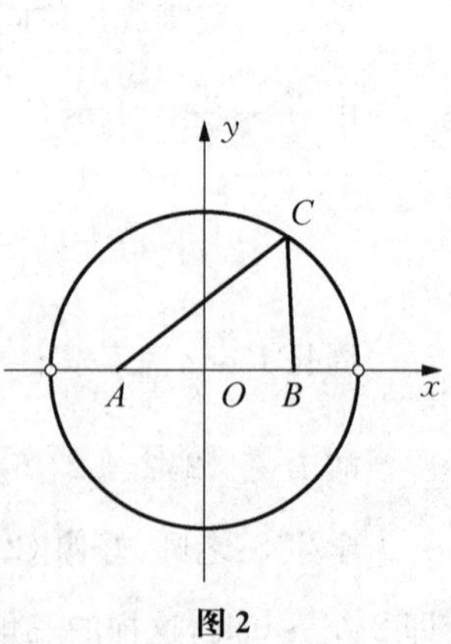

图 2

分析：以 AB 边所在直线为 x 轴，以 AB 边的中点为坐标原点，建立如图 2 所示的坐标系，则 $A(-1,\ 0)$，$B(1,\ 0)$，设 $C(x,\ y)$. 由 $\dfrac{a}{b}+\dfrac{b}{a}=4\cos C$，得 $a^2+b^2=8$. 即 $|AC|^2+|BC|^2=8$. 将 $C(x,\ y)$ 代入得 $(x+1)^2+y^2+(x-1)^2+y^2=8$，化简整理得

$x^2+y^2=3$. 所以顶点 C 的轨迹方程是 $x^2+y^2=3(y\neq 0)$，轨迹是以 AB 边的中点为圆心，半径为 $\sqrt{3}$ 的圆，除去直线 AB 与圆 $x^2+y^2=3$ 的交点.

由此可以得出求 $\triangle ABC$ 周长范围的另一种解法.

设 $C(\sqrt{3}\cos\theta,\ \sqrt{3}\sin\theta)(\theta\neq k\pi,\ k\in\mathbf{Z})$，则周长

$$\begin{aligned}L&=\sqrt{(\sqrt{3}\cos\theta+1)^2+(\sqrt{3}\sin\theta)^2}+\sqrt{(\sqrt{3}\cos\theta-1)^2+(\sqrt{3}\sin\theta)^2}+2\\&=\sqrt{4+2\sqrt{3}\cos\theta}+\sqrt{4-2\sqrt{3}\cos\theta}+2.\end{aligned}$$

设 $y=\sqrt{4+2\sqrt{3}\cos\theta}+\sqrt{4-2\sqrt{3}\cos\theta}$，

则 $y^2=8+2\sqrt{16-12\cos^2\theta}=8+4\sqrt{4-3\cos^2\theta}$.

因为 $\theta\neq k\pi,\ k\in\mathbf{Z}$，所以 $0\leqslant\cos^2\theta<1$，$y^2\in(12,\ 16]$，$y\in(2\sqrt{3},\ 4]$.

即周长 $L=y+2$ 的取值范围是 $(2\sqrt{3}+2,\ 6]$.

变式 2： 在 $\triangle ABC$ 中，角 A、B、C 所对的边分别是 a、b、c，若 $\dfrac{a}{b}+\dfrac{b}{a}=4\cos C$，且 $c=2$，则 $\triangle ABC$ 面积的取值范围为多少？

分析： 同变式 1，设 $C(\sqrt{3}\cos\theta,\ \sqrt{3}\sin\theta)(\theta\neq k\pi,\ k\in\mathbf{Z})$.

面积 $S=\dfrac{1}{2}\times 2\times|\sqrt{3}\sin\theta|=\sqrt{3}\,|\sin\theta|\,(\theta\neq k\pi,\ k\in\mathbf{Z})$，取值范围为 $(0,\ \sqrt{3}]$.

变式 3： 在 $\triangle ABC$ 中，角 A、B、C 所对的边分别是 a、b、c，若 $\dfrac{a}{b}+\dfrac{b}{a}=4\cos C$，且 $c=2$，则角 C 的取值范围为多少？

分析： 因为 $4\cos C=\dfrac{a}{b}+\dfrac{b}{a}\geqslant 2$，所以 $\cos C\geqslant\dfrac{1}{2}$，$C\in\left(0,\ \dfrac{\pi}{3}\right]$.

变式 4：（2016 年高考全国Ⅰ卷理科数学第 17 题）$\triangle ABC$ 的内角 A、B、C 的对边分别为 a、b、c，已知 $2\cos C(a\cos B+b\cos A)=c$.

（Ⅰ）求 C.

（Ⅱ）若 $c=\sqrt{7}$，$\triangle ABC$ 的面积为 $\dfrac{3\sqrt{3}}{2}$，求 $\triangle ABC$ 的周长.

分析：（Ⅰ）由已知及正弦定理，得 $2\cos C(\sin A\cos B+\sin B\cos A)=\sin C$，即 $2\cos C\sin(B+A)=\sin C$，故 $2\cos C\sin C=\sin C$，可得 $\cos C=\dfrac{1}{2}$，所以 $C=\dfrac{\pi}{3}$.

（Ⅱ）由 $\triangle ABC$ 的面积 $S=\dfrac{1}{2}ab\sin C=\dfrac{3\sqrt{3}}{2}$，$C=\dfrac{\pi}{3}$，得 $ab=6$.

由已知及余弦定理，得 $a^2+b^2-2ab\cos C=7$，故 $a^2+b^2=13$.

从而 $(a+b)^2=25$，所以 $\triangle ABC$ 的周长为 $5+\sqrt{7}$.

变式 5：（2017 年高考全国Ⅰ卷理科数学第 17 题）$\triangle ABC$ 的内角 A、B、C 的对边分别为

a、b、c，已知$\triangle ABC$ 的面积为$\dfrac{a^2}{3\sin A}$.

（Ⅰ）求 $\sin B\sin C$.

（Ⅱ）若 $6\cos B\cos C=1$，$a=3$，求 $\triangle ABC$ 的周长.

分析：（Ⅰ）由题意可得 $S_{\triangle ABC}=\dfrac{1}{2}bc\sin A=\dfrac{a^2}{3\sin A}$，化简可得 $2a^2=3bc\sin^2 A$.

根据正弦定理得 $2\sin^2 A=3\sin B\sin C\sin^2 A\Rightarrow\sin B\sin C=\dfrac{2}{3}$.

（Ⅱ）$\begin{cases}\sin B\sin C=\dfrac{2}{3},\\ \cos B\cos C=\dfrac{1}{6}\end{cases}\Rightarrow\cos A=-\cos(C+B)=\sin B\sin C-\cos B\cos C=\dfrac{1}{2}$.

所以 $A=\dfrac{\pi}{3}$.

由 $2a^2=3bc\sin^2 A$，得 $bc=\dfrac{2a^2}{3\sin^2 A}=8$. 由余弦定理，得 $b^2+c^2-2bc\cos A=a^2$，即 $b^2+c^2-bc=9$，$(b+c)^2-3bc=9$，$b+c=\sqrt{33}$.

故$\triangle ABC$ 的周长为 $3+\sqrt{33}$.

变式 6：在$\triangle ABC$ 中，角 A、B、C 所对的边分别是a、b、c，若 $\dfrac{a}{2b}+\dfrac{b}{3a}=2\cos C$，且 $c=2$，则 $\triangle ABC$ 的周长、面积、角 C 的取值范围分别为多少？（解略）

（三）一题多说

应该说，本题是一道不可多得的好题目. 它涉及到三角形边与角关系的方方面面，尤其是原题编者提供的答案有很强的迷惑性和欺骗性，这也是很多学生经常容易犯错误的问题.

三、学习体验

通过本堂课的学习，多数同学对三角形的有关求解问题理解更加深刻，思路更加开阔，探究更加严谨，兴趣更加浓厚. 从中感受到数学的严谨与博大精深，体验到数学的奥妙与乐趣，提升了学好数学的信心与热情.

四、教学反思

通过本堂课的教学，师生各自都有不同程度的收获与感悟，经过认真分析和细致梳理，在以下几方面有值得深入探究和借鉴之处.

(1) 在本题教学过程中，有几位同学的表现相当突出，思维非常活跃. 他们发现了题目中选择项的设置不够严谨，同时也发觉参考答案的疏漏，提出了合理的想法，这为后来的正确解答提供了第一手资料. 仅此一点就非常难能可贵. 因此，作为教师一定要信赖学生、依靠学生，切忌敷衍搪塞，漫不经心，蒙混过关.

（2）此题的求解过程是一个纠错和纠偏的过程，同时也是一个发现和探究的过程，还是一个充实和完善的过程. 这对培养学生的理性思维、批判性思维和辩证唯物主义思想都有很好的推动作用，对学生核心素养的形成也有很大的帮助.

（3）鉴于一堂课的时间有限，本课例中的部分内容是在原课堂教学内容的基础上作了一定的整理，其中一题多变中有几个问题是学生课后编制出来再提交的. 其中的部分问题是否有解，还没有得到严格的论证，有待于进一步的修正、论证和完善.

五、一题一诗

三角探究越千年，而今迈步翻新篇.
边角关系无穷尽，正余二弦把手牵.
深入浅出长见识，追本溯源求变迁.
慎思笃行悟道理，妙解佳证获荣鲜.

“三角形面积问题”解题教学课例

——以 2019 年高考全国Ⅲ卷理科数学第 18 题为例

余红(贵州省安顺市第一高级中学)

题名对联

余力仁德功名等身延福寿

虹愿桃李奇葩满园竞芬芳

一、教学设计

(一) 知识要点

真题再现: $\triangle ABC$ 的内角 A、B、C 的对边分别为 a、b、c,已知 $a\sin\dfrac{A+C}{2}=b\sin A$.

(Ⅰ) 求 B.

(Ⅱ) 若$\triangle ABC$ 为锐角三角形,且 $c=1$,求 $\triangle ABC$ 面积的取值范围.

本题主要考查:(1)简单的三角恒等变形、利用正余弦定理求角;(2)利用三角形面积公式列多元函数,求三角形面积的取值范围. 本文以此题为例,立足一题多解、一题多变的教学,引导学生多角度解决问题;围绕核心问题,引导学生体验如何改变题目的题设或结论提出问题,进行变式教学,让学生体验命题的思维方法,充分调动学生的学习积极性,进而增强知识网络构建,深刻理解知识的本质;同时开拓学生的思维空间,提升学生探究此类问题的能力.

(二) 学习背景

1. 教材、考点分析

本题所涉及到的主要知识点是教材《数学(必修 4)》(人教 A 版)第一章和第三章,解三角形及三角函数应用是高中数学重要的学习内容. 高考考试大纲要求学生:能运用公式进行简单的恒等变形;掌握利用正、余弦定理,并能解决一些简单的三角形度量问题,理解三角形面积公式的应用. 解三角形及三角函数应用是历年高考试题的热点考题,在 2016 年至 2019 年高考的客观题和主观题中都有考查. 高三复习数学更应把握高考要求,关注“解三角形及综合运用”的教学,采用“一课一题”的教学模式提升复习的实效性.

2. 学情分析

所授班级的学生刚刚进入高考第一轮复习，学习积极性较高，学生基本上能用三角恒等变形、正余弦定理解决三角形边长、角度、面积等度量问题，但是对解决三角形的最值、范围综合问题，还停留在一个变量的层面上，对于双变量学生无从入手；对求解三角形面积的最值和范围的方法的区别还有待于辨析，学生对其中的方程思想和函数的思想都有待于进一步渗透.

3. 核心问题

(1) 求三角形面积的范围方法一般有几种?

(2) 求三角形面积的取值范围、最值在方法思路上的联系与区别在哪?

(三) 课时目标

1. 知识技能目标

三角恒等变形、正弦定理、余弦定理、三角形面积公式；三角形中三角方程的解法、三角形中的二元函数求范围、最值的解法等.

2. 核心素养目标

本题教学的核心素养目标主要就是要提高学生分析问题、解决问题的逻辑推理、数学运算、直观想象、合情推理、化归等能力，渗透方程和函数的数学思想，发展数学素养相关水平. 第(Ⅰ)问通过三角恒等式的转换、三角方程的求解，渗透化归思想，把边角关系转化为角或边的关系，发展数学运算素养；第(Ⅱ)问通过三角形面积公式构造函数求范围，渗透函数模型、化归思想，提升合情推理能力，发展逻辑推理、直观想象、数学运算等核心素养.

3. 长见识悟道理

长见识方面: 对解决问题应用波利亚“怎样解题表”的四步程序：弄清问题—拟定计划(找出已知数与未知数之间的联系)—实现计划—回顾反思(验算所得到的解)；通过一题多解的解题体验中，应用函数思想、特殊值法、极限思想等求解三角形面积的范围与最值问题.

悟道理方面: 在一题多变的解题教学中，本题应感悟到数学问题中涉及到“求值”问题一般都是方程问题；涉及到“范围最值问题”一般是“函数问题”；如果是几何图形的问题情境，求解“范围最值问题”还可以利用“特殊值法与极限思想”.

(四) 教学重难点

教学重点: 引导学生利用波利亚的“四步解题法”，分析问题的条件和结论、寻找解决问题的方法.

教学难点: 引导学生探索三角形面积的范围及最值问题的解题思路，帮助学生积累解题经验，提高学生清晰表达数学结论的能力.

(五) 设计思路

本节课采用先学后教的探究式教学模式，要求学生先体验分析问题、解决问题的波利亚的“四步解题法”. 教师设置问题串，引导学生学会分析解决问题；围绕核心问题的解决，突破难点；在变式教学中，通过对一道题的研究，挖掘其内在的学习线索与数学本质，形成知识网络，增强知识的系统性，科学、合理、有序地组织学生展开数学探索活动，以期达成多维目标，更好把握高考的导向，摒弃以前大容量试题讲解的低效教学，形成高考备考复习课的“一课一题”所体现出的“简约而不简单”的教学风格.

二、教学过程

（一）一题多解

上课伊始，先让学生自主探究 5 分钟左右，再请学生分析问题.

教师：要求从审题分析、解题分析、解题回顾来说解题过程.

1. 第(Ⅰ)问学生说题

学生 1：第(Ⅰ)问求什么？——求$\triangle ABC$ 的角 B.

有什么？——有一个三角形的边角等量关系.

可以联想到那些知识？——正弦定理、三角方程、诱导公式.

有什么方法可以用？——转化法(边角转化).

解法 1：(边化角)

由题设及正弦定理，得 $\sin A\sin\dfrac{A+C}{2}=\sin B\sin A$.

因为 $\sin A\neq 0$，所以 $\sin\dfrac{A+C}{2}=\sin B$.

由 $A+B+C=180°$，可得 $\sin\dfrac{A+C}{2}=\cos\dfrac{B}{2}$，故 $\cos\dfrac{B}{2}=2\sin\dfrac{B}{2}\cos\dfrac{B}{2}$.

因 $\cos\dfrac{B}{2}\neq 0$，故 $\sin\dfrac{B}{2}=\dfrac{1}{2}$，因此 $B=60°$.

学生 2：好像也可以角化边，转化为整式方程.

解法 2：(角化边)

$$a\sin\frac{A+C}{2}=b\sin A\Rightarrow a^2\cos^2\frac{B}{2}=b^2(1-\cos^2 A)\Rightarrow a^2\cdot\frac{1+\cos B}{2}=b^2(1-\cos^2 A).$$

由余弦定理变形得 $a^2+c^2-b^2=ac\Rightarrow\cos B=\dfrac{1}{2}$，$B=60°$.

解题回顾：(1)由边角等式是关于边 a、b 的齐次式，可以联想到正弦定理的结构特征，故将边转化为角，再将三个角转化为一个角，最后转化为一元的三角方程求得角 B. 这就是一个解方程的划归消元思想；(2)对于本题当然也可以进行“角化边”的转化方法，“角化边”时需要理解余弦定理的本质结构，将 $\cos\dfrac{B}{2}$转化为 $\cos B$ 进行三角式恒等变形，利用余弦定理转化为三边的整式方程. 当然，本题用这个解题思路求解时对数学运算能力的要求较高，学生不太容易得解，但是能让学生尝试不同角度思考问题，悟出求角 B 值的问题实质上就是求解方程，同时，在一题多解中悟出根据条件，选择比较最优解法. 通过两个解法的体验，学生更能深刻理解正弦余弦定理的结构本质，同时悟出求值就是解方程的道理.

2. 第(Ⅱ)问学生说题

学生 3：求什么？——求$\triangle ABC$ 面积的范围.

有什么？——$\triangle ABC$ 的两个等量条件和一个不等关系.

可以联想到那些知识——函数、解不等式.

有什么方法可以用？——函数思想法.

解法 1：(函数思想)

由题设及(Ⅰ)，知$\triangle ABC$ 的面积 $S_{\triangle ABC}=\frac{\sqrt{3}}{4}a$.

由正弦定理，得 $a=\frac{c\sin A}{\sin C}=\frac{\sin(120^\circ-C)}{\sin C}=\frac{\sqrt{3}}{2\tan C}+\frac{1}{2}$.

由于$\triangle ABC$ 为锐角三角形，故 $0^\circ<A<90^\circ$, $0^\circ<C<90^\circ$.

由(Ⅰ)知 $A+C=120^\circ$，所以 $30^\circ<C<90^\circ$，故 $\frac{1}{2}<a<2$，从而 $\frac{\sqrt{3}}{8}<S_{\triangle ABC}<\frac{\sqrt{3}}{2}$.

因此，$\triangle ABC$ 面积的取值范围是 $\left(\frac{\sqrt{3}}{8}, \frac{\sqrt{3}}{2}\right)$.

教师追问：从学生 3 的解法中，我们悟出求解某个变量的取值范围问题一般可以转化函数的值域问题，当问题情境是几何图形的特殊条件时，还可以联想什么方法？

学生 4：可以先将锐角三角形看成直角三角形来考虑，在老师的帮助下得到新的解法.

解法 2：(极限思想和特殊化)

直角三角形可以看成是锐角三角形的极限状态，$B=60^\circ$，只有角 A、C 可能趋于 90°，则：

(1) $A\to 90^\circ$, $C\to 30^\circ$，当 $A=90^\circ$ 时，得 $S_{\triangle ABC}=\frac{\sqrt{3}}{2}$.

(2) $C\to 90^\circ$, $A\to 30^\circ$，当 $C=90^\circ$ 时，得 $S_{\triangle ABC}=\frac{\sqrt{3}}{8}$.

则$\triangle ABC$ 面积的取值范围是 $\left(\frac{\sqrt{3}}{8}, \frac{\sqrt{3}}{2}\right)$.

解题回顾： 锐角三角形条件下的取值范围问题，用函数解法求解，推理严谨踏实可靠，但是运算量大，对运算求解能力的要求较高；用极限思想和特殊化方法，将动态问题静态处理，运算量小准确率高，但是思维跳跃性大，属于合情推理，是解答选择题填空题的最佳解法. 虽然解法不严密，但结果精准，可验证其他解法结果的正确性. 用极限思想和特殊化的方法思考数学问题，就是用运动变化和联系发展的观点来思考数学问题，也是一种将一般问题特殊化、动态问题静态处理的思维方法，极限思想别有洞天，给人一种举重若轻的神奇效果. 学生在“动静”转化中“长见识”，有助于学生的合情推理能力、创新思维的培育.

（二）一题多变

教师追问：本节课我们侧重解决“三角形的面积范围问题”，对第（Ⅱ）问还可以进行怎样的变化？

变式1：（改变部分已知条件）$\triangle ABC$ 的内角 A、B、C 的对边分别为 a、b、c，已知 $a\sin\dfrac{A+C}{2}=b\sin A$.

（Ⅰ）求 B.（Ⅱ）若 $\triangle ABC$ 为锐角三角形，且 $b=1$，求 $\triangle ABC$ 面积的取值范围.

解法1：（函数思想）

因为 $S_{\triangle ABC}=\dfrac{\sqrt{3}}{4}ac=\dfrac{\sqrt{3}}{3}\sin A\sin C$，又 $A+C=\dfrac{2\pi}{3}$，

所以 $S_{\triangle ABC}=\dfrac{\sqrt{3}}{3}\sin A\sin\left(\dfrac{2\pi}{3}-A\right)=\dfrac{\sqrt{3}}{6}\sin\left(2A-\dfrac{\pi}{6}\right)+\dfrac{\sqrt{3}}{12}\left(\dfrac{\pi}{6}<A<\dfrac{\pi}{2}\right)$.

$S_{\triangle ABC}$ 的取值范围是 $\left(\dfrac{\sqrt{3}}{6},\dfrac{\sqrt{3}}{4}\right]$.

（学生5说题：求范围或最值问题可以转化为函数问题，把“$c=1$”变为“$b=1$”仍旧利用正弦定理进行边化角得三角函数，初步形成模式化技能. 依据新课程标准，学生逻辑推理、抽象概括、运算能力核心素养达到水平2级.）

解法2：（极限思想和特殊化）限于篇幅，此处解略.

解法3：（几何法）

如图1，因为 $B=60^\circ$，$b=1$，即 $\angle ABC=60^\circ$，$AC=1$，所以点 B 在以 AC 为弦所含圆周角为 60° 的圆弧上.

取 AC 的中点 D，联结 BD，作直径 AE、CF，联结 AF、CE.

因为 $\triangle ABC$ 为锐角三角形，所以点 B 在圆弧 EF 上（端点除外）.

由 $\angle ABC=60^\circ$，$AC=1$，可知当 BD 垂直 AC 时，$S_{\triangle ABC}$ 最大为 $\dfrac{\sqrt{3}}{4}$，当点 B 在点 E（或 F）时，$S_{\triangle ABC}\to\dfrac{\sqrt{3}}{6}$.

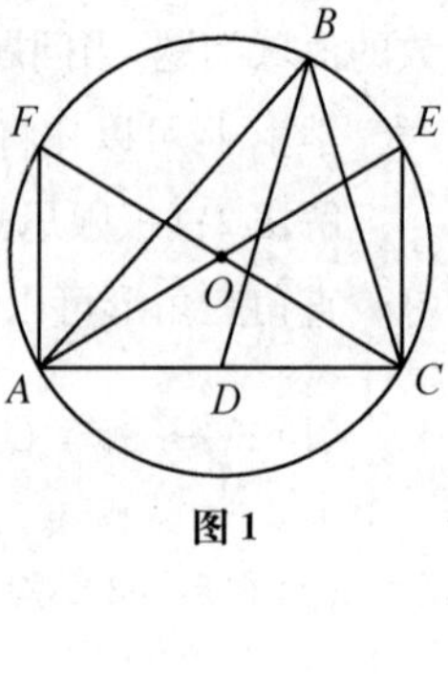

图1

所以 $S_{\triangle ABC}$ 取值范围是 $\left(\dfrac{\sqrt{3}}{6},\dfrac{\sqrt{3}}{4}\right]$.

（学生5说题：把“$c=1$”变为“$b=1$”观察到已知条件有 $\triangle ABC$ 的一边及其对角，联系到圆周角定理，由图形直观地推理出 $\triangle ABC$ 的面积范围. 这个方法相比学生4的方法，运算上更简洁，但是对已知条件要求特殊. 依据新课程标准，学生逻辑推理、直观形象素养水平达到2级.）

变式2：（提出特殊问题）锐角 $\triangle ABC$ 的内角 A、B、C 的对边分别为 a、b、c，已知 $a\sin\dfrac{A+C}{2}=b\sin A$.

（Ⅰ）求 B.（Ⅱ）$b=1$，求 $\triangle ABC$ 面积的最大值.

解法 4: 因为 $b^2=1=a^2+c^2-ac\geqslant ac$（当 $a=c$ 时，取等号），

所以 $S_{\triangle ABC}=\dfrac{\sqrt{3}}{4}ac\leqslant\dfrac{\sqrt{3}}{4}$（当 $a=c$ 时，取等号），$S_{\triangle ABC}$ 的最大值为$\dfrac{\sqrt{3}}{4}$.

（学生 6 说题：在变式 1 的前提下，由范围联系到最值，提出“求△ABC 面积最大值”的特殊问题. 对于特殊问题的思考，除了上述解法 1、解法 2 可以求解，关注到“最值”联想到“重要不等式”的应用，对二元不等式进行“放缩消元”得到解法. 当然，这个特殊方法在求解“范围”时有局限. 依据新课程标准，学生逻辑推理、抽象概括素养水平达到 2 级.）

教师：围绕本节课解决的“求三角形面积范围”核心问题，还可以提出哪些问题？

变式 3:（弱化条件）△ABC 的内角 A、B、C 的对边分别为 a、b、c，已知 $a\sin\dfrac{A+C}{2}=b\sin A$.

（Ⅰ）求 B.（Ⅱ）$b=1$，求△ABC 面积的取值范围.

变式 4:（提出新问题）△ABC 的内角 A、B、C 的对边分别为 a、b、c，已知 $a\sin\dfrac{A+C}{2}=b\sin A$.

（Ⅰ）求 B.（Ⅱ）$b=1$，求△ABC 周长的取值范围.

变式 5:（强化条件）△ABC 的内角 A、B、C 的对边分别为 a、b、c，已知 $a\sin\dfrac{A+C}{2}=b\sin A$.

（Ⅰ）求 B.（Ⅱ）$b=1$，当 $\angle A>\dfrac{\pi}{2}$ 时，求△ABC 面积的取值范围.

教学回顾: 虽然第（Ⅰ）问可以通过从改变△ABC 边角关系的已知条件进行变式，在怎么变式中，让学生更深刻理解正弦定理、余弦定理的知识本质，掌握求解三角形的思想方法. 但是本节课的核心问题是“研究三角形面积的范围问题”，为突出重点和突破难点，教学中侧重引导学生对第（Ⅱ）问进行一题多变，引导学生围绕核心问题，从改变已知条件、弱化条件、提出新的问题到强化条件、提出特殊问题等方法进行“一题多变”. 将此题第（Ⅱ）问已知条件“$c=1$”变为“$b=1$”，对比改变前后的问题结构和解法的区别和联系，在类比和对比中加深对问题的分析和数学知识的本质的理解，加强知识间的联系，提升学生提出问题的能力，学生在变式教学中，对问题本质的探索能提升学生的学习效率. 一题多解、多解归一能有效培养学生理性思维；尝试提问、自主编题可以培养学生的创新能力，促进学生创新思维的发展.

（三）一题多说

求解三角形及三角形面积问题常常作为高考的中档题出现，在考卷中客观题、主观题都有. 此题通过求三角形的角，考查正、余弦定理的本质理解和掌握程度；通过解三角方程考查三角恒等变形；通过求三角形面积的范围，考查正弦定理的深度理解和应用. 考查知识的同时，着重考查方程思想、消元法等通性通法；此题求三角形的面积范围，本质上就是建立二元

函数模型,求解目标函数值域的过程.

从对数学模型的广义理解看,方程和函数都是很重要的数学模型,所以此题还考查了学生数学建模能力.就数学思想和函数素养方面,对学生运用方程思想和函数思想、数形结合和合情推理的能力,逻辑推理、数学运算、直观想象等数学核心素养的考查都有涉及.题目设置了两问,体现了命题的"阶梯原则",有较好的区分度.第(Ⅰ)问的设置立足"必备知识"考查,第(Ⅱ)问立足于"综合应用"的考查;题目难度适中,符合课程标准的要求.

三、学习体验

学生1:今天的数学课十分精彩,老师讲题的过程中积极与我们互动,充分体会与关注学生,给予学生鼓励.一节课井井有条,讲题的过程中教给我们解题技巧与方法,从一个题目延伸到一种类型的题目进行多角度的讲解,使我们受益匪浅.

整节数学课充实而不枯燥,老师与学生进行交流,让我们也成为课堂真正的参与者,学习起来就更加轻松愉悦.

学生2:老师的数学课让我受益匪浅,对如何学好数学又有了一点自己的理解.

首先,要学会追问与思考.今天的这个题我们只知一种解法,却不曾深挖与探索更多的内涵.在老师的带领下,我们不仅开阔了视野还更加深入地了解了数学知识间的联系.也比较了三种方法的优缺点,在考试时能快速辨别出哪种方法最好用,这便是多思考的好处.

其次,要有不怕错的实验精神.今天的第三种方法是经过了大家的讨论与思考得出的,虽然也会有走不通的时候,但是要勇敢地思考,只有脑子里的东西才是自己的.

学生3:这堂数学课给我印象最深的是思维的开放性.

一个题,老师给我们呈现了多种解法,以及一个题的多种变式,真正做到了会解这一个题后,会做一类题.并且我还认识到,做作业、平时的刷题,不只是算出一个答案,而要重在过程,重在思维的锻炼与进一步的开发.当我们做完一个题后,应该想想,此题还有其他解法吗?或者此题还有什么简便的解法吗?只有这样多问自己这些问题,在考试中,才能更游刃有余地做题.掌握这一类方法,就算遇到新题型,也可以发现其本质.

四、教学反思

1. 获得更高层次的认识与模式化的技能

数学基本活动经验是在实践中获得的一种更高层次的认知或更模式化的技能.教学中,教师应该帮助学生经历发现、生成、归纳和迁移的经验获得过程,并引导学生将积累的经验内化成一定的数学思维模式.高三复习课堂,从一道高考题入手,通过一题多解、一题多变的方式引导学生采用用波利亚"怎样解题"方法,教学生会数学地思考,在"解决问题一提出问题一解决问题"中,实现学生长见识,悟道理,形成更高层次的认识与模式化的技能,提升课堂教学实效性.

2. 学生要有亲身的过程性经历

学生积累到的数学基本活动经验不是靠教师的口头传述或学生的简单训练而获得的，学生必须有亲身的过程性经历，必须让学生主动经历萌发、明晰、概括和重构的各个阶段，只有这样获得的经验才能被灵活运用．才不会出现知而不懂、懂而不会、会而不对、对而不优的情形．教学中，教师应该落实以学生为主体的教学理念，充分搭建学生自主探究的平台，让学生有亲身体验解决问题的机会，教师通过一题多解、一题多变、多题归一的变式教学，引导学生积累数学解题活动经验．在解题教学中，通过让学生说解题思路、示范演示、解题后学习体会等方法，关注学生的数学表达，“说数学”有助于学生善发现和善思考的习惯的形成，以及观察和归纳能力的提升，进而发展学生的数学核心素养．

五、一题一诗

求角求边求面积，正弦余弦两定理．
求值方程来解决，范围最值系函数．
方程函数两兄弟，数学问题两模型．
一题多解又多变，三教理念育素养．

参考文献

[1] 何星月．高中数学基本活动经验的教学实践与探索[J]．数学通讯，2018(5)：13－16．

[2] 中华人民共和国教育部．普通高中数学课程标准(2017年版)[S]．北京：人民教育出版社，2018．

第二篇

立体几何与空间向量

“几何体外接球”解题教学课例

——以一道高考复习题为例

罗林萍，李时建(贵州省凯里市第一中学)

题名对联

林中偶遇当先生应尽全身力气　萍水相逢为学生愿奉十分心肠

李自成蹊花繁果盛不寂寞　时来运转人生得意须尽欢

一、教学设计

(一) 知识要点

正弦定理、勾股定理、球的体积与表面积以及立体几何中直线与平面有关的知识点.

原题再现：如图 1，三棱锥 $A-BCD$ 中，$AD\perp AC$，$AD\perp AB$，$AB=AC=AD=1$，$\angle BAC=120^\circ$，求三棱锥外接球的半径.

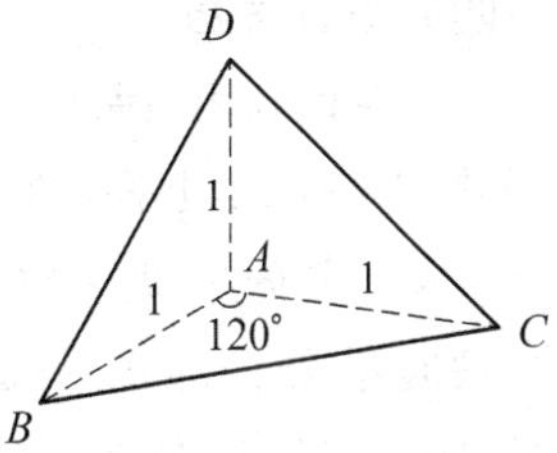

图 1

(二) 学习背景

1. 教材分析

球是立体几何教学的有效载体，为学生的直观想象和数学抽象核心素养的培养提供了有力的工具. 教材中以简短的篇幅介绍了球的结构特征，对球的概念阐述简洁明了，并在此基础上扩充了球的体积和表面积公式. 近几年，球和多面体结合、以“多面体的外接球”作为问题形式出现在大众的视线，其综合性也使得该问题成为学生学习的难点之一. 一方面，在本专题的学习中，通过教学设计，希望充分让学生体会“四能”，即发现问题、提出问题、分析问题、解决问题这四大关键能力，学会用数学思维认识和理解事物. 另一方面，通过本专题的学习，希望学生能够充分理解和掌握球的概念本质，即球面是空间中到定点距离等于定长的点的集合，从而使学生能够在抓住几何体结构特征的基础上，通过寻找球的球心与半径等几何关系来突破难点.

2. 学情分析

本节课可作为高三学生在第一轮复习《立体几何》这一章中《球的表面积与体积公式》的基础上开的一节专题课，也可作为高一学生学习完《立体几何》这一章之后开设的一节专题课. 高三学生在已经学习完高中所有课程的情况下，具备了对球的问题进行综合分析的能力，但是高一的学生可能在分析和解决问题上还稍有欠缺. 考虑到地域和复习进度的差异，在教学过程中，可以先在课前以微课形式复习球的有关基础知识，了解学生的掌握情况，根据学生的情况在课堂中进行适当的提示和引导.

3. 核心问题

(1) 球的球心如何确定?

(2) 球的半径放在哪个平面图形中研究?

(三) 学习目标

1. 核心素养目标

本题着重考查数学抽象、直观想象和数学运算等核心素养，同时还对学生的画图能力有要求. 因此，该题教学的目标就是培养和提高学生的抽象思维、直观想象以及数学运算和作图等方面的能力.

2. 长知识悟道理

学生在专题学习中应该了解和掌握一般题型，达到见题不陌生的程度，体会变式过程中改变一些题目条件给原题带来的影响，并尝试解决. 在解决问题的过程中，对题目要建构自己的理解，体会方法的共同性，悟出解题的一般思路和方法并加以运用.

(四) 设计思路

本堂课利用微课和几何画板等信息技术手段，采用教师指导、个人独立思考、小组交流的模式实施教学. 让学生在整个课堂多思考、多体验、多表达.

第一部分“一题多解”让学生对题目的条件有一个充分的理解，并尝试从不同的思考角度求解问题. 第二部分“一题多变”通过变化题目条件，体会第一部分中解法的特殊性与一般性. 第三部分“一题多说”让学生在体验中总结和感悟解决问题的一般方法.

二、教学过程

(一) 一题多解

解法 1: 如图 2、图 3 所示，先找出底面 ABC 的外接圆圆心 O', O' 与 A、B、C 的连线为三角形 ABC 外接圆半径，记为 r.

$$2r=\frac{|AC|}{\sin\angle ABC}=\frac{1}{\frac{1}{2}}=2,\ r=1.$$

过 O' 作平面 ABC 的垂线，设球心为 O, O 与 D、A、B、C 四个点任意一点的连线即为球的半径，记为 R.

由题可知，AD 垂直于平面 ABC, OO' 垂直于平面 ABC，故 $AD \parallel OO'$.

图 4 为梯形 $OO'AD$ 的平面示意图，显然 $OO'=\frac{1}{2}DA=\frac{1}{2}\times 1=\frac{1}{2}$.

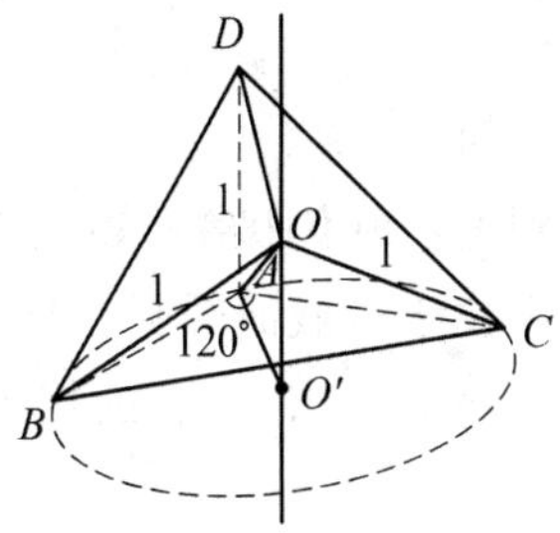

图 2

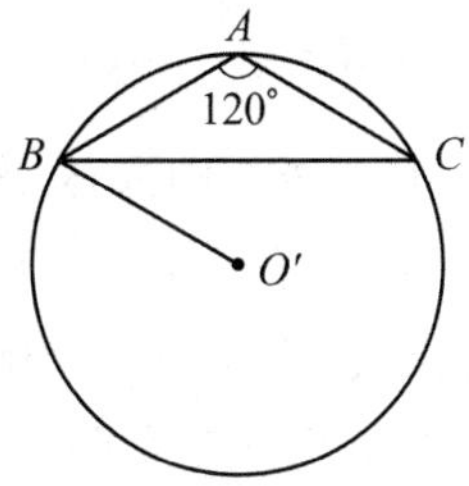

图 3

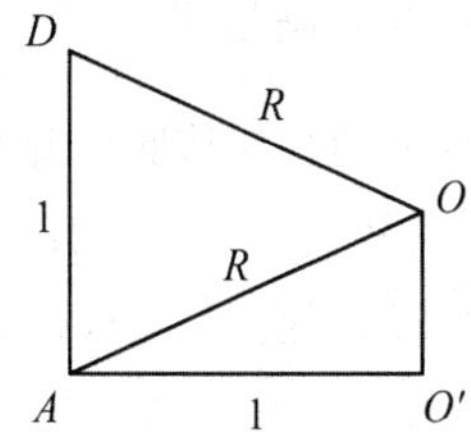

图 4

球的半径满足 $R^2=r^2+O'O^2$，故 $R=\sqrt{r^2+O'O^2}=\sqrt{1+\frac{1}{4}}=\frac{\sqrt{5}}{2}$.

教学研讨： 先从底面开始，找到底面外接圆圆心，该圆心到每个顶点距离相等. 由 $AD\perp AC$，$AD\perp AB$ 可知 AD 垂直于平面 ABC，且已知 $\angle BAC=120°$. 我们将几何体旋转一下，以点 D 作为顶点，平面 ABC 作为底面，得到如图所示几何体. 想要找到球心，即到每个顶点距离相等的点，不妨先考虑到底面 ABC 的三个顶点距离相等的点位置在哪？底面 ABC 的外接圆圆心，即截面圆圆心. 通过几何关系知球心位于过截面圆圆心且与平面 ABC 垂直的直线上. 然后设球心点，进一步找出几何关系求解球的半径.

解法 2： 如图 5、图 6 所示，先找出底面 ABC 的外接圆圆心 O_1，再找到平面 ABD 的外接圆圆心 O_2.

$$2r=\frac{|AC|}{\sin\angle ABC}=\frac{1}{\frac{1}{2}}=2,\ r=1.$$

过 O_1 作平面 ABC 的垂线，过 O_2 作平面 ABD 的垂线，两条垂线的交点即为球心 O，O 与 A、B、C、D 四个点任意一点的连线即为球的半径.

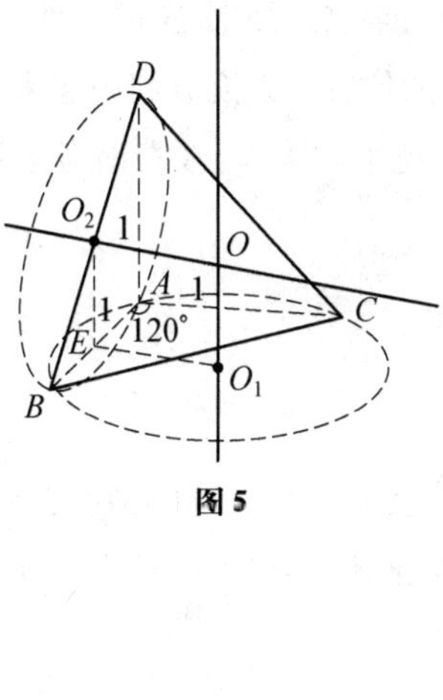

图 5

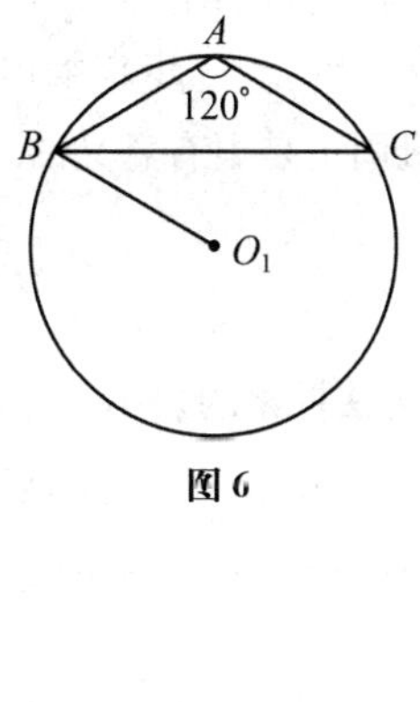

图 6

取 AB 的中点 E，由题可知，$O_2E \perp$ 平面 ABC，$OO_1 \perp$ 平面 ABC，故 $O_2E \parallel OO_1$.

显然 $OO_1 = \frac{1}{2}AD = \frac{1}{2} \times 1 = \frac{1}{2}$.

球的半径满足 $R^2 = r^2 + OO_1^2$，故 $R = \sqrt{r^2 + OO_1^2} = \sqrt{1 + \frac{1}{4}} = \frac{\sqrt{5}}{2}$.

教学研讨： 先从底面开始，找到底面外接圆圆心，该圆心到每个顶点距离相等. 想要找到球心，只需找到每个顶点距离相等的点. 通过几何关系知球心位于过截面圆圆心且与平面 ABC 垂直的直线上. 同理，球心还位于过 ABD 截面圆圆心且与平面 ABD 垂直的直线上. 于是，球心为两条垂线的交点，进一步找出几何关系求解球的半径.

解法 3：如图 7，建立空间直角坐标系. 由题可知 A、B、C、D 四点坐标分别为 $A(0, 0, 0)$，$B\left(\frac{\sqrt{3}}{2}, -\frac{1}{2}, 0\right)$，$C(0, 1, 0)$，$D(0, 0, 1)$. 设外接球的球心坐标为 $O(x, y, z)$，由 $|OA| = |OB| = |OC| = |OD|$，得

$$\begin{cases} x^2 + y^2 + z^2 = x^2 + y^2 + (z-1)^2, \\ x^2 + y^2 + z^2 = x^2 + (y-1)^2 + z^2, \\ x^2 + y^2 + z^2 = \left(x - \frac{\sqrt{3}}{2}\right)^2 + \left(y + \frac{1}{2}\right)^2 + z^2. \end{cases}$$

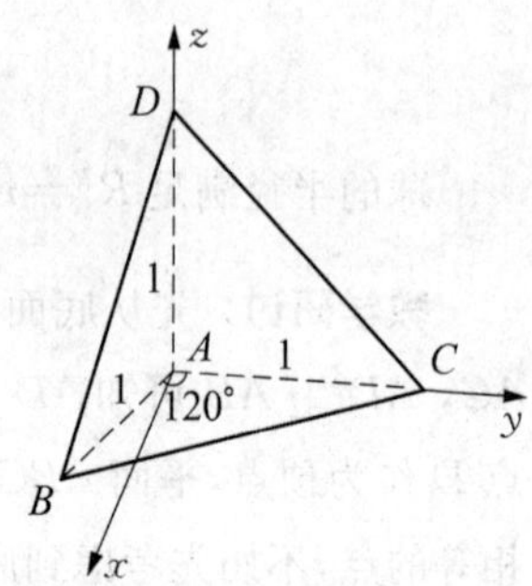

图 7

解得 $x = \frac{\sqrt{3}}{2}$，$y = \frac{1}{2}$，$z = \frac{1}{2}$.

球的半径 $R = |OA| = \sqrt{x^2 + y^2 + z^2} = \sqrt{\frac{3}{4} + \frac{1}{4} + \frac{1}{4}} = \frac{\sqrt{5}}{2}$.

教学研讨： 抓住球心到三棱锥各顶点距离都等于半径，通过建立空间直角坐标系，求出球心 O 的坐标，从而解决问题.

总的来说，上述三种解法有不同点也有共同点，不同之处在于第一种和第二种方法对于考生的空间直观想象能力要求比较高，而第三种方法将空间的问题转化为代数问题，减少了学生对于"球"问题的恐惧心理，但又对学生的计算能力有较高的要求. 共同之处在于都非常鲜明地利用了球心到球面上任一点距离相同这个特点. 因此，通过几种解题思路的探索和比较，应尽量使用空间想象，将某个面垂线与球心的位置关系充分利用起来，在这个过程中探索球的半径满足的几何条件，进一步求解出来. 避免小题大作，浪费高考考场上有限的时间，不过课后进行探索和巩固也是很有意义的.

（二）一题多变

1. 题目分析和解法探索的启示

深入分析发现，不是所有的几何体都具有外接球. 以三棱锥为例，必须当过两个面的圆心所作该平面的垂线在同一个平面内相交，该三棱锥才有外接球，且交点即为球心. 在保证有外

接球的情况下,设计了关于几何体外接球的变式问题,学生在变式问题中体会求解球问题的主要途径和一般方法,并进一步总结和巩固.

2. 问题变式

变式 1:贴近高考,已知球半径求几何体体积.

(2018 年高考全国Ⅲ卷理科数学第 10 题)设 A、B、C、D 是同一个半径为 4 的球的球面上四点,$\triangle ABC$ 为等边三角形且其面积为 $9\sqrt{3}$,则三棱锥 $D-ABC$ 体积的最大值为(　　).

A. $12\sqrt{3}$　　B. $18\sqrt{3}$　　C. $24\sqrt{3}$　　D. $54\sqrt{3}$

思路分析: 如图 8,设点 O'为$\triangle ABC$ 的中心,D 为三棱锥 $D-ABC$ 的顶点,$\triangle ABC$ 的面积已知,则三棱锥的高越长体积越大.

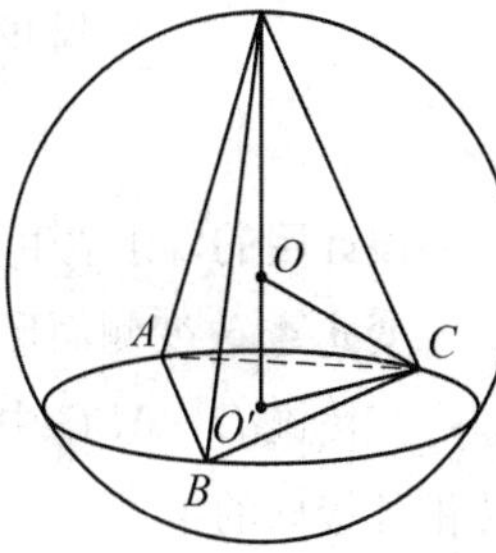

图 8

由图 8,判断出当 $DO'\perp$ 平面 ABC 时,三棱锥的高最长,故三棱锥 $D-ABC$ 在此时体积最大,然后进行计算可得球的半径,代入公式求解出球的体积.

由图 8,当 $DO'\perp$平面 ABC 时,此时 $|OD|=|OC|=R=4$,则 $|OO'|=\sqrt{|OC|^2-|O'C|^2}$.

于是可求得球心到底面外接圆圆心的距离 $|OO'|$,则高 $h=|O'D|=|O'O|+R$. 经求解, $h=6$.

$$(V_{D\text{-}ABC})_{\max}=\frac{1}{3}\times 9\sqrt{3}\times 6=18\sqrt{3}.$$

变式 2:贴近高考,已知几何体的棱长关系求球的半径.

(2018 年高考全国Ⅱ卷理科数学第 9 题)已知 A、B 是球O 的球面上两点,$\angle AOB=90^\circ$,C 为该球面上的动点,若三棱锥 $O-ABC$ 体积的最大值为 36,则球 O 的表面积为(　　).

A. 36π　　B. 64π　　C. 144π　　D. 256π

思路分析: 三点确定一个平面,由题可知,点 O、A、B 三点在同一个平面内,且该平面过球心,该平面截球所得截面圆为球的大圆,故 $OA=OB=R$.

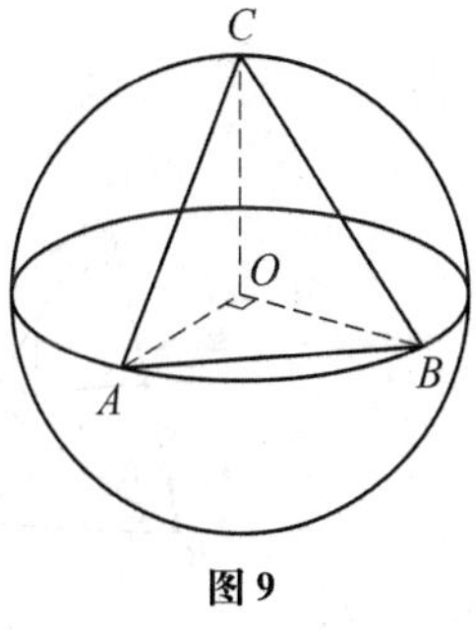

图 9

因为 $\angle AOB=90^\circ$, $\triangle OAB$ 的面积可知,则三棱锥的高越长体积越大.

如图 9,判断出当 $OC\perp$ 平面 OAB 时,三棱锥的高最长,为 R,且三棱锥 $O-ABC$ 在此时体积最大,为 36.

于是可列出式子

$$V=\frac{1}{3}Sh=\frac{1}{3}\cdot\frac{1}{2}R^2\cdot R=\frac{1}{6}R^3=36,\ R=6.$$

球的表面积为 $4\pi R^2=4\times 36\pi=144\pi$.

变式 3:改变底面的形状.

如图 10,三棱锥 $A-BCD$ 中,$AD\perp AC$, $AD\perp AB$, $AB=AC=AD=1$, $\angle BAC=60^\circ$,

求三棱锥外接球的半径.

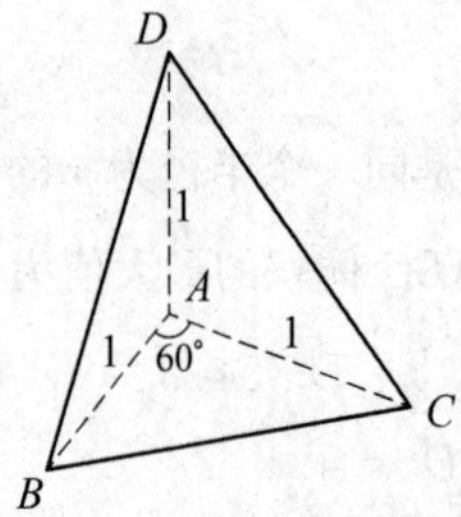

图 10

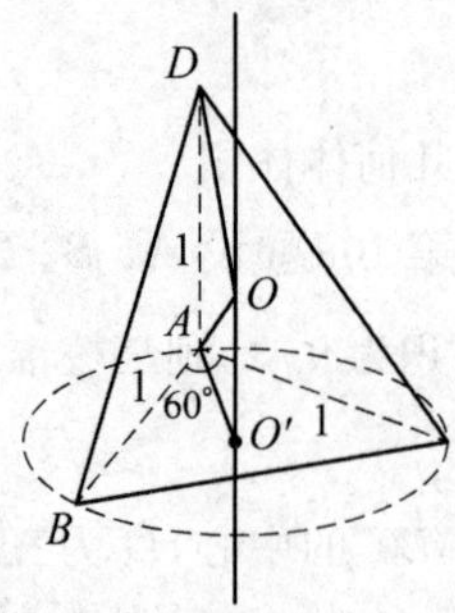

图 11

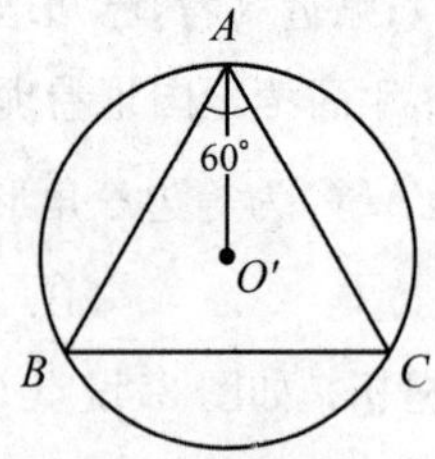

图 12

设计目的: 让学生再一次体会找球心来分析球问题的方法(如图 11、12).

变式 4:改变侧面形状,不改变侧面的位置关系.

三棱锥 $D-ABC$ 中,$AB=AC=AD=BD=BC=1$,平面 ABC 与平面 ABD 垂直,求三棱锥外接球的半径.

思路分析: 先找几何体面与面之间的关系. 如图 13,由题可知,$\triangle ABC$ 与 $\triangle ABD$ 均为等边三角形,且两个平面交于直线 AB. 点 D、C 与 AB 中点 E 连线,$\triangle CED$ 为直角三角形,即平面 ABC 与平面 ABD 垂直. 其次确定 $\triangle ABC$ 的外接圆圆心 O',过 O' 作平面 ABC 的垂线,设球心为 O,O 与 D、A、B、C 四个点任意一点的连线即为球的半径. 探索与半径有关的几何关系可得半径长.

解:如图 14,$O'C=\dfrac{1}{\sin\angle CBA}=\dfrac{1}{\sin 60°}=\dfrac{1}{\frac{\sqrt{3}}{2}}=2r$,$r=\dfrac{\sqrt{3}}{3}$.

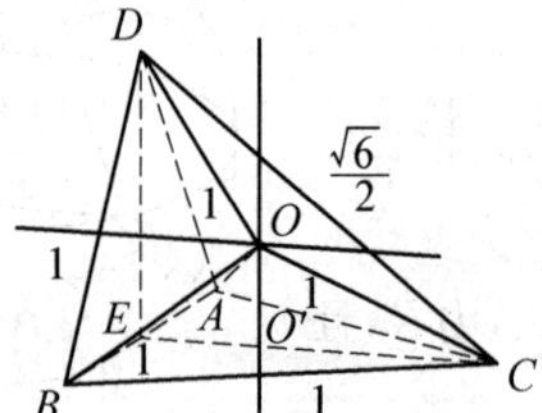

图 13

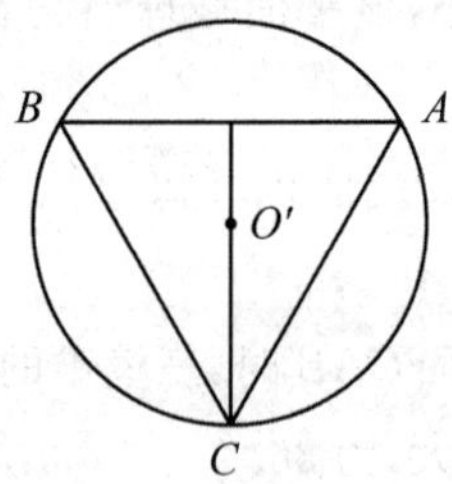

图 14

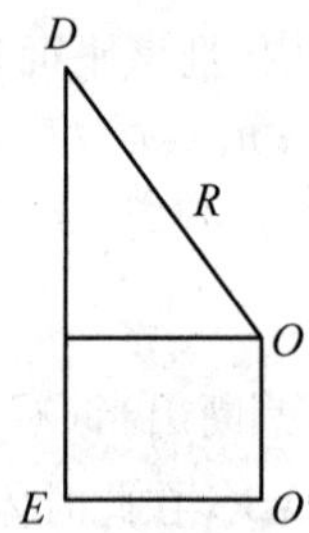

图 15

同理,截面 ABD 的外接圆半径也为$\dfrac{\sqrt{3}}{3}$,$O'E=\dfrac{\sqrt{3}}{2}-\dfrac{\sqrt{3}}{3}=\dfrac{\sqrt{3}}{6}$.

如图 15,$R^2=\left(\dfrac{\sqrt{3}}{6}\right)^2+\left(\dfrac{\sqrt{3}}{3}\right)^2=\dfrac{5}{12}$,则 $R=\dfrac{\sqrt{15}}{6}$.

变式 5:改变侧面与底面所成二面角的大小,但保持原有的对称性.

如图 16,三棱锥 $D-ABC$ 中,$AB=AC=AD=BD=BC=1$,平面 ABC 与平面 ABD 所成二面角为 $60°$,求三棱锥外接球的半径.

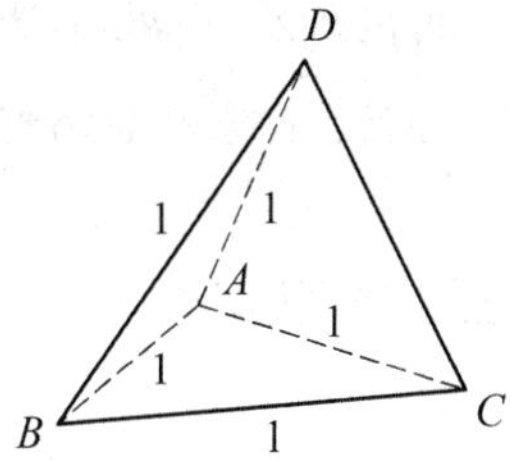

图 16

思路分析: 找到$\triangle ABC$ 的外接圆圆心 O',过 O'作平面 ABC 的垂线,设球心为 O, O 与 D、A、B、C 四个点任意一点的连线即为球的半径. 由几何体的结构特征知 $DO'\perp$ 平面 ABC,故球心 O 点在直线 DO' 上,联结点 O 与点 C,得到几何关系,构造直角三角形,找到直角三角形中圆心与球心的距离,截面圆半径、圆锥底面半径和高之间的关系如图 18,则球的半径可得.

解:如图 19, $O'C=\dfrac{1}{\sin\angle CBA}=\dfrac{1}{\sin 60°}=\dfrac{1}{\frac{\sqrt{3}}{2}}=2r$, $r=\dfrac{\sqrt{3}}{3}$.

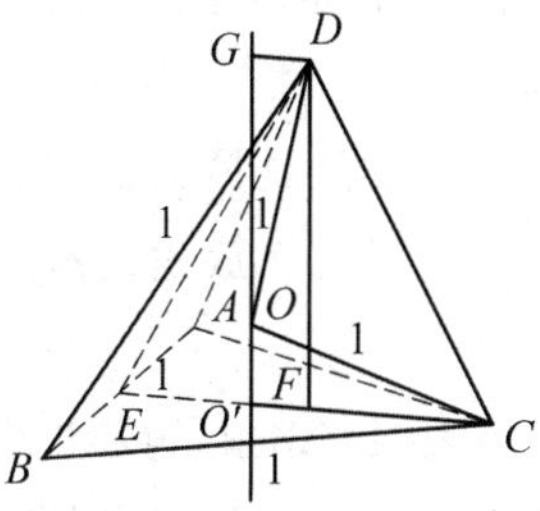

图 17

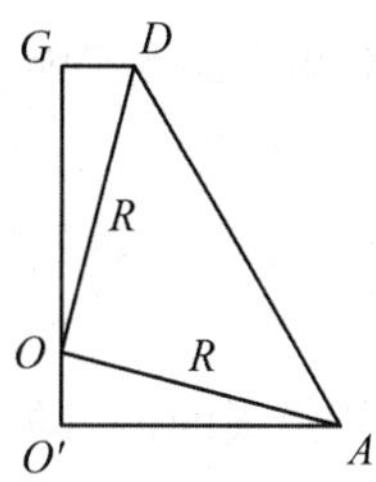

图 18

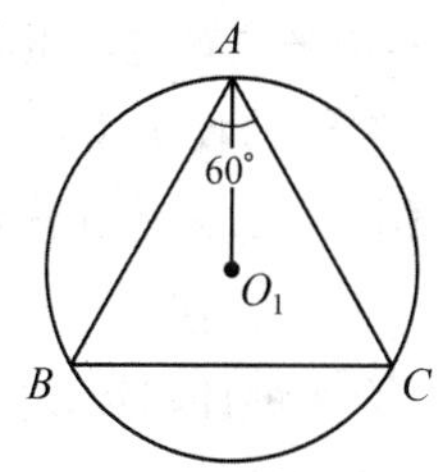

图 19

因为$\triangle ECD$ 为等边三角形,D 在平面 ABC 内的投影 F 是线段 EC 上的中点,且 $O'E=\dfrac{\sqrt{3}}{2}-\dfrac{\sqrt{3}}{3}=\dfrac{\sqrt{3}}{6}$,故 $O'F=GD=\dfrac{\sqrt{3}}{3}-\dfrac{\sqrt{3}}{4}=\dfrac{\sqrt{3}}{12}$, $DF=GO'=\dfrac{3}{4}$.

设 $OO'=t$,满足 $t^2+r^2=\left(\dfrac{3}{4}-t\right)^2+GD^2$,解得 $t=\dfrac{7}{12}$.

故 $R=\sqrt{t^2+r^2}=\sqrt{\dfrac{49}{144}+\dfrac{1}{3}}=\dfrac{\sqrt{157}}{12}$.

课后思考: 试想一下,如图 20,在三棱锥 $D-ABC$ 中,若棱长 $AB=AC=AD=BD=BC=1$,棱长 $DC=a$,那么,该锥体一定存在外接球吗? 如果存在,外接球半径的取值范围是多少?

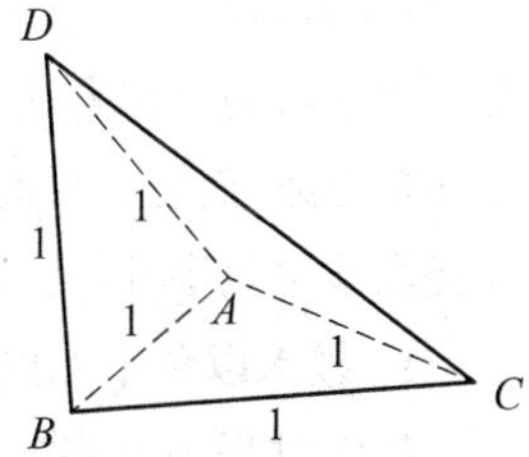

图 20

(三) 一题多说

本题的多解变式探究从最简单的形式入手,涉及到的内容比较复杂,既要运用多面体的知识,又要掌握球的知识,还要特别注意多面体的有关几何元素与半径之间的关系. 近年来该内容主要以选择题或者填空题为主,解题方法主要是通过确定球心位置和求解球的半径的大小来研究球的表面积和体积问题. 从实际教学来看,大部分学生尚未掌握解决问题的方法,不能将形状不一的几何体的外接球问题巧妙地联系起来. 所以希望通过本节课的学习,让学生学会自己探索和总结解决问题的方法,形成一定的创新能力.

三、学习体验

通过本题的"一题一课"教学,大多数同学巩固了正弦定理、勾股定理、球的体积与表面积以及立体几何中平面与直线有关的知识点. 在"教思考""教体验""教表达"三教理念的渗透下,学生获得了丰富的学习体验和解题经验. 通过收集资料和与学生的沟通交流中了解了部分学生的学习体验.

学生 1:以前只会做三条棱两两垂直补全成长方体的几何体的外接球问题,现在终于知道一般的几何体外接球问题是在干嘛了!

学生 2:原来球心的位置在平面外接圆圆心的垂线上,就说正弦定理最后的外接圆半径怎么不太常用,原来放在这里正合适啊,简直豁然开朗.

学生 3:今天的收获很大,明白自己在做什么. 我认为解决这类问题最关键的点在于把平面关系抽象出来,那么重点就是要将半径放在某一个平面中,但是怎么放我还需要时间去体会和总结.

学生 4:今天的课程和以前的课程最大的区别在于今天是先探究多解,再通过变式总结通法的一种方式. 在今天的课堂中,我深深地感受到解决这类问题的通法,通过老师的变式训练让我进一步提炼和总结,遇到的题目再怎么变形,我都不再害怕,外接球的问题尽情来吧!

四、教学反思

在这次解题课例的教学过程和学生的体验中,笔者深深地感受到"三教"理论,即"教思考,教体验,教表达"在一堂成功的数学课准备过程中的重要性. 学习是数学学习的主人,教师是学生学习的组织者、引导者和合作者. 在教学过程中,教师应该让学生获得必要的数学知识和必备能力,而怎么样高效地取得教学中想要达到的效果,需要将"三教"理论渗透在其中,从而提高课堂效率. 因此,这节课给了笔者几点启示.

1. 授人以鱼不如授人以渔(注重学生的主体性,教会思考)

教学过程中更多的"思考"的确是有了,可学生的体验和表达却少了. 在教学之前笔者曾有这样的思考,教学过程中的体验是属于全部同学的,那怎样表达又属于谁? 教学结束后笔者有了自己的看法. 从长远一点来看,学习数学是希望培养一个人的逻辑思维能力,希望拥有辩证的思维看待这个世界,在每一个人的眼中,世界的数学形态应该都是不一样的. 但是从短暂的角度看,在读的每个学生都会参加高考,那么高考就是一道屏障,高考书写的模式就是天然的表达,每一个学生都需要将自己所思所想进行表达,这是最基本的. 更高一点的要求是表达的正确性和合理性. 所以笔者认为这方面在实施这节课的教学过程中还比较欠缺.

2. 一视同仁不如因材施教(注重学生的差异性,学会学习)

在课堂观察、学生的课后体验反思以及与学生交流中发现,对于基础相对较好的学生,变式的差异就已经可以吸引学生的注意,让学生意识到变式问题和原题的差异,从而引导其思考问题的方向,得到很好的学习体验,甚至会希望有更高难度的问题出现.但对于基础相对较差的同学来说,学生的反应会弱很多,这时候学生需要老师更多的引导和提示,甚至较为自卑的学生还需要教师在过程中给予充分的肯定和鼓励.根据不同的学生采取不一样的措施,会增加学生在课堂上的活跃度和参与度.

3. 须得高瞻远瞩鉴往知来(注重思维的开放性,不要局限)

虽然一题多解变式教学强调"一题一课",但一定不能仅仅局限在一道题上,"一题一课"最根本的也是解决问题的思想和方法.所以,在教学过程中一定要充分地理解题意,并且适当进行变换和拓展,加深学生的理解,充分发挥学生能动性,同时也把高考整体观和大局意识这两个特点体现得淋漓尽致.因此,希望能从变式中把多个知识点结合起来,达到一题多考、练一题得一类的目的,使得思维得到最大程度的开发.

五、一题一诗

多面体,外接球,问题求解莫担忧.
顶点连心均相等,寻找半径办法有.
对棱相等多割补,三棱互垂最优秀.
对角线长为直径,体积面积一网收.
特殊三角作为底,抓住外心不放手.
擎天一柱在此立,猴王必在树上游.
上下距离各取一,且看心中花雨楼.
剥茧抽丝出平面,勾三股四解忧愁.

“正方体截面问题”解题教学课例

——以 2018 年高考全国 I 卷理科数学第 12 题为例

侯军[1,2](1. 中央民族大学附属中学海南陵水分校;2. 新青年数学教师工作室)

题名对联

独树一帜三教理念可为侯

题海无涯勤学善思闯三军

一、教学设计

(一)知识要点

直线与平面所成角,空间向量法,空间几何体的截面以及与空间最值问题相关的常用知识(不等式、函数等).

真题再现: 已知正方体的棱长为 1,每条棱所在直线与平面 α 所成的角都相等,则 α 截此正方体所得截面面积的最大值为(　　).

A. $\dfrac{3\sqrt{3}}{4}$　　　B. $\dfrac{2\sqrt{3}}{3}$　　　C. $\dfrac{3\sqrt{2}}{4}$　　　D. $\dfrac{\sqrt{3}}{2}$

(二)学习背景

1. 教材分析

本节课是高三一轮、二轮复习的核心教学内容,是教材空间几何体截面问题的延伸,知识内容涵盖直线与平面平行的性质定理、直线与平面所成的角、空间几何体的截面含义、空间最值问题等四部分,需要学生在深度熟悉正方体截面形状的基础上求解截面的面积,故本节课的教学内容源于教材又高于教材,立足基础更发展能力.教师在教学中可借助实体模型,让学生通过观察、归纳、抽象、概括形成理性认识,使学生在小组的动手体验中、集体讨论的思考中、师生的交流表达中提高分析问题、解决问题的能力.

2. 学情分析

本课题基于省级重点中学高三学生的学习水平进行设计,学生在上本节课之前已具备立体几何的基础知识和基本技能,能够运用相关定理、定义进行空间线面、面面位置关系的判定与证明,能够用空间向量法解决空间角的计算问题,但对空间几何体的截面问题尚停留在感性认识、缺乏理性认识阶段. 即只知其名，却不知其形，更不知其探求之法. 同时学生对学习正方体截面问题的现实意义也缺少正确理解. 基于以上学习背景，拟采用“三教”理念与问题导学模式对该高考真题进行一题多解和一题多变的课堂教学，旨在提升学生数学能力的同时落实数学核心素养，从而让不同的学生获得不同的发展.

3. 核心问题

（1）平面截正方体所形成的截面图形.

（2）高中阶段求解空间最值问题的常见思维路径.

（三）学习目标

1. 核心素养目标

（1）借助实物模型进行实验操作，让学生在直观感知中对正方体的截面图形形成深刻的理性认识，促使学生在方法建构中形成数学抽象素养.

（2）通过对问题的分析、讨论、解答、反思，让学生掌握求解正方体截面最值问题的方法，促进学生的直观想象和数学运算素养的生成.

2. 长见识悟道理

通过学生小组合作学习，让学生体验交流互助的乐趣和好处，增进学生之间、师生之间的彼此信任和团队凝聚力，进而使学生明白团队协作的重要性.

在一题多解的思考和交流中，领会“山重水复疑无路，柳暗花明又一村”的探索精神，为学生以后的科研之路提供经验基础.

（四）设计思路

本节课以“问题导学”为课堂教学的推进手段，通过实物模型、图片、Geogebra 软件等向学生展示正方体截面形状的形成过程，以教师启发引导、学生体验操作、计算机辅助验证为教学主线，让学生在交流互助中收获数学知识，在课堂教学中体验发现问题、解决问题的乐趣. 同时，以高考真题为教学起点，通过教师设计的问题，让学生在思考问题的认知冲突中寻找到解题的突破点，进而获得本题的一题多解，并能在相互间的思考与交流中理性认识解法的优劣. 最后，通过问题变式，让学生在一题多变的“举三反一”中获得“举一反三”的思维能力. 总之，本节课研究问题的基本方法为：直观感知—操作确认—思辨计算—反思总结.

二、教学过程

（一）一题多解

1. 创设情境，引入课题

多媒体展示生活中的截面：播放《舌尖上的中国》厨师用刀切菜的视频（切豆腐、南瓜、莲藕、西红柿等）；播放生活中木匠利用锯子锯木头的视频. 结合视频，请同学们回答以下问题.

问题 1:空间几何体的截面是怎样产生的?

问题 2:你能尝试给截面下一个定义么?(学生进行表述,教师补充形成化的定义)

设计意图: 用生活中的实例让学生对截面的形状和产生过程形成直观感知,并体会数学是源于生活实际问题的模型抽象.

截面定义:平面与空间几何体表面交线围成的封闭图形(含内部).

教师导语:截面是一个平面图形,它和几何体有着密切的联系,学好截面我们能更好地将平面几何和立体几何建立起联系,截面问题是高考立体几何模块的热门考点之一,不妨看下题.

已知正方体的棱长为1,每条棱所在直线与平面 α 所成的角都相等,则 α 截此正方体所得截面面积的最大值为(　　).

A. $\dfrac{3\sqrt{3}}{4}$　　B. $\dfrac{2\sqrt{3}}{3}$　　C. $\dfrac{3\sqrt{2}}{4}$　　D. $\dfrac{\sqrt{3}}{2}$

教师导语:上题是 2018 年高考全国Ⅰ卷理科数学第 12 题. 作为压轴小题难度颇大,需要同学们对正方体的截面问题有深入的了解. 我们不妨先将此题搁置一边,先了解一些必要性知识之后再求解,请同学们思考以下问题.

2. 实验操作,启迪方法

问题 3:如何形成一个正方体的截面?

学生答案预设:像切豆腐那样可以用刀去切正方体.

教师进一步追问:用刀去切正方体虽然能够形成一个截面,但对正方体具有一定的破坏性,且不便于操作,能不能想出一个在不破坏正方体的情况下,就能看到截面的办法呢?(教师提问的同时顺势摇晃一下提前准备好的透明玻璃水杯进行暗示,学生自然喊出用水.)

问题 4:水无形却又有形,放置于透明正方体内,转动正方体即可动态地形成截面图形. 那么正方体的截面图形有哪些? 请同学们开展一次课堂小实验.

实验步骤:学生进行小组合作,利用提前准备好的透明正方体模型和水,一人负责转动正方体,一人负责对水量进行增减,其余同学负责观察、记录.

小组实验结束后,教师请每组派一个代表给出实验结果,并综合各组结果给出答案:正方体的截面图形有三角形、四边形、五边形、六边形.

设计意图: 通过课堂实验操作,让学生真切地体验截面的形成过程,并能自主发现正方体截面图形类型. 只有真体验才会有真感受,在学生的脑海里才会有几何直观,也才能引发学生的思考和表达.

教师导语:现在我们回到 2018 年的高考真题,你能找到一个截面,使正方体同一顶点引出的三条棱与终点的截面所成角是相等的么? 想不出来的,不妨将你手中的正方体再次转动起来(提醒学生注意用水量,并给予学生一定的时间).

学生通过课堂实验的探索、观察、讨论,不难探索得到如图 1 所示的截面:平面 B_1CD_1 和平面 BDA_1.

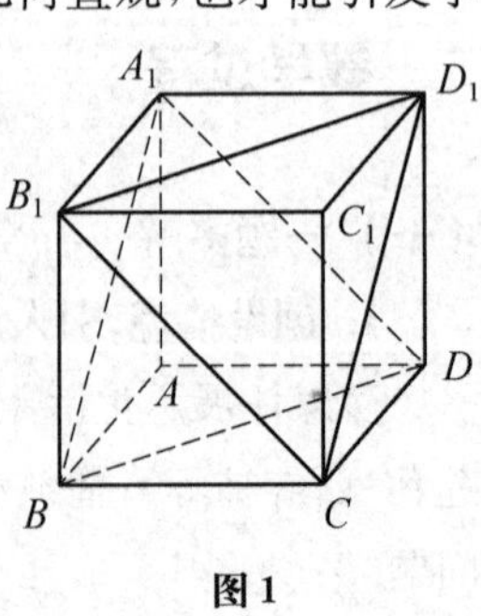

图 1

问题 5:将平面 B_1CD_1 向平面 BDA_1 平行移动,你能发现发现什么规律?

学生答案预设:平移过程中,每条棱所在直线与平面所成的角仍然相等.

教师导语:现在你能尝试着解一下 2018 年的这道高考真题么?

(通过启发引导,解法 1 已呼之欲出,给学生思考计算时间,最后由学生给出解答)

解法 1:将平面 B_1CD_1 向平面 BDA_1 平行移动,则每条棱所在直线与平面 α 所成的角仍然相等,结合图形的对称性及直观感知,可猜测截面面积最大时,该截面恰为正六边形(如图 2).

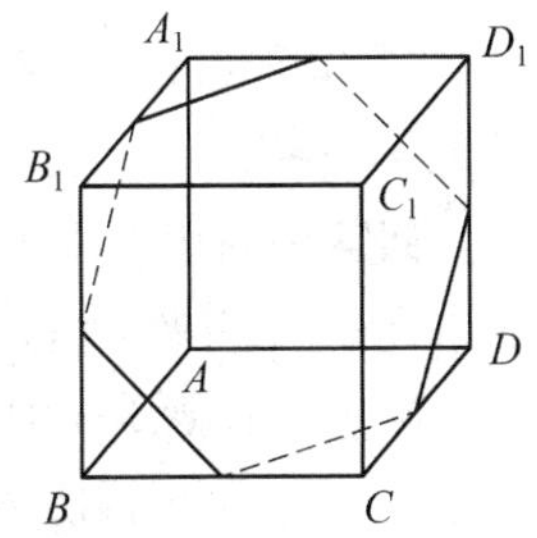

图 2

面积 $S=\frac{1}{2}\times\frac{\sqrt{2}}{2}\times\frac{\sqrt{2}}{2}\times\frac{\sqrt{3}}{2}\times 6=\frac{3\sqrt{3}}{4}$,结合四个选项,不难验证猜测正确,选 A.

教学说明: 课堂上,教师结合 Geogebra 软件进行演示,可进一步验证学生的猜想,让学生体会图形动态变化的过程,帮助学生在脑中形成更为理性的认识,教会学生定位、定形地思考此类问题.

设计意图: 在教师的启发引导和学生的实验探索下,在学生脑海里建立起几何直观,正如《普通高中数学课程标准(2017 年版)解读》一书所言:几何直观在探索解决问题的思路当中发挥着重要作用,结果通常是"看"出来,思路也是"看"出来的. 以上的设计正是期待学生"看"出思路.

问题 6:解法 1 是通过同学们直观感受和结合选项得到的,那能不能在解法 1 的基础上严谨地推理计算出来呢? 回忆高中阶段有哪些求最值的方法呢?(学生经验:函数、不等式)

问题 7:对于一个平面六边形,你怎么求它的面积?(学生经验:割或补,进而引出解法 2)

解法 2:将解法 1 中的截面六边形的各边延长,补成三角形,如图 3 所示,易知该三角形为正三角形. 设 $TC=x$,故六边形的面积可用三角形 EFG 的面积减去三个小三角形的面积计算,即

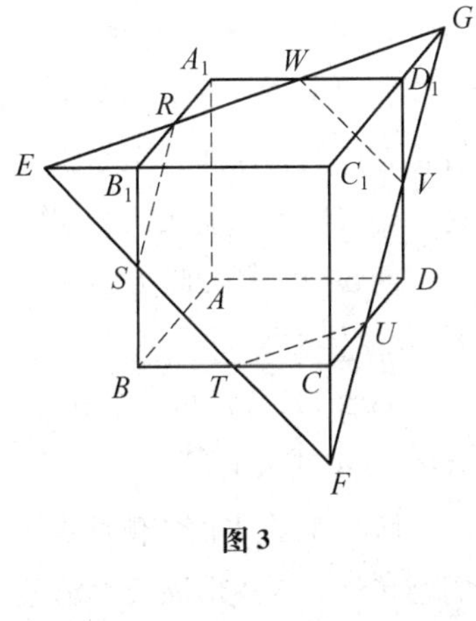

图 3

$$S=\frac{1}{2}[\sqrt{2}(1-x)+\sqrt{2}x+\sqrt{2}x]^2\times\frac{\sqrt{3}}{2}$$

$$-3\times(\sqrt{2}x)^2\times\frac{\sqrt{3}}{2}\times\frac{1}{2}$$

$$=\frac{\sqrt{3}}{2}(-2x^2+2x+1)$$

$$=\frac{\sqrt{3}}{2}\left[-2\left(x-\frac{1}{2}\right)^2+\frac{3}{2}\right].$$

所以当 $x=\frac{1}{2}$ 时,$S_{\max}=\frac{3\sqrt{3}}{4}$.

教学说明: 本解法主要采用了"补形"的技巧,即将六边形补成三角形,进而六边形面积转化为大三角形面积减掉三个小三角形面积. 事实上,本题还可以进行"分割",即将六边形分

割成一个大的三角形和三个小三角形的面积之和，教师可请同学们课后完成.

设计意图： 通过问题导学，引导学生自己动手完成解法 2. 事实上，解法 2 是在解法 1 几何直观的基础上进行严谨的代数推理，从解法 1 到解法 2，基于学生的最近发展区设置问题，使学生的思维层层递进，获得提升.

问题 8： 在解法 1、解法 2 的基础上，请同学们思考：你觉得本题卡住你的地方在哪里？（学生答案预设：无法确定截面的状态和具体的位置. 如学生回答偏离答案预设的方向，可继续追问引导）

问题 9： 对于立体几何问题我们还常借助哪一工具进行求解？（引导学生利用空间向量法求解，解法 3 自然显露）

解法 3： 建立空间直角坐标系，设截面 α 的法向量 $\vec{n}=(x,\ y,\ z)$，正方体所有棱可分为三类平行棱，三类平行棱的方向向量分别为 $\vec{a}=(1,\ 0,\ 0)$，$\vec{b}=(0,\ 1,\ 0)$，$\vec{c}=(0,\ 0,\ 1)$.

因为 $\vec{n}$ 与 $\vec{a}$、$\vec{b}$、$\vec{c}$ 夹角都相等，所以 $\dfrac{\vec{a}\cdot\vec{n}}{|\vec{a}||\vec{n}|}=\dfrac{\vec{b}\cdot\vec{n}}{|\vec{b}||\vec{n}|}=\dfrac{\vec{c}\cdot\vec{n}}{|\vec{c}||\vec{n}|}$.

即 $\dfrac{x}{\sqrt{x^2+y^2+z^2}}=\dfrac{y}{\sqrt{x^2+y^2+z^2}}=\dfrac{z}{\sqrt{x^2+y^2+z^2}}$，取 $x=1$ 得 $\vec{n}=(1,\ 1,\ 1)$.

由此可知截面 α 是与体对角线垂直的平面.

结合前面方法，不难得到 $S_{\max}=\dfrac{3\sqrt{3}}{4}$.

教学说明： 本解法的优点给缺少空间想象能力的同学指明了图形探索的方向，即“面 α 是与体对角线垂直的平面”，使得该问题由缺少思路转为豁然开朗，探究与求解变得更加容易.

教师导语：在之前的学习中，我们学过下面这样一个问题.

如图 4，在一个正方体方块的左下角 A 点处有一只蚂蚁，它要沿着正方体的表面爬行至右上角的 B 点，去搬运一块食物. 为了使得这个蚂蚁所走的路线长度最短，它应该怎么爬行？

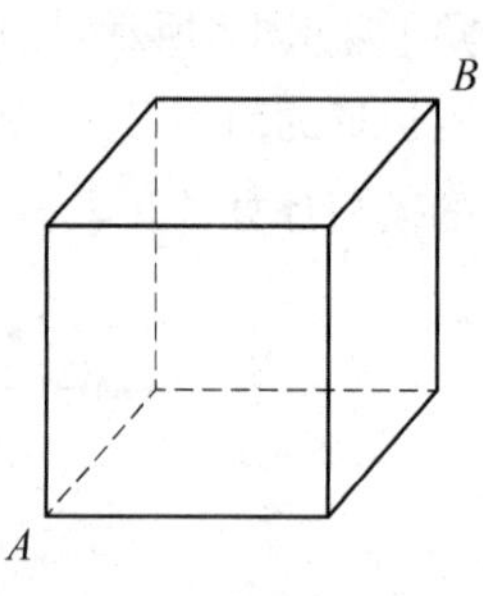

图 4

问题 10： 求解此类问题通常用什么方法？（学生答案预设：展开，化立体为平面）

问题 11： 我们可否借助上面的方法来分析这道高考题？请阐述方法，不必重复计算.

解法 4： 将多面体侧面展开，可知截面六边形的周长为正方体的面对角线长度的 3 倍. 故问题转化为六边形周长为定值时，面积何时最大. 不难判断，当六边形为正六边形时面积最大. 则问题转化求正六边形面积.

设计意图： 运用化归与转化思想，化陌生为熟悉，让学生的思维从空间图形计算转为平面代数分析，锻炼学生表达能力的同时，也可以提高课堂效率. 展开过程如果部分学生理解有困难，教师可借助 Geogebra 软件进行动态演示，以辅助学生的理解.

教师导语：事实上，“周长为定值，面积何时最大”这样的问题在高中教材和习题训练中都有接触.

课本题源:(人教A版教材必修5第99页例1)一段长36 m的篱笆围城一个矩形菜园,问矩形的长、宽各为多少时,菜园的面积最大?最大是多少?

教师结语:可见,本题虽源于课本却立意高远,重视数学能力和核心素养的考查,可谓难得的好题.

(二)一题多变

变式1:如图5,已知某平面与正方体的12条棱的夹角都等于α,则$\sin\alpha=$__________.

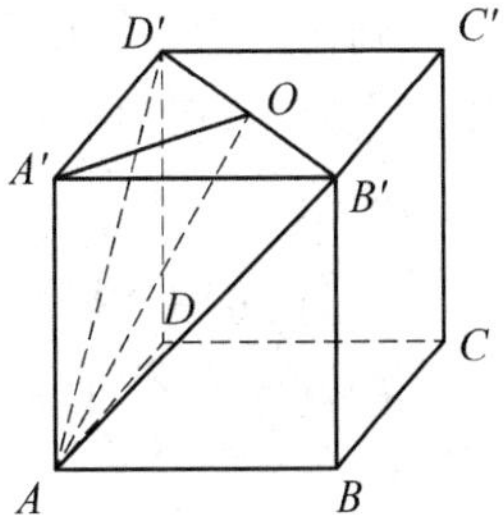

图5

解析:12条棱只有三个方向,棱$A'A$、$A'B'$、$A'D'$与平面$AB'D'$所成角相等.所以平面$AB'D'$是与正方体的12条棱的夹角都等于α的平面.

记$\angle A'AO=\alpha$,设$AA'=1$,则

$$A'O=\frac{\sqrt{2}}{2},\ AO=\sqrt{1+\left(\frac{\sqrt{2}}{2}\right)^2}=\frac{\sqrt{6}}{2}.$$

易知 $\sin\alpha=\dfrac{A'O}{AO}=\dfrac{\frac{\sqrt{2}}{2}}{\frac{\sqrt{6}}{2}}=\dfrac{\sqrt{3}}{3}.$

设计意图:将原本动态问题转为静态问题,强化学生对"每条棱所在直线与平面α所成的角都相等"这一句话的理解.

变式2:过正方体$ABCD-A_1B_1C_1D_1$的对角线BD_1的截面面积为S,记$S_{\max}$和$S_{\min}$分别为S的最大值和最小值,则$\dfrac{S_{\max}}{S_{\min}}$的值为( ).

A. $\dfrac{\sqrt{3}}{2}$ B. $\dfrac{\sqrt{6}}{2}$ C. $\dfrac{2\sqrt{3}}{3}$ D. $\dfrac{2\sqrt{6}}{3}$

解析:由图6可知,当截面为ABC_1D_1时,截面面积最大,可知面积最大为$1\times\sqrt{2}=\sqrt{2}$.

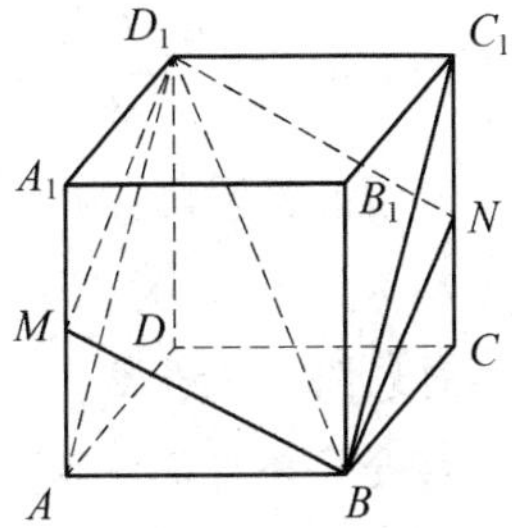

图6

当M、N分别为AA_1、CC_1的中点时,截面面积最小为

$$\frac{1}{2}\times MN\times BD_1=\frac{1}{2}\times\sqrt{2}\times\sqrt{3}=\frac{\sqrt{6}}{2}.$$

所以 $\dfrac{S_{\max}}{S_{\min}}=\dfrac{\sqrt{2}}{\frac{\sqrt{6}}{2}}=\dfrac{2\sqrt{3}}{3}.$

设计意图:结合课堂实验操作所建立的几何直观,学生较容易找到截面面积最大的状

态，根据对称性可知当 M、N 分别为 AA_1、CC_1 的中点时，截面面积最小. 本题的设计意图就是强化本节课学生所形成的直观想象素养.

变式 3： 棱长为 2 的正方体 $ABCD-A_1B_1C_1D_1$ 中，E 为棱 AD 的中点，过点 B_1 且与平面 A_1BE 平行的正方体的截面面积为（　　）.

A. 5　　B. $2\sqrt{5}$　　C. $2\sqrt{6}$　　D. 6

解析： 如图 7，取 BD 中点 F，A_1D_1 中点 G，联结 DF、B_1F、DB_1、DG、GB_1、GF.

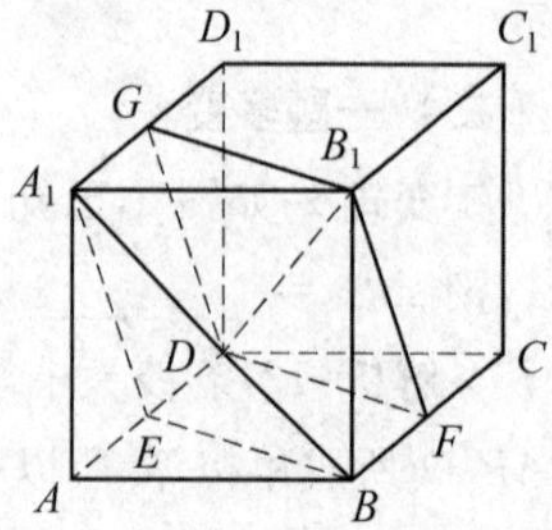

图 7

在棱长为 2 的正方体 $ABCD-A_1B_1C_1D_1$ 中，E 为棱 AD 的中点，易知过点 B_1 且与平面 A_1BE 平行的正方体的截面为四边形 DFB_1G.

因为 $DF=FB_1=B_1G=DG=\sqrt{5}$，$DB_1=2\sqrt{3}$，$GF=2\sqrt{2}$，所以过点 B_1 且与平面 A_1BE 平行的正方体的截面面积为

$$\frac{1}{2}\times 2\sqrt{3}\times 2\sqrt{2}=2\sqrt{6}.$$

设计意图： 变更正方体截面的生成的条件，让问题发散开来，旨在培养学生的发散思维能力.

变式 4：（2013 年高考全国新课标Ⅰ卷理科数学第 6 题）如图 8，有一个水平放置的透明无盖的正方体容器，容器高 8 cm，将一个球放在容器口，再向容器内注水，当球面恰好接触水面时测得水深为 6 cm，如果不计容器的厚度，则球的体积为（　　）.

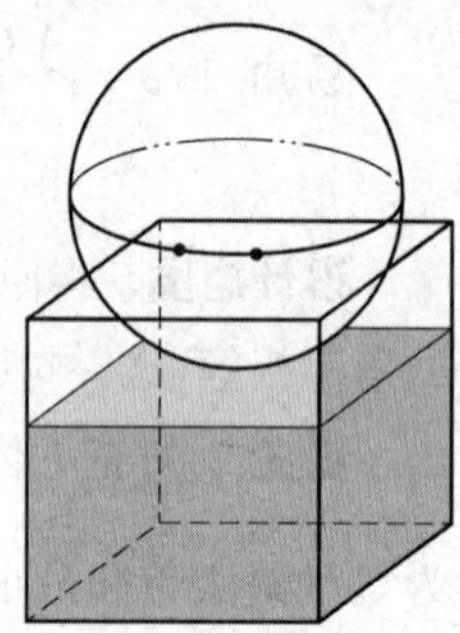
图 8

A. $\frac{500\pi}{3}$ cm^3　　B. $\frac{866\pi}{3}$ cm^3

C. $\frac{1372\pi}{3}$ cm^3　　D. $\frac{2048\pi}{3}$ cm^3

解析： 设球的半径为 R，则由题知球被正方体上面截得圆的半径为 4，球心到截面圆的距离为 $R-2$，则 $R^2=(R-2)^2+4^2$，解得 $R=5$，所以球的体积为 $\frac{4\pi\times 5^3}{3}=\frac{500\pi}{3}$ cm^2，故选 A.

设计意图： 当年高考时，很多学生不能理解“再向容器内注水，当球面恰好接触水面时测得水深为 6 cm”这句话的数学内涵，通过本节课的学习之后，学生自然体会“水面”即“截面”，解题思路自然迸发.

变式 5：（2016 年高考全国Ⅰ卷理科数学第 11 题）平面 α 过正方体 $ABCD-A_1B_1C_1D_1$ 的顶点 A，α // 平面 CB_1D_1，$\alpha\cap$ 平面 $ABCD=m$，$\alpha\cap$ 平面 $ABB_1A_1=n$，则 m、n 所成角的正弦值为（　　）.

A. $\frac{\sqrt{3}}{2}$　　B. $\frac{\sqrt{2}}{2}$　　C. $\frac{\sqrt{3}}{3}$　　D. $\frac{1}{3}$

解法 1: 如图 9,$\because \alpha \parallel$ 平面 CB_1D_1,

$\therefore$ 若设平面 $CB_1D_1 \cap$ 平面 $ABCD=m$,则 $m_1 \parallel m$.

又 $\because$ 平面 $ABCD \parallel$ 平面 $A_1B_1C_1D_1$,结合平面 $CB_1D_1 \cap$ 平面 $A_1B_1C_1D_1=B_1D_1$,

$\therefore B_1D_1 \parallel m_1$.

同理可得 $CD_1 \parallel n$,故 m、n 的所成角的大小与 B_1D_1、CD_1 所成角的大小相等,即 $\angle CD_1B_1$ 的大小.

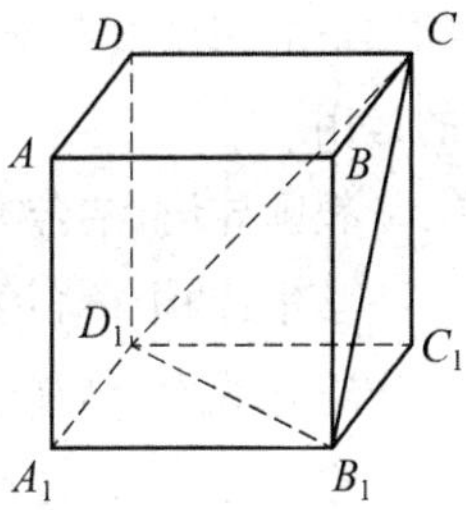

图 9

而$\triangle CD_1B_1$ 为正三角形,因此 $\angle CD_1B_1=\dfrac{\pi}{3}$,即 $\sin\angle CD_1B_1=\dfrac{\sqrt{3}}{2}$. 故选 A.

解法 2: 如图 10,过点 A 补一个与正方体 $ABCD-A_1B_1C_1D_1$ 相同的正方体,易知 m、n 所成的角为 $\angle EAF_1$,因为 $\triangle EAF_1$ 是正三角形,所以 $\sin\angle EAF_1=\sin 60^\circ=\dfrac{\sqrt{3}}{2}$.

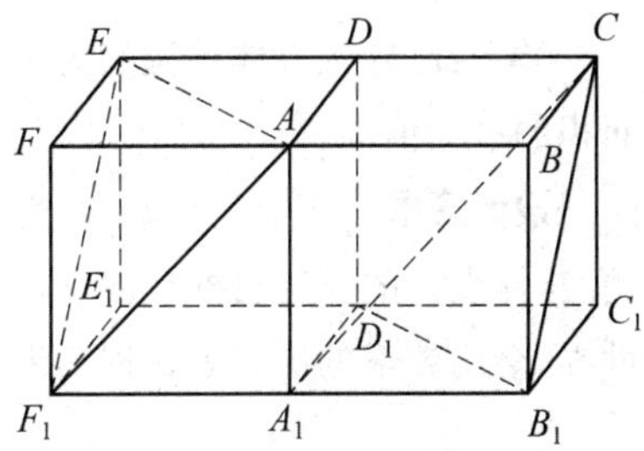

图 10

设计意图: 解法 1 是常规思路,学生容易思考,利用线面平行的性质定理让看不见的 m、n"显山露水",这需要学生具有较好的空间想象力和立体几何基础,对于大多数学生较难操作. 有了解法 1 的基础,教师可以设置问题链启发学生.

问题 1: 求 m、n 的夹角的难点在哪里?(学生答案预设:因为不知道 m、n 的位置,故找不到角)

问题 2: 解法 1 提供了一个思路,即通过平行转化的方式找到了 m、n 所成的角,这是一种间接的思路,可否直接作图找到 m、n 呢?(问题转化为过点 A 作 $\alpha \parallel$ 平面 CB_1D_1)

问题 3: 过点 A 作 $\alpha \parallel$ 平面 CB_1D_1 难在哪里?(学生答案预设:没有图形载体给我们"切")

经过以上的问题设置,学生自然想到补图,解法 2 呼之欲出,只待学生探索. 事实上,通过补图,学生可以得到更多类似解法 2 的解法,这需要课堂的动态生成.

(三)一题多说

教师导语:同学们能对本节课所讲的正方体截面最值问题进行一个评价么?

学生总评:正方体截面问题难点在于正确判断该正方体被平面所截的截面图形的形状,解题本质是剥去空间外壳,将空间问题平面化,再利用平面几何的方法求出截面面积或建立面积的函数关系式.

教师导语:结合本节课所学,同学们能说说本题的命题立意么?

学生:以空间想象能力和推理论证能力为导向,根据教材主干知识创设新情境,注重对基础知识的深层次考查.如直线与平面所成角、线面平行的性质定理,强调基础知识和基本思想的运用.

教师导语:结合本节课所学,你能说说本题的思维卡点么?

学生:两个核心条件的解读:1.每条棱所在直线与平面 α 所成的角相等;2.平面 α 截此正方体得到截面.只有对两个条件有正确理解才能确定截面 α 的位置和形状.

教师导语:通过本节课的一题多解和一题多变,你能说出求解此类问题的规律或程序么?

学生:首先,由关键点确定截面与空间几何体相交的位置;其次,根据题目中的已知条件与空间点、线、面的位置关系确定截面的形状和基本特征;最后,运用平面几何的有关性质、定理与公式完成截面相关的数量计算(如边长、周长、面积等).

教师导语:课堂上,我们用水和正方体做了一次实验,根据实验情况,你能尝试自己编写一个简单的截面最值问题么?(可小组讨论)

学生:已知正方体的棱长为 1,用一个平面 α 去截此正方体,则 α 截此正方体所得截面的面积的最大值为________.

设计意图: 让学生不仅学会解题,也要学会数学地表达,数学地思考,进而能提出问题.这样设计的长远目标是使学生会用数学的眼光观察现实世界,会用数学的思维思考现实世界,会用数学的语言表达现实世界.

三、学习体验

学生 1:用正方体转动水的实验很有趣,这是我们平时生活中都有的经历,没想到这里居然也隐藏数学,通过实验,使我对问题的求解突然有了灵感.

学生 2:通过对这道高考题多解与变式的学习,使我对截面问题有了新的认识,知道了怎么作截面,也知道了截面面积问题的求解技巧和思考方向.

学生 3:解法 3 的向量法是我起初没有关注到的,我一直专注于几何视角去分析.通过向量运算,为我思维的卡顿之处照了一道光,为我进一步确定截面位置照亮了方向.

四、教学反思

通过本解题课例的教学,结合学生的课堂表现和教师的教学体验,对本节课总结如下.

1. 遵循认知规律,建立几何直观

本节课所选高考题具于有一定的难度,需要学生具备良好的空间想象力和较好的数学抽象素养.如果直接让学生来做,能做上来的学生寥寥无几.如果直接讲授,学生虽然能接受,却没办法理解各种解法是如何想到的,这样的教学如同送之以鱼,却没有授之以渔.本节课通过设计正方体内观察水形成截面的实验,在学生最近发展区内进行问题引导,让学生直观感知、操作确认、思辨论证地探索正方体截面形状的生成过程,使各解法的获得变得水到渠成.

2. 关注课堂动态,及时鼓励引导

教师对课堂上学生的表现应使用激励性语言给予及时评价,对学生思维卡壳之处进行适时的启发引导. 例如学生在进行某些解法的操作时,如不能顺利求解,教师可给予适当的启发或追问,但应注意以思维启迪为主而不是方法的直接告知. 再如,学生"一题多说"环节可能会出现不能一下总结到位情况,教师可鼓励学生之间相互补充,反复总结,进而获得螺旋上升.

3. 一题多解教学应以思维启迪为主

一题多解重在启法学生怎么"想",而不是告诉学生怎么"解". 故本节课的解法 3 和解法 4 并没有重复解法 1、解法 2 的完整计算过程. 解题思路启发到位,教师即停,让学生独立体验解题计算和思考问题的过程,教师则提供交流的平台和机会,让同学们们表达自己解题过程中的所感、所思.

4. 立体几何教学应重视"几何与代数"知识主线

正如华罗庚先生所言:数缺形时少直观,形少数时难入微. "图形"和"数"引导我们走进数学殿堂,并伴随一生. 学生学习数学存在一个突出的问题,就是缺少直观,从形式到形式,不能很好地理解数学. 这一点在本题表现得尤为明显,学生仿佛读懂了题,却想不出图形是怎样的. 故本节课在"一题多解"和"一题多变"的设计上选择以"几何与代数"为知识主线,这样的整合使"直观想象"和"数学运算"比较自然地有机融合,对学生"理解数学"大有裨益.

五、一题一诗

正方体内它安家,面积最值常考查.
几何直观来探路,代数运算把分拿.
向量运算可定位,展开分析更不差.
道理见识齐增长,勤于思考能表达.

“立体几何”解题教学课例

——以 2019 年高考全国Ⅲ卷数学文科第 19 题为例

胡松(贵州师范大学附属中学)

题名对联

胡琴琵琶燕舞莺歌同奏时代乐曲

松茂竹苞国泰民安共谋大众幸福

一、教学设计

(一) 知识要点

平面的 4 个公理、平面与平面垂直的判定定理、平行四边形面积的计算以及空间立体几何的相关知识.

真题再现: 图 1 是由矩形 $ABED$, Rt$\triangle ABC$ 和菱形 $BFGC$ 组成的一个平面图形,其中 $AB=1$, $BE=BF=2$, $\angle FBC=60°$,将其沿 AB、BC 折起,使得 BE 和 BF 重合,联结 DG,如图 2.

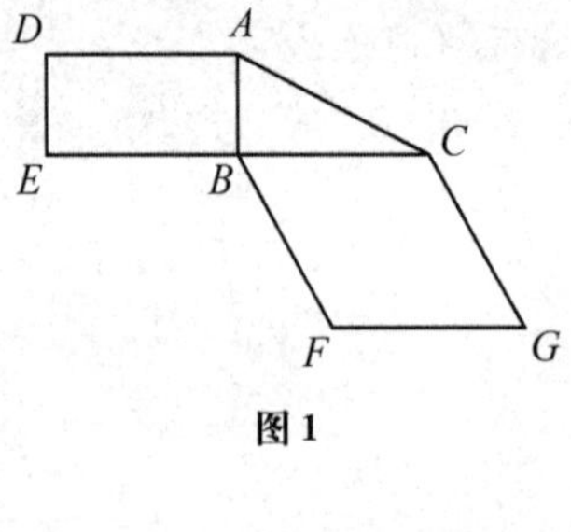

图 1

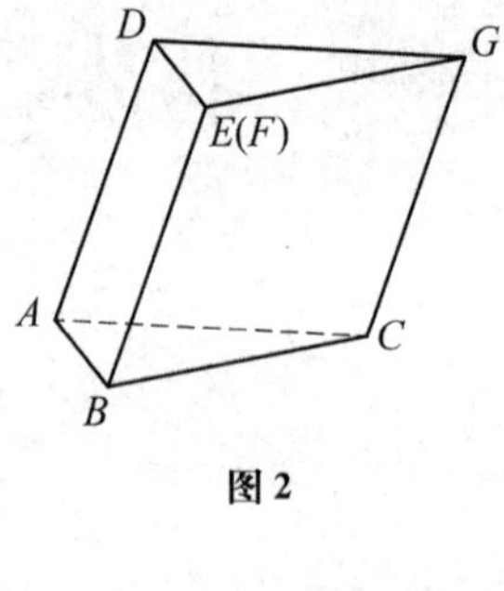

图 2

(Ⅰ) 证明:图 2 中的 A、C、G、D 四点共面,且平面 $ABC\perp$ 平面 $BCGE$;

(Ⅱ) 求图 2 中的四边形 $ACGD$ 的面积.

(二) 学习背景

1. 教材分析

“立体几何”的主要内容是通过对空间几何体的介绍和对点、直线、平面之间位置关系的探索，认识立体几何里面相关的公理、定理、推论等，及其相关结论与命题的简单证明. 而作为高三复习的“一题一课”，更应考虑与“立体几何”有相关知识的综合运用.

2. 学情分析

此题可以作为学习人教 A 版教材必修 2 第二章“点、直线、平面之间的位置关系”后单元复习课的例题，也可以作为高考第一轮复习的解题教学例题. 解题教学过程中，要根据学生的实际情况，判断是否需要对立体几何相关的公理、定理、推论进行适当的提示或复习，开展“一题一课”的教学. 基于学生已经相对熟练地掌握了有关知识的基础上，拟采用“三教”理念对该题进行一题多解、一题多变、一题多说的课堂教学设计.

3. 核心问题

(1) 平面与平面垂直的判定与性质定理有哪些?

(2) 求平行四边形面积的方法有哪些?

(三) 学习目标

1. 知识技能目标

点、直线、平面之间的位置关系(线面垂直、面面垂直的判定与性质定理)，平行四边形的面积公式，勾股定理，余弦定理，菱形和矩形的性质，射影面积公式，建立空间直角坐标系的相关知识.

2. 核心素养目标

在数学核心素养的考查上，此题着重考查了逻辑推理、直观想象、数学运算等方面.

3. 长见识悟道理

长见识方面:解题时，要充分把握问题条件蕴涵的各种信息并综合考虑、灵活选择解题方法；特别是，在对图形的观察中充分把握整体与局部、折叠之前与之后、变与不变的辩证关系，并努力寻找将缺少的辅助线画出来，以便获得解决问题的简洁方法.

悟道理方面:数学学习既要关注数学学习的终结性(目标性)知识，又要关注数学学习的过程性知识.

(四) 教学重难点

教学重点:引导学生利用波利亚解题提示语理解问题的条件和结论，寻找从条件到结论的思维通路.

教学难点:如何引导学生理清思路，帮助学生积累解题经验，清晰地表达数学结论，以达到“教思考、教体验、教表达”的目的，是解题教学的难点.

(五) 设计思路

针对每一个小问，利用波利亚的解题提示语，引导学生盯住目标、弄清条件，再提示学生有哪些方法可用，最后寻找条件和结论之间的关系，利用合适的方法解决问题. 对于每一种解法，将给出简要的评析，重在引导学生总结该类问题的解题方法；对于特殊或巧妙的解法，将加以详细的解释.

二、教学过程

（一）一题多解

1. 第(Ⅰ)问之问题分析、解法分析与教学研讨

(1) 第(Ⅰ)问之问题分析

证明什么？——证明 A、C、G、D 四点共面，以及平面 $ABC \perp$ 平面 $BCGE$.

有什么？——折叠前后，$AD \parallel BE$ 与 $BF \parallel CG$ 关系不变，且有矩形 $ABED$，$\mathrm{Rt}\triangle ABC$ 等均没改变.

有哪些方法可用？——公理 4 和公理 2 的推论，以及线面垂直、面面垂直的判定定理等.

(2) 第(Ⅰ)问之解法分析与教学研讨

证明：由图 1 中的矩形 $ABED$ 和菱形 $BFGC$ 可知 $AD \parallel BE$ 且 $BF \parallel CG$.

根据平行线的传递性，图 2 中 $AD \parallel CG$，A、C、G、D 四点共面.

又∵四边形 $ABED$ 是矩形，$\triangle ABC$ 是直角三角形.

∴在图 2 中，$AB \perp BE$，$AB \perp BC$.

且 $BE \cap BC = B$，$BC \subset$ 平面 $BCGE$，$BE \subset$ 平面 $BCGE$，∴ $AB \perp$ 平面 $BCGE$.

又 ∵ $AB \subset$ 平面 ABC，∴ 平面 $ABC \perp$ 平面 $BCGE$.

教学研讨： 四点共面问题，除了可以通过四个点两两所在的两条直线平行来证明，也可以利用两条直线相交来证明. 另外，平面与平面垂直的证明思路，主要是通过“线线垂直—线面垂直—面面垂直”的推理过程实现，因此，重点是寻找已知条件中的“线线垂直”. 可以给学生归纳总结以下几种高中常见的“线线垂直”：①等腰三角形里面的“三线合一”；②“勾股定理”；③圆里面的直径所对的圆周角；④其他“线面垂直”或“面面垂直”推理得到的“线线垂直”；⑤一些特殊图形(例如矩形、直角三角形等)引出的“线线垂直”. 而且，还需要强调书写格式的重要性，例如证明“线面垂直”一定要强调“线与线的相交”，证明“面面垂直”一定要强调“直线包含于平面”等.

2. 第(Ⅱ)问之问题分析、解法分析与教学研讨

(1) 第(Ⅱ)问之问题分析

求什么？——求四边形 $ACGD$ 的面积.

有什么？——菱形 $BFGC$，$AB=1$，$BE=BF=2$，$\angle FBC=60^\circ$，以及第(Ⅰ)问的结论等.

有哪些方法可用？——平行四边形的各种面积公式.

(2) 第(Ⅱ)问之解法分析与教学研讨

解法 1：(利用 $S_{平行四边形}=$底$\times$高，以 CG 为底)

如图 3，取 CG 的中点 M，联结 EM、DM.

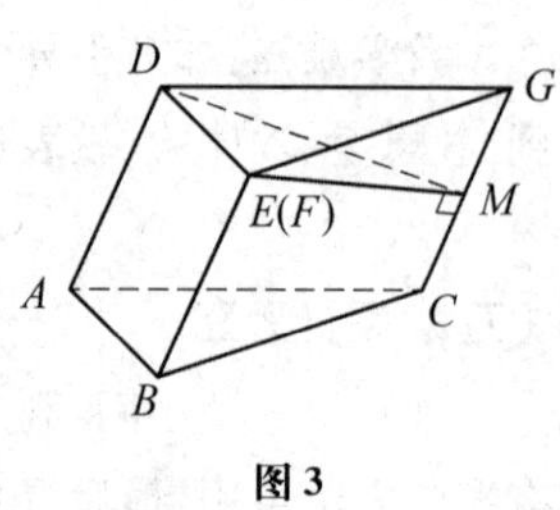

图 3

因为 $AB \parallel DE$，$AB \perp$ 平面 $BCGE$，所以 $DE \perp$ 平面 $BCGE$，

故 $DE \perp CG$.

由已知，四边形 $BCGE$ 是菱形，且 $\angle EBC = 60^\circ$，得 $EM \perp CG$，

故 $CG \perp$ 平面 DEM.

因此 $DM \perp CG$.

在 $\mathrm{Rt}\triangle DEM$ 中，$DE = 1$，$EM = \sqrt{3}$，故 $DM = 2$.

所以四边形 $ACGD$ 的面积为 $2 \times 2 = 4$.

教学研讨： 学生都知道 $S_{平行四边形} =$ 底 × 高，然而以平行四边形的哪一条边作为底，却是一个困惑学生的地方，选择不同的边作为底，则相应的高的求法将不同，解法的难易程度也会不同. 比如，同样是用公式 $S_{平行四边形} =$ 底 × 高，但如果把 AC 作为底，则解题难度将陡然提升，此处需要引导学生在"底"的选择上要配合"高"的"易求"，这样才能化"难"为"易".

解法 2：(利用 $S_{\square ACGD} = AC \cdot GC \cdot \sin\angle ACG$)

如图 4，联结 AG、BG，由(Ⅰ)知 $AB \perp$ 平面 $BCGE$，所以 $AB \perp BG$.

在菱形 $BCGE$ 中，$BG = \sqrt{2^2 + 2^2 - 2 \times 2 \times 2\cos 120^\circ} = 2\sqrt{3}$，

所以 $\mathrm{Rt}\triangle ABG$ 中，$AG = \sqrt{1^2 + (2\sqrt{3})^2} = \sqrt{13}$.

在 $\triangle ACG$ 中，$\cos\angle ACG = \dfrac{(\sqrt{5})^2 + 2^2 - (\sqrt{13})^2}{2 \cdot \sqrt{5} \cdot 2} = -\dfrac{1}{\sqrt{5}}$，

所以 $\sin\angle ACG = \dfrac{2}{\sqrt{5}}$.

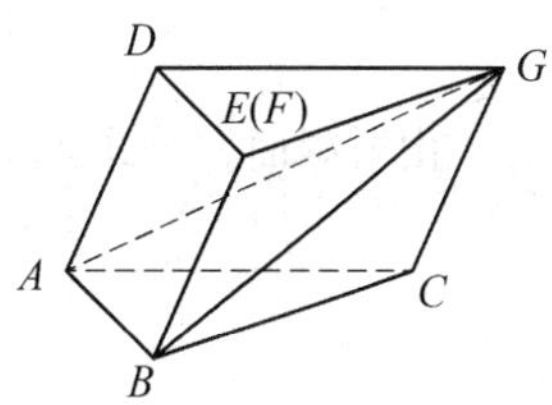

图 4

所以四边形 $ACGD$ 的面积为 $2 \times \sqrt{5} \times \dfrac{2}{\sqrt{5}} = 4$.

教学研讨： ①如果学生能学会有效利用第(Ⅰ)问的结论：$AB \perp$ 平面 $BCGE$，并且联系平行四边形的面积公式 $S_{\square ACGD} = AC \cdot GC \cdot \sin\angle ACG$，那么需求 $\angle ACG$. 一般求一个角或者一条边长，都需要放到三角形中来求，这样也就自然想到联结 AG 和 BG，先用勾股定理，再配合余弦定理(注意用了两次，第一次是求边，第二次是求角，当然第一次也可以利用三角函数求边长 BG)，最后求出面积. 看似一气呵成，其实是逻辑推理以及合情推理的水到渠成，既要鼓励学生在遇到困难时知难而上，也要告诫学生在遇到一些"死胡同"的时候不能"一根筋". ② 其实此题的目的仅仅只是想用平行四边形的面积公式："夹边之积乘以夹角的正弦值"，因此学生肯定也会有想到联结 DC 和 EC，再在 $\mathrm{Rt}\triangle DEC$ 中用勾股定理求出 DC，后面用类似于解法 2 的方法求出面积，教学时应加以鼓励和引导他们朝这方向思考.

解法 3：(利用"三余弦公式 $\cos\theta = \cos\theta_1\cos\theta_2$")

如图 5，由(Ⅰ)知 $AB \perp$ 平面 $BCGE$.

由三余弦公式得，$\cos\angle ACG = \cos\angle ACB \cdot \cos\angle BCG$.

所以 $\cos\angle ACG = \dfrac{2}{\sqrt{5}} \times \left(-\dfrac{1}{2}\right) = -\dfrac{1}{\sqrt{5}}$，$\sin\angle ACG = \dfrac{2}{\sqrt{5}}$.

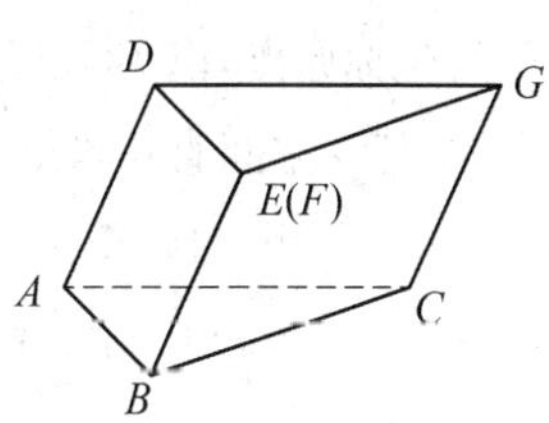

图 5

所以四边形 $ACGD$ 的面积为 $2\times\sqrt{5}\times\dfrac{2}{\sqrt{5}}=4$.

教学研讨： 此解法和上一个解法类似，只是省去了作辅助线以及使用勾股定理和余弦定理的环节，但是对学生掌握高中知识的覆盖面要求较高，特别是一些二级结论，适用于成绩相对较好的学生掌握. 在介绍此解法的时候，也可以顺便给学生补充相关知识，但不建议全体学生掌握. 虽然这种解法相对简单，且节省时间，但对于这些二级结论的掌握既要全面也要精准，这无疑是增加了很多额外负担，特别是对那些连基本的公式、定理还没记牢的同学而言.

解法 4：$\left(\text{利用射影面积公式 } \cos\angle AOB=\dfrac{S_{\text{四边形}BCGE}}{S_{\text{四边形}ACGD}}\right)$

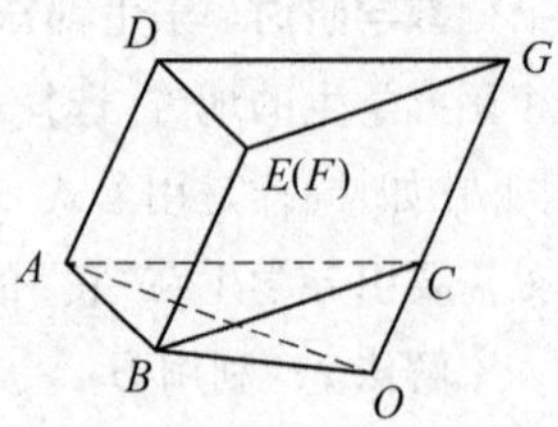

图 6

如图 6，过 B 作 $BO\perp CG$ 于 O，连结 AO.

由(Ⅰ)知 $AB\perp$ 平面 $BCGE$，得 $AB\perp CG$.

所以 $CG\perp$ 平面 ABO.

所以 $CG\perp AO$，$\angle AOB$ 是二面角 $A-CG-B$ 的平面角.

因为 $\tan\angle AOB=\dfrac{AB}{BO}=\dfrac{AB}{BC\sin\angle BCO}=\dfrac{\sqrt{3}}{3}$，所以 $\angle AOB=30^\circ$.

由射影面积公式 $\cos\angle AOB=\dfrac{S_{\text{四边形}BCGE}}{S_{\text{四边形}ACGD}}$，得四边形 $ACGD$ 的面积为

$$\frac{S_{\text{四边形}BCGE}}{\cos\angle AOB}=\frac{2\times 2\sin 60^\circ}{\cos 30^\circ}=4.$$

教学研讨： 此解法很好地渗透了"整体思想"——把要求的平行四边形 $ACGD$ 的面积当做一个整体，结合已知的菱形 $BCGE$ 面积易得，利用所求得的二面角 $A-CG-B$ 的平面角，配合射影面积公式 $\cos\angle AOB=\dfrac{S_{\text{四边形}BCGE}}{S_{\text{四边形}ACGD}}$ 得到所求面积. 但与上一种解法一样，都需要学生有较高的数学素养，以及非常熟悉二级结论，同样不建议大多数同学掌握. 另外，在这里也可顺便提一下对应的理科试题的第(Ⅱ)问，其实就是求的二面角 $A-CG-B$，如果是单纯为了求二面角 $A-CG-B$，其实也可以结合前三种做法，先求面积，再利用射影面积公式求二面角. 因此，通过此法的讲解，让学生领会射影面积公式 $\cos\angle AOB=\dfrac{S_{\text{四边形}BCGE}}{S_{\text{四边形}ACGD}}$ 既可以用来求二面角，也可以用来求面积，从而体会这个公式里面包含的"知二求一"思想.

解法 5：(建立空间直角坐标系)

如图 7，由(Ⅰ)知平面 $ABC\perp$ 平面 $BCGE$，以 B 为坐标原点，以 $\overrightarrow{BC}$、$\overrightarrow{BA}$ 的方向为 x、y 轴的正方向，建立空间直角坐标系.

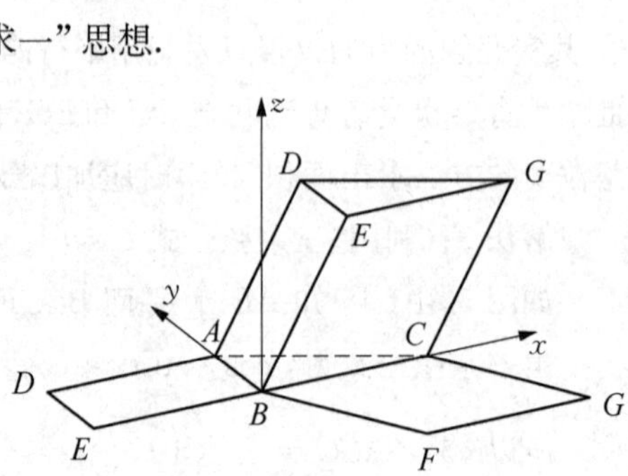

图 7

由(Ⅰ)可知图 2 为三棱柱，菱形 $BCGE$ 的边长为 2，$\angle EBC=60^\circ$，可求得三棱柱的高为 $\sqrt{3}$，则 $A(0,\ 1,\ 0)$，$G(3,\ 0,\ \sqrt{3})$.

$\because$ 向量$\overrightarrow{AD}=(1, 0, \sqrt{3})$，$\overrightarrow{AC}=(2, -1, 0)$，

$\therefore \cos\angle DAC=\dfrac{\overrightarrow{AD}\cdot\overrightarrow{AC}}{|\overrightarrow{AD}|\cdot|\overrightarrow{AC}|}=\dfrac{2}{2\times\sqrt{5}}=\dfrac{1}{\sqrt{5}}.$

$\therefore \sin\angle DAC=\sqrt{1-\cos^2\angle DAC}=\dfrac{2}{\sqrt{5}}.$

$\therefore$点 C 到直线 AD 的距离 $d=AC\cdot\sin\angle DAC=\sqrt{5}\times\dfrac{2}{\sqrt{5}}=2.$

$\therefore S_{\text{四边形}ACGD}=AD\cdot d=2\times2=4.$

教学研讨： 这种解法比较好，因为无论是理科生还是文科生，在立体几何的解答题要想尽可能拿高分，有时用纯几何法来做不太容易实现. 于是，对于那些基础不好，知识方法掌握不牢固的同学尤其适合用这个方法来做. 至少，这种方法的"套路"容易理解，不需要复杂的推理和空间想象力. 仅仅是在建立坐标系和写各个关键点的坐标上，需要学生有一些直观想象和计算能力. 当然，也要告诉学生，如果立体几何题的第(Ⅰ)(Ⅱ)问都可以用建立坐标系的方法做，在书写的时候，也要尽可能在两问的答题过程中都要写出相应的建系过程和需要的点的坐标，以免被扣冤枉分.

（二）一题多变

1. 第(Ⅰ)问变式

变式 1：(线面垂直)如果降低难度，把此题用做学业水平考试的试题，可以把设问改成"求证：直线 $AB\perp$ 平面 $BCGE$"或者是"求证：直线 $DE\perp$ 平面 $BCGE$".

变式 2：(面面平行)"求证：平面 ABC // 平面 DEG".

2. 第(Ⅱ)问变式

变式 1：(二面角)在第(Ⅱ)问中，可以把设问改成"求二面角 $B-CG-A$ 的大小"，这样其实就变成了对应的理科试题第(Ⅱ)问. 其实，这个想法我们在解法 4 中也谈到过. 当二面角 $B-CG-A$ 的大小知道后，再用射影面积法，则四边形 $ACGD$ 的面积也就可以求出来了.

变式 2：(点面距)还可以把设问改成"求点 B 到平面 $ACGD$ 的距离"，这样也可以顺便考查学生掌握"等体积法"的情况. 当然，也能产生关于"点面距"的其他新的解法，期待读者和学生们进行探究.

变式 3：(外接球)如果把此题改成选择题或填空题，可以把设问改成"求三棱锥 $E-ABC$ 的外接球体积"，或者"求三棱锥 $D-ABC$ 的体积"等.

变式 4：(体积)如果降低难度，把此题用做学业水平考试的试题，可以把设问改成求"三棱柱 $DEG-ABC$ 的体积".

3. 类似问题举例

历年高考试题中，与此类似的折叠问题也不少，尤其是近几年有增多的趋势，例如：

(2016 年高考全国Ⅱ卷理科数学第 19 题)如图 8，菱形

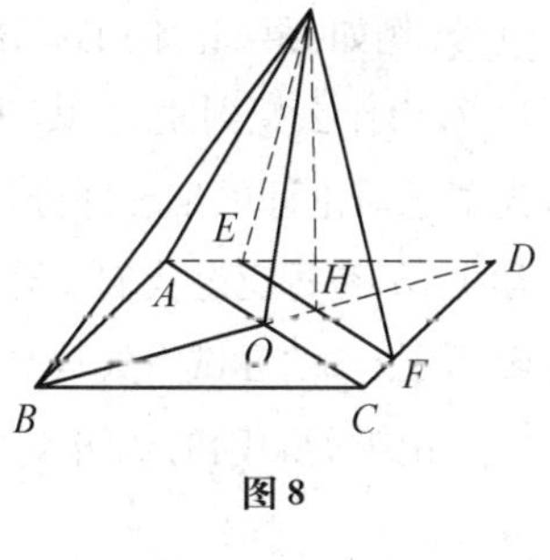

图 8

$ABCD$ 的对角线 AC 与 BD 交于点 O，$AB=5$，$AC=6$，点 E、F 分别在 AD、CD 上，$AE=CF=\frac{5}{4}$，EF 交 BD 于点 H，将 $\triangle DEF$ 沿 EF 折到 $\triangle D'EF$ 的位置，$OD'=\sqrt{10}$.

（Ⅰ）证明：$D'H\perp$ 平面 $ABCD$.

（Ⅱ）求二面角 $B-D'A-C$ 的正弦值.

（2018 年高考全国Ⅰ卷理科数学第 18 题）如图 9，四边形 $ABCD$ 为正方形，E、F 分别为 AD、BC 的中点，以 DF 为折痕把 $\triangle DFC$ 折起，使点 C 到达点 P 的位置，且 $PF\perp BF$.

（Ⅰ）证明：平面 $PEF\perp$ 平面 $ABFD$.

（Ⅱ）求 DP 与平面 $ABFD$ 所成角的正弦值.

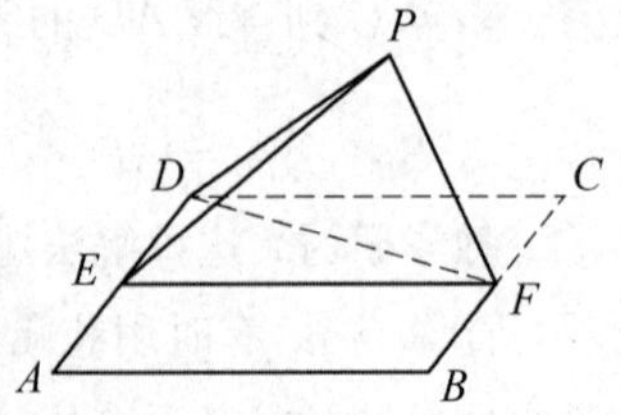

图 9

以上这两道试题都需要学生除了掌握空间中直线与平面、平面与平面的位置关系，还需要把握处理这类折叠问题的关键：折叠前后哪些长度变了，哪些没变，哪些角度变了，哪些没变，以及折叠以后新增加的量有哪些. 把这些关系梳理清楚，思路也就逐渐清晰了.

（三）一题多说

总的来说，2019 年高考全国Ⅲ卷文科数学第 19 题作为考卷的第三个大题，难度适中，然而，考生答题情况并不理想. 此题重在考查学生对空间中点、直线、平面之间的位置关系（线面垂直、面面垂直的判定与性质定理）、平行四边形的面积公式、射影面积公式、勾股定理、余弦定理、三余弦公式、菱形和矩形的性质、建立空间直角坐标系等知识的掌握程度，以及对化归思想、整体与部分的思想等数学思想的理解与应用情况.

就对考生的整体要求而言，此题知识覆盖面并不算大，充分体现了高考考试大纲上对于数学基础知识的考查要求："……注重学科的内在联系和知识的综合性，不刻意追求知识的覆盖面……"比如此题的第（Ⅰ）问主要考查立体几何知识，第（Ⅱ）问却将立体几何和平面几何有机地整合在一起.

此题看似有多种方法可以解决，各种辅助线也可灵活处置，然而在实际考试过程中，考生如果不能充分挖掘已知条件，牢牢抓住目标，很有可能一种方法都难以想到. 当然，即便想到多种方法（特别是第（Ⅱ）问）、多条思路，也还需要考生迅速地判断哪种方法更简单易求，对考生思维的灵活性有较高要求.

立体几何一直承担着对学生的空间直观想象能力和逻辑推理能力考查的重任，此题也不例外. 例如：第（Ⅱ）问的解法 1，为什么想到取 CG 中点 M，并联结 AM 和 EM？第（Ⅱ）问的解法 2，为什么想到联结 AG 和 BG（或者联结 DC 和 EC）？等等，上述很多解法中都涉及类似于先猜想后论证的推理部分，也印证了我们做数学题经常提到的那句话："摸着石头过河". 告诉学生，不是每道题我们一开始就有思路，也不是每次读完题就能马上知道后面该怎么做，也是经历了一个"尝试—失败—再尝试—再失败—最后有可能成功"的过程.

由第（Ⅱ）问的解法 4 可知，其实命题者也有可能是将本来的一个直三棱柱 $DEM-ABO$

通过“割补”，变成了一个斜三棱柱 $ABC-DEG$. 考生在解答此题时，若能在观察中充分把握整体与局部的关系，利用好“割补”思想，则上述那些看似“唐突”的或者“不自然”的辅助线，也就变得“自然”了，做起这一类题也会得心应手. 当然，这一切的前提都是学生具备较高的空间直观想象能力.

运算能力也往往是高考数学综合题的重点考查目标之一，不仅仅是圆锥曲线试题或者导数试题，其实立体几何的计算量有时也不小. 就此题而言，无论是纯几何法中涉及到的勾股定理、余弦定理、三角函数等，还是解析法中建立空间直角坐标系需要的坐标运算，都需要学生的精准的计算能力，而且，这种计算的过程往往需要学生结合立体图形和空间中的长度、角度，也是另一种角度的“数形结合”思想的具体体现，而“数形结合”思想一直都是考查的重点.

三、学习体验

通过本课例的“一题一课”，大多数同学巩固了空间中点、直线、平面的位置关系(包括线面垂直、面面垂直的判定与性质定理)、平行四边形的面积公式、勾股定理、余弦定理、菱形和矩形的性质、射影面积公式、建立空间直角坐标系等相关知识，以及解决此类问题的常用方法，获得了丰富的学习体验和解题经验. 部分同学发表了他们的学习体验如下.

学生 1:通过这道题的学习，我知道了综合把握问题的已知条件，充分考虑各种有可能的解法，灵活选择更简便、快捷的解题方法，学会在误入“死胡同”的同时能及时改变策略和开辟一条新路走.

学生 2:这道题告诉我们，凡是遇到需要证明“面面垂直”的问题，我们都要先找“线线垂直”，即寻找等腰三角形、直角三角形、矩形、菱形或者能得出垂直关系的其他条件，一步一步实现转化.

学生 3:通过这道题的学习，我了解到，对立体图形的观察，特别是折叠问题的立体几何问题，要充分挖掘折叠前后那些不变的信息，比如:长度、角度、平行关系、垂直关系等，从而为后续的证明问题、计算问题带来更多更有用的条件.

学生 4:通过这道题的学习，我了解到，在数学学习中，既要关注数学的结论性知识，又要关注数学公式、定理的推导过程中涉及到的过程性知识和获取这些知识的技能、方法、思想.

四、教学反思

通过本解题课例的教学，结合学生的课堂表现及学习体验，从“四基”、学生的学习过程、教师的教学过程等方面进行反思.

1. 对问题设计的“四基”的反思

数学教学不仅要关注“数学基础知识”“数学基本技能”的学习，更要关注“数学基本思想方法”“数学基本活动体验”的学习. 在此题的教学中，既包含了对空间中点、直线、平面的位置关系(包括线面垂直、面面垂直的判定与性质定理)，平行四边形的面积公式，勾股定理，余弦定理，菱形和矩形的性质，射影面积公式，建立空间直角坐标系等基础知识、基本技能的学习，又蕴含了对转化与化归思想、整体与局部的思想、合情推理的思想、数形结合的思想等数学思想的学习，还涉及到“证明四点共面”“与面面垂直有关的问题”“折叠问题”“求平行四边形面积”以及对“过程性知识”的应用等数学解题经验的积累，丰富了学生对这一类问题的解题过程的活动体验.

2. 对学习过程的反思

通过课堂观察及学生的课后反映，在此题的教学过程中，部分学生的学习出现了以下问题.

(1) 部分学生对基本知识、基本技能掌握不牢固.

(2) 部分学生在解题时产生思维定势，对于求平行四边形的面积，仅局限于 $S_{平行四边形}=底\times高$，而且“底”是 AC 边，这样在求解平行四边形面积的过程中就会给自己带来很多不必要的麻烦，既有计算上的复杂，也有思维难度的提升.

(3) 部分学生在面临多种思路和解法时，不能快速地判断哪种方法更加有效，甚至出现在几种方法之间来回绕圈子的情况.

(4) 大部分学生对于辅助线的作法还是显得有些不自然，理解的不透彻.

3. 对教学过程的反思

(1) 充分运用波利亚“怎样解题”的提示语帮助学生解题

美籍匈牙利数学家、数学教育家波利亚在他的《怎样解题》一书中，首先给出了著名的“怎样解题表”. 在怎样解题表中，波利亚给出了“你必须理解题目”“未知量是什么”“已知数据是什么”“条件是什么”“盯住目标”“回到定义去”“你以前见过它吗”“有什么方法可以利用”等一系列提示语，把这些提示语统称为“怎样解题”的提示语. 在数学教学中，教师可以尝试用“怎样解题”的提示语开展教学，利用这些提示语帮助学生理解题意、弄清问题、找到问题的解决办法. 学生在教师的示范和引导下，能够学会用“怎样解题”的提示语独立完成解数学题，并将其逐步内化为一种自觉行为，最终发展成为属于学生自己的个性化的解题提示语和解题习惯.

(2) 利用多媒体，培养学生主动学习和获取信息的能力

在教学过程中，教师可以对班级进行分组，在学习过程中根据多媒体展示的内容，进行小组之间的讨论、交流，让学生通过小组之间的交流学习体会本例中涉及到的定理、公式的来源. 让学生通过多媒体演示，从中获取所需信息，自主进行推理研究，这样不仅能够提高学生自主学习的能力，还能够帮助学生通过自身探索研究，更好地理解数学概念.

(3) 探究式学习，培养学生的动手能力和创新精神

高中生正是处于探索研究欲望较为强烈的一个年龄阶段，教师应该充分利用这一特点，引导学生成为立体几何的研究者和探索者. 教师可以通过课前布置学生去准备一些关于这节课需要用到的折叠纸等素材，让学生在研究空间几何图形的过程中获得成就感，在探索过程中培养创新精神. 学生在自主进行探究的过程中，能够增强自身探索的好奇心，激发出潜在的能力，形成创新意识. 例如本题第(Ⅰ)问，学生在证明之前，可以动手折叠，然后再去想办法进

行验证，让学生处于一种探索知识的兴奋状态，发掘学生的创新意识.

(4) 让学生体验成功，体会到立体几何之美

在立体几何的学习过程中教师要定期地对学生的学习进行评价，合理、科学的评价不仅体现了对学生学习的关注还能够让学生从评价中获得满足感，体验成功的感觉，更加有助于学生接下来的学习. 让学生充分地感受到自身是有价值、有能力学好立体几何的，从而坚持不懈地完成学习任务. 只有受到肯定，才能轻松愉快的学习，才能发现立体几何的美.

五、一题一诗

图形折叠高处升，点线面体空间成.
牢牢抓住不变量，求证推理思路清.
角度距离结伴行，面积体积不离分.
最爱坐标将系建，曲径通幽计算明.
余弦公式应运生，踏平坎坷大道成.
面积投影来相助，真个四两拨千斤.

“立体几何”解题教学课例

——以 2018 年高考全国Ⅲ卷理科数学第 19 题为例

申利兵(贵州省实验中学)

题名对联

课程改革观念更新利发展

教书育人核心素养练强兵

一、教学设计

(一)知识要点

平面与平面垂直的判定定理与性质定理、直线与平面垂直的判定定理与性质定理、平面与平面夹角的计算、三棱锥的体积.

真题再现: 如图 1,边长为 2 的正方形 $ABCD$ 所在的平面与半圆弧 CD 所在平面垂直,M 是 CD 上异于 C、D 的点.

(Ⅰ)证明:平面 $AMD \perp$ 平面 BMC.

(Ⅱ)当三棱锥 $M-ABC$ 体积最大时,求面 MAB 与面 MCD 所成二面角的正弦值.

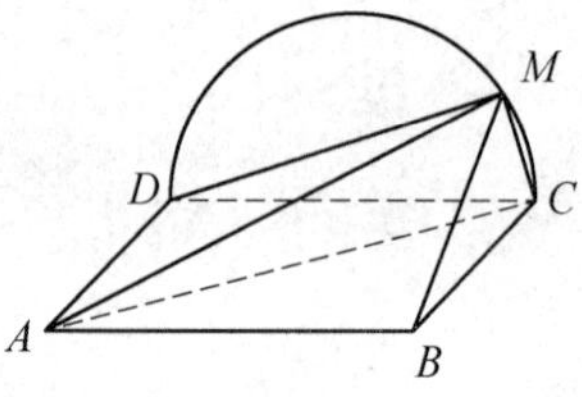

图 1

(二)学习背景

1. 教材分析

立体几何知识在高中数学体系中占有十分重要的地位,它是培养学生数学核心素养的有效载体,可以培育学生逻辑推理、直观想象和数学运算等方面的素养. 它能培养和发展学生的空间想象能力、推理论证能力、运用图形语言进行交流的能力. 立体几何中的垂直问题是高考中的一个热点问题. 统计 2013—2018 年高考全国卷理科数学共 15 套试题,其中解答题的第一问有 9 次考的是直线、平面垂直的判定与性质. 二面角也是一个热点问题,15 套试题中解答题的第二问有 9 次考了二面角 . 2018 年高考全国Ⅲ卷理科数学第 19 题是非常有代表性的一题,它可以作为高考第一轮复习的解题教学课例.

2. 学情分析

从知识层面看,学生在必修 2 和选修 2-1 中学习了空间几何体,点、直线、平面之间的位置关系及空间向量与立体几何，储备了一些立体几何知识，为这节课的学习奠定了一定的基础；从学生素养层面看，学生具备了一定的空间想象力及推理论证能力；从认知困难看，虽然学生自主探究习惯初步养成，但这些知识点在学生的头脑中还是孤立的，学生需要对立体几何的基础知识和基本方法不断深化，要从本质上认识和理解知识之间的联系从而构建知识框架. 本节内容可以作为学习了平面之间位置关系后单元复习的课例，也可作为高考第一轮复习的解题教学课例.

3. 核心问题

(1) 证明平面与平面垂直的方法有哪些？

(2) 求二面角的方法有哪些？

(三) 学习目标

1. 知识技能目标

(1) 认识和理解空间中线面垂直的有关性质与判定定理.

(2) 能运用公理、定理和已获得的结论证明一些空间图形位置关系的简单命题.

(3) 能用向量方法解决平面与平面夹角的计算问题.

(4) 了解向量方法在研究立体几何问题中的应用.

2. 核心素养目标

提高学生直观想象、逻辑推理等方面的素养.

3. 长见识悟道理

学生通过此高考题及变式的研究明白要证两个平面垂直即要证一个平面内一条直线与另一个平面两相交直线垂直，知道证明线面垂直的方法即证线线垂直，知道证明线线垂直的结论. 从而促进学生线、面垂直的知识框架的形成，促进学生对证明平面与平面垂直方法的掌握，进而提高学生直观想象及数学抽象等方面的素养. 通过本课例学生能进一步掌握用向量方法解决二面角的计算问题，进而提高学生逻辑推理和数学运算等方面的素养. 通过课例让学生明白解题的步骤：弄清问题—拟定计划—实施计划—回顾，进而增强学生将来能独立解题的能力. 通过课例解决立体几何问题，让学生感悟把立体几何问题转化为平面几何问题这种降维思想的重要性.

(四) 教学重难点

教学重点：掌握证明平面与平面垂直方法，用向量方法解决平面与平面的夹角问题.

教学难点：知识框架的形成及解题能力的培养.

(五) 设计思路

首先利用波利亚“怎么解题表”的四个环节：弄清问题—拟定计划—实施计划—回顾总结，引导学生解决高考真题. 其中“弄清问题”“拟定计划”两个环节可以引导学生想，即教思考；“实施计划”可以引导学生做，即教体验；“回顾总结”可以引导学生说，即教表达. 再通过

"一题多解"及"三教"理念从另一角度解决问题. 然后引导学生对此题进行改编，利用"一题多变"让学生进一步掌握这部分知识达到能力的提高. 最后通过学生对本节课知识的总结，形成知识框架.

二、教学过程

（一）一题多解

1. 弄清问题

问题1：请同学们在题目上勾出有什么条件.（目的是让学生清楚"有什么"）

引导学生勾出条件：(1)边长为2的正方形；(2)面面垂直；(3)圆上一点；(4)体积最大.

问题2：请同学们在题目上勾出要做什么.（目的是让学生清楚"求什么"）

学生的答案是：(1)面面垂直；(2)二面角的正弦值.

2. 拟定计划

问题3：我们原来学过哪些结论能帮我们证面面垂直？（目的是让学生清楚"有什么"）

引导学生回答：(1)线面垂直则面面垂直；(2)两法向量垂直则面面垂直.

问题4：如果用线面垂直证明面面垂直，怎么证？有哪些条件可以转化一下帮我们证明线面垂直？（目的是让学生清楚"有什么"）

引导学生回答：线线垂直可以证明线面垂直，圆上点及正方形里有线线垂直，这些条件均可证线面垂直.

教师和学生一起回顾线、面垂直的相关结论，形成知识框架.

问题5：如果用坐标法解决此题，有什么条件能帮你建立直角坐标系？怎么找点的坐标？

3. 实施计划

结合以上分析请同学们在学案上完成本题的解答，对于第(Ⅰ)问出现如下三种不同的解法.

解法1：由题设知，平面 $CMD\perp$ 平面 $ABCD$，交线为 CD.

因为 $BC\perp CD$，$BC\subset$ 平面 $ABCD$，所以 $BC\perp$ 平面 CMD，故 $BC\perp DM$.

因为 M 为 CD 上异于 C、D 的点，且 DC 为直径，所以 $DM\perp CM$.

又 $BC\cap CM=C$，所以 $DM\perp$ 平面 BMC.

而 $DM\subset$ 平面 AMD，故平面 $AMD\perp$ 平面 BMC.

解法2：以 D 为坐标原点，以 $\overrightarrow{DA}$ 的方向为 x 轴正方向，以 $\overrightarrow{DC}$ 的方向为 y 轴正方向，建立如图2所示的空间直角坐标系 $D-xyz$.

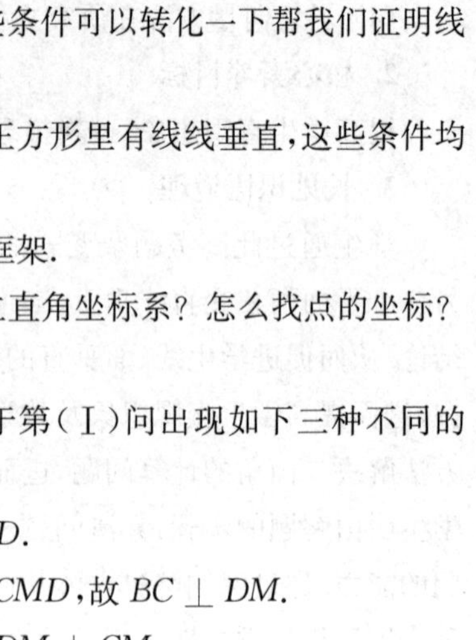

图2

设 $\angle CDM=\alpha$，则 $D(0,0,0)$，$A(2,0,0)$，$B(2,2,0)$，$C(0,2,0)$，$M(0,\ 2\cos^2\alpha,\ 2\cos\alpha\sin\alpha)$.

则 $\overrightarrow{DA}=(2,0,0)$，$\overrightarrow{DM}=(0,2\cos^2\alpha,2\cos\alpha\sin\alpha)$，$\overrightarrow{CM}=(0,2\cos^2\alpha-2,2\cos\alpha\sin\alpha)$，

因为 $\overrightarrow{DA}\cdot\overrightarrow{CM}=0$，$\overrightarrow{DM}\cdot\overrightarrow{CM}=0$，

所以 $MC\perp$ 平面 ADM，故平面 $AMD\perp$ 平面 BMC.

解法 3: 以 D 为坐标原点，以 $\overrightarrow{DA}$ 的方向为 x 轴正方向，以 $\overrightarrow{DC}$ 的方向为 y 轴正方向，建立如图 2 所示的空间直角坐标系 $D-xyz$.

设 $\angle CDM=\alpha$，则 $D(0,0,0)$，$A(2,0,0)$，$B(2,2,0)$，$C(0,2,0)$，$M(0,2\cos^2\alpha,2\cos\alpha\sin\alpha)$，$\overrightarrow{DA}=(2,0,0)$，$\overrightarrow{DM}=(0,2\cos^2\alpha,2\cos\alpha\sin\alpha)$，$\overrightarrow{CM}=(0,2\cos^2\alpha-2,2\cos\alpha\sin\alpha)$，$\overrightarrow{BC}=(-2,0,0)$.

设 $\vec{n}=(x,y,z)$ 是平面 AMD 的法向量，则

$$\begin{cases}\vec{n}\cdot\overrightarrow{DA}=0,\\ \vec{n}\cdot\overrightarrow{DM}=0,\end{cases}\text{即}\begin{cases}x=0,\\ 2y\cos^2\alpha+2z\cos\alpha\sin\alpha=0.\end{cases}$$

可取 $\vec{n}=(0,\sin\alpha,-\cos\alpha)$.

设 $\vec{n_1}=(x,y,z)$ 是平面 BMC 的法向量，则

$$\begin{cases}\vec{n_1}\cdot\overrightarrow{BC}=0,\\ \vec{n_1}\cdot\overrightarrow{CM}=0,\end{cases}\text{即}\begin{cases}x=0,\\ (2\cos^2\alpha-2)y+2z\cos\alpha\sin\alpha=0.\end{cases}$$

可取 $\vec{n_1}=(0,\cos\alpha,\sin\alpha)$.

由 $\vec{n}\cdot\vec{n_1}=0$，得平面 $AMD\perp$ 平面 BMC.

4. 回顾总结

学生上黑板展示自己做出的结果，并总结这种方法是否能用到其他问题？什么问题可用？怎么用？（这个问题对于后面的一题多变做了铺垫）

对于此题的第（Ⅱ）问同样用四个环节“弄清问题—拟定计划—实施计划—回顾总结”进行类似的教学.

第（Ⅱ）问学生的解答过程如下.

解法 1: 如图 2，以 D 为坐标原点，以 $\overrightarrow{DA}$ 的方向为 x 轴正方向，以 $\overrightarrow{DC}$ 的方向为 y 轴正方向，建立空间直角坐标系 $D-xyz$，则 $D(0,0,0)$，$A(2,0,0)$，$B(2,2,0)$，$C(0,2,0)$.

$\because$ $\triangle ABC$ 的面积为定值，$\therefore$ 要使三棱锥 $M-ABC$ 体积最大，则三棱锥的高最大.

此时 M 为圆弧的中点，$M(0,1,1)$.

设 $\vec{n}=(x,y,z)$ 是平面 MAB 的法向量，则

$$\begin{cases}\vec{n}\cdot\overrightarrow{AB}=0,\\ \vec{n}\cdot\overrightarrow{MA}=0,\end{cases}\text{即}\begin{cases}y=0,\\ -2x+z=0,\end{cases}\text{可取}\vec{n_1}=(1,0,2).$$

$\because$ $DA\perp$ 平面 DMC，$\therefore$ $\overrightarrow{DA}$ 是平面 DMC 的法向量，$\overrightarrow{DA}=(2,0,0)$.

$$\because\ \cos<\vec{n},\overrightarrow{DA}>=\frac{\vec{n}\cdot\overrightarrow{DA}}{|\vec{n}||\overrightarrow{DA}|}=\frac{2}{2\sqrt{5}}=\frac{\sqrt{5}}{5}.$$

$\therefore$面 MAB 与面 MCD 所成二面角的正弦值 $\sin\alpha=\sqrt{1-\left(\frac{\sqrt{5}}{5}\right)^2}=\frac{2\sqrt{5}}{5}$.

解法 2: $\triangle ABC$ 的面积为定值,要使三棱锥 $M-ABC$ 体积最大,则三棱锥的高最大,此时 M 为圆弧的中点. 如图 3,建立以 O 为坐标原点的空间直角坐标系.

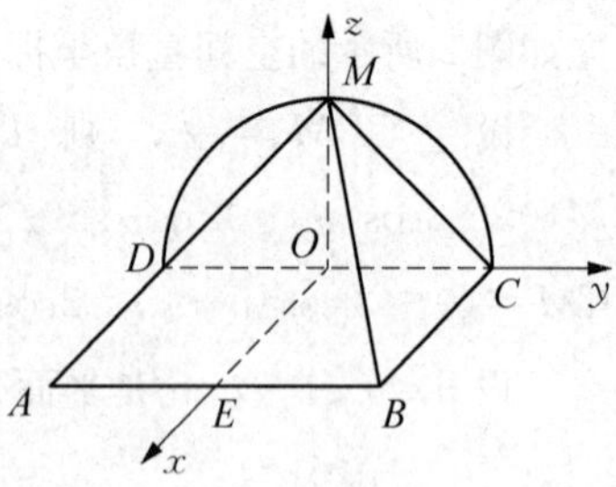

图 3

$\because$正方形 $ABCD$ 的边长为 2,

$\therefore D(0,-1,0)$, $A(2,-1,0)$, $B(2,1,0)$, $M(0,0,1)$.

$\because DA\perp$平面 DMC,

$\therefore \overrightarrow{DA}$ 是平面 DMC 的法向量,$\overrightarrow{DA}=(2,0,0)$.

设 $\vec{n}=(x,y,z)$ 是平面 MAB 的法向量,则

$$\begin{cases}\vec{n}\cdot\overrightarrow{AB}=0,\\ \vec{n}\cdot\overrightarrow{MA}=0,\end{cases}\text{即}\begin{cases}y=0,\\ 2x-y-z=0.\end{cases}\text{可取 }\vec{n}=(1,0,2).$$

$$\because \cos<\vec{n},\overrightarrow{DA}>=\frac{\vec{n}\cdot\overrightarrow{DA}}{|\vec{n}||\overrightarrow{DA}|}=\frac{2}{2\sqrt{5}}=\frac{\sqrt{5}}{5},$$

$\therefore$面 MAB 与面 MCD 所成二面角的正弦值 $\sin\alpha=\sqrt{1-\left(\frac{\sqrt{5}}{5}\right)^2}=\frac{2\sqrt{5}}{5}$.

解法 3: 如图 4,把几何体放到长方体中研究,则面 MAB 与面 MCD 的交线为 D_1C_1.

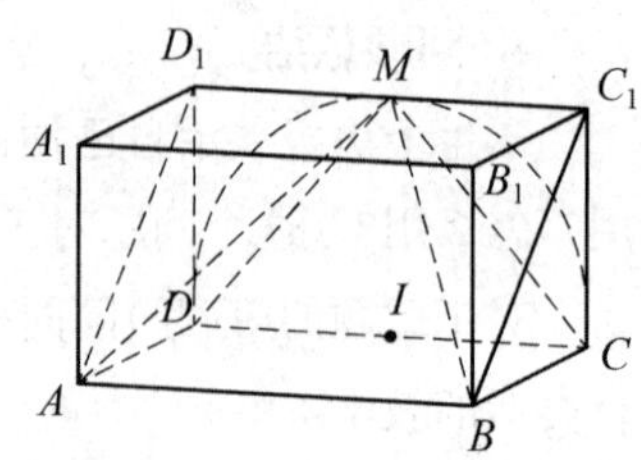

图 4

$\because D_1C_1\perp$平面 BB_1C_1C, $\therefore D_1C_1\perp BC_1$.

又 $D_1C_1\perp CC_1$, $\therefore \angle BC_1C$ 是面MAB 与面MCD 所成二面角的平面角.

则面 MAB 与面 MCD 所成二面角的正弦值

$$\sin\alpha=\frac{BC}{BC_1}=\frac{2}{\sqrt{5}}=\frac{2\sqrt{5}}{5}.$$

2018 年高考全国Ⅲ卷的立体几何题加强了理性思维考查,凸显了创新性. 文、理科第一次出现非棱锥、非棱柱等非常规常见的立体图形,所考察的几何体底部为矩形,上部为一半圆,设置了半圆弧上的一个动点 M,通过面面垂直推出线面垂直,再到线线垂直,利用半圆上的圆周角是直角推出线面垂直,最后得出面面垂直,考查了逻辑推理的数学核心素养. 理科第(Ⅱ)问是一道半开放性试题,关键是通过直观想象得到当动点 M 是圆弧上的中点时,三棱锥体积取得最大值.

(二) 一题多变

能否对试题进行改编? 以下是学生对此题的改编.

变式 1:(Ⅱ)当三棱锥 $A-BCM$ 体积最大时,求面 MAB 与面 MCD 所成二面角的正弦值.

变式 2:(Ⅱ)当 DM 与平面 $ABCD$ 所成的角为 $\frac{\pi}{4}$ 时,求面 MAB 与面 MCD 所成二面角的正弦值.

变式 3:(Ⅱ)当 DM 与平面 $ABCD$ 所成的角为 $\frac{\pi}{3}$ 时,求面 MAB 与面 MCD 所成二面角的正弦值.

变式 4:(Ⅱ)当二面角 $M-DA-C$ 所成的角为 $\frac{\pi}{4}$ 时,求面 MAB 与面 MCD 所成二面角的正弦值.

变式 5:(Ⅱ)当 $M-ABC$ 三棱锥体积最大时,求面 MAD 与面 MCB 所成二面角的正弦值.

学生视角较局限,改编集中在变条件或变结论.可以引导学生做其他的改编,如可把模型变成折叠问题.

变式 6:条件改为将一边长为 2 的正方形 $ABCD$ 和半圆 MCD 组成的一个平面图形沿 CD 折起.M 为圆弧 CD 上任意一点.(立体几何中的动态问题是近几年高考的热点问题,2018 年高考全国Ⅲ卷考的是动点问题,2019 年高考全国Ⅲ卷考的是折叠问题)

变式 7:(2019 年高考全国Ⅲ卷理科数学第 19 题)图 5 是由矩形 $ADEB$, Rt$\triangle ABC$ 和菱形 $BFGC$ 组成的一个平面图形,其中 $AB=1$, $BE=BF=2$, $\angle FBC=60°$,将其沿 AB、BC 折起使得 BE 与 BF 重合,联结 DG,如图 6.

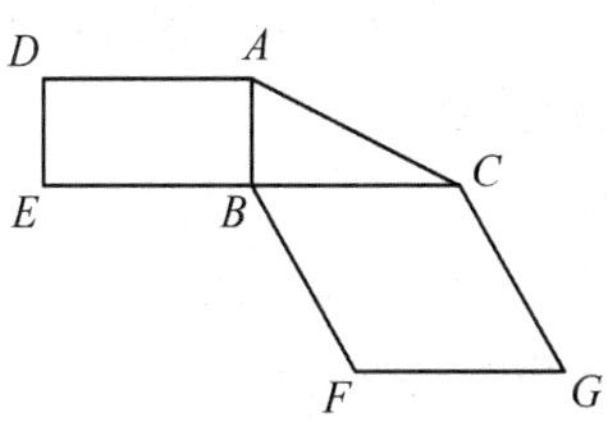

图 5

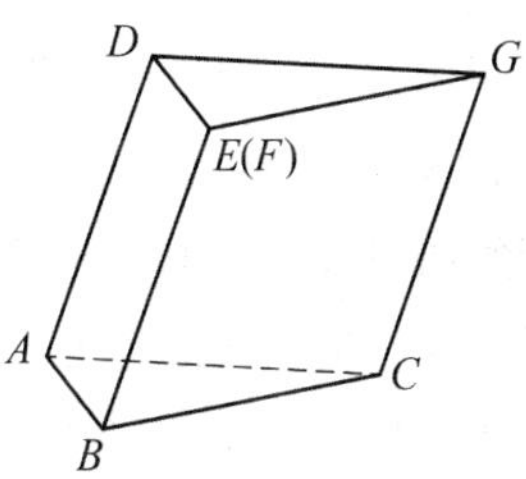

图 6

(Ⅰ)证明:图 6 中的 A、C、G、D 四点共面,且平面 $ABC\perp$ 平面 $BCGE$.

(Ⅱ)求图 6 中的二面角 $B-CG-A$ 的大小.

(三)一题多说

1. 与课本的联系

如图 7, AB 是 $\odot O$ 的直径,PA 垂直于 $\odot O$ 所在的平面,C 是圆周上不同于 A、B 的任意一点,求证:平面 $PAC\perp$ 平面 PBC.

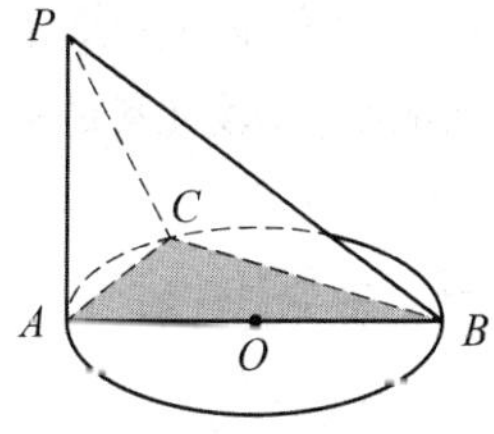

图 7

该题是人教 A 版教材必修 2 第二章第 3 节“平面与平面垂直的

判定”的例 3，和本题有比较密切的关系，主要有以下一些方面：

(1) 都是证明两个平面垂直的问题.

(2) 都是一个平面与一个半圆面垂直的问题.

(3) 都是动点问题.

2. 试题特点

第(Ⅰ)问以立体图形为载体考查空间垂直关系的证明，重点考查线线、线面与面面垂直的关系；第(Ⅱ)问考查三棱锥体积最大问题、二面角的计算，计算偏向于向量方法.

(1) 试题是立体几何中的动态问题，里面有一个动点，在动态过程中更能体现学生的空间想象能力，题目难度不大但有学生会对这种题型望而生畏.

(2) 题目没有用到我们熟悉的柱体或锥体，是一个圆和一个正方形构成的空间图形，在图形的设计上体现了创新，体现了空间想象能力的应用. 通过对圆的性质的应用体现了数学知识的综合性与灵活性.

(3) 试题的设计源于教材，高于教材，将空间想象能力和逻辑推理能力有机结合在试题中，体现了新课程背景下学生自主探究的理念.

(4) 垂直关系隐藏于几何图形中，需要用平面几何中的有关知识去解决.

3. 考查目标

本题主要考查学生：

(1) 是否了解和理解空间中线面平行、垂直的有关性质与判定定理（理解如果一条直线与一个平面内的两条相交直线都垂直，那么该直线与此平面垂直；如果一个平面经过另一个平面的垂线，那么这两个平面互相垂直；如果两个平面垂直，那么一个平面内垂直于它们交线的直线与另一个平面垂直）.

(2) 是否能运用公理、定理和已获得的结论证明一些空间图形位置关系的简单命题.

(3) 是否了解棱柱、棱锥、台的表面积和体积的计算公式.

(4) 是否能解决平面与平面的夹角的计算问题.

(5) 突出考查学生的空间想象能力、逻辑推理能力和运算求解能力.

(6) 还考查了学生直观想象、数学运算与数学建模等核心素养.

4. 文科试题特点

对 2013—2018 年高考全国卷文科数学共 15 套进行分析与整理，发现文科立体几何解答题的第一问与理科基本相同，但第二问差别较大. 文科第二问主要考查体积，15 套试题中只有一套考查的是线面平行问题，其他 14 套考查的是简单几何体的体积及与体积相关问题. 这 14 套试题中有 7 套直接求体积，有 2 套求体积比，有 2 套是知体积求侧面积，有 3 套为求点到面的距离. 教文科的数学教师要关注简单几何体体积问题的教学.

三、学习体验

学生 1：通过本节课的学习我知道要证两个平面垂直即要证一个平面内一条直线与另一

个平面内两相交直线垂直,知道怎么建立直角坐标系去证两平面垂直和去求二面角的大小.

学生2:通过这节课的学习,我也知道了要证面面垂直就要去证线面垂直,我原来不会解决这类问题的原因应该是概念不清.但我觉得下次遇到这类问题的时候可能还不会,那条垂线比较难确定.

学生3:通过这节课的学习,我收获到了一种解数学题的"四部曲",弄清问题—拟定计划—实施计划—回顾总结,其中弄清问题就是看"有什么""求什么""是什么",觉得许多题都可以用这种办法去解决.

学生4:这道题看上去较难,模型我们不熟悉,里面还有一个动点,但如果我们真正掌握了证明平面与平面垂直的方法和求二面角的方法,这个题还是简单.

学生5:老师要我们自己改编题目这个环节既有趣还很有用,让我对这类题的考查类型有了全面的了解.

四、教学反思

通过这节课的教学与课前研究对于立体几何的教学有了以下反思.

1. 尝试一题多变,促进全面理解

"一题多变"是让学生对知识和技能初步理解与掌握后,进一步深化认识和熟练技能,使学生在学习中学会运用课本的知识举一反三.它让教师有目的、有意识地引导学生从"变"的现象中发现"不变"的本质,从"不变"的本质中探究"变"的规律,可以帮助学生使所学的知识点融会贯通,从而让学生在无穷的变化中领略数学的魅力,体会学习数学的乐趣.它是高三有效复习的一个重要方法.

2. 熟记基本原理,内化空间概念

通过这节课及前面的观察发现许多同学对立体几何的概念、结论、性质与定理是不清楚的.例如:要证一条线和一个平面垂直,有学生只证一条线和一条线垂直,就说直线和平面垂直,且这不是个例.所以我们很有必要检查学生对相关概念、性质、定理的掌握情况,督促他们熟记这些基本原理,内化空间概念,提高空间现象能力.可以通过基本原理听写、默写的方式落实他们的掌握情况.

3. 归纳总结反思,形成知识框架

部分学生能熟记基本原理,但仍不会解题,原因可能是知识点在学生的头脑中还是孤立的,所以学生需要对数学基础知识和基本方法不断深化,要从本质上认识和理解数学知识之间的联系,从而加以分类、归纳、综合,形成一个条理化、排列有序、知识之间关系清晰的知识结构系统.深刻理解数学的基本概念、定理、公式,形成记忆、形成技能,并把数学相关的知识点联系起来.可以在每章节复习完成之后,要求学生自主绘制、构建本章节的知识网络图(知识、方法、题型),并自主归纳与其他章节知识的交汇.例如立体几何解答题第(1)问可以引导学生总结:①如何证两直线平行(中位线、平行四边形、三角形相似、与两平面垂直等)、垂直(勾股定理、直径所对的圆心角、等腰三角形三线合一等);②用十二条线归纳线线平行、线面平行、面面平行及线线垂直、线面垂直、面面垂直互证的性质与定理.

4. 关注课本知识,做到追根索源

课本是数学知识和数学思想方法的载体,又是教学的依据,它理应成为高考试题的源头,每年高考都有许多题目取材于课本上的基本题,有的是课本例习题数据的变更、有的是课本例习题条件的拓展、有的是课本例习题目背景的变换、有的则是课本例习题结论的应用等等. 所以每一节的复习,我们可以要求学生阅读本节教材,品味教材中的例题习题,做到回归课本不只是简单地重复教材,而是弄清问题的来龙去脉,对知识追根索源.

5. 空间问题平面化,降低思维难度

立体几何是平面几何的延伸与拓展,两者在不断升维与降维的转化中实现内容的补充和问题的解决. 虽然有的平面几何定理不能移到空间,但在空间的任一平面上,平面几何的结论都是成立的. 因此选取和构造一个恰当的平面,能让问题简单许多,能得到突破性进展,甚至全部解决,将空间问题化归为平面问题来解决,是立体几何解题的基本思路,也是学好立体几何的关键.

五、一题一诗

平面折叠成空间,三维二维巧联系;
面面垂直线面推,关键还是扣原理;
二面角找平面角,一点两线要牢记;
立几问题坐标化,空间向量有妙计.

“二面角”解题教学课例

——以人教A版教材选修2-1第109页例4为例

漆国兴(贵阳市第五中学)

题名对联

七十华诞广场阅兵扬国威

双百目标民族复兴绘蓝图

一、教学设计

(一)知识要点

二面角及相关概念,求二面角的大小.

原题再现: 如图1,在四棱锥 $P-ABCD$ 中,底面 $ABCD$ 是正方形,侧棱 $PD\perp$ 底面 $ABCD$, $PD=DC$,点 E 是 PC 的中点,作 $EF\perp PB$,交 PB 于点 F.

(Ⅰ)求证: $PB\perp$ 平面 EFD.

(Ⅱ)求二面角 $C-PB-D$ 的大小.

(注:原题的第一问证明线面平行与本课题无关,略)

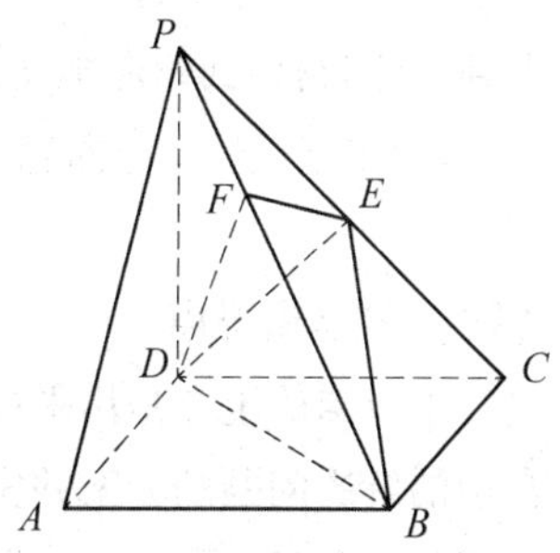

图1

(二)学习背景

1. 教材分析

二面角是高考的重点、热点,如何求二面角是本课题研究的重要内容.教材例题为我们提供了较好的素材,例题从二面角的平面角入手来求二面角,是很好的范例,但往往被忽视,这一点从许多教师的教学和考试所提供的参考解答(基本上都是用法向量)可以看出,好像法向量是万能的.作为高三复习课的“一题一课”“多解变式”教学,通过研究求解二面角问题的多种方法,拓展学生思路,培养学生良好的思维习惯,合理选择解题方法,从而提高学生分析问题和解决问题的能力.

2. 学情分析

此题是课本提供的例题,在学习新课时没有引起大家的重视,所以在高考第一轮复习中将其作为一个典型例题来教学很有必要.一方面,在二面角的问题中,学生大多是用法向量来求解，忽视了最基本的平面角方法了，实际上，许多二面角问题利用平面角来求解会简捷得多(后面会提供高考题解来印证)；另一方面，这是引导学生回归课本、重视教材的一个强有力的实例.

3. 核心问题

(1) 求二面角除了法向量外还有哪些方法？

(2) 怎么找二面角的平面角或与之等价的角？

(三) 学习目标

1. 知识技能目标

(1) 理解二面角及其平面角的相关概念，能找到二面角的平面角或与之等价的角.

(2) 会通过解三角形或用空间向量求解二面角问题.

(3) 进一步提高分析问题和解决问题的能力.

2. 核心素养目标

本题着重考查逻辑推理、数学运算、直观想象等核心素养. 通过学习，提高学生推理论证、运算求解、空间想象、分析问题和解决问题的能力.

3. 长见识悟道理

(1) 解决二面角问题除了法向量外还有其他渠道和方法.

(2) 通过对本题和近几年高考真题的解法分析，让学生认识到高考题源于教材，真正体会到关注教材、回归课本是很有必要也是非常重要的.

(3) 多角度、多方向思考问题对自我能力的提升是有帮助的.

(四) 教学重难点

本节课的重点是用平面角求解二面角问题，同时引导学生多角度、多方向思考问题，找出合理的解决问题的方案并实施. 由于长期受到法向量的影响，如何找到二面角的平面角或与之等价的角就成为解决问题的难点和关键.

(五) 设计思路

首先，利用二面角问题的求解，引导学生盯住目标，弄清条件，多角度、多方位思考问题，寻求解决问题的思路、方法，采用合理的方法解决问题.

其次，对于每一种解法，给出简要的评析，引导学生归纳总结该种解法的思路和要点，培养学生分析问题、解决问题的能力.

最后，通过课本例题与高考真题的对比，引导学生回归课本、重视教材，回到从二面角的定义求二面角的思路上来(近几年的高考考题中就已经有这种趋势了).

二、教学过程

课前准备

(1) 准备教材(选修 2－1,课堂上要用).

(2) 课前学案(提前一天提供,课前收集汇总).

① 二面角及其平面角的概念(学生课前完成).

② 求二面角的方法(学生课前完成).

③ 课前作业(如本文知识要点所述).

设计意图: 根据学生的答题情况开展后面的教学,所以要提前收集、汇总.如果学生有多种解法,那就让他们展示和讨论;如果解法单一,那就引导他们探究新的解法.

(一) 一题多解

解法 1:(将课前作业学生的解答汇总展示)

(Ⅰ) 证明:$\because PD\perp$ 平面 $ABCD$, $ABCD$ 是正方形,$PD=DC$,

$\therefore PD\perp BC$, $DC\perp BC$, $DE\perp PC$,从而 $BC\perp$ 平面 PCD, $BC\perp DE$.

$\therefore DE\perp$ 平面 PBC,从而 $DE\perp PB$.

$\because EF\perp PB$, $\therefore PB\perp$ 平面 EFD.

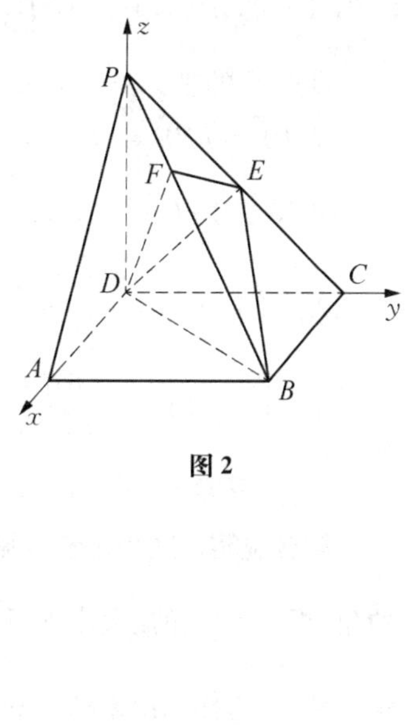

图 2

(Ⅱ) 解:建立如图 2 所示的空间直角坐标系,设 $PD=DC=1$,依题意得 $D(0, 0, 0)$, $B(1, 1, 0)$, $C(0, 1, 0)$, $P(0, 0, 1)$, $E\left(0, \frac{1}{2}, \frac{1}{2}\right)$.

$\therefore \overrightarrow{PB}=(1, 1, -1)$, $\overrightarrow{CB}=(1, 0, 0)$, $\overrightarrow{DB}=(1, 1, 0)$, $\overrightarrow{DE}=\left(0, \frac{1}{2}, \frac{1}{2}\right)$.

设平面 PBD 的法向量为 $\vec{n}=(x, y, z)$,则

$$\begin{cases}\vec{n}\cdot\overrightarrow{PB}=0,\\ \vec{n}\cdot\overrightarrow{DB}=0,\end{cases}\text{即}\begin{cases}x+y-z=0,\\ x+y=0.\end{cases}$$

可以取 $\vec{n}=(-1, 1, 0)$.

由(Ⅰ)知平面 PBC 的法向量为 $\vec{m}=\overrightarrow{DE}=\left(0, \frac{1}{2}, \frac{1}{2}\right)$.

$\because \cos<\vec{m}, \vec{n}>=\frac{\vec{m}\cdot\vec{n}}{|\vec{m}||\vec{n}|}=\frac{1}{2}$, $\therefore$ 二面角 $C-PB-D$ 的大小为 $60°$.

解法说明: 学生对第(Ⅱ)问都是用法向量来求解的,这是情理中的事情,我们把这种解法称为本题的解法 1.用法向量来求解二面角问题,是最基本的方法,无论是老师还是学生,可

以说是信手拈来的事.但由于方向问题,法向量所成的角与二面角相等或者互补,需要结合题目或直观图来判断,时有判断失误的情况发生.

老师:今天我们的课题是"二面角问题的解法",据了解同学们基本上都是用上述解法求二面角的平面角,请问除了这种用"法向量"的方法求解外,有没有思考过用其他方法,比如用定义找平面角来解?(提问郑同学)

郑同学:这种解法比较熟悉,容易上手,用定义找平面角有难度,由于不熟悉,相对比较麻烦(得到大多数同学附和).

老师:请注意,第(Ⅰ)问已经证明了 $PB \perp$ 平面 EFD,表明 $EF \perp PB$, $DF \perp PB$,即 $\angle EFD$ 就是二面角 $C-PB-D$ 的平面角,只需求出 $\angle EFD$ 的大小就行了.这道题是课本上的一个例题(见课本第109页例4及解答),大家看看书上第(Ⅱ)问的解法(在这里就称为解法2).(给学生3分钟时间看书)

解法2:(结合课本得到)

由(Ⅰ)知 $PB \perp$ 平面 EFD,表明 $EF \perp PB$, $DF \perp PB$,即 $\angle EFD$ 就是二面角 $C-PB-D$ 的平面角.

建立如图2所示的空间直角坐标系,设 $PD=DC=1$,依题意得 $D(0, 0, 0)$, $B(1, 1, 0)$, $C(0, 1, 0)$, $P(0, 0, 1)$, $E\left(0, \frac{1}{2}, \frac{1}{2}\right)$, $\overrightarrow{PB}=(1, 1, -1)$.

设点 F 的坐标为 (x, y, z),则 $\overrightarrow{DF}=(x, y, z)$, $\overrightarrow{PF}=(x, y, z-1)$.

$\because \overrightarrow{PF}=k\overrightarrow{PB}=(k, k, -k)$, $\therefore x=k$, $y=k$, $z=1-k$.

又 $\because \overrightarrow{PB}\cdot\overrightarrow{DF}=0$, $\therefore (1, 1, -1)\cdot(k, k, 1-k)=0$,解得 $k=\frac{1}{3}$.

$\therefore F\left(\frac{1}{3}, \frac{1}{3}, \frac{2}{3}\right)$, $\overrightarrow{FE}=\left(-\frac{1}{3}, \frac{1}{6}, -\frac{1}{6}\right)$.

$\because \cos\angle EFD=\frac{\overrightarrow{FE}\cdot\overrightarrow{FD}}{|\overrightarrow{FE}||\overrightarrow{FD}|}=\frac{1}{2}$,

$\therefore \angle EFD=60^\circ$,即二面角 $C-PB-D$ 的大小为 60°.

解法说明: 这是比较常见的求二面角的方法,通过定义找到二面角的平面角或与之等价的角,再求出该角的大小即可,但需要注意的是 $\cos\angle EFD=\frac{\overrightarrow{FE}\cdot\overrightarrow{FD}}{|\overrightarrow{FE}||\overrightarrow{FD}|}$ 的点 F 必须在二面角的棱上,这样求出来的角的大小就是二面角大小.而且解法中确定点 F 位置(坐标)的做法还给我们提供了解决存在性问题的思路和方法.

老师:怎么样,能看懂吗?

学生(大多数):能,没想到还有这种方法,以前关注教材不够,忘了.

老师:既然找到了二面角的平面角 $\angle EFD$,由于 $\triangle PBC$、$\triangle PEF$ 都是直角三角形且有公共的锐角 $\angle BPC$,所以两三角形相似,可以解决 $\triangle DEF$ 的边长问题,通过解三角形求出 $\angle BPC$,请大家试一试.

解法3:(根据学生的解答整理得到)

如图 3，由前面解法知$\angle EFD$就是二面角$C-PB-D$的平面角.

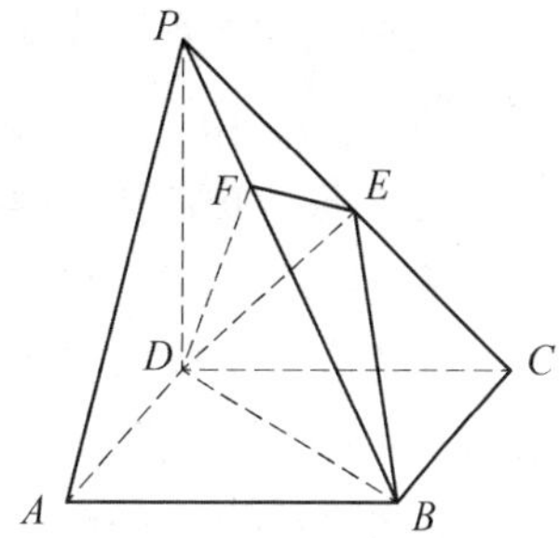

图 3

设$PD=DC=1$，则$PC=\sqrt{2}$，$PB=\sqrt{3}$.

由题意知$\triangle PBC \backsim \triangle PEF$，

$\therefore PE=\frac{\sqrt{3}}{3}$，$EF=\frac{\sqrt{6}}{6}$，从而$DF=\frac{\sqrt{6}}{3}$.

$\because DE=\frac{\sqrt{2}}{2}$，$\therefore \cos\angle EFD=\frac{EF^2+DF^2-DE^2}{2EF\cdot DF}=\frac{1}{2}$.

$\therefore \angle EFD=60^\circ$，即二面角$C-PB-D$的大小为$60^\circ$.

解法说明： 直接利用相似三角形和余弦定理就可求解，相对较为简单，但对能力和几何基础要求较高.

综合解法 2 和解法 3 我们可得解法 4

解法 4：（简单板书、说明）

利用$\triangle PBC \backsim \triangle PEF$求出$PF=\frac{1}{3}PB$. 在解法 1 建立的空间直角坐标系中，$\overrightarrow{PF}=\frac{1}{3}\overrightarrow{PB}=\left(\frac{1}{3},\frac{1}{3},-\frac{1}{3}\right)$，再求出$\overrightarrow{FE}=\left(-\frac{1}{3},\frac{1}{6},-\frac{1}{6}\right)$，$\overrightarrow{FD}=\left(-\frac{1}{3},-\frac{1}{3},-\frac{2}{3}\right)$，从而可得解（以下同解法 2）.

解法说明： 这种解法是在解法 2 和解法 3 的基础上形成的，既要建系利用空间向量，又要用相似形解决比例问题，对综合素质要求较高，看似简单，但实际应用起来困难较大.

方法总结：

(1) 法向量法：求出二面角的两个面的法向量，利用法向量所成的角与二面角的平面角相等或互补的关系求出二面角的平面角.

(2) 平面角法：找出二面角的平面角（或与之等价的角），利用解三角形或空间向量求出平面角（或与之等价的角）.

（二）一题多变

变式 1： 如图 4，在四棱锥$P-ABCD$中，$AB\parallel CD$，且$\angle BAP=\angle CDP=90^\circ$.

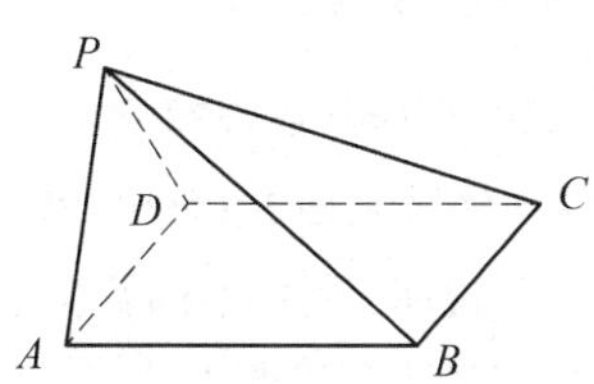

图 4

（Ⅰ）证明：平面$PAB\perp$平面PAD.

（Ⅱ）若$PA=PD=AB=DC$，$\angle APD=90^\circ$，求二面角$A-PB-C$的余弦值.

老师：这是 2017 年高考全国Ⅰ卷理科数学第 18 题，由于今天主要是解决二面角问题，所以我们只做第（Ⅱ）问，第（Ⅰ）问的结论可作为条件使用.

在这里我们研究用平面角求解，至于用法向量求解大家课后自己完成. 首先，从题目条件我们可以得到些什么结论？

学生(七嘴八舌):等腰直角三角形 PAB、PAD、PDC,矩形 $ABCD$,平面 $PAD\perp$ 平面 $ABCD$.

老师:能否由此找出(或作出)平面角?请思考(注意平面角的定义).

张同学:作等腰三角形 PAB 的边 PB 上的中线可得到棱的一条垂线……

万同学:$\triangle PBC$ 是等边三角形,三线合一,平面角找到了,即图 5 中的$\angle AEC$.

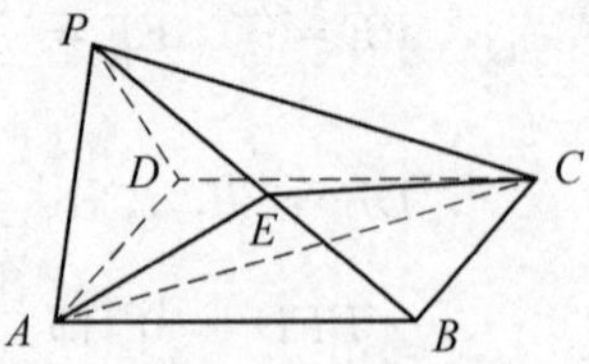

图 5

老师:剩下的问题应该可以解决了吧,请动手做一做.

整理学生解答得到以下三种解法.

解法 1:由题意可得$\triangle PAB$、$\triangle PAD$、$\triangle PCD$ 是等腰直角三角形,四边形 $ABCD$ 是矩形,$\triangle PBC$ 是等边三角形.

如图 5,取 PB 边的中点 E,联结 AE、CE,则 $AE\perp PB$, $CE\perp PB$.

$\therefore \angle AEC$ 为二面角 $A-PB-C$ 的平面角,

设 $PA=PD=AB=DC=1$,联结 AC,用余弦定理解三角形 AEC 即可(详解略).

解法 2:由题意知 平面 $PAD\perp$ 平面 $ABCD$,在平面 PAD 内作 $PO\perp AD$,垂足为 O,则 $PO\perp$ 平面 $ABCD$.

建立如图 6 所示的空间直角坐标系,设 $PA=PD=AB=DC=2$,则

$$\overrightarrow{EA}=\left(\frac{\sqrt{2}}{2},-1,-\frac{\sqrt{2}}{2}\right),\ \overrightarrow{EC}=\left(-\frac{3\sqrt{2}}{2},1,-\frac{\sqrt{2}}{2}\right).$$

由向量的夹角公式求出 $\cos<\overrightarrow{EA},\overrightarrow{EC}>=-\frac{\sqrt{3}}{3}$ 即可(详解略).

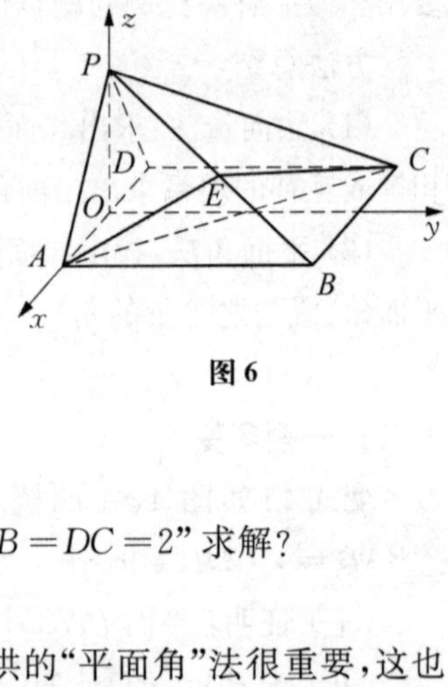

图 6

老师:求解过程中为何要设“$PA=PD=AB=DC=1$”或“$PA=PD=AB=DC=2$”?

学生(全体):便于确定坐标和计算.

老师:如果本题的第(Ⅱ)问改为——若 $PA=PD=AB=DC$, $\angle APD=90^\circ$,且该四棱锥的体积为$\frac{8}{3}$,求该四棱锥的侧面积. 还能不能设“$PA=PD=AB=DC=1$”或“$PA=PD=AB=DC=2$”求解?

大家可以在课外思考,这正是文科题的第(Ⅱ)问.

说明:设置这个高考题作为变式的目的是告诉大家课本提供的“平面角”法很重要,这也是高考题源于课本的有力例证.

变式 2:(2019 年高考全国Ⅲ卷理科数学第 19 题)图 7 是由矩 $ADEB$, Rt$\triangle ABC$ 和菱形 $BFGC$ 组成的一个平面图形,其中 $AB=1$, $BE=BF=2$, $\angle FBC=60^\circ$,将其沿 AB、BC 折起,使得 BE、BF 重合,联结 DG,如图 8.

(Ⅰ) 证明:图 8 中的 A、C、G、D 四点共面,且 平面 $ABC\perp$ 平面 $BCGE$.

(Ⅱ) 求图 8 中的二面角 $B-CG-A$ 的大小.

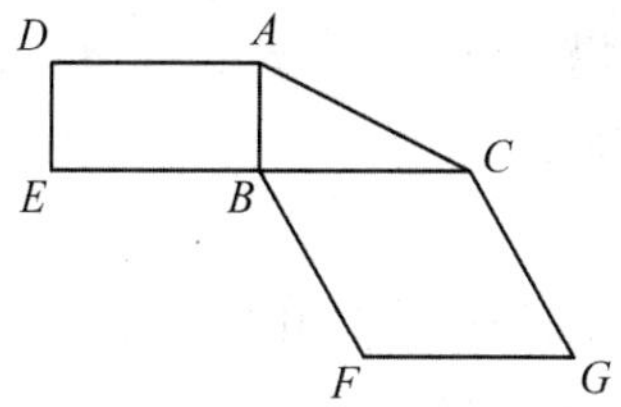

图 7

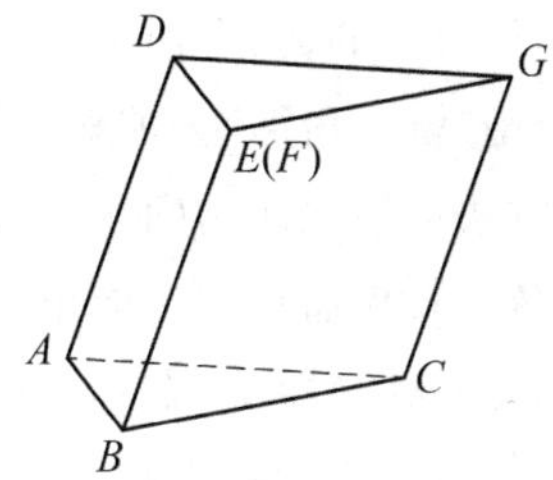

图 8

老师：第（Ⅰ）问的证明不是今天的内容，但结论可以用，先试着找平面角.（留给学生一分钟时间思考）

老师：罗同学，找到了吗？

罗同学：只找到棱 CG 的一条垂线，联结点 E 与 CG 的中点 H，$EH \perp CG$（如图 9）.

老师：先看看 DH 与 CG 垂直否？

万同学：垂直.

学生（部分）：为什么？

万同学：由题意知 $AB \perp BE$，即 $AB \perp CG$，即 $DE \perp CG$.

$\therefore CG \perp$ 平面 DEH，从而 $CG \perp DH$.

$\therefore \angle DHE$ 是二面角 $B-CG-A$ 的平面角.

学生（全体）：（掌声）.

万同学：而且$\triangle DEH$ 还是直角三角形.

老师：厉害！剩下的应该没问题了吧，但要注意每一个结论应交代清楚，并注意解题格式. 课后大家还可以尝试建系求解，同时也可以进行对比，相信会有所得.

老师：若本题再要求求四边形 $ACGD$ 的面积（这是文科题的第（Ⅱ）问），能否完成？

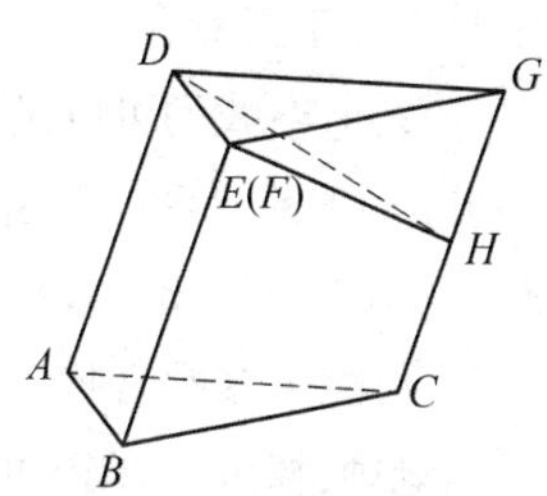

图 9

李同学：求面积简单，只需求出 DH 即可.

老师：很好！由于文科不要求用空间向量解决问题，所以只有通过我们这种方法解答，既然文科都可以掌握，我们作为理科生更应该掌握.

解法说明： 折叠问题要注意折叠过程中没有变的角、线段等，可以从中发现相应位置、大小等关系，从而找到问题的突破口. 另外，这种解法的难点是证明 $CG \perp DH$，如果能突破，那解答就变得简单多了. 至于其他解法，作为本节课的课外作业.

（三）一题多说

老师：二面角是高考的常考点，基本上都是在立体几何大题中考查，难度都不大，通常的解法是"法向量"法，包括各种场合提供的参考解答也大都是这种方法. 而教材中提供的"平面角"法（课本例题），往往会被大家忽视，实际上这是一种比较合理的解法，虽然有时也要用到空间向量，也会出现大量的运算，但至少它规避了“法向量”法求出的角也许是二面角的补角问题，同时还可以用“解三角形”去求解，所以应加以重视.

用“平面角”方法求解二面角问题的解题思路是：

找(作)平面角→求平面角→二面角.

通过前面例题、考题的研究、解答，对“平面角”法还有什么困难、疑惑？

郑同学：题目(图形)中如果没画出棱，该怎么办？比如2018年高考全国Ⅲ卷理科数学第19题：

如图10，边长为2的正方形$ABCD$所在平面与半圆弧CD所在平面垂直，M是CD上异于C，D的点.

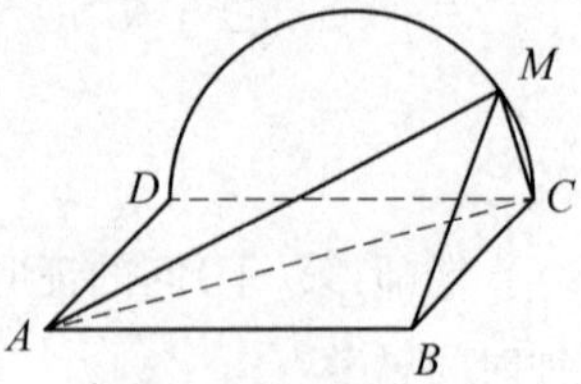

图10

(Ⅰ)(略).(Ⅱ)当三棱锥$M-ABC$体积最大时，求面MAB与面MCD所成二面角的正弦值.

老师：问得好！何时三棱锥$M-ABC$体积最大？

学生(齐答)：点M为弧CD最高点即中点时三棱锥$M-ABC$体积最大(如图11).

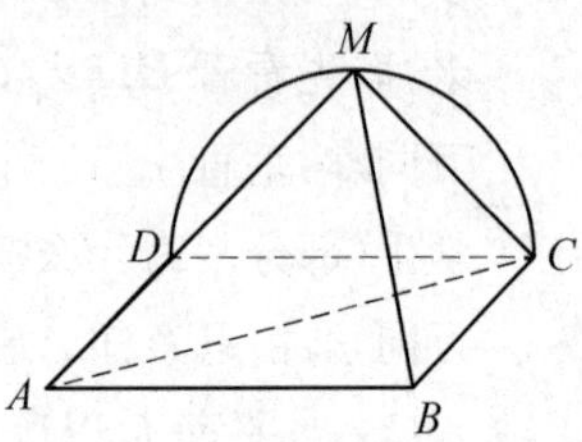

图11

郑同学：二面角的棱呢？没有棱，怎么找平面角？

老师：二面角的棱是平面角的关键，能不能找到棱呢？

郑同学：二面角的棱应该是面MAB与面MCD交线，但题中只有一个交点M.

万同学：我们可以过M作两个平面的交线，不就找到二面角的棱了吗？如图12，由于$AB \parallel CD$，所以棱与AB，CD都平行，联结M与AB、CD的中点，平面角就是$\angle OMN$.

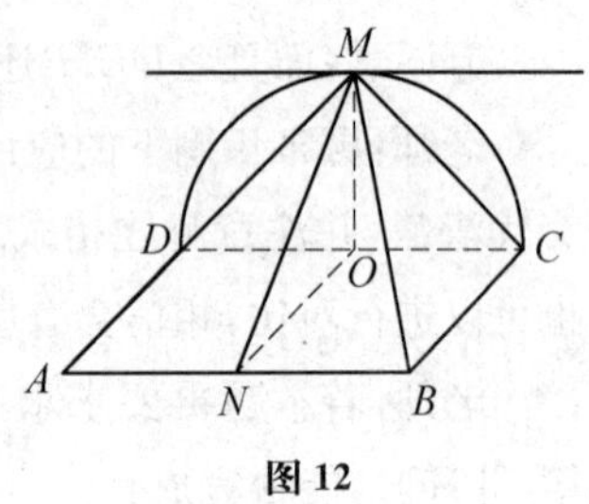

图12

学生(大多数)：哦!!!(掌声)

老师：棒极了，剩下的问题大家作为课后作业完成吧.

张同学：找到平面角，但部分数据不明确该怎么办？

老师：我们可以参照教材选修2－1第109页例4中第(3)问提供的方法处理.

赵同学：找到平面角，但无法与题目提供的条件(数据)联系起来(相当于找不到)怎么办？比如变式1中，不能判断$\triangle PBC$为等边三角形，我们可以在面PBC内作PB的垂线找到平面角，但不知道垂线是否经过C点，还是无法求解.

老师：我们可以作$CF \perp PB$，交PB于点F，此时$<\overrightarrow{EA}, \overrightarrow{FC}>$等价于二面角的平面角，只需参照教材提供的方法求出$F$的坐标即可，就算点$E$的位置不能确定也可同样处理(大家可以参照这种办法求解变式2).这种找与平面角等价的角的方法也很重要，与“法向量”法一样，可以看作模型.

三、学习体验

通过本解题课例的学习，学生既巩固了相关数学知识，又学会了“二面角”问题的其他解法，拓宽了解题思路. 同时也对回归课本、重视教材有了新的认识和理解. 基本能理解这种方法，要掌握还需要进一步练习和感悟. 下面是部分同学的体验（收集整理及课后与学生交流所得）.

学生 1：通常解决二面角问题都是用法向量，今天开了眼界，思路一下子清晰了许多，好像打通了任督二脉，以后遇到问题应多思考、多分析，找到更为合理的办法去解决.

学生 2：刚开始还有些抵触情绪，不就是求二面角吗，一个法向量就可以解决的问题，费这样多功夫干嘛. 一节课下来，收获还是挺多的，尤其是当遇到不知道所求的角是锐角还是钝角时，老师都不能准确判断，而这种方法就不成问题了. 还有，有些题用这种解法比较简单，比如变式 1，用法向量来解运算量太大了.

学生 3：开始不感兴趣，但看到解了几个高考题后觉得挺好，思路也清晰，只是找平面角需要很多的几何知识，自己得多加强练习.

学生 4：尽管方法很好，也能理解，但下次我还用法向量法，不费神.

学生 5：通过今天的学习，让我感到在解数学题中基础很重要，比如在找平面角的过程中，不但找到了二面角的平面角，而且还得到了简捷的解法（2018 年那道高考题只需解直角三角形就好了）. 同时，学习中既要关注知识、方法的积累，还要加强思维训练.

学生 6：没想到课本例题会这样重要，上新课时老师没强调，自己平常都不太关注，看样子真的要“回归课本”了.

四、教学反思

2001 年大纲版高中数学教材第九章将“空间向量”引入高中课程已近 20 个年头，作为一种工具，“空间向量”的引进为高中数学课程的呈现形式和数学解题提供了新的思路，对学生的解题、能力培养和空间观念的建立等方面有较为明显的影响，也削弱了逻辑思维能力、创造力、分析力和想象力的培养. 例如，许多教师和学生在处理空间的角和距离的计算问题上，淡化了概念和推理，采用一种单纯的只需代入公式，无需任何分析的方法，如何谈得上思维和能力的培养.

在教学设计时就有意识让学生回顾二面角及相关概念、求二面角的方法（以做题的形式来了解），一方面检验一下他们对课本上相关内容是否关注，另一方面也是考查一下学生对求二面角的平面角方法的掌握情况，以便展开本堂课的教学. 从具体情况看来，二面角的概念只是停留在形上，至于求二面角的平面角也只是使用法向量按部就班. 反映出在平常教学中对教材的关注不够深入，就例题而言，相信老师们都讲过，但没有理解教材设置的意图，其中除了“二面角”问题外，求点 F 坐标的方法在一些存在性问题中也会遇到，但都没给予足够的重视.关注教材、回归课本不能只停留与口头上.

对二面角及相关的概念没有重视,因为有了“法向量”这个“万能工具”,所以就淡化了概念教学和忽视了对课本提供的方法的进一步研究,也就导致学生只会这一种方法.从实际情况来看,其他解法也有其优势,一题多解的教学不仅仅是展示有几种解法,更重要的是拓展学生的思路、训练思维,培养分析问题和解决问题的能力,提高学生的综合素质.

从近几年高考立体几何解答题来看,“法向量”有弱化的趋势,这值得研究.

学生4的想法相信不是个例,学生如何选择老师无法干预,我们要通过自己的教学去引导他们多角度、多方位思考问题,合理地选择解决问题的方法,潜移默化地去影响他们.

总之,本节课虽然形式上是“一题多解”,也达到一定的目的,但还是想通过这样的方式提醒学生和我们自己,要重视教材、钻研教材,多角度、多方位地思考问题,合理解答问题.

五、一题一诗

求解几何二面角,空间向量与坐标.
多解训练扩思路,思维培养更重要.

“立体几何”解题教学课例

——以 2018 年高考全国Ⅱ卷文科数学第 19 题为例

邹禄化(贵州省罗甸县第一中学)

题名对联

无功受禄赝金最怕火来炼

化险为夷真情岂惮时漫长

一、教学设计

(一) 知识要点

本题主要考查判定定理在立体几何中的运用,以及点到平面距离的求解. 首先,学生必须掌握和区分立体几何中四个判定定理和性质定理,这是对第(Ⅰ)问的要求. 其次,学生也要掌握点到平面的距离的求法和法向量的运用,这就要求学生具备一定的思维能力、运算能力和解决问题的能力.

真题再现: 如图 1,在三棱锥 $P-ABC$ 中, $AB=BC=2\sqrt{2}$, $PA=PB=PC=AC=4$, O 为 AC 的中点.

(Ⅰ) 证明: $PO\perp$ 平面 ABC.

(Ⅱ) 若点 M 在棱 BC 上,且 $MC=2MB$,求点 C 到平面 POM 的距离.

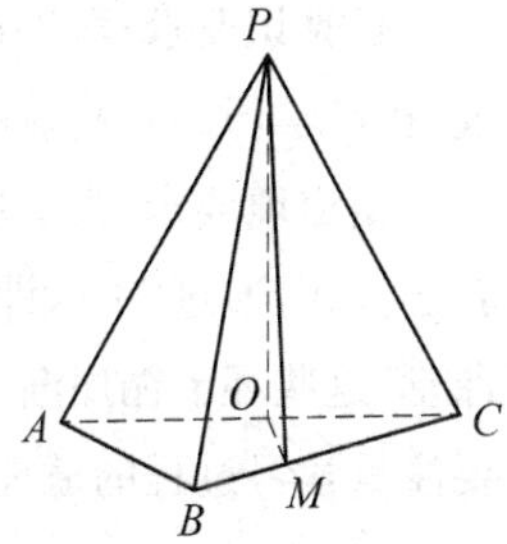

图 1

(二) 学习背景

1. 教材分析

本课题研究立体几何中线面垂直的证明方法,以及点到平面的距离的解题方法,如垂线法、等体积法、向量法等. 本课题还具有以下几个特点:一是这部分内容,是对义务教育阶段“空间与图形”课程的延续与发展,教材的编写力图凸显《普通高中数学课程标准(2017 年版)》对立体几何的教学要求,通过直观感知、操作确认、思辨论证、度量计算等方法,帮助学生实现逐步形成空间想象能力、提高思维能力、解决问题的能力. 二是全面贯彻以培养思维能力为主要目的的命题原则,突出重要内容和基本方法,不过度追求解题技巧,思路清晰,低起点,宽口径,做到了多考一点想、少考一点算的原则.

2. 学情分析

学生在立体几何中已经学习了空间几何体的基本结构，空间几何体的三视图和直观图，空间几何体的表面积和体积，以及点线面之间的位置关系，还学习了线线平行、线面平行、面面平行的判定定理和性质定理，及线面垂直、面面垂直的判定定理和性质定理. 并能熟练地运用这些知识点，这些学习内容及生活经验为本节课奠定了一定的基础. 学生在此之前也每天做一道立体几何大题，并且由学生自主讲解、自主分析每一道题背后所蕴含的知识点，本班学生对课本的所有判定定理和性质定理都能达到了熟练掌握的程度，这都为本节课的学习作了一定的准备.

3. 核心问题

(1) 证明线面垂直的基本方法是什么？

(2) 求点到平面的距离的方法有哪些？

（三）学习目标

根据本节课的内容特点以及学生的认知水平，确定本节课的学习目标.

1. 知识技能目标

通过学生在观察、探究、发现中学习，举一反三，进一步掌握在立体几何中解决与垂直有关的问题，如线面垂直的判定定理和性质定理，点到面的距离的求法(包括找垂线法、等体积法、向量法)，从不同的角度解决同一个问题.

2. 核心素养目标

通过学生对本题的探究，发现本题的多种解决方法，从而培养学生的发散思维能力、逻辑思维能力、数学运算能力和合情推理能力等.

3. 长见识悟道理

长见识要求：学生在自主合作、交流中体验学习的乐趣，增强自信心，树立积极的学习态度，提高学习的自我效能感.

悟道理要求：为了更好地突出教学重点，突破教学难点，完成教学目标，采用一题一课的教学方式，通过“引入课题—问题引领，逐步探究—总结解题方法，巩固练习—归纳小结，延伸课堂”这些环节循序渐进地将问题逐步引向深入，让学生悟出数学学习既要注重目标知识又要注重学习过程的道理.

（四）教学重难点

教学重点：理解并掌握线线垂直、面面垂直的定义及其判定定理与性质定理的运用. 并学会学习等体积法的普遍性和重要性.

教学难点：掌握立体几何里体积的求法、点到平面的距离的求法、向量在立体几何中的运用等.

（五）设计思路

(1) 本节课利用信息技术等先进教育手段，采用指导探究教学模式，在师生互动中，要求学生动脑、动手、动口，学会分析问题、解决问题的方法，提高学生分析与综合的逻辑思维能力，体会数学思想的广泛性，欣赏数学美.

(2) 分组：分 6 个学习小组，每组确定一人为组长，教师需要做好协调工作，确保每位学生都参与(课前准备).

(3) 学生解题：首先根据学生个人能力独立解答本题，然后小组内合作交流，教师应该到各组中去了解解题情况，尽量多地选择不同方法解决本题(课前准备).

(4) 课堂展示：根据个人情况和优势，经小组共同商议，由组长确定一人或多人上台展示成果.

(5) 变式教学：让学生从题海中解脱出来，形成知识网络，增强知识的系统性与连贯性，从而使学生能够抓住问题的本质，加深对问题的理解，从“变”的现象中发现“不变”的本质，从“不变”的本质中探索“变”的规律.

(6) 点评：针对解答本题的方法，谈谈所用到的知识点、数学方法或数学思想等.

二、教学过程

(一) 一题多解

1. 第(Ⅰ)问之问题分析、解法分析与教学研讨

(1) 第(Ⅰ)问之问题分析

求什么？——线面垂直.

有什么？——已知三棱锥的所有棱长的长和 O 为 AC 的中点.

有哪些方法可用？——线线垂直、线面垂直、中垂线、法向量等方法.

(2) 第(Ⅰ)问之解法分析与教学研讨

① 第(Ⅰ)问解法 1(判定定理：线线垂直⇒线面垂直)

分析：因为每条边都知道，所以$\triangle ABC$ 和$\triangle APC$ 都是等腰三角形，且 O 是中点，所以就可以算出 OP 和 OB 的长，从而可以推出三角形 POB 是直角三角形.

证法 1：(Ⅰ) 因为 $AP=CP=AC=4$，O 为 AC 的中点，所以 $OP\perp AC$，且 $OP=2\sqrt{3}$.

联结 OB，因为 $AB=BC=\dfrac{\sqrt{2}}{2}AC$，

所以$\triangle ABC$ 为等腰直角三角形，且 $OB\perp AC$，$OB=\dfrac{1}{2}AC=2$.

由 $OP^2+OB^2=PB^2$，知 $OP\perp OB$.

又因为 $AC\cap OB=O$，所以 $PO\perp$ 平面 ABC.

教学研讨： 证明线面垂直的方法是证明这条直线和平面内的两条相交直线垂直，运用这种方法的前提是必须让学生掌握线线垂直、线面垂直的判定定理和性质定理，也就是说我们在解决一类数学问题之前必须弄清楚课本上的基本概念.

② 第(Ⅰ)问解法 2(用法向量证明)

分析:根据法向量的定义,要证明线面垂直,只需证明法向量与直线 OP 共线或者平行即可.

证法 2:如图 2,建立空间直角坐标系.

设法向量 $\vec{n}=(x, y, z)$, $A(0, -2, 0)$, $B(2, 0, 0)$, $C(0, 2, 0)$, $\overrightarrow{AB}=(2, 2, 0)$, $\overrightarrow{BC}=(-2, 2, 0)$.

$\because \overrightarrow{AB}\cdot\vec{n}=2x+2y=0$, $\overrightarrow{BC}\cdot\vec{n}=-2x+2y=0$,

$\therefore$ 可取 $\vec{n}=(0, 0, 1)$, $\overrightarrow{OP}=(0, 0, 2\sqrt{3})$.

$\therefore \vec{n}$ 与 $\overrightarrow{OP}$ 共线.

$\therefore \overrightarrow{OP}\perp$ 平面 ABO.

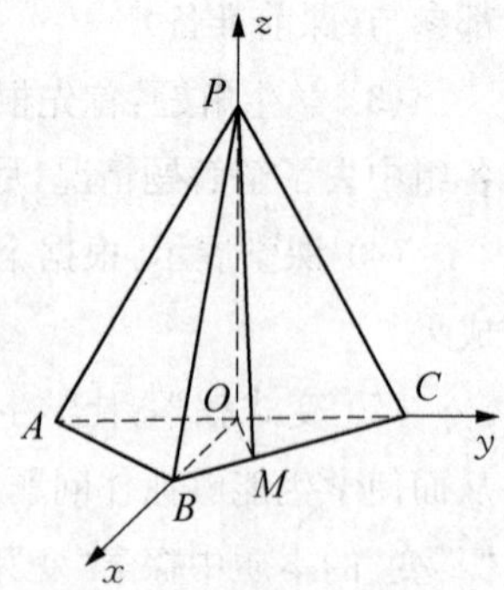

图 2

教学研讨: 运用解法 2 的前提是:①学生应掌握如何建立适当的坐标系并写出相应点和向量的坐标;②学生必须理解、掌握法向量的概念以及求法.

此外,本题(Ⅰ)问还有其他解法,限于篇幅不作赘述.

2. 第(Ⅱ)问之问题分析、解法分析与教学研讨

(1) 第(Ⅱ)问之问题分析

求什么?——求点 C 到平面 POM 的距离.

有什么?——点 M 在棱 BC 上,且 $MC=2MB$,椎体的各棱长的长度,以及第(Ⅰ)问的结论,第(Ⅰ)问解决过程中的过程性结论.

(2) 第(Ⅱ)问之解法分析与教学研讨

解法 1:如图 3,作 $CH\perp OM$,垂足为 H.

又因为 $PO\perp$ 平面 ABC, $OP\perp CH$,所以 $CH\perp$ 平面 POM.

故 CH 的长为点 C 到平面 POM 的距离.

由题设可知 $OC=\frac{1}{2}AC=2$, $CM=\frac{2}{3}BC=\frac{4\sqrt{2}}{3}$, $\angle ACB=45°$,

所以 $OM=\frac{2\sqrt{5}}{3}$, $CH=\frac{OC\cdot MC\cdot\sin\angle ACB}{OM}=\frac{4\sqrt{5}}{5}$.

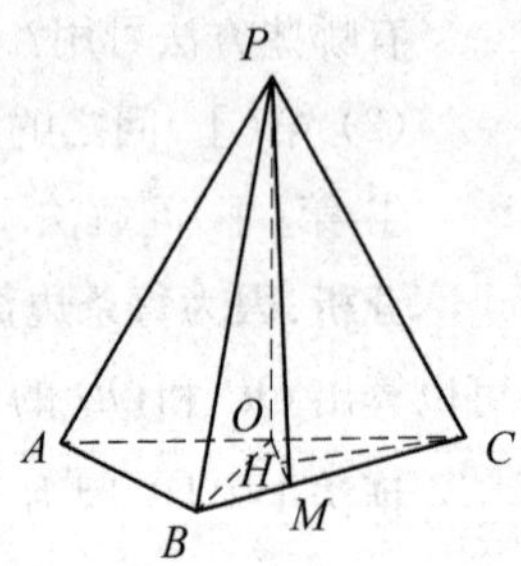

图 3

所以点 C 到平面 POM 的距离为 $\frac{4\sqrt{5}}{5}$.

教学研讨: 空间几何中,点到平面的距离是高考中常见题型,其考查目标就是通过作辅助线找到点到平面的垂线,从而求垂线段的长度.

解法 2:由(Ⅰ)可知 $PO\perp$ 平面 ABC, $PO\perp OM$.

因为 $MC=2MB$,所以 $MC=\frac{2}{3}BC=\frac{4\sqrt{2}}{3}$.

又因为 $AB=BC$ 且 $AB^2+BC^2=AC^2$,

所以 $AB \perp BC$，$\angle BCA = 45°$.

在 $\triangle OMC$ 中，$OM^2 = OC^2 + MC^2 - 2OC \cdot CM\cos 45°$，

即 $OM^2 = 2^2 + \left(\frac{4\sqrt{2}}{3}\right)^2 - 2 \times 2 \times \frac{4\sqrt{2}}{3} \times \cos 45° = \frac{20}{9}$，$OM = \frac{2\sqrt{5}}{3}$.

所以 $S_{\triangle POM} = \frac{1}{2}OM \cdot PO = \frac{2\sqrt{15}}{3}$.

$$S_{\triangle COM} = \frac{1}{2}OC \cdot CM \times \sin 45° = \frac{1}{2} \times 2 \times \frac{4\sqrt{2}}{3} \times \frac{\sqrt{2}}{2} = \frac{4}{3}.$$

由 $V_{P\text{-}COM} = V_{C-POM}$，即 $\frac{1}{3}S_{\triangle COM} \cdot OP = \frac{1}{3}S_{\triangle POM} \cdot h_c$，得 $h_c = \frac{4\sqrt{5}}{5}$.

教学研讨： 等体积法是高考文科数学中立体几何常用的方法，考查学生解决问题的能力以及转化思想的应用.

解法 3： 如图 4，过 M 作 AC 的垂线，垂足为 H.

由（Ⅰ）可知 $PO \perp$ 平面 ABC.

又因为 $MH \subseteq$ 平面 ABC，所以 $PO \perp MH$.

又 $AC \cap MH = O$，所以 $MH \perp$ 平面 APC.

$MH = MC \cdot \sin\angle MCO = \frac{4}{3}$.

$S_{\triangle POC} = \frac{1}{2}OC \cdot PO = \frac{1}{2} \times 2 \times 2\sqrt{3} = 2\sqrt{3}$.

由 $V_{C\text{-}POM} = V_{M-POC}$，$\frac{1}{3}S_{\triangle POM} \cdot h_c = \frac{1}{3}S_{\triangle POC} \cdot MH$，得

$$h_c = \frac{4\sqrt{5}}{5}.$$

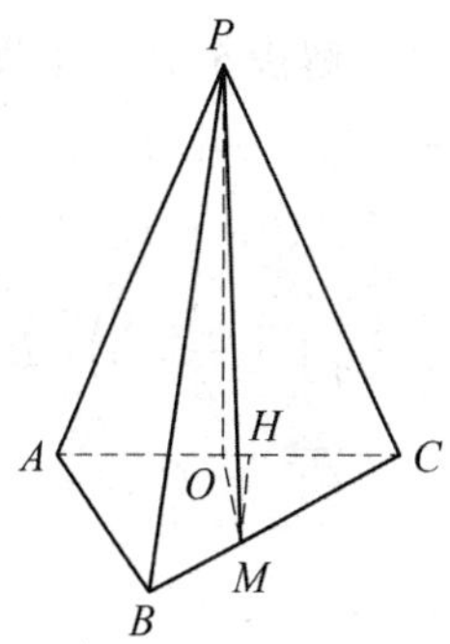

图 4

教学研讨： 本解法也是等体积法，与解法 2 有着异曲同工之妙，循序渐进地带领学生去探究，从而达到深入浅出的目的，这个解法在本次课堂中发挥了举一反三的作用，同时也让课堂变得更加活跃，逐步走向高潮.

解法 4： 如图 5，取 BC 的中点 E，联结 OE、PE，过 O 作 $OH \perp PE$.

$\because AB \perp BC$，$\therefore OE \perp BC$.

又 $\because PB = PC$，$\therefore PE \perp BC$.

又 $\because OE \cap PE = E$，$\therefore BC \perp$ 平面 POE，$BC \perp OH$.

又 $\because BC \cap PH = E$，

$\therefore OH \perp$ 平面 PBC，即 $OH \perp$ 平面 PMC.

$\therefore OH$ 是平面 PMC 上的高.

由等面积法，在三角形 POE 中，$\frac{1}{2}OH \cdot PE = \frac{1}{2}OP \cdot OE$，得

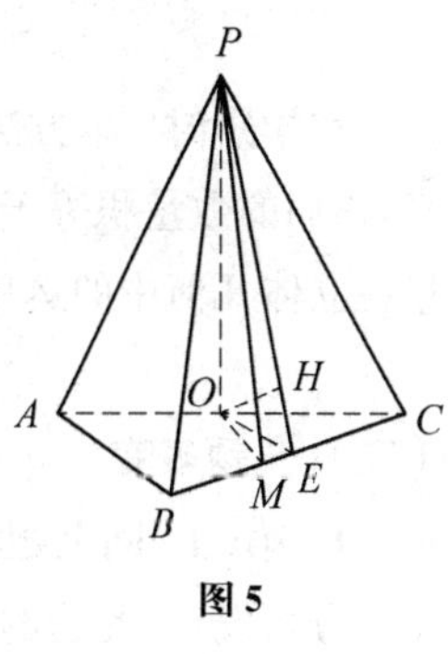

图 5

$OE=\frac{2\sqrt{21}}{7}$.

在$\triangle PBC$中，$\cos\angle PCB=\frac{PC^2+BC^2-PB^2}{2\times PC\cdot BC}=\frac{8}{2\times 4\times 2\sqrt{2}}=\frac{\sqrt{2}}{4}$.

$\therefore \sin\angle PCB=\frac{\sqrt{14}}{4}$.

$\therefore S_{\triangle PMC}=\frac{1}{2}\times PC\cdot MC\sin\angle PCB=\frac{1}{2}\times 4\times\frac{4\sqrt{2}}{3}\times\frac{\sqrt{14}}{4}=\frac{4}{3}\sqrt{7}$.

由$V_{C\text{-}POM}=V_{O\text{-}PMC}$，即$\frac{1}{3}S_{\triangle POM}\cdot h_c=\frac{1}{3}S_{\triangle PMC}\cdot OH$，得$h_c=\frac{4}{5}\sqrt{5}$.

教学研讨： 本解法涉及到的知识点同样也是线线垂直和线面垂直的相关知识，再一次巩固了等体积法，让学生体会等体积法的多样性，同时让学生更加熟悉此方法的运用. 同时也巩固了学生的思维能力和转化的能力.

解法 5： 建立如图 6 所示的坐标系，设平面 POM 法向量为 $\vec{n}=(x, y, z)$.

$A(0, -2, 0)$, $B(2, 0, 0)$, $C(0, 2, 0)$, $O(0, 0, 0)$, $M\left(-\frac{4}{3}, -\frac{2}{3}, 0\right)$, $B(2, 0, 0)$.

$\overrightarrow{CP}=(0, -2, 2\sqrt{3})$, $\overrightarrow{OP}=(0, 0, 2\sqrt{3})$, $\overrightarrow{MP}=\left(\frac{4}{3}, \frac{2}{3}, 2\sqrt{3}\right)$.

由$\overrightarrow{OP}\cdot\vec{n}=z\cdot 2\sqrt{3}=0$，得$z=0$.

由$\overrightarrow{MP}\cdot\vec{n}=-\frac{4}{3}x-\frac{2}{3}y+2\sqrt{3}z=0$，令$x=1$，则$y=-2$.

$\therefore \vec{n}=(1, -2, 0)$.

由公式$d=\frac{|\overrightarrow{CP}\cdot\vec{n}|}{|\vec{n}|}=\frac{|4|}{\sqrt{1^2+2^2}}=\frac{4}{\sqrt{5}}=\frac{4\sqrt{5}}{5}$.

所以点 C 到平面的距离是$\frac{4\sqrt{5}}{5}$.

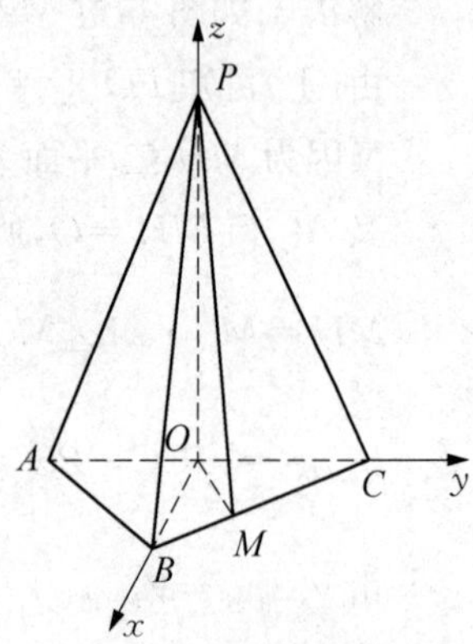

图 6

教学研讨： 本方法是向量法，涉及的向量知识主要是法向量的方法以及两个向量互相垂直，它们的数量积等于零，前面是对三个不同位置的等体积法的探究，接下来引导学生学习向量在立体几何中的运用，让学生再一次体会一题多解的乐趣，一题多解对于题海战术的优势.

（二）一题多变

1. 第（Ⅰ）问之题源分析

分析发现，此题的第（Ⅰ）问来源于教材必修 2 第 65 页线面垂直的推导过程：给出一个三

角形的纸片 ABC，过三角形 ABC 的顶点 A 翻折纸片，得到折痕 AD，将翻折后的纸片竖起放置在桌面上（BD、DC 与桌面接触），于是出现以下两个问题：

① 折痕 AD 与桌面垂直吗？②如何翻折才能使折痕 AD 与桌面所在的平面垂直？

2. 第（Ⅱ）问之题源分析

通过分析发现必修 2 教材第 79 页有类似的题目，也是求体积的问题，本题求的是点到平面的距离，实际上就是求体积的问题.

这里给我们了两点教学启示：①充分使用教材是非常有必要的，有些教师上课不用教材只用课件，接着就是真题训练，实际上学生的基础知识是会慢慢地遗忘的，如果教师不使用教材，学生就认为教材不重要，久而久之高中数学的知识是凌乱的，在大脑里面无法形成知识结构；②在立体几何判定定理的推导过程中，很多事例的引入最好让学生自己亲身去体会和感悟，对于数学定理的学习，不仅要求记住定理的内容，更需要理解定理推导过程中的有关思想、解决办法和过程性结论等.

变式 1： 如图 7，在三棱锥 $P-ABC$ 中，$AB=BC=2\sqrt{2}$，$PA=PB=PC=AC=4$，O 为 AC 的中点.

（Ⅰ）略.（Ⅱ）若点 M 在棱 BC 上，且二面角 $M-PA-C$ 为 $30°$，求 PC 与平面 PAM 所成角的正弦值.

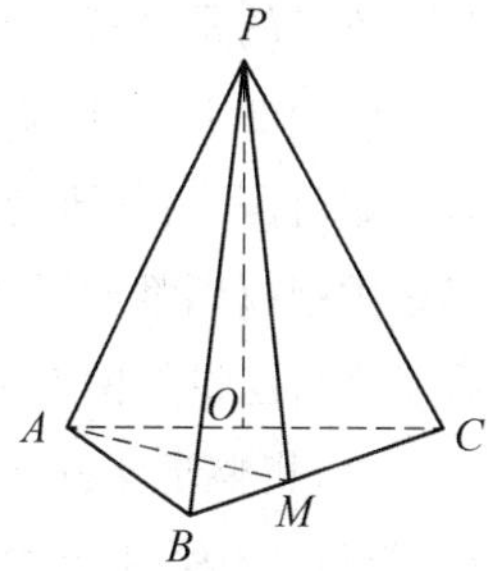

图 7

教学研讨： 本题第（Ⅱ）问涉及到的知识点可以用等体积法，也可以用法向量来解决，通过这个变式训练让学生体会到题型的有限性，题量的无限性，从而学会分析题目，总结知识点，达到高效率学习，走出题海战术.

变式 2： 如图 8，已知四棱锥 $P-ABCD$ 的底面 $ABCD$ 为菱形，且 $\angle ABC=60°$，$PB=PD=AB=2$，$PA=PC$，AC 与 BD 相交于点 O.

（Ⅰ）求证：$PO\perp$ 底面 $ABCD$.

（Ⅱ）求点 O 到平面 PCD 的距离.

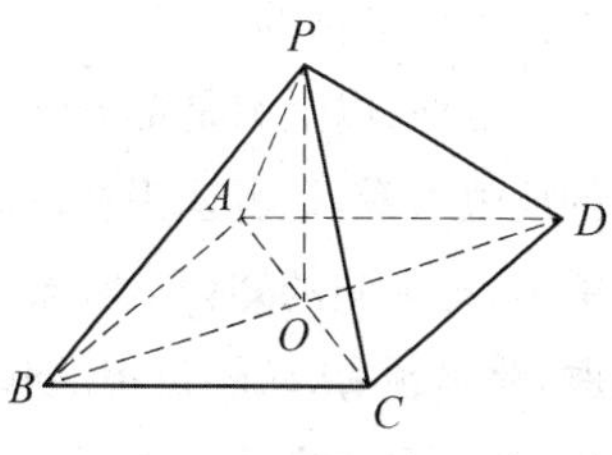

图 8

教学研讨： 本题主要考查线面垂直的判定定理，让学生再一次巩固知识点，第（Ⅱ）问的解法和上面例题一样，让学生做这个问题，主要达到触类旁通，举一反三的作用，多题一解.

（三）一题多说

总的来说 2018 年高考全国Ⅱ卷文科数学第 19 题并不难，两个问题都来源于教材，重在考查学生对教材的掌握情况，以及线面垂直、面面垂直的判定定理和性质定理的理解与运用以及在椎体中体积的求法. 通过本题考查学生的基础知识、基本概念、分析问题的能力、解决问题的能力、思维能力、计算能力和转化的能力等. 一题多解可以让学生体验学习的乐趣，增强自信心，树立积极的学习态度，提高学习的自我效能感.

三、学习体验

学生1:通过这堂课的学习,首先,我学会了如何证明线面垂直,对线线垂直和线面垂直的判断定理和性质定理有了更清晰的认识,点到平面的距离一直是我棘手的问题;其次,我对这个知识点的掌握更上一层楼了,以前拿到这样的题型,我总是放弃或者措手不及,现在再次遇到这样的题型时,至少知道怎么做了,并且不仅知道怎么做,心中还有很多其他解法,在以后的学习中,我对于这种题型,只需要加强一下自己的运算能力,就可以驾驭得了,总之今天的这堂课我收获了很多.

学生2:以前不知道怎么用向量法来求点到平面的距离,经过这堂课的学习,我学会了用向量法、等体积法,老师今天教我们一题多解,扩宽了我们的视野,让我们的思维不再局限,同时在学习的过程中,让我懂得了如何去学习,如何提高学习效率. 整堂课学习氛围非常浓烈,唯一不足的是老师那个展台没有用好. 可能是老师不太熟悉展台的运用吧.

学生3:以前上课的时候都是老师不停地讲,其实当老师在上面不停地讲的时候,我们听着听着就困了,甚至走神了,跟不上老师的步伐,今天这堂课的优势不仅是一题多解,还有就是老师把权利都给了我们,我就是一位上台展示自己解法的学生,当我自己上去讲解的时候,我发现自己讲解的效果比听的效果还要好,下来之后呢又会去认真听取别的同学的解法,这样下来,我整堂课就基本上处于兴奋状态,学习的效率提高了,学到的知识更加清晰,知识点记得更加牢固. 班上的其他同学上课的状态也非常棒,把曾经的老师讲解为主转换成了学生主动讲题为主,不仅提高了我们的学习激情,还使得我们的学习效率更高了. 在有限的时间内掌握了更丰富的知识.

点评:以上只是部分学生的学习心得,还有很多学生的学习心得没有写在上面,通过学生的反映来看,笔者认为在以后的数学教学中,尽量多地推行一题多解,有助于训练学生的思维能力,把不同的知识点汇聚一处,整合所学的知识,培养学生细致的观察能力,使他们学会解题,跳出题海,减轻负担. 同时,我们的教具不断更新,我们作为年轻教师要不断学习,不断进步,多听取学生的心声,从学生的角度出发,改进教学,满足学生的需求,从而提高课堂效率.

四、教学体验

1. 一题多解,广开思路

美国著名数学教育家波利亚说过,掌握数学就意味着学会解题,我们教师在教学过程中如何让学生学会解题是关键. 首先,选好题,题目具有很强的代表性,题目背后体现着很全面很清晰的知识点. 其次,对这个题的透彻剖析,也就是一题多解,能扩宽学生的视野整合所学的知识.

2. 一题多解,巩固知识

其实,高中数学当中各个单元知识并非独立存在,各章节之间都是相互联系的,如在学习数列的时候，也会使用向量、函数等有关内容，所以在对知识点进行充分理解的基础上，我们在做一个题时，常常研究一题多解，有助于我们把所学的知识点汇聚起来，稳固知识，加深印象，形成思维结构，有助于学生对整个高中数学知识点的融汇贯通.

3. 多题一解，总结方法

所谓多题一解就是在掌握一定数学知识的基础上，能够探寻数学的内在规律，挖掘数学知识间的联系，创造性解决问题，进而总结解题方法，并应用到其他问题中去，以达到触类旁通，举一反三的效果.

五、一题一诗

立体几何有技巧，直观图形先做好.
距离角度与位置，计算证明不可少.
有棱二面用定义，求解三角是常理.
无棱二面先找棱，而后再想用面积.
距离经常用体积，转化作图不忘记.
位置关系要推理，观察抽象要具体.
图物形位要同一，切忌无路定关系.

第三篇

数列与不等式

“数列的通项公式”解题教学课例

——以2004年高考全国Ⅲ卷理科数学第22题为例

吴丹丹(贵州省罗甸县第一中学)

题名对联

俗记吴农已有数学为本业

辞传楚客还凭丹青传雅名

一、教学设计

(一)知识要点

等差、等比数列的相关知识,已知递推关系求通项及相关问题.

真题再现: 已知数列$\{a_n\}$的前n项和S_n满足$S_n=2a_n+(-1)^n$, $n\geqslant 1$, $n\in\mathbf{N}^*$.

(Ⅰ)写出数列$\{a_n\}$的前三项a_1, a_2, a_3.

(Ⅱ)求数列$\{a_n\}$的通项公式.

(Ⅲ)证明:对任意的整数$m>4$,有$\frac{1}{a_4}+\frac{1}{a_5}+\cdots+\frac{1}{a_m}<\frac{7}{8}$.

(二)学习背景

1. 教材分析

数列是反映离散现象的函数,是一种重要的数学模型,对数列的研究在高中数学教学中占有重要的地位.

通过问题引入,使学生能够掌握数列相关知识的应用,同时经历观察发现相关量的关系,归纳出数列相关问题的解题思路.

2. 学情分析

学生在前阶段的学习中已积累了数列相关基础知识,对两种特殊数列的通项和前n项和已经熟悉.但对给出递推关系,需要经过转化的问题认识不清,解答困难.对构造法解决问题的意识淡薄,思维面窄.在此情形下,本课例采用多解变式教学法进行教学.

3. 核心问题

通过对问题的探究让学生经历分析思考过程，寻找解决问题的思路和方法，体验不同方法的形成过程，理解知识间联系，掌握解决问题的思考方法，并学会表达、陈述过程.

（三）学习目标

1. 知识技能目标

理解递推关系与通项及前 n 项和的关系，掌握非等差等比数列的几种常见转化形式，能在具体的问题情境中识别数列的等差（等比）关系，抽象出数列模型，并能用相关知识解决相应问题.

流程：由数列递推关系→构造新数列（等差、等比数）→用相关公式和方法解决问题.

在教学过程中通过设置问题情境，引导观察分析思考问题，归纳出解决问题的过程中所需要具备的知识，理清每一步的合理性及必要性，教会学生学会思考，让学生能领悟数学思想，感受数学研究的严谨性和方法的多样性.

2. 核心素养目标

本课例着重体现逻辑推理、数学抽象、数据处理、直观想象、数学运算等数学核心素养，同时兼有合情推理思维、个性品质的发展，教学中重视"三教"的渗透.

3. 长见识悟道理

长见识：在问题的解决中先会读题，读出题干中条件和结论所蕴涵的相关信息，观察、联想、猜测、归纳、类比，将递推关系进行转化，通过一题多解、一题多变，达到掌握求通项公式及其他一些问题最优解的方法和技巧.

悟道理：问题是数学心脏，解决问题的过程是培养思维、提升能力的有效途径，也体现了数学的基础性、综合性、应用性、创新性，从而悟出解题的本质.

（四）教学重难点

教学重点：理解"构造"的基本思想和实质，能用归纳出的方法解决相关问题.

教学难点：引导学生理清思路，找出路径，"构造"新数列，转化为特殊数列的方法.

（五）设计思路

本课例问题源自于课本和近几年高考试题，在每个问题的解决过程中，充分体现学生的主体性、教师的主导性，在审题、说题、解题中适时观察学生出现的偏差，找出错误原因，通过生生互动、师生互动，经历思维碰撞，导出解法的多样性. 由一题多变体现思维的发散性、解决问题的灵活性，感知数学知识运用的广泛性.

流程：由问题→寻思路→互讨论（一题多思）→得方法（一题多解）→善展示（一题多说）→多形式（一题多变）→思总结（形成能力）.

二、教学过程

（一）一题多解

1. 第(Ⅱ)问解法

解法 1: $a_1=1$, $a_2=0$, $a_3=2$(过程略).

当 $n\geqslant 2$ 时,$a_n=S_n-S_{n-1}=[2a_n+(-1)^n]-[2a_{n-1}-(-1)^n]$, $a_n=2a_{n-1}-2(-1)^n$.

当 $n=2k-1$ 时,$a_{2k-1}=2a_{2k-2}+2$. ①

当 $n=2k$ 时,$a_{2k}=2a_{2k-1}-2$. ②

把①代入②,得 $a_{2k}=4a_{2k-2}+2\Leftrightarrow\left(a_{2k}+\dfrac{2}{3}\right)=4\left(a_{2k-2}+\dfrac{2}{3}\right)$,

$\therefore \left(a_{2k}+\dfrac{2}{3}\right)=\left(a_2+\dfrac{2}{3}\right)\cdot 4^{k-1}=\dfrac{2}{3}\times 4^{k-1}$, $a_{2k}=\dfrac{2}{3}(2^{2k-2}-1)$.

代入①,可得 $a_{2k-1}=2\left[\dfrac{2}{3}(2^{2k-4}-1)\right]+2=\dfrac{2}{3}(2^{2k-3}+1)$.

$$\therefore a_n=\begin{cases}\dfrac{2}{3}(2^{n-2}+1), & (n\text{ 为奇数});\\ \dfrac{2}{3}(2^{n-2}-1), & (n\text{ 为偶数})\end{cases}\quad \text{或 } a_n=\frac{2}{3}[2^{n-2}-(-1)^n].$$

教学研讨: 解法 1 由 $n\in\mathbf{N}^*$,可考虑分 n 的奇偶性讨论,寻找奇数项与奇数项,偶数项与偶数项之间的关系,从而分奇偶项求出通项公式.

解法 2: $a_n=2a_{n-1}-2(-1)^n$. ①

$a_{n-1}=2a_{n-2}-2(-1)^{n-1}$. ②

①+②,得 $(a_n+a_{n-1})=2(a_{n-1}+a_{n-2})\Leftrightarrow(a_n+a_{n-1})=(a_2+a_1)\cdot 2^{n-2}$.

$\therefore a_n+a_{n-1}=2^{n-2}$. ③

③×2+①,得 $3a_n=2^{n-1}-2(-1)^n\Leftrightarrow a_n=\dfrac{2}{3}[2^{n-2}-(-1)^n]$.

教学研讨: 观察结构写出递推式,把 a_n、a_{n-1}、a_{n-2} 看成未知数,通过“解方程”的方法求出通项 a_n 也是常用的方法.

解法 3: 因为$\{(-1)^n\}$就是一个等比数列,所以

$$a_n=2a_{n-1}-2(-1)^n\Leftrightarrow(-1)^na_n=-2[(-1)^{n-1}\cdot a_{n-1}]-2$$
$$\Leftrightarrow\left[(-1)^na_n+\frac{2}{3}\right]=-2\left[(-1)^{n-1}a_{n-1}+\frac{2}{3}\right].$$

这说明 $\left\{(-1)^na_n+\dfrac{2}{3}\right\}$ 是以$\left(-a_1+\dfrac{2}{3}\right)$为首项,以 -2 为公比的等比数列.

$\therefore \left[(-1)^na_n+\dfrac{2}{3}\right]=\left(-a_1+\dfrac{2}{3}\right)\cdot(-2)^{n-1}=(-1)^n\cdot\dfrac{2^{n-1}}{3}$,则

$$a_n=\frac{2^{n-1}}{3}-(-1)^n\cdot\frac{2}{3}.$$

$\therefore a_n=\frac{2}{3}[2^{n-2}-(-1)^n]$.

教学研讨： 一般地，把递推式 $a_n=pa_{n-1}+s\cdot t^{n-1}$ 两边除以 t^n，可转化为$\frac{a_n}{t^n}=\frac{p}{t}\cdot\frac{a_{n-1}}{t^{n-1}}+\frac{s}{t}$ 的形式，构造新数列再求原数列通项，这也是常见的方法.

解法 4： $a_n=2a_{n-1}-2(-1)^n\Leftrightarrow\frac{a_n}{2^n}-\frac{a_{n-1}}{2^{n-1}}=\left(-\frac{1}{2}\right)^{n-1}$.

$$\sum_{k=2}^{n}\left(\frac{a_k}{2^k}-\frac{a_{k-1}}{2^{k-1}}\right)=\sum_{k=2}^{n}\left(-\frac{1}{2}\right)^{k-1}\Leftrightarrow\frac{a_n}{2^n}-\frac{a_1}{2^1}=\frac{-\frac{1}{2}\left[1-\left(-\frac{1}{2}\right)^{n-1}\right]}{1+\frac{1}{2}}$$

$$\Leftrightarrow a_n=\frac{2}{3}[2^{n-2}-(-1)^n].$$

教学研讨： 一般地，把递推式 $a_n=pa_{n-1}+s\cdot t^{n-1}$ 两边除以 p^n，转化为$\frac{a_n}{p_n}-\frac{a_{n-1}}{p^{n-1}}=\frac{s}{t}\cdot\left(\frac{t}{p}\right)^n$ 的形式再求原数列通项，这称为“循环差加法”.

解法 5： $a_n=2a_{n-1}-2(-1)^n\Leftrightarrow a_n+\frac{2}{3}(-1)^n=2\left[a_{n-1}+\frac{2}{3}(-1)^{n-1}\right]$.

说明 $\left\{a_n+\frac{2}{3}(-1)^n\right\}$ 是以$\left(a_1-\frac{2}{3}\right)$ 为首项，以 2 为公比的等比数列.

$\therefore a_n+\frac{2}{3}(-1)^n=\left(a_1-\frac{2}{3}\right)\cdot 2^{n-1}=\frac{1}{3}\cdot 2^{n-1}\Leftrightarrow a_n=\frac{2}{3}[2^{n-2}-(-1)^n]$.

教学研讨： 一般地，用待定系数法把递推式 $a_n=pa_{n-1}+s\cdot t^{n-1}$ 变形为$(a_n+r\cdot t^n)=p(a_{n-1}+r\cdot t^{n-1})$ 的形式，从而把$\{a_n+r\cdot t^n\}$ 看成一个新的等比数列，可称此方法为待定系数法.

解法 6： $a_1=S_1=2a_1-1\Rightarrow a_1=1=\frac{2}{3}(2^{1-2}+1)$.

$a_1+a_2=2a_2+1\Rightarrow a_2=0=\frac{2}{3}(2^{2-2}-1)$.

$a_1+a_2+a_3=2a_3-1\Rightarrow a_3=2=\frac{2}{3}(2^{3-2}+1)$.

猜想 $a_n=\frac{2}{3}[2^{n-2}+(-1)^{n-1}]$，以下用数学归纳法证明.

① 当 $n=1$ 时，$a_1=\frac{2}{3}[2^{-1}+1]=1=S_1$，猜想成立.

② 假设 $n=k$ 时成立，即 $a_k=\frac{2}{3}[2^{k-2}+(-1)^{k-1}]$.

则 $n=k+1$ 时，$a_{k+1}=S_{k+1}-S_k=2a_{k+1}+(-1)^{k+1}-2a_k-(-1)^k$

$$=\frac{2}{3}[2^{k-1}+2\cdot(-1)^k-(-1)^k]$$

$$=\frac{2}{3}[2^{k-1}+(-1)^k]=\frac{2}{3}[2^{(k+1)-2}+(-1)^{k+1-1}],$$

所以 $n=k+1$ 时，也成立.

由①②知，对 $\forall n\in\mathbf{N}^*$ 都有 $a_n=\frac{2}{3}[2^{n-2}+(-1)^{n-1}]$ 或 $a_n=\frac{2}{3}[2^{n-2}-(-1)^n]$.

教学研讨： 数学归纳法是解决与自然数有关的数学命题的一种推理方法，在解决数学题中有着广泛的应用，学生掌握并不困难，但要注意证明过程的规范性问题及推理依据要求.

2. 第(Ⅲ)问证法

证法 1： 由通项公式得 $a_4=2$.

当 $n>5$ 且 n 为奇数时，

$$\frac{1}{a_n}+\frac{1}{a_{n+1}}=\frac{3}{2}\cdot\left(\frac{1}{2^{n-2}+1}+\frac{1}{2^{n-1}-1}\right)=\frac{3}{2}\times\frac{2^{n-1}+2^{n-2}}{2^{2n-3}+2^{n-1}-2^{n-2}-1}<\frac{3}{2}\times\frac{2^{n-1}+2^{n-2}}{2^{2n-3}}$$

$$=\frac{3}{2}\left(\frac{1}{2^{n-2}}+\frac{1}{2^{n-1}}\right).$$

当 $m>4$ 且 m 为偶数时，

$$\frac{1}{a_4}+\frac{1}{a_5}+\cdots+\frac{1}{a_m}=\frac{1}{a_4}+\left(\frac{1}{a_5}+\frac{1}{a_6}\right)+\cdots+\left(\frac{1}{a_{m-1}}+\frac{1}{a_m}\right)$$

$$<\frac{1}{2}+\frac{3}{2}\left(\frac{1}{2^3}+\frac{1}{2^4}+\cdots+\frac{1}{2^{m-4}}\right)$$

$$=\frac{1}{2}+\frac{3}{2}\times\frac{1}{4}\times\left(1-\frac{1}{2^{m-6}}\right)<\frac{1}{2}+\frac{3}{8}=\frac{7}{8}.$$

当 $m>4$ 且 m 为奇数时，

$$\frac{1}{a_4}+\frac{1}{a_5}+\cdots+\frac{1}{a_m}<\frac{1}{a_4}+\frac{1}{a_5}+\cdots\frac{1}{a_m}+\frac{1}{a_{m+1}}<\frac{7}{8}.$$

所以对任意整数 $m>4$，有 $\frac{1}{a_4}+\frac{1}{a_5}+\cdots+\frac{1}{a_m}<\frac{7}{8}$.

教学研讨： 放缩法是证明不等式最常用的方法之一，此证法把两项结合起来变形放缩是一个难点.

证法 2： 因为 $a_4=2$，所以 $\frac{1}{a_4}+\frac{1}{a_5}+\cdots+\frac{1}{a_m}<\frac{7}{8}$ 等价于

$$\frac{1}{a_5}+\frac{1}{a_6}+\cdots+\frac{1}{a_m}<\frac{7}{8}-\frac{1}{2}=\frac{3}{8}.$$

设 $b_n=2^{n-2}-(-1)^n$，只需证明$\frac{1}{b_5}+\frac{1}{b_6}+\cdots+\frac{1}{b_m}<\frac{1}{4}$.

对于任意的 $n\geqslant 5$ 且 n 为奇数时，$\frac{1}{b_n}+\frac{1}{b_{n+1}}=\frac{1}{2^{n-2}+1}+\frac{1}{2^{n-1}-1}$.

再设 $2^{n-2}=k(k\geqslant 8)$，则

$$\frac{1}{b_n}+\frac{1}{b_{n+1}}=\frac{1}{k+1}+\frac{1}{2k-1}=\frac{3k}{2k^2+k-1}<\frac{3k}{2k^2}=\frac{3}{2k}=\frac{1}{k}+\frac{1}{2k}=\frac{1}{2^{n-2}}+\frac{1}{2^{n-1}}.$$

这时 $\frac{1}{b_5}+\frac{1}{b_6}+\cdots+\frac{1}{b_m}<\frac{1}{b_5}+\frac{1}{b_6}+\cdots$

$$<\frac{1}{2^3}+\frac{1}{2^4}+\frac{1}{2^5}+\cdots=\frac{\frac{1}{8}}{1-\frac{1}{2}}=\frac{1}{4}.$$

教学研讨： 对原不等式先进行等价变形，再证明一个较为简捷的不等式是常用的方法，而把前 m 项和放大为各项能求的和，避免了对 m 的奇偶分析.

证法 3： 数学归纳法(略).

通过此题的深入探究可给学生提供较多的思考方向：①在求递推数列的通项的过程中有哪些常用的转换方法，每种方法的要领又是什么；②放缩法的基本要领；③不等式的放缩变换注意放缩的尺度既要有利于求和又要注意不等号的方向.

一题多解是提高数学解题能力、提升学生数学素养的有效途径，一道典型问题呈现不同解法，它的价值不可低估. 因此在数学教学中找准问题，透彻分析，借题发挥，而不在于讲了多少或做了多少，对一道题目挖掘有多深，对学生思维启发就有多大，这才是重要的. 怎样使学生跳出题海，这是值得每一位教师认真思考的问题.

（二）一题多变

变式 1： 设 S_n 是数列$\{a_n\}$的前 n 项和，且 $a_1=1$，$S_n=2S_{n-1}+n$，则 $S_n=$________；$a_n=$________.

答案：$S_n=2^{n+1}-n-2$，$a_n=2^n-1$.

教学研讨： 可构造新数列$\{S_n+n+2\}$求出 $S_n=f(n)$，再由 $a_n=S_n-S_{n-1}(n>1)$ 求出 a_n；也可先由公式得到递推关系 $a_n=2a_{n-1}+1$，用待定系数法构造新数列$\{a_n+1\}$，求出$a_n=g(n)$，再求 S_n. 还可用其他方法. 通过此题分析求解，使学生加深对构造法的理解.

变式 2：（2015 年高考全国Ⅱ卷理科数学第 16 题）设 S_n 是数列$\{a_n\}$的前 n 项和，且 $a_1=-1$，$a_{n+1}=S_nS_{n+1}$，则 $S_n=$________.

答案：$S_n=-\frac{1}{n}$.

教学研讨： 可由学生尝试此题的分析思路，由递推关系联想到相关数列的公式，在转化中构造出相应特殊数列，再利用解方程的方法完成.

变式 3: 在数列$\{a_n\}$中，$a_1=1$，$a_{n+1}=2a_n^2$，求数列$\{a_n\}$的通项公式.

答案：$a_n=e^{(2^{n-1}\ln 2-\ln 2)}$.

教学研讨: 该题的核心是取对数，恒等变形，构造出等比数列. 学生在观题时，不易看出条件与结论间的关系，可引导学生分析，若右边没有平方会怎样，降低起点，学生会发现很容易解决. 怎样去掉指数式？可有多种方法，让学生做出取舍，最后化为学生已知方法.

变式 4: 已知数列$\{a_n\}$满足$a_1=2$，$a_{n+1}=2a_n+3^{n+1}(n\in\mathbf{N}^*)$，求数列$\{a_n\}$的通项公式.

答案：$a_n=3^{n+1}-7\cdot 2^{n-1}$.

教学研讨: 学生可审题找出递推关系的转化目标，还可考虑由学习小组尝试用几种不同方法完成该题.

变式 5:（2014 年高考安徽卷文科数学第 18 题）已知数列$\{a_n\}$满足$a_1=1$，$na_{n+1}=(n+1)a_n+n(n+1)$，$n\in\mathbf{N}^*$，求数列$\{a_n\}$的通项公式.

答案：$a_n=n^2$.

教学研讨: 此变式可与变式 4 比较、观察、得出解法.

变式 6:（2014 年高考全国Ⅱ卷理科数学第 17 题）已知数列$\{a_n\}$满足$a_1=1$，$a_{n+1}=3a_n+1$.

（Ⅰ）证明$\left\{a_n+\frac{1}{2}\right\}$是等比数列，并求$\{a_n\}$的通项公式.

（Ⅱ）证明：$\frac{1}{a_1}+\frac{1}{a_2}+\cdots+\frac{1}{a_n}<\frac{3}{2}$.

答案：（Ⅰ）$a_n=\frac{1}{2}(3^n-1)$.（Ⅱ）略.

教学研讨: 第（Ⅰ）问可由学生说出思路，归纳出解题的相应方法和公式，了解高考试题的出题意图. 第（Ⅱ）问可仿照例题完成，“也可用糖水原理”完成，从中体会放缩过程的细节和要领.

变式 7:（2015 年高考广东卷文科数学第 17 题）设数列$\{a_n\}$的前n项和为S_n，$n\in\mathbf{N}^*$，已知$a_1=1$，$a_2=\frac{3}{2}$，$a_3=\frac{5}{4}$，且当$n\geqslant 2$时，$4S_{n+2}+5S_n=8S_{n+1}+S_{n-1}$.

（Ⅰ）求a_4的值.

（Ⅱ）证明：$\left\{a_{n+1}-\frac{1}{2}a_n\right\}$为等比数列.

（Ⅲ）求数列$\{a_n\}$的通项公式.

答案：（Ⅰ）（Ⅱ）略.（Ⅲ）$a_n=(2n-1)\left(\frac{1}{2}\right)^{n-1}$.

教学研讨: 此试题有一定的代表性，欲考查特殊数列（等比数列），但不直接提问，有一定的隐蔽性. 欲求数列的本质问题（数列的通项公式），但在中间架设了桥梁，加入了求数列的某几项和判断是否为特殊数列，使得问题内容丰富，有利于学生对问题的思考.

（三）一题多说

本道题在特殊数列(等比数列)的基础上进行代数变形，以递推的形式呈现. 在设问方面，首先求数列$\{a_n\}$某几项，再构造特殊数列$\{b_n\}$，最后解方程回到原数列$\{a_n\}$的通项公式这一数列的本质问题. 设问由浅入深，层层递进，题设与结论关系紧密，使解答题的过程可以展现思维过程，加入了讨论判断在分析过程中，使问题具有一定的开放性与探究性，更好地考查学生数学阅读能力和数学转化能力. 就对考生的要求而言，此题知识覆盖面广，难度适中，多种方法均可奏效，在实际考试中，需要学生迅速判断哪种方法更简单易求，对考生思维的灵活性有较高要求.

此题具有一定的代表性，其内在的价值丰富，为知识方法的迁移与试题的拓展提供了强大的背景. 欲考查特殊数列(等比数列)，但不直接提问，有一定的隐蔽性，欲求数列的本质问题(数列的通项公式)，但在中间铺设了桥梁(构建)，使问题内容丰富，有利于学生对问题的解答，体现了学生思维的灵活性.

变式教学是激发学生潜在发展水平的重要途径，从一个基本问题出发，将问题从概念、思想方法等方面，应用类比、联想、特殊化和一般化等思维方法进行重组、引用、拓展，让学生经历从发现问题到解决问题的全过程.

从 2019 年 13 套高考卷可看出，对数列的考点难度有所降低，但需要具备的知识及能力要求不变，从高考试题中感受和领悟从“双基”到“四基”，从“知识传授”到“核心素养”，真正让学生达到“谈题论法”的新高度，真正实现从量变到质变的飞跃.

数列是高中数学的重要内容，在高考命题中较为灵活，可以较为基础的形式呈现，也可融入较多的创新问题，最终都离不开通项公式的求解、数列的求和等. 高中阶段的数列问题最终通常都可以转化为熟悉的等差或等比数列问题进行求解.

数学问题的一题多解，同一个问题利用多种不同的解法，全方位地认识问题，即是综合利用各种数学知识，探索多种方法解题，能够拓宽学生的思维空间，培养灵活多变的解题思维能力，进行发散思维训练.

实施一题多变的变式教学，能有效地培养学生的创新思维，由同一个问题，结合学生思维特点，设计一些促进思维层次递进的变式题组(或由启发诱导学生，观察类比联想出相关问题). 通过变式教学，使学生掌握的不仅是一个问题的解决技巧，而是一类问题的解决方法，而且能透过现象，看出问题的本质，从而更加透彻、深刻理解基础知识.

新课标的基本理念是关注人的发展，立德树人，促进每个学生身心健康发展，课堂教学不仅要关注学生学到了什么知识，更重要的是让学生通过课堂对学习、对生活有一种自己的思考、体验和感悟.

三、学习体验

本课例通过一个典型问题的教学，使大多数学生都有了不同的收获.

学生 1：在这节课的学习中，学会了数列中怎样分析问题的条件结论，弄清式子中符号的意义，等差等比数列相关概念公式及运用. 以前遇到此类题，如果是选择题还能猜选答案，但若是解答题就无从下手，现在能找到一些思路.

学生 2：在一题多解的学习过程中，领会了数学方法的多样性，分析的切入点不同解题的繁简也有所不同，学会了怎样讨论. 解法 3 提供了一种很好方法，但构造方法不易想到. 解法 2 和 6 容易理解，只要注意转化的方向，数学归纳法的规范性要求较高，从中学会了待定系数法及一些基本构造法.

学生 3：在解法 1 中不易理解，讨论 n 的奇偶性后，看不出相应关系. 但另几种都有规律可循，从中理解"构造法"的意义，感受到只要对一些典型问题认真探究，再难的题都可迎刃而解，做题不在多而在精. 在解决问题方法的选择上，因题而异，因人而异，方法没有好坏，原则是简捷，适合自己的就是最好的.

四、教学反思

(1) 教学实践证明，题不是做得越多越好，"解透一题"比"刷百题"更有意义. 如果缺乏解题反思，不但浪费时间，甚至会误导学生. 反思的过程是对基础知识和解题方法理解与强化的过程，也是知识内化为能力的过程，所以，解题的本质，不在于运用了哪些知识，而在于是否触发了思考，激活了思维.

(2) 这道题具有一定的代表性，其内在的价值丰富，为知识方法的迁移与试题变形的迁移提供了强大的背景，条件有一定的隐蔽性. 在题目的编制过程中可看成是选取一个完整的特殊数列问题，逐渐转化为一般数列递推关系，进行逆向思维得出解题方法，让学生见到课本外的知识，拓宽学生视野.

解题教学在数学教学中已占近 80%的比例，解题教学对数学学习、素质提升的影响是不言而喻的，受到师生重视，但大家对解题教学的精髓却理解不够深刻，体现在对"为什么解题""解什么样的题""怎么样解题"的实践与认识落实不到位.

(3) 加强变式数学，培养数学思维的灵活性. 变式教学是激发学生潜力的重要途径. 从一个基本问题出发，将问题从概念、思想方法等方面，应用类比、联想、特殊化和一般化等思维方法进行重组、嫁接、引用、拓展，让学生经历从发现问题到揭示解题的思考全过程，促进深度学习及对数学知识的真正理解.

(4) 在本课例中数学六大核心素养都有不同程度的体现，在教师的"巧妙"安排中实现，在学生不自觉的"思维"中实现.

(5) 波利亚的《怎样解题》为一题一课教学提供了理论支撑，吕传汉教授的"三教"(教思考、教体验、教表达)的教育理念得以较好渗透. 通过教思考，培养学生的思辨能力，通过教体验，使学生亲自体验知识的发生、演变过程；通过教表达，使学生能用数学的语言表达自己观点，最终形成多解变式教学课的"三识"：

① 学习要素：一题多解、一题多变、一题多说.

② 教学活动：特征的观察与发现，思路的探究与选择，本质的挖掘与提炼，问题的变式与

拓展.

③ 素养落实:数学运算、逻辑推理、数学抽象、数据处理等.

本课例教学目标已达到.通过学习使学生在掌握知识技能的同时,感悟数学思想,积累数学思维的经验,形成并发展数学素养.

五、一题一诗

等差等比要记牢,知三求二要熟悉.
通项公式递推出,求和也有办法求.
递推关系有奥妙,构造数列有绝招.
一题多思方法多,解须正确结果见.
掌握特点巧利用,方法恰当过程简.

“数列与不等式”解题教学课例

——以 2016 年高考四川卷理科数学第 19 题为例

曾旭，龚德阳（贵州省兴义一中）

题名对联

曾经沧海云帆从容任来去　旭晴一鞭宏图得展心花开

龚行杏坛传道受业德为本　阳光工程扬善弘仁爱当先

一、教学设计

（一）知识要点

真题再现： 已知数列$\{a_n\}$的首项为 1，S_n 为数列$\{a_n\}$的前 n 项和，$S_{n+1}=qS_n+1$，其中 $q>0$，$n\in\mathbf{N}^*$.

（Ⅰ）若 $2a_2$，a_3，a_2+2 成等差数列，求数列$\{a_n\}$的通项公式.

（Ⅱ）设双曲线 $x^2-\dfrac{y^2}{a_n^2}=1$ 的离心率为 e_n，且 $e_2=\dfrac{5}{3}$，证明：

$$e_1+e_2+e_3+\cdots+e_n>\frac{4^n-3^n}{3^{n-1}}.$$

本题主要考查等差数列、等比数列的定义和性质，运用放缩法进行数列求和，再与双曲线的简单性质放在一起构建，属于对学生能力要求高，增强综合素养的难题.

（二）学习背景

1. 教材分析

证明数列型不等式，因其思维跨度大、构造性强，需要有较高的放缩技巧而充满思考性和挑战性，能全面而综合地考查学生的潜能与后继学习能力，因而成为高考压轴题及各级各类竞赛试题命题的极好素材.

2. 学情分析

认识数列通项的结构，深入剖析其特征，抓住其规律进行恰当地放缩，这是学生将问题与数列知识联系起来的难点.

3. 核心问题

(1) 数列基本问题,如求基本量、通项公式.

(2) 数列前 n 项和有关的递推公式.

(3) 数列求和方法、放缩法.

(4) 双曲线的简单性质.

(三) 学习目标

1. 知识技能目标

(1) 熟悉数列的基本知识点,掌握 S_n 与 a_n 的互化关系. 理解双曲线的基本性质,熟悉数列求和的常见方法.

(2) 能够对数列求和中的放缩技巧有一定程度地掌握,把问题转化为已知的数列求和方法证明.

2. 核心素养目标

(1) 把握"数列"教学内容的整体性

数列是一类特殊的函数,其整体性体现在等差等比数列以及前 n 项和与函数相关知识的联系上. 学生只有从宏观上整体把握高中数列的学习内容,才能实现知识内容的条理化、网络化和系统化. 这是提高逻辑推理、数学运算等核心素养的必要条件. 以等差数列的教学内容为例,其不仅仅要与一次函数的相关内容有所关联,同时等差数列的前 n 项和也与二次函数相关. 正因为数列是一类特殊函数,在对具体问题进行求解时,也可以使用导数的相关知识. 这样,就将"函数—数列—导数"互相串联在一起,可以让学生比较清晰地认识数学知识之间的逻辑链条,提升学生逻辑推理的核心素养. 同时,通过数与代数、图形与集合等的思维过程,也可以提升学生的数学建模与数学运算的核心素养. 总之,在课堂教学的过程中,教师要适当地启发学生,要让他们在学习数列相关知识中,形成整体性的思维,逐渐地让原本零散的知识可以"串成线—铺成面—形成体". 只有这样学生才能够养成在实践中去学习数学、去运用数学的优良品质.

(2) 注重课堂教学的过程性

高中数列的主要内容是从生活实例分析入手,了解数列概念,探索等差等比数列的变化规律,建立通项,研究递推,计算前 n 项和. 通过解决实际问题,了解数列和函数之间的关系. 学生的核心素养主要是通过学习逐渐地形成和发展起来的. 那么,课堂教学就对学生核心素养的形成发展具有至关重要的作用. 况且数列本身就对学生的数学运算和数学建模素养的提升有促进作用,但是,学生数学核心素养的发展具有渐进性. 因此,数学的教学要注重过程性. 一是数列知识发生发展过程,即从生活实例分析入手,了解数列概念,探索等差等比数列的变化规律. 二是学生学习数列的思维过程,即建立通项,研究递推,计算前 n 项和,解决实际问题,了解数列和函数之间的关系. 前者主要是逻辑推理、数学抽象的过程,后者主要是数学运算和数学建模的过程. 对学生而言,要加强对数学概念和原理的总结与推理过程. 通过一定的观察、计算、归纳、总结、建模等活动过程,学生可以逐渐形成理解新知识、掌握新技能的基本方法和思想. 只有这样，才能养成爱学、爱用数学的习惯.

(3) 体现“数列”知识的思想性

课程是核心素养落地的最基本的载体，课堂是培养提升核心素养的主要渠道. 在课堂教学过程中，教师要有意识地在课程中渗透一些基本的数学思想. 通过课堂的学习，学生渐渐感悟到一些数学思想，这样才能提高自身的核心素养. 数列中有许多内容与数学的基本思想密不可分. 例如，数列中的“递推”关系本质上就是转化与化归思想. 当然，高中数列中也常用分类思想、函数思想、方程思想等. 在解决具体问题中，也会运用一些基本的方法，例如消元、降次、换元、配方等. 这些，都体现出数学中的基本思想——抽象、推理、建模. 而这些，本身就是数学的核心素养. 通过课程的渗透、课堂的学习，学生渐渐地从“教学引导—得到启发”到“教师提问—清楚表达”的转变. 最终达到“主动运用—解决问题”的最高目标. 这样，通过数学思想方法的训练教学，提高了学生的数学核心素养.

(四) 教学重难点

教学重点：由数列递推公式推导通项公式，前 n 项和的求法.

教学难点：递推公式的变形推导，前 n 项和中放缩法的使用.

(五) 设计思路

数列是一类特殊函数，灵活地运用数列解决问题，实质上就是利用函数解决问题. 数学的核心素养根植于“学数学”的过程，但发展于“用数学”的过程. 其主要的价值就在于学生通过对数学的学习，最终“用数学”的思维方式去解决实际问题. 那么，怎样才能提高学生“用数列”的自觉性，再去解决实际问题呢？主要有以下两个方面. 一是在课堂教学中要提高学生对数列的认识. 课程中渗透数列的背景知识，课堂上围绕数列的相关内容展开讨论. 对数列和函数的相关性进行教学，将数列问题的来龙去脉展现在学生面前. 积极提倡学生对实际问题中与数列相关的内容进行简化和量化，最终建立起一套行之有效的数学模型去解决问题. 这不仅有助于提高学生的数学运算、数学建模的核心素养，也利于学生形成学习运用数学的良好品质. 二是要让学生学会交流经验知识. 个人的力量终究是有限的，让学生懂得合作，懂得与别人进行经验交流，互相学习同样也是提高数学核心素养的必要途径. 通过学生与学生，学生与老师之间的交流，建立起自己准确而又有逻辑的数学思维方式，理解并内化数列的相关知识. 这样，就能有效地提升逻辑推理、数据分析等核心素养了.

总之，教师要鼓励学生，在具体的情境中，灵活地、积极主动地运用学会的数列知识. 更为重要的是，要让学生切身参与到综合实践活动中去，不仅仅是数学学科内部的综合(例如数列与几何、数列与概率等)，更要与其他学科进行综合. 学会综合运用所学的数列知识，从而积累数学活动经验，提高自身的创新能力与应用意识，提高自身的数学核心素养. 这样，才能达到“学我所学、用我所用”的核心素养的本质目标(核心素养要求).

二、教学过程

（一）一题多解

1. 第(Ⅰ)问之问题分析

求什么？——求数列的通项公式 a_n.

有什么？——递推公式已知，且是关于 S_n 的关系式.

有哪些方法可用？——等差、等比数列的基本公式，累加、累乘公式，构造法等.

2. 第(Ⅰ)问之解法分析与教学研讨

方法 1:（类等差法）

在 $S_{n+1}=qS_n+1$ 的两边同时除以 q^{n+1}，得

$$\frac{S_{n+1}}{q^{n+1}}=\frac{S_n}{q^n}+\frac{1}{q^{n+1}},即\frac{S_{n+1}}{q^{n+1}}-\frac{S_n}{q^n}=\frac{1}{q^{n+1}}.$$

$$\begin{aligned}\frac{S_n}{q^n}&=\left(\frac{S_n}{q^n}-\frac{S_{n-1}}{q^{n-1}}\right)+\left(\frac{S_{n-1}}{q^{n-1}}-\frac{S_{n-2}}{q^{n-2}}\right)+\cdots+\left(\frac{S_2}{q^2}-\frac{S_1}{q^1}\right)+\frac{S_1}{q^1}\\&=\frac{1}{q^n}+\frac{1}{q^{n-1}}+\cdots+\frac{1}{q^2}+\frac{a_1}{q^1}=\frac{1}{q^n}+\frac{1}{q^{n-1}}+\cdots+\frac{1}{q^2}+\frac{1}{q}.\end{aligned}$$

(1) 当 $q=1$ 时，$S_n=n$.

当 $n=1$ 时，$a_1=S_1=1$；

当 $n\geqslant 2$ 时，$a_n=S_n-S_{n-1}=1$.

$\therefore a_n=1$.

(2) 当 $q\neq 1$ 时，$\dfrac{S_n}{q^n}=\dfrac{q^n-1}{(q-1)q^n}$，即 $S_n=\dfrac{q^n-1}{q-1}$.

当 $n\geqslant 2$ 时，$a_n=S_n-S_{n-1}=\dfrac{q^n-1}{q-1}-\dfrac{q^{n-1}-1}{q-1}=q^{n-1}$；

当 $n=1$ 时，$a_1=1$ 也满足 $a_n=q^{n-1}$.

$\therefore a_n=q^{n-1}$.

当 $q=1$ 时，也满足 $a_n=q^{n-1}$，$\therefore a_n=q^{n-1}$.

$\because 2a_2, a_3, a_2+2$ 成等差数列，$\therefore 2a_3=3a_2+2$，$2q^2=3q+2$.

解得 $q=2$ 或 $q=-\dfrac{1}{2}$（舍去）.

$\therefore a_n=2^{n-1}$.

教学研讨： 先求 S_n，然后利用 $a_n=\begin{cases}S_1(n=1),\\S_n-S_{n-1}(n\geqslant 2)\end{cases}$ 求 a_n，从过程中来看有些繁琐，却是求数列通项公式的常用方法. 特别是对 q 的分类讨论是学生的薄弱环节. 此法对学生在长见识（先求 S_n 后求 a_n）、悟道理（分类讨论）有很好的指导作用.

方法 2:(迭代法)

因为 $S_{n+1}=qS_n+1$,所以

$$\begin{aligned}S_n&=qS_{n-1}+1=q(qS_{n-2}+1)+1=q^2S_{n-2}+q+1\\&=q^2(qS_{n-3}+1)+q+1=q^3S_{n-3}+q^2+q+1\\&=\cdots=q^{n-1}S_1+q^{n-2}+q^{n-3}+\cdots+q+1\\&=q^{n-1}+q^{n-2}+q^{n-3}+\cdots+q+1.\end{aligned}$$

当 $q=1$ 时,$S_n=n$;当 $q\neq1$ 时,$S_n=\dfrac{q^n-1}{q-1}$.

以下过程同解法 1.

教学研讨: 迭代法不是数列通项公式的常用方法,但对培养学生观察、推理能力有帮助.同样在长见识、悟道理方面有积极作用.

方法 3:(待定系数法)

设 $S_{n+1}=qS_n+1$ 等价于 $S_{n+1}+\lambda=q(S_n+\lambda)$,即 $S_{n+1}=qS_n+\lambda(q-1)$.

当 $q=1$ 时,$a_n=S_n-S_{n-1}=1$,即 $a_n=1$.

当 $q\neq1$ 时,比较系数,得 $\lambda=\dfrac{1}{q-1}$.

$\therefore$ $S_n=qS_{n-1}+1$ 等价于 $S_{n+1}+\dfrac{1}{q-1}=q\left(S_n+\dfrac{1}{q-1}\right)$.

$\therefore$数列 $\left\{S_n+\dfrac{1}{q-1}\right\}$ 是以 q 为公比,以 $S_1+\dfrac{1}{q-1}=\dfrac{q}{q-1}$ 为首项的等比数列.

$\therefore$ $S_n+\dfrac{1}{q-1}=\dfrac{q}{q-1}\cdot q^{n-1}=\dfrac{q^n}{q-1}$, $S_n=\dfrac{q^n-1}{q-1}$.

以下同解法 1.

教学研讨: 对于形如 $a_{n+1}=pa_n+q$ 或 $S_{n+1}=pS_n+q$(p、q 为常数,$p\neq1$, $q\neq0$) 求通项公式常用方法为待定系数法,是一类通性通法.

方法 4:(递推公式法)

$\because$ $S_{n+1}=qS_n+1$, ①

$\therefore$ $S_n=qS_{n-1}+1$. ②

①—②,得 $a_{n+1}=qa_n$,即$\dfrac{a_{n+1}}{a_n}=q$.

$\therefore$ $\{a_n\}$是以 q 为公比,以 a_1 为首项的等比数列,$a_n=q^{n-1}$.

以下同解法 1.

教学研讨: 解法 4 较为简捷,但前 3 种解法渗透了由递推公式求通项公式的常用方法.此题在 2019 年 8 月 26 日让两个班级思考解决,所有学生只能用解法 4 解决,前 3 种解法没有学生想到,特别是先求 S_n 再求 a_n 这一思维方式学生不能运用,还有就是类比思想不能灵活应用($S_{n+1}=qS_n+1$ 与 $a_{n+1}=qa_n+1$ 进行类比).通过师生共同探究之后,学生不仅在思

维方法上有提高，在“长见识、悟道理”方面也有许多收获. 特别是类比思想、分类讨论、常见方法、表达能力上有提升.

3. 第(Ⅱ)问之问题分析

求什么？——证明数列不等式.

有什么？——从双曲线方程中可得 e_n，已知 e_2.

有哪些方法可用？——数列求和基本公式、放缩法、构造法等.

4. 第(Ⅱ)问之解法分析与教学研讨

解法 1:(数学归纳法)

由已知有 $e_n=\sqrt{1+a_n^2}$，即 $e_n^2=1+a_n^2=1+q^{2(n-1)}$.

$\because e_2=\frac{5}{3}$，$\therefore 1+q^2=\frac{25}{9}$，解得 $q=\frac{4}{3}$ 或 $q=-\frac{4}{3}$(舍去).

$\therefore e_n=\sqrt{1+\left(\frac{4}{3}\right)^{2(n-1)}}$.

1°当 $n=1$ 时，左边 $e_1=\sqrt{2}$，右边 $\frac{4^n-3^n}{3^{n-1}}=1$，$\therefore e_1>1$，不等式成立.

2°假设 $n\geqslant k(k\geqslant 2)$ 时，结论成立，即 $e_1+e_2+e_3+\cdots+e_k>\frac{4^k-3^k}{3^{k-1}}$ 成立.

当 $n=k+1$ 时，

$$e_1+e_2+e_3+\cdots+e_k+e_{k+1}>\frac{4^k-3^k}{3^{k-1}}+\sqrt{1+\left(\frac{4}{3}\right)^{2k}}>\frac{4^k-3^k}{3^{k-1}}+\frac{4^k}{3^k}=\frac{4^{k+1}-3^{k+1}}{3^k}.$$

$\therefore$当 $n=k+1$ 时，结论成立.

综合所述，当 $n\in\mathbf{N}^*$ 时结论也成立.

教学研讨: 在解决 $\frac{4^k-3^k}{3^{k-1}}+\sqrt{1+\left(\frac{4}{3}\right)^{2k}}$ 这一步时，去掉根号是关键，因为结论中没有根号，自然想到要去掉根号.

解法 2:(放缩法)

由方法 1 可知，$e_n=\sqrt{1+\left(\frac{4}{3}\right)^{2(n-1)}}>\sqrt{\left(\frac{4}{3}\right)^{2(n-1)}}=\left(\frac{4}{3}\right)^{n-1}$.

$$\therefore e_1+e_2+e_3+\cdots+e_n>1+\left(\frac{4}{3}\right)+\left(\frac{4}{3}\right)^2+\cdots+\left(\frac{4}{3}\right)^{n-1}$$

$$=\frac{1-\left(\frac{4}{3}\right)^n}{1-\frac{4}{3}}=3\left[\left(\frac{4}{3}\right)^n-1\right]=\frac{4^n-3^n}{3^{n-1}}.$$

教学研讨: 解法 1 对解法 2 在去根号方面有很好的启示作用，在领悟去根号思维方面有必然的联系. 数列与不等式的综合试题是高考的常见题型，但在平时教学中学生很少接触或者缺少方法总结. 因此,此题可以拓展学生视野,在长见识方面有促进作用.

（二）一题多变

变式 1:(2014 年高考全国Ⅱ卷理科数学第 17 题)已知数列$\{a_n\}$满足 $a_1=1$, $a_{n+1}=3a_n+1$.

(Ⅰ) 求数列$\{a_n\}$的通项公式.

(Ⅱ)证明:$\frac{1}{a_1}+\frac{1}{a_2}+\frac{1}{a_3}+\cdots+\frac{1}{a_n}<\frac{3}{2}$.

变式 2:(2019 年高考浙江卷数学第 20 题)设等差数列$\{a_n\}$的前 n 项和为 S_n, $a_3=4$, $a_4=S_3$,数列$\{b_n\}$满足:对每个 $n\in\mathbf{N}^*$, S_n+b_n, $S_{n+1}+b_n$, $S_{n+2}+b_n$ 成等比数列.

(Ⅰ) 求数列$\{a_n\}$、$\{b_n\}$的通项公式.

(Ⅱ)记 $c_n=\sqrt{\frac{a_n}{2b_n}}$, $n\in\mathbf{N}^*$,证明:$c_1+c_2+c_3+\cdots+c_n<2\sqrt{n}$, $n\in\mathbf{N}^*$.

变式 3:(2013 年高考广东卷文科数学第 19 题)设各项均为正数的数列$\{a_n\}$的前 n 项和为 S_n,满足 $4S_n=a_{n+1}^2-4n-1$, $n\in\mathbf{N}^*$ 且 a_2, a_5, a_{14} 构成等比数列.

(Ⅰ) 证明:$a_2=\sqrt{4a_1+15}$.

(Ⅱ) 求数列$\{a_n\}$的通项公式.

(Ⅲ) 证明:对一切正整数 n,有 $\frac{1}{a_1a_2}+\frac{1}{a_2a_3}+\frac{1}{a_3a_4}+\cdots+\frac{1}{a_na_{n+1}}<\frac{1}{2}$.

变式 4:(2010 年高考全国Ⅱ卷理科数学第 18 题)已知数列$\{a_n\}$的前 n 项和为 $S_n=(n^2+n)\cdot 3^n$.

(Ⅰ) 求 $\lim\limits_{n\to+\infty}\frac{a_n}{S_n}$.

(Ⅱ) 证明:$\frac{a_1}{1^2}+\frac{a_2}{2^2}+\frac{a_3}{3^2}+\cdots+\frac{a_n}{n^2}>3^n$.

（三）一题多说

一说长见识. 习总书记在全国教育大会指出,要在增长知识见识上下功夫. 知识是真理,是学习主体对事物的感性知觉或表现,是事物的概念和规律. 见识和阅历是智慧的展现,来自于个人的丰富的知识经验,指一个人对某件事的洞察能力和对知识面涉猎广泛的程度. 见识是知识积累与实践的产物,见识比知识重要,学习不仅仅是学习知识,更多的是领悟和感受见识,见多识广,不仅只是表面的见,更多在实践活动中的识,见识决定学习思维的深度和广度,增长见识,知识体系更加丰富,过程更加多姿多彩. 教师要善于选择典型问题,挖掘问题的各个方向. 创设问题情境,让学生用数学的眼光发现问题、提出问题、分析问题并解决问题. 激活了学生思维、打开眼界、拓展视野,从而增长学生见识.

在本题中,学生容易用递推试解决问题,创设如下问题情境,可以先求 S_n 再求 a_n 吗?

求 S_n 的过程中,通过激发思维、独立思考、合作探究、教师引导能顺利得出其他解法,学生在丰富知识的基础上，增长了解题方法的见识. 与等差、等比数列知识有本质联系，解法在思维上一定有本质联系，反思本题中的前三种解法，是借助等差等比的思想方法，进行了突破.

二说悟道理. 习总书记指出，教育引导学生珍惜学习时光、心无旁骛、求知问学、增长见识、丰富学识. 沿着求真理、悟道理、明事理方向前进. 悟道理是培养学生核心素养的落脚点和关键点，悟字的意思是理解明白、感悟觉醒. 悟道理就是指体会到某件事的意义或认识和把握物的本质和客观规律，学习上悟道理就是领悟，深入理解情境、原理等包含的定理、结构及其有关哲理.

悟道理，就是透过现象看本质，就是从问题的现象形式开始，逐步领悟问题的特征、本质和规律. 本题和变式题从形式来看，一是研究已知数列的递推公式，求通项公式；二是数列与不等式的综合. 从方法上来看，主要培养学生解决数列通项公式的常用方法(类等差、迭代递推、待定系数等)和不等式的常见解法(数学归纳法和放缩法).

虽然介绍了常见的方法，追源溯本，挖掘问题的本质特征，学生能力只停留在技术与方法上，没能在悟道理明事理的方向上前进，因此对形式方法悟明白之后，要进一步引导学生悟问题的本质特征.

如 $a_{n+1}=a_n+d$(d 为常数)，$a_{n+1}=pa_n$(p 为非零常数)是学生非常熟悉的数列特征，若把两式相加得 $2a_{n+1}=(p+1)a_n+d$，即 $a_{n+1}=\frac{p+1}{2}a_n+\frac{d}{2}$，进一步得 $a_{n+1}=pa_n+q$(p、q 为常数，$p\neq 1$, $q\neq 0$). 这是以等差等比数列变换而得到，因此它的解法与等差等比的方法存在必然的联系. 进一步变换有 $a_{n+1}=pa_n+f(n)$, $a_{n+1}=g(n)a_n+f(n)$($g(n)$、$f(n)$ 是关于 n 的函数). 通过对 $a_{n+1}=pa_n+f(n)$, $a_{n+1}=g(n)a_n+f(n)$ 的解法探究，学生就可以从本质特征掌握 $a_{n+1}=pa_n+q$(p、q 为常数，$p\neq 1$, $q\neq 0$) 的解法. 当本质特征悟得越深，道理就悟的越明白.

再如变式 1 中，易知 $\frac{1}{a_n}=\frac{2}{3^n-1}$，证明$\frac{1}{a_1}+\frac{1}{a_2}+\frac{1}{a_3}+\cdots+\frac{1}{a_n}<\frac{3}{2}$ 可以用数学归纳法证明吗？其本质特征是什么？因为不等式的右边是数，用数学归纳法证明难度较大. 用放缩法的本质是确保 $S_n=\frac{1}{a_1}+\frac{1}{a_2}+\frac{1}{a_3}+\cdots+\frac{1}{a_n}$ 可运算，因此$\frac{1}{a_n}=\frac{2}{3^n-1}$ 放缩目标是放缩成等比数列才确保 S_n 可运算. 这同样是问题的本质特征，悟本质特征就是从“是什么”到“为什么”，是方法的提升.

当我们悟出事物的本质特征，要从本质特征找到内在的哲理，才能在解决问题中运用自如，解决问题的最高境界是道法自然，就是遵循客观规律解决问题.

变式 1 中确保 S_n 可运算是方向，如何寻找对 $\frac{1}{a_n}=\frac{2}{3^n-1}$ 进行放缩，使 $\left\{\frac{1}{a_n}\right\}$ 为等比数列的规律是关键. 也是教学中重点和难点，引导学生应用“糖水里加糖水变甜”的原理解决问题.

证明如下：

当 $n\geqslant 1$ 时，$3^n-1\geqslant 2$，所以 $\frac{2}{3^n-1}\leqslant\frac{2+1}{3^n-1+1}=\left(\frac{1}{3}\right)^n$，即 $\frac{2}{3^n-1}\leqslant\left(\frac{1}{3}\right)^n$.

方法新颖，学生欢欣鼓舞，但若变换一下：

在数列 $\{a_n\}$ 中，$a_n=\frac{2}{3^n-2^n}$，前 n 项和为 S_n，求证 $S_n<3$.

此时我们的思维又进入了"山穷水尽疑无路"的困境，此时引导学生悟一般规律：

当 $a>1,\ b>0,\ c>0$ 且 $a>b$ 时，不等式"$\frac{c}{a^n-b^n}\leqslant\lambda\left(\frac{1}{a}\right)^n$ 对于 $n\geqslant m,\ n,\ m\in\mathbf{N}^*$"恒成立时，求 λ 的取值范围.

当我们把此一般规律悟透彻之后，易知

$$\frac{2}{3^n-2^n}\leqslant 6\cdot\left(\frac{1}{3}\right)^n,$$

$$S_n=a_1+a_2+a_3+\cdots+a_n\leqslant 6\cdot\left[\frac{1}{3}+\left(\frac{1}{3}\right)^2+\left(\frac{1}{3}\right)^3+\cdots+\left(\frac{1}{3}\right)^n\right]$$

$$=6\cdot\frac{\frac{1}{3}\left[1-\left(\frac{1}{3}\right)^n\right]}{1-\frac{1}{3}}=3\left[1-\left(\frac{1}{3}\right)^n\right]<3.$$

研究规律，遵循规律是悟道理的最高境界.

悟道理有层次之分，悟方法、悟特征、悟规律都是悟道理的范畴，要在融会贯通、运用自如上下功夫.

长见识、悟道理与《礼记·中庸》中的"博学、审问、慎思、明辨、笃行"教育思想一脉相承. 更是新时代培育核心素养的切入点和着力点，也是新时代教师需要具备的教育理念.

三、学习体验

1. 学生谢风顺的体验

这类数列型不等式题一直是我们难以突破的一类试题，需要强大的思维以及观察能力，才能融会贯通，运用自如地解决好这一类试题.

通过现在的学习，掌握其中的客观规律和本质才是基础. 例如证明某数列前 n 项和 $S_n>f(n)$（关于 n 的函数）. 可利用数学归纳法和放缩法. 但对于 $S_n>p$（p 为常数），用数学归纳法相对复杂，故只能用放缩法和其他一些不等式基础知识来完成. 掌握这些方法提升思维能力才是关键. 只有这样你方能运用自如做一题，做会一类题. 从此次学习运用的迭代法和数学归纳法，能更好地培养观察能力和推理能力. 现在，我解决此类问题更能发散思维，能更好、更快完成.

2. 学生石湘癸的体验

看到一个题目后，我们首先应当明确已知条件与问题，然后再寻找条件与问题的有机联系，执果寻因，发挥联想. 例如原题中 $S_{n+1}=qS_n+1$，从这个等式我们可以联想到$\{a_n\}$必为等比数列或常数列. 如果想到这一环节那么第(Ⅰ)问将不是问题，同时我们也可以从中总结出形如 $S_{n+1}=qS_n+\lambda$ 的式子，均可用递推公式法，迅速确定$\{a_n\}$必为等比数列或常数列. 再如第(Ⅱ)问中，欲证 $e_1+e_2+e_3+\cdots+e_n>\frac{4^n-3^n}{3^{n-1}}$，我们首先可以观察结果$\frac{4^n-3^n}{3^{n-1}}$，将其化简，就有$\frac{4^n}{3^{n-1}}-3$，这是一个含 n 的式子减去一个常数. 此时我们可以想到等比数列的前 n 项和公式$\frac{a_1(1-q^n)}{1-q}$，如果$\frac{a_1}{1-q}$为一个负数，那么我们可以得出一个与$\frac{4^n}{3^{n-1}}-3$类似的式子. 这明显是可行的，所以结果告诉我们，我们需要将 e_n 与等比数列相关联. 此时，明显地从 $e_n=\sqrt{1+\left[\left(\frac{4}{3}\right)^{n-1}\right]^2}$ 观察到运用放缩法可以简单地构造出一个等比数列. 这与我们的推论不谋而合. 最后只需要经过验证便可证明我们猜想是正确的. 经过这个例题与我以往的经验，我发现放缩法一般在解答前半部分便开始时运用，而非经过一系列的运算后再开始放缩.

3. 学生赵良坤的体验

(1) 本质问题的把握，理解与思维深度，一切问题都是由最基本的定理与其推论衍生出的、变化出来的，当我们把握理解本质问题后，相当一部分问题都可以解决，但当难题出现时，我们便只能干瞪眼，此时我们对本质问题的思考深度与思维广度，将为我们另辟蹊径.

(2) 思维层次、思想高度决定我们看问题的方式，一个典型题经过反复思考，一题多解，我们的思维面就产生了广泛的变化，自己编题、一题多变，我们的思考就深入了，结合以上思维层次获得提升，眼界自然就开阔了.

(3) 精准、精确找到思维障碍、思维陷阱，这样可以抓住问题核心，想办法突破障碍绕开陷阱.

四、教学反思

数列在高考中地位十分突出，考分比例远远大于课时比例，常在压轴题位置考查代数论证能力.

高考全国卷数列解答题始终与特殊数列密切联系，源于课本，高于课本，不搞"递推式""数列不等式"之类的超教学范围的知识考查，导向非常好. 但由于能力考查要求较高，多年来造成区分度很差. 2013 年的数列解答题降低了难度，但 2014 年又回升了. 到 2015 年不仅是超纲了，而且难度也加大了；2016 年把数列、集合结合命题，难度较大；2017 年考查数列的新定义问题和论证等差数列，难度也不低.

数列题的常规类型可分两类：一类是判断、证明某个数列是等差、等比数列；另一类是已知等差、等比数列求基本量. 这个基本量涵义很广泛，有项、项数、公差、公比、通项、和式以及它们的组合式，甚至还包括相关参数.

此题是在数列问题中极具代表性的通项公式、求和、证明问题，涉及的数列知识方法广泛，且对学生提升学习数列后的综合应用能力有很大帮助. 通过一题多解的方式，能够在长见识、悟道理、提能力方面给学生更加宽广的视野.

总之，通过对此题多维度的解答与剖析，能够让学生形成对数学知识方法新的认知，提升数学学习兴趣和好奇心，学生能够主动思考探究新奇且富有思维的方法去解题，对学生在高中数学中的学习能够起到积极主动的指导作用.

五、一题一诗

数通古今

川数一题明真知，迭代递推类等差.

待定系数定基调，放缩归纳展天地.

寻真彻悟通古今，学究天人妙无言.

第四篇

平面向量与解析几何

“平面向量”解题教学课例

——以 2019 年高考全国Ⅲ卷理科数学第 13 题为例

陈虹(贵阳市第二中学)

题名对联

粉笔几支陈王斗酒眼前早有横竖

尺子一把虹影梅花心中自含曲直

一、教学设计

(一) 知识要点

平面向量的概念、性质、运算、综合应用等知识.

真题再现: 设 $\vec{a}$、$\vec{b}$ 为单位向量且 $\vec{a}\cdot\vec{b}=0$.若 $\vec{c}=2\vec{a}-\sqrt{5}\vec{b}$,则 $\cos<\vec{a},\vec{c}>$ _______.

(二) 学习背景

1. 教材分析

该题目出自于人教 A 版高中数学教材必修 2 中的平面向量,这一节内容主要介绍有大小有方向的量,即向量,给出向量的定义,不同向量的位置关系判断和一些向量中特有的公式,如向量夹角公式、模长公式等.教材内容最核心的部分是让学生掌握解决向量问题的两条线索,一是几何路线,即需要将所求以及所知全转化为基底,再进行求解;二是代数路线,即通过将向量在标准正交基下分解建立起向量和坐标的关系,利用坐标解决问题.这也是向量这部分的两大考点及解题方向.

2. 学情分析

本课例的教学对象是贵阳市第二中学高三年级平行班的学生,学生的基础较为薄弱,对已经学过的知识掌握情况不是很好,加上已经间隔近两年时间才再系统地接触到这一部分的内容,因而会有些陌生.在这些学生高一的时候,曾经将向量作为学习的难点.鉴于此,本课例采取的授课模式是以引导学生回忆知识点为主,而且整个课堂节奏应该放慢下来,必要时通过让学生们自助展示来反馈复习效果.

3. 核心问题

本课例的核心问题是想通过前文中所提及的高考题,通过“一题多解”“一题多变”的方式，让学生从一个题出发，体验不同方法在解决向量问题中所起的作用，达到复习和回顾平面向量的基本知识和思考方式的目的.

（三）学习目标

1. 知识技能目标

（1）以 2019 年的高考真题为例，让学生初步感知高考的命题取向.

（2）通过“一题多解”的教学环节设置，引导学生体会不同的方法在解决向量问题中的应用，同时，也能在体验过程中发现和掌握与向量相关的内容以及掌握解决向量的基本思考模式. 从而达到在高三复习课程中“教思考，教体验”的目的.

（3）通过让学生自己设置“一题多变”及生生合作进行解答，实现“教表达”的同时，反馈学生的学习效果，培养学生应用知识、迁移知识的能力.

2. 核心素养目标

通过“一题多解”，让学生学会灵活运用所学过的方法解决平面向量问题，培养学生的应用数学的能力.

通过本课例的学习，让学生体会不同的数学思想方法，其中有代数上的坐标法，也有几何上的方法. 让学生从不同的角度分析和关注这个平面向量问题，在本课例的基础上，培养学生的直观想象能力和逻辑推理能力. 在培养核心素养的同时，也能整理高中数学知识点之间的联系.

（四）教学重难点

教学重点：平面向量的坐标法和基底法的应用.

教学难点：平面向量与其他知识的综合解答应用.

（五）设计思路

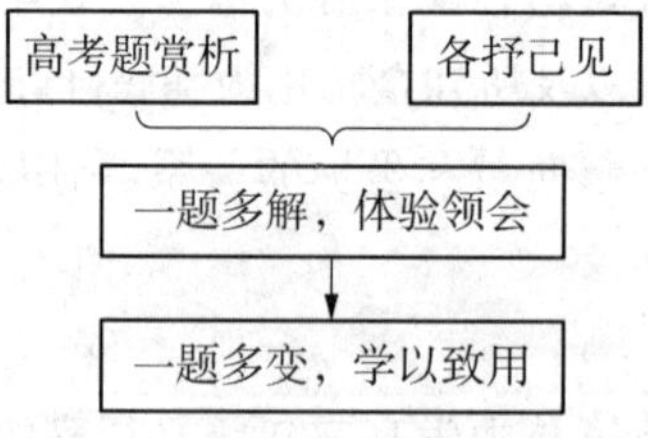

二、教学过程

（一）一题多解

活动环节：展示前文中的高考题目，并让学生先用自己的方法加以解决.

归纳延伸：收集学生的解法，结合备课时预设的解法，让学生体验解决平面向量问题的思考模式.

解法 1:(基底法)由于$\vec{a}$、$\vec{b}$为单位向量且$\vec{a}\cdot\vec{b}=0$,可以将$\vec{a}$、$\vec{b}$作为本题的基底,将所求的问题转化为与基底相关的问题即可求解.

$\vec{a}\cdot\vec{c}=\vec{a}\cdot(2\vec{a}-\sqrt{5}\vec{b})=2(\vec{a})^2=2$, $(\vec{a})^2=1$, $|\vec{a}|=1$.

$(\vec{c})^2=4(\vec{a})^2+5(\vec{b})^2=9$, $|\vec{c}|=3$.

所以, $\cos<\vec{a},\vec{c}>=\dfrac{\vec{a}\cdot\vec{c}}{|\vec{a}|\cdot|\vec{c}|}=\dfrac{2}{3}$.

教学反思: 整个过程中所用到的是平面向量的计算公式,将所有的求解量都转化成向量$\vec{a}$、$\vec{b}$,即本题所设置的基底,接着只需要知道基底的信息就能够求出此题. 由此可见,基底在平面向量当中的一个有效作用,即可以将多个向量问题转化为研究两个向量的问题.

解法 2:(坐标法)由于$\vec{a}$、$\vec{b}$为单位向量且$\vec{a}\cdot\vec{b}=0$,很明显地可以看到向量$\vec{a}$、$\vec{b}$就是一组标准正交基,不妨设$\vec{a}=(1,0)$, $\vec{b}=(0,1)$,于是$\vec{c}=(2,-\sqrt{5})$. 转化坐标之后,我们就可以通过坐标法的公式求出向量夹角.

$$\cos<\vec{a},\vec{c}>=\frac{\vec{a}\cdot\vec{c}}{|\vec{a}|\cdot|\vec{c}|}=\frac{2}{3}.$$

教学反思: 本求解过程是将所有的已知和求解的向量都转化为坐标形式,这样就能够利用相应的坐标公式求解. 一旦转化为坐标之后,我们发现,实际上不需要再考虑几何意义了,整个题目变为一个代数问题. 从而,可以探知坐标法在求解问题时的优势,即提炼出坐标后,可以不再需要图形,直接进行代数计算即可. 然而,需要用坐标法求解时也有一定的限制,就是必须找到标准正交基进行分解.

解法 3:(几何法)平面向量是由有向线段进行表示的,所以,我们可以说平面向量应该是一个几何量,既然是几何量,我们可以尝试着画出题中所涉及到的向量,再来进行几何上的求解.

如图 1,可以看出,向量$\vec{a}$、$\vec{b}$、$\vec{c}$集中在直角三角形ABC中,需要求的$<\vec{a},\vec{c}>$即为$\angle CBD$. 我们就可以利用解三角形的方法进行求解,三角形$\triangle CBD$也是直角三角形,因而直接利用锐角三角函数值的求法即可得到所求结果, $\cos\angle CBD=\dfrac{|BD|}{|BC|}=\dfrac{2}{3}$,从而可以得到所求$\cos<\vec{a},\vec{c}>=\dfrac{2}{3}$.

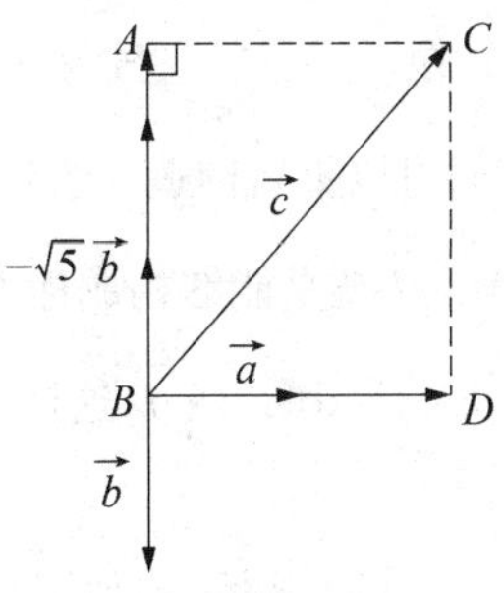

图 1

教学反思: 该解法是将平面向量问题转化为解三角形的问题进行求解,在教学中,可以引导学生回忆解三角形,其实解三角形的本质就是求边、求角,也就是说只要是碰到了求边、求角的问题,都可以尝试把它放在三角形内,然后利用解三角形的正、余弦定理进行求解. 当然,这个题目比较特殊,所涉及到的三角形是直角三角形,所以我们利用初中的知识就能够解决. 当然,有同学如果无法读出$\vec{a}\cdot\vec{b}=0$的含义是两个向量垂直,我们也可以利用余弦定理求解这个题目,这个可以作为我们的解法 4.

既然提到了几何作图法，我们就可以想象到利用测量工具来进行求解，也就是说在我们的图作得十分精确之后，我们可以用量角器直接测量出相应的角度. 这种方法一直被传统教学所舍去，然而，在生活中，"测量"反而是我们用得最多的方法，因而，我们不能忽略培养学生实际测量的能力. 可是，要测量就必须得规范作图，单位向量 $\vec{a}$、$\vec{b}$ 都很好作，唯独其中涉及到一个$\sqrt{5}$的作图，如何准确表示$\sqrt{5}$的长度，这让我们联想到了数学史中根号的发现，是在测量边长为 1 的正方形的对角线时发现无法再用有理数去刻画. 于是，我们可以尝试用求斜边的方法构造$\sqrt{5}$的长度，只需要绘制一个直角边长分别为 1 和 2 的三角形即可，斜边即为所求长度. 克服了准确表示$\sqrt{5}$这个障碍后，"测量法"就能够作为我们的解法 5 了.

教学活动：让学生自己归纳完善五种求解方法，并体会其中所蕴含的思想方法.

（二）一题多变

在上述"一题多解"的讨论中，我们可以发现，平面向量最基础的方法实际上是基底法和坐标法，其余方法是在寻求与向量相关的知识点时所衍生的产物.

教学活动：请同学们体会刚才所讲的思考方法，在此基础上尝试改变原题.

变式 1：设 $\vec{a}$、$\vec{b}$ 为单位向量且 $\vec{a}\cdot\vec{b}=0$. 若 $\vec{c}=2\vec{a}-\sqrt{5}\vec{b}$，则 $|\vec{c}|=$________.

设计反思：选取这种变式的同学实际上是将解答过程中的某一步作为所求内容进行呈现，这样的话，所有以上涉及到的解法均适用.

变式 2：设 $\vec{a}$、$\vec{b}$ 为单位向量且 $<\vec{a},\vec{b}>=60°$. 若 $\vec{c}=2\vec{a}-\sqrt{5}\vec{b}$，则 $\cos<\vec{a},\vec{c}>=$________.

设计反思：选取这种变式的同学是改变了直角的条件，变为 60°. 这时候反观我们的 3 种解法，进行对比分析.

(1) 基底法：此时的 $\vec{a}$、$\vec{b}$ 仍为相交向量，仍然可以作为基底，因而，解法 1 同样适用.

(2) 坐标法：此时的 $\vec{a}$、$\vec{b}$ 不再是垂直向量了，因而，不能构成标准正交基，也就是不能将 $\vec{c}$ 在 $\vec{a}$、$\vec{b}$ 方向上分解所得到的系数作为坐标. 但是，我们可以采取改进的方法，也就是说，我们可以重新构造一组标准正交基，不妨设 $\vec{a}=(1,0)$，另外还有一个向量 $\vec{d}=(0,1)$，这样的话 $\vec{a}$、$\vec{d}$ 还是能够构成标准正交基的，我们只需要将 $\vec{b}$ 在基底 $\vec{a}$、$\vec{d}$ 下分解之后，即 $\vec{b}=\cos 60°\cdot\vec{a}+(-\sin 60°)\cdot\vec{d}$，这样一来，对应的系数即为 $\vec{b}$ 的坐标，从而也能够求出 $\vec{c}$ 的坐标，达到求解的目的.

(3) 几何法：如图 2，作出相应的图形，会发现，此时 $\vec{a}$、$\vec{b}$、$\vec{c}$ 仍然可以放在一个三角形当中进行求解，只是这个三角形不再是直角三角形，而三边长度仍然是向量的模长，是可以计算的. 所以，这个问题就转化为已知三边长求角度的问题，这时候只能够使用余弦定理进行求解. 当然，此时的"测量法"也是适用的.

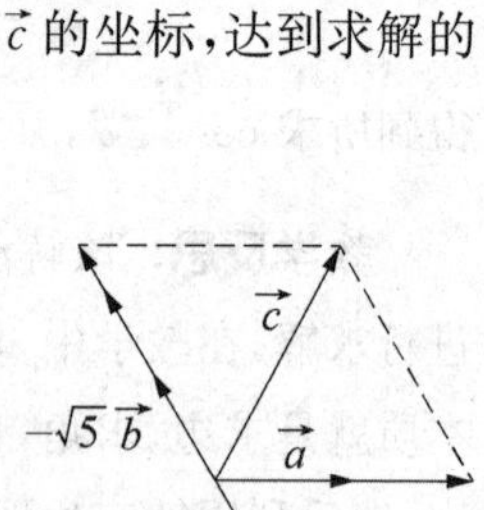

图 2

变式 3：(2015 年高考全国卷理科数学第 13 题)设向量 $\vec{a}$、$\vec{b}$ 不平

行，向量 $\lambda\vec{a}+\vec{b}$ 与 $\vec{a}+2\vec{b}$ 平行，则实数 $\lambda=$ ______.

设计反思： 根据上述讨论，可以发现，在处理平面向量问题时的通法是基底法和坐标法. 因而，我们可以在此基础上研究相应的高考真题.

就这个题目而言，首先，告诉了两个向量不平行，于是基底有了. 接着可以利用向量平行的性质，即相差常数倍，求解一个二元一次方程组求出参数 λ. 同时，由于是一个填空题，所以我们可以取特殊向量，向量 $\vec{a}$、$\vec{b}$ 不平行，但没有长度的限制，于是，我们可以取其为标准正交基，则将问题转化为两个向量平行的坐标关系列方程求解.

变式 4：（2019 年高考全国Ⅰ卷理科数学第 7 题）已知非零向量 $\vec{a}$、$\vec{b}$ 满足 $|\vec{a}|=2|\vec{b}|$ 且 $(\vec{a}-\vec{b})\perp\vec{b}$，则 $\vec{a}$、$\vec{b}$ 的夹角为（　　）.

A. $\frac{\pi}{6}$　　B. $\frac{\pi}{3}$　　C. $\frac{2\pi}{3}$　　D. $\frac{5\pi}{6}$

设计反思： 本题同样可以用基底法、坐标法、几何法进行求解. 解法分析如下.

（1）基底法：利用向量垂直数量积为 0，可以得到 $\vec{a}\cdot\vec{b}$ 与 $|\vec{b}|$ 的关系，利用向量夹角公式即可以求出相应的夹角.

（2）坐标法：由于 $\vec{a}$、$\vec{b}$ 非零，可以将 $\vec{a}$、$\vec{b}$ 与标准正交基联系，即不妨设 $\vec{a}-\vec{b}=(\sqrt{3},\ 0)$，$\vec{b}=(0,\ 1)$，则可以求出 $\vec{a}$ 坐标，从而利用坐标法求出向量夹角.

（3）几何法：如图 3，根据向量减法的三角形法则，可以将本题所涉及到的 $\vec{a}$、$\vec{b}$、$\vec{a}-\vec{b}$ 放入一个直角三角形中，将问题转化为在直角三角形当中求解角的问题，将代数问题几何化进行思考求解.

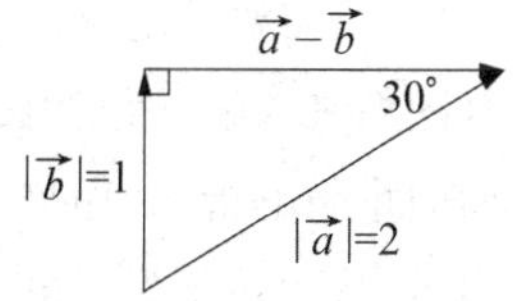

图 3

（三）一题多说

从原题来看，题目的设置难度适中，所任教的班级在还没有讲课之前是有少部分同学能够想到方法进行求解的，因此这个题目的设置虽然简单，然而还是对于中等层次学校的学生有一定区分度. 从“一题多解”的过程可以看出，原题设置比较巧妙，它的解答方法不只一种，也就是说考查面比较广，同时也为学生解答出此题提供了多种机会，这也是高考题的共同特征.

三种方法的描述可以让同学们从一个题目出发，复习到平面向量的两大基础方法，即坐标法和基底法，同时也能够跟解三角形的知识联系在一起，从另一个角度说明了解三角形的应用范围，即求边、求角. 试想，如果同学们在今后碰到了求边求角的问题（如工程上测量不可达到物相关问题），可以考查正余弦定理的使用. 而在上述的“一题多解”“一题多变”教学过程中，突出了“基底法”和“坐标法”这两大通法的普遍适用性. 其实，在高考中平面向量这一部分内容还可以考查综合性的题目.

说题 1：（2018 年高考全国Ⅲ卷文科数学第 20 题）已知斜率为 k 的直线 l 与椭圆 C：$\frac{x^2}{4}+\frac{y^2}{3}=1$ 交于 A、B 两点，线段 AB 的中点为 $(1,\ m)(m>0)$.

（Ⅰ）证明：$k<-\frac{1}{2}$.（Ⅱ）设 F 为 C 的右焦点，P 为 C 上一点，且 $\overrightarrow{FP}+\overrightarrow{FA}+\overrightarrow{FB}=0$. 证明：$2|\overrightarrow{FP}|=|\overrightarrow{FA}|+|\overrightarrow{FB}|$.

说题意图： 本题第（Ⅱ）问中涉及到了平面向量，是在椭圆当中渗透平面向量，由于知识的综合性，因而提升了问题的难度. 在求解过程中，我们发现常用的坐标法仍然适用，可以代入中点坐标公式和椭圆方程求出点 P 坐标便于后续求解. 然而，由于有解析几何的背景作为依托，因而可以利用解析几何特有的方法，即可以将坐标简化为椭圆的参数方程，这样的话可以减少未知数，而且根据中点横坐标就能够求出参数 θ，从而得到点 P 坐标用于后续求解. 因而我们发现，在平面向量综合解析几何的时候，坐标法可以结合参数方程使用，这不失为我们解决平面向量问题的又一大思考方向.

说题 2：（2017 年高考全国Ⅲ卷理科数学第 12 题）在矩形 $ABCD$ 中，$AB=1$，$AD=2$，动点 P 在以点 C 为圆心且与 BD 相切的圆上. 若 $\overrightarrow{AP}=\lambda\overrightarrow{AB}+\mu\overrightarrow{AD}$，则 $\lambda+\mu$ 的最大值为（　　）.

A. 3　　　B. $2\sqrt{2}$　　　C. $\sqrt{5}$　　　D. 2

说题意图： 矩形 $ABCD$ 更便于我们建立直角坐标系，利用直角坐标法求解，求出点 P 坐标后，只需要满足原方程. 同时，借助线性规划的思想即可以求出 $\lambda+\mu$ 的最大值，这个需要结合图像来求解，因此用的也是几何法. 由于这个题目是以与 BD 相切的圆为背景，也是属于平面向量与解析几何的综合应用问题，因而，我们也可以借助圆的参数方程，将 λ、μ 都用参数 θ 表示，从而转化为三角函数求最值问题.

通过以上的讲解，首先是培养了学生们向量法的思考途径，其次也为学生们应用知识能力的培养做了一个很好的示范，即解三角形的综合问题和参数方程的灵活运用. 另外也培养了学生们直观想象的能力. 达到了我们课例开始之前预设的“教思考，教体验”的目标，即通过体会不同的求解方法，从而构建平面向量问题所特有的思考模式.

在“一题多变”过程中，教师鼓励学生们自己编写题目，选择其他同学来进行描述性的解答（除了写出解答过程之外，还要表述清楚自己为什么这样想，具体的每一步为什么这么做），这样可以获得本课例的及时反馈，同时也达到了“教表达”的目的. 要知道，对于一个知识点掌握的最高境界，是同学们能够说清楚这个题目的来由和解决方案.

三、学习体验

学生 1：整堂课给我印象最深的是思维的发散性，从“一题多解”到“一题多变”，我们不只是学习一个题目，我们学的是一类题目，甚至是一个章节内容的解法，我很喜欢这样的教学模式，觉得这对于我们高三学生来说很受益，毕竟我们高三所面对的知识内容很多，希望老师能够继续将我们的知识融合起来进行教学，让我们多复习一些知识.

学生 2：值得一提的是老师提到的“测量法”，我一直以为数学都是死算，不敢想象数学的结论还能够通过“测量”得到，这让我感受到数学其实也可以很生活化.

四、教学体验

1. 一题多解，教会思考

通过“一题多解”，可以看到，其实一个题目，尤其是高考题目，它的解决途径不只一个. 通过“一题多解”的探寻，可以让学生们学会从不同的角度思考问题，也让学生们体会到数学知识内容是彼此联系的. 其实，我们更应该将所有知识贯穿起来作为我们解决问题的工具.

2. 一题多变，教会表达

高三阶段很多学生因为课堂节奏快而跟不上，他们对教学的反馈也只能通过作业的形式体现，作业体现一是不及时，二是有其他因素干扰. 本课例中，在讲解完题目之后，采取的是让学生改编题目，并随机选同学回答的方式进行检测，这样的检测方式一是及时和有效，二是在一定程度上锻炼了同学们的表达能力和对知识的理解能力. 同时，在同学们变题后加上了类似高考真题的评析，再次巩固知识，并贴合高考实际.

3. 教师“让位”，教会体验

本课例更多的是还自主权给学生们，从一开始同学们自行先做一下高考真题，到后面提示和帮助同学们完善解法体系，再到最后的引导学生们自主编题、随机讲题，整个课堂学生们是主动参与者. 相对于传统课堂中的教师“满堂灌”，教师只是以自己的感觉判断学生的学习情况，从而调整进度，这样的话，课堂的整个节奏是教师把握的. 而如今的课堂，学生占主动，课堂的节奏也是由学生们把控，这样学生们就有更多的时间去体会课堂中所蕴含的数学思想，也有机会去及时消化教师所讲授的知识.

数学不仅仅是教学生解题，授人以鱼不如授人以渔，数学教师在数学课堂上更应该是教会学生们如何思考、如何体验和感受其中所蕴含的数学内涵，并进行表达.

五、一题一诗

平面向量解法诗

平面向量两步走，基底坐标皆适用.
若有性质画一画，向量还有几何法.
正弦余弦派用场，有时量量也不错.
融合解析几何时，参数方程派用场.

“直线与圆”解题教学课例

——以2016年高考全国Ⅲ卷文科数学第15题为例

李乾春，卢焱尧（贵阳市第九中学）

题名对联

勤奋博学乾坤再造换春秋

立德树人焱焰光华颂尧舜

一、教学设计

（一）知识要点

直线的斜率、倾斜角、方程，两直线的位置关系，点到直线的距离公式，直线与圆的位置关系，交点、弦长、平面几何等有关知识.

真题再现： 已知直线 $l: x-\sqrt{3}y+6=0$ 与圆 $x^2+y^2=12$ 交于 A、B 两点，过 A、B 分别作 l 的垂线与 x 轴交于 C、D 两点，则 $|CD|=$________.

（二）学习背景

1. 教材分析

“直线与圆”是高中解析几何初步的主要内容，是进一步学习圆锥曲线的基础. 在必修教材中，通过平面直角坐标系建立了直线和圆的代数方程，并运用代数方程研究了它们的几何性质及其相互位置关系. 其中，直线与圆的综合问题也是历年来高考考查的重点. 此外，在选修教材中，进一步研究了直线与圆的极坐标方程和参数方程，这为我们研究解决直线与圆的综合问题提供了另一种视角和分析问题的途径.

2. 学情分析

此题可以作为学生学完直线与圆后的单元复习例题，也可以作为高三一轮复习的解题教学例题. 学生已掌握直线与圆的相关知识内容，初步形成用坐标法和数形结合来解决解析几何问题的思想，具备一定的逻辑推理能力. 但学生在发散思维方面有一定欠缺. 教学中，根据学生实际进行相应知识内容的复习和提示，通过一题多解和一题多变，引领学生多角度、多策略分析、解决问题，抓住“万变”中的“不变”，真正理解数学问题的本质.

3. 核心问题

(1) 所求线段$|CD|$的长如何转化?

(2) 有哪些方法求直线与圆相交的弦长?

(三) 学习目标

1. 知识技能目标

掌握直线方程的求法,已知直线方程求斜率、倾斜角;掌握两直线间的位置关系,点到直线的距离公式;掌握直线与圆相交弦长的求法;能综合应用直线、圆及平面几何的知识解决问题.

2. 长见识悟道理

让学生经历审题,充分挖掘隐含信息,多角度探寻解题思路并优化实施解答方案的过程,积累解题经验,发展学生归纳、概括、有条理地表达的能力,培养学生的逻辑推理能力和运算求解能力,感悟坐标法、方程思想和数形结合思想在解题中的应用.

(四) 设计思路

利用波利亚的解题提示语,围绕"有什么,是什么,求什么,需什么,怎么做"引导学生充分挖掘条件的隐含信息,多角度分析条件和结论的关系,探寻多种解题思路,发散学生思维.让学生感悟到一题多解的根源是条件(或设问)的不同使用方式产生的,通过对多种解法的评析、归纳、总结,引导学生学会选择并优化解题方案.

二、教学过程

(一) 一题多解

1. 问题分析

学生先独立思考后,教师利用波利亚的解题提示语引导学生读题、审题,挖掘题目中的隐含条件,找到条件和结论之间的关系,探寻解题思路.

<table>
<tr><th>有什么</th><th>是什么(有哪些隐含信息)</th><th>怎么求</th><th>需什么</th><th>求什么(可转化为什么)</th></tr>
<tr><td>直线 l 的方程</td><td>$k=\frac{\sqrt{3}}{3}$, $\alpha=\frac{\pi}{6}$,图形</td><td rowspan="2">解题方案一:
① 联立方程组,求交点 A、B 坐标;
② 求 k_{AC}、k_{BD};
③ 求直线 AC、BD 的方程;
③ 求 x_C、x_D 进而求出$|CD|$</td><td rowspan="2">C、D 两点的横坐标</td><td>求$|CD|$</td></tr>
<tr><td>圆的方程</td><td>圆心$(0, 0)$, $r=2\sqrt{3}$,图形</td><td>转化为$|x_D-x_C|$</td></tr>
</table>

续表

<table>
<tr><th>有什么</th><th>是什么(有哪些隐含信息)</th><th>怎么求</th><th>需什么</th><th>求什么(可转化为什么)</th></tr>
<tr><td>直线与圆交于 A、B 两点</td><td>可求 A、B 坐标；
可求弦长$|AB|$</td><td rowspan="2">解题方案二：
① 求圆心到直线的距离 d；
② 计算弦长 $|AB|=2\sqrt{r^2-d^2}$；
③ 利用弦长$|AB|$求$|CD|$
解题方案三：
① 证明$\triangle AOB$ 为等边三角形；
② $|AB|=|OB|=2\sqrt{3}$；
③ 利用弦长$|AB|$求$|CD|$</td><td rowspan="2">弦长
$|AB|$</td><td rowspan="2">$|CD|=\dfrac{|AB|}{\cos\frac{\pi}{6}}$</td></tr>
<tr><td>$AC\perp l$,
$BD\perp l$</td><td>$k_{AC}=k_{BD}=-\sqrt{3}$；
几何关系</td></tr>
<tr><td rowspan="2">结合图形,综合条件挖掘信息(大胆猜想,小心求证)</td><td rowspan="2">① 可求 AC、BD 的方程；
② 直线与 y 轴的交点 $B(0, 2\sqrt{3})$在圆上；
③ $\triangle AOB$ 为等边三角形；
④ $\triangle BCD$ 为等边三角形；
⑤ 原点 O 为CD 中点</td><td colspan="2">解题方案四：
① 证明$\triangle BCD$ 为等边三角形；
② 在 $\mathrm{Rt}\triangle BOD$ 中求$|BD|$；
③ 得$|CD|=|BD|$</td><td>在等边$\triangle BCD$中，$|CD|=|BD|$</td></tr>
<tr><td colspan="2">解题方案五：
① 利用垂径定理和中位线证明 O 为 CD 中点；
② 在 $\mathrm{Rt}\triangle BOD$ 中求$|OD|$；
③ 求$|CD|=2|OD|$</td><td>$|CD|=2|OD|$</td></tr>
</table>

问题 1：直线与圆相交时，求弦长的方法有哪些？

教学研讨： 教学中，引导学生挖掘题目条件的隐含信息，由浅入深，由表及里. 通过提示语“是什么”，首先挖掘单个条件隐含的信息，再综合多个条件及图形，结合“大胆猜想，小心求证”的方式深度挖掘几何关系. 由条件和设问的不同角度转化，得到多个问题求解的思路.

2. 实施解题方案

解法 1：(代数方法)

由 $\begin{cases}x-\sqrt{3}y+6=0,\\x^2+y^2=12,\end{cases}$ 得 $\begin{cases}x=0,\\y=2\sqrt{3}\end{cases}$ 或 $\begin{cases}x=-3,\\y=\sqrt{3}.\end{cases}$

$\therefore A(-3, \sqrt{3})$, $B(0, 2\sqrt{3})$.

又 $AC\perp l$, $BD\perp l$，故 $k_{AC}=k_{BD}=-\sqrt{3}$.

$\therefore$直线 AC 的方程为 $y-\sqrt{3}=-\sqrt{3}(x+3)$. 令 $y=0$，得 $x_C=-2$.

$\therefore$直线 BD 的方程为 $y-2\sqrt{3}=-\sqrt{3}x$. 令 $y=0$，得 $x_D=2$.

故 $|CD|=|x_D-x_C|=4$.

教学研讨： 该解法运用了解决解析几何问题最基本的思想方法，即坐标法，几何问题代数化，将求线段 CD 的长转化为分别求直线 AC、BD 与 x 轴交点的横坐标. 这是学生最容易想到的解题思路，但运算量较大，对学生的运算求解能力要求较高.

解法 2:(几何关系,利用弦心距求弦长)

如图 1,圆心 O 到直线 l 的距离为 $d=3$, $|AB|=2\sqrt{12-3^2}=2\sqrt{3}$.

过点 C 作 $CE\perp BD$,垂足为 E,则 $|CE|=|AB|=2\sqrt{3}$,显然 $CE\,/\!/\,AB$.

又直线 l 的倾斜角为 $\frac{\pi}{6}$,则 $\angle ECD=\frac{\pi}{6}$,故

$$|CD|=\frac{|CE|}{\cos\angle ECD}=\frac{2\sqrt{3}}{\cos\frac{\pi}{6}}=4.$$

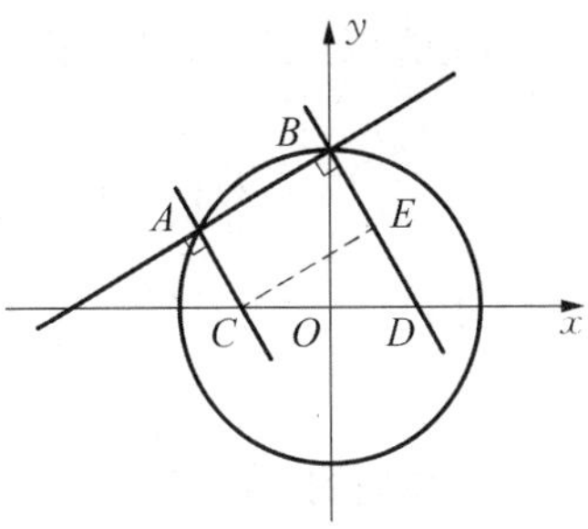

图 1

教学研讨: 解析几何可以用代数方法来研究几何问题,当然也可以直接从平面几何的角度来寻找解题思路. 由于直线、圆和平面几何的联系非常紧密,因此,准确地作出图形,并充分挖掘几何图形中所隐含的条件,利用几何知识也可以使问题较为简捷地得到解决. 在图 1 中,通过作辅助线(作法不唯一,也可以过点 A 作 x 轴的平行线),将所求线段$|CD|$的长等价转化为求直线与圆的相交弦长问题.

直线与圆相交时弦长的求解方法很多,其中解法 2 利用垂径定理,弦心距、半弦长和圆的半径组成直角三角形来求弦长,很好地利用了圆的对称性,此法运算量少,是直线与圆弦长问题的教学中首推的思路解法,但此法仅限于直线与圆相交,不能推广到直线与一般曲线(尤其是圆锥曲线)相交的弦长问题. 此外,还可以用更具一般性的方法求弦长,如两点间的距离公式,弦长公式 $|AB|=\sqrt{1+k^2}\,|x_1-x_2|=\sqrt{1+k^2}\sqrt{(x_1+x_2)^2-4x_1x_2}$(利用一元二次方程根与系数的关系,设而不求),若消元时消 y,则 $|AB|=\sqrt{1+\frac{1}{k^2}}\,|y_1-y_2|=\sqrt{1+\frac{1}{k^2}}\sqrt{(y_1+y_2)^2-4y_1y_2}$. 这些弦长公式的本质均是两点间的距离公式,教学时教师应引导学生根据方程组和消元后方程的特点进行选择. 另外,还能利用直线参数的几何意义求弦长,方法同样具备一般性,可推广到直线与一般曲线相交的弦长问题. 由于受定势思维影响,学生通常只会在选修 4-4 的题目中考虑使用直线、圆的参数方程和极坐标方程,思维受限. 期望借此思路以点到面,让学生感悟到所学知识的系统性和连贯性,发散学生思维. 此外,在解法 1 求直线与圆的交点中,也可以尝试利用直线(或圆)参数方程求交点坐标,也是一种可行但不简洁的解答方案.

以上代数方法求弦长的解法此处不再一一赘述,但为了让学生掌握求一般弦长的方法,教学中教师应引导学生对求弦长的方法进行复习.

解法 3:(利用几何关系求弦长)

如图 2,直线 $l: x-\sqrt{3}y+6=0$ 与 y 轴的交点为$(0,2\sqrt{3})$,该点坐标满足圆 O 的方程,故直线 l 与圆 O 的一个交点

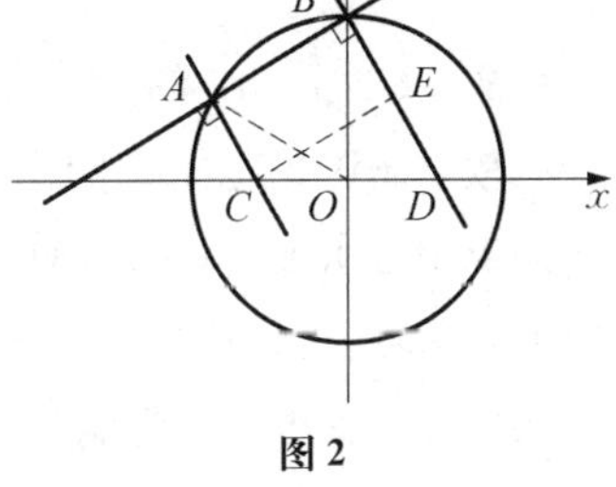

图 2

为 $B(0,\ 2\sqrt{3})$.

联结 OA，则 $|OA|=|OB|=2\sqrt{3}$.

又 $\angle ABO=\frac{\pi}{2}-\frac{\pi}{6}=\frac{\pi}{3}$，从而 $\triangle AOB$ 为等边三角形，$|AB|=2\sqrt{3}$.

所以 $|CD|=\dfrac{2\sqrt{3}}{\cos\frac{\pi}{6}}=4$.

教学研讨： 边、角的求解往往可以放在三角形中利用解三角形得到. 那弦长 $|AB|$ 是否可以按照这种思路求解呢？自然的一个想法便是放在 $\triangle AOB$ 中，通过证明 $\triangle AOB$ 为等边三角形求 $|AB|$，这即是解法 3 的求解思路. 同理，$|CD|$ 也可以放在等边 $\triangle BCD$（需证明）中求解，转化为求 $|BD|$ 或 $|BC|$，进而得到解法 4.

解法 4：（利用等边三角形求 $|CD|$）

由解法 3 知，直线 l 与圆 O 的一个交点为 $B(0,\ 2\sqrt{3})$.

如图 3，联结 BC，由直线 l 的方程知，$|OB|=2\sqrt{3}$，$|OH|=6$，则 $|BH|=\sqrt{12+36}=4\sqrt{3}=2|OA|$，故点 A 为线段 BH 的中点，AC 为线段 BH 的中垂线，从而 $\angle BHC=\angle HBC=\frac{\pi}{6}$.

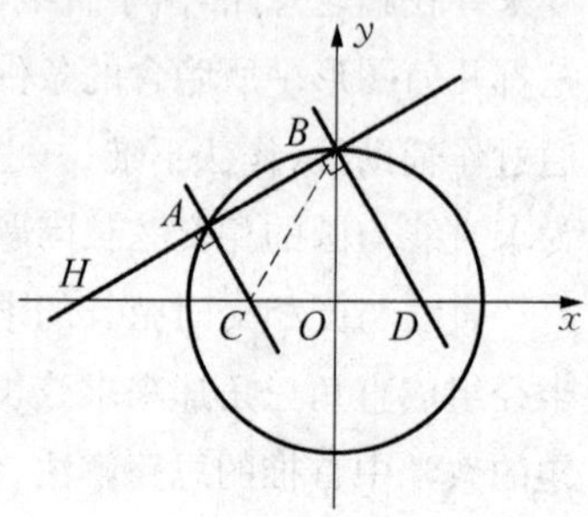

图 3

所以 $\angle CBD=\frac{\pi}{2}-\frac{\pi}{6}=\frac{\pi}{3}=\angle BDC$，故 $\triangle BCD$ 为等边三角形.

故 $|CD|=|BD|=\dfrac{|OB|}{\sin\frac{\pi}{3}}=4$.

解法 5：（利用中点关系求 $|CD|$）

由解法 3 知，直线 l 与圆 O 的一个交点为 $B(0,\ 2\sqrt{3})$.

如图 4，取线段 AB 的中点 E，联结 OE，由垂径定理知，$OE\perp l$，又 $AC\perp l$，$BD\perp l$，所以 $AC\parallel OE\parallel BD$，则 O 为线段 CD 的中点.

在 Rt$\triangle BOD$ 中，$|OD|=\dfrac{|OB|}{\tan\frac{\pi}{3}}=\dfrac{2\sqrt{3}}{\sqrt{3}}=2$.

故 $|CD|=2|OD|=4$.

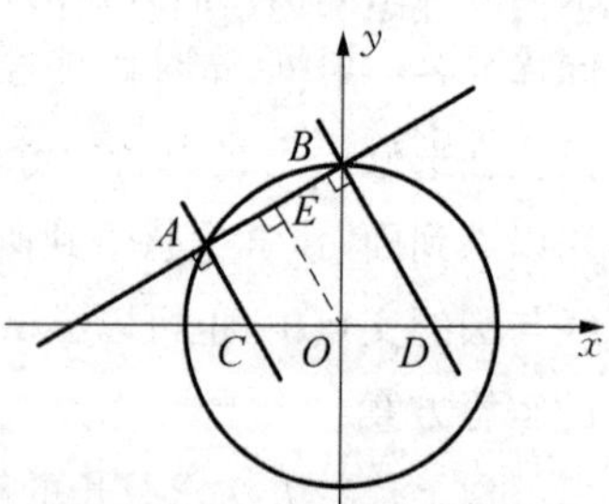

图 4

教学研讨： 通过观察图形，学生容易猜想 O 为线段 CD 的中点，再利用垂径定理和中位线知识小心求证，将 $|CD|$ 的长转化为求 $2|OD|$. 当然，从几何关系上求解本题的方法也不止以上几种，还可以从相似三角形，证明点 C 是线段 HD（图 3 中）的中点等角度进行求解. 而以上几何法的关键是首先能挖掘出两个隐含信息，一是直线 l 与 y 轴的交点在圆上；二是图 3

中$\triangle BOH$和$\triangle BOD$均是内角分别为$\frac{\pi}{6}$、$\frac{\pi}{3}$、$\frac{\pi}{2}$的特殊可解三角形.

解法比较：五种解法大方向上分为代数法和几何法两类. 解法1从代数角度入手，思路易寻，但计算量较大，学生好想不好算；后四种解法均是从几何关系的角度，将所求线段的长转化为相交弦长问题、等边三角形问题或中点问题，正确作图是解答的前提，其中解法3、4、5相比解法1、解法2计算量更小，但在题目隐含信息的挖掘上更深入，思维难度上更大，要求学生能借助图形多角度猜想、思考、分析.

（二）一题多变

师生一起通过改换或弱化题目条件、逆向设计等角度进行题目变式的探讨和解答.

变式1：已知直线$l: x-\sqrt{3}y+6=0$与圆$x^2+y^2=12$交于A、B两点，过A、B分别作x轴的垂线，垂足分别为C、D两点，则$|CD|=$________.

变式2：已知直线$l: x-\sqrt{3}y+6=0$与圆$x^2+y^2=12$交于A、B两点，过A、B分别作直线$y=x$的垂线，垂足分别为C、D两点，则$|CD|=$________.

变式3：已知直线$l: x-\sqrt{3}y+6=0$与椭圆$\frac{x^2}{36}+\frac{y^2}{9}=1$交于$A$、$B$两点，过$A$、$B$分别作$l$的垂线与$x$轴交于$C$、$D$两点，则$|CD|=$________.

设计说明：上面的三个变式均是通过改变题目的条件变化而来. 其中，变式1将垂线改为与x轴垂直，此时C、D两点的横坐标即是A、B两点的横坐标，图形中的几何关系也更容易找到，题目难度有所下降. 变式2将垂线改为与直线$y=x$垂直，几何关系相比例题略为复杂，需综合直线l及直线$y=x$的倾斜角探求角之间的关系，对学生的识图能力和计算求解能力要求更高. 变式3将圆变为椭圆，甚至可变为抛物线、双曲线，由此将本例中直线与圆的相交问题推广到直线与圆锥曲线相交，问题更具一般性. 但由于直线方程未变，直线的倾斜角仍为$\frac{\pi}{6}$，所求线段$|CD|$依然可借助一内角为$\frac{\pi}{6}$的直角三角形进行求解，问题最终可转化为求直线与椭圆相交的弦长问题.

变式4：（2016年高考全国Ⅲ卷理科数学第16题）已知直线$l: mx+y+3m-\sqrt{3}=0$与圆$x^2+y^2=12$交于A、B两点，过A、B分别作l的垂线与x轴交于C、D两点，若$|AB|=2\sqrt{3}$，则$|CD|=$________.

设计说明：变式4作为2016年高考全国Ⅲ卷理科数学客观题的压轴题，难度较大，其可由例题弱化条件（直线改变为过定点的直线）和逆向设计变化而来. 同理，通过作辅助线，容易将所求线段$|CD|$与弦长$|AB|$放在同一直角三角形内，并且三角形的一内角即为直线l的倾斜角，自然的想法便是求出直线l的方程. 利用垂径定理及圆心到直线的距离公式建立方程可求出参数m的值，进而得出倾斜角，得到问题的求解思路. 例题中，已知直线方程可求弦长$|AB|$，而变式4交换了条件和结论，采用逆向设计思路，已知弦长求直线方程，这在人教A版教材必修2中也能找到其原型（教材第127页例2）.

学生活动：尝试设计例题的变式(至少一个)并分析解答.

三、学习体验

学生 1:通过本节课,我进一步了解了解析几何这个版块的解题思路,审题时,要多思考题目所给的条件,利用已有的数学知识转化挖掘隐含条件、图形等.同一个条件的使用方法是多样的,要寻找最优解法、减少计算量、提高正确率.要特别注重数形结合、认真正确作图,几何法往往比代数法直观,计算量小.此外,本节课让我学会了一类题,我还可以自己变题目,加深对题目的理解.

学生 2:这节课让我体验到一道题可有多种思路求解,但要寻找比较容易计算的方法,可能好想的思路不好算;解方程组时要消 x 或 y,选择较容易消去的未知数;数学结合时,画图要准确,注意题目所给的条件和要求.通过一题多变,我从会一道题到了会一类题.

学生 3:今天李老师的数学课形式很新颖,虽然只讲了一道例题,但大家都学会了这个题的解法,并从多种解法的实践中找到最简便的算法,通过举一反三,万变不离其宗,掌握变式的解法.总之,这节课让我受益匪浅!

学生 4:感觉解析几何问题的求解需要关注:一是明确各个知识点的内容,不能在知识点上出现错误;二是能够应用数形结合的方法,通过平面几何关系找到条件和结论间的关系,从而找到解题思路.变式的训练能够考查我们对知识点和解题方法的掌握情况,帮助我们进一步理解掌握该类题型.

学生 5:对于本节课的所得所感:(1)做解析几何的题目若无思路,可以从题目入手,列出所给的条件逐一分析"是什么",挖掘隐含条件;(2)准确画图是关键;(3)掌握了一个题的解法后,可将题目条件或结论进行变化以巩固思维,实现一类题的解法;(4)计算时应灵活运用条件的不同方式,如求弦长的不同方法,发散解题思路.

四、教学反思

1. 教学设计反思

本课例的设计以波利亚的"怎样解题表"展开,以教思考、教体验、教表达的"三教"教育理念为引领,通过一道高考题的思路剖析、一题多解和一题多变,让学生经历独立思考,体验探寻解题思路的过程,并有条理地归纳、表达出解题方案并实施,让学生在积累解题经验的同时,领悟到解决解析几何问题的方法多样,均可归纳为代数方法和几何方法两类.其中代数法不应只局限于几何对象(如本例中的直线和圆)在直角坐标系下的知识内容,参数方程和极坐标也可作为研究及转化条件和结论的途径,发散学生思维,拓宽解题思路.由于本题涉及一个常见的三角形模型(一锐角为$\frac{\pi}{6}$的直角三角形),教学中引导学生在正确作图的基础上以"大胆猜想,小心求证"的方式深挖隐含的几何条件,多思、多想、多角度探寻解题方案.正如著名数学教育家波利亚所主张的：一个有责任心的教师与其穷于应付繁琐的教学内容和过量的题目，还不如选择一个有意义但又不太复杂的题目去帮助学生发掘题目的各个侧面，在指导学生解题的过程中，提高他们的才智与推理能力，使学生通过这道题目，就如同通过一道大门而进入一个崭新的天地. 希望通过本题的多角度思维探析过程和变式探讨，让学生在如何对解析几何问题进行审题、题目分析、多角度思考、优化解答方案以简便计算等方面都能有所得.

2. 教学过程反思

例题教学时，让学生先思考，发现部分学生看完题马上提笔就算，甚至图都未画. 事实上，在解决解析几何问题时，学生首先想到的方法往往计算上比较繁琐，教学中通过思路剖析和一题多解的对比，学生容易发现不同方法的优劣. 解题时不能将想到的解法直接付诸行动，需探寻、比较不同的解法，拓宽思路，突出选择意识，优化解题方案，提高运算求解的正确率.

此外，本课例中的例题和变式 4 这两道高考题均能在必修 2 教材中找到题目的原型，说明很多高考题来源于教材，高三备考复习时也应回归教材，多角度深层次理解和掌握教材内容.

五、一题一诗

天净沙 · 题思

方程，曲线，笛卡

代数，几何，欧拉

多解，变式，波利亚

一课一题，思考体验表达

“直线与圆的位置关系”解题教学课例

——以人教A版教材必修2第127页例1为例

张瀚锟(贵州省铜仁第一中学)

题名对联

瀚浩学海潜心求索探真知

锟铻磨砺琢玉成器展光华

一、教学设计

(一) 知识要点

直线的方程,圆的方程,直线与圆的位置关系等知识.

原题再现: 判断直线 $l:3x+y-6=0$ 与圆 $C:x^2+y^2-2y-4=0$ 的位置关系.

(二) 学习背景

1. 教材分析

“直线与圆的位置关系”是人教A版数学教材必修2第四章第2节,探索直线与圆的三种位置关系.本节课内容是点与圆的位置关系的深化与延伸,直线与圆的位置关系的运动和变化把圆与直线有机结合在一起,直线与圆的三种位置关系是研究直线与圆有关性质的基础.

2. 学情分析

本课例在学生学习了直线以及圆的有关知识的基础上,进一步系统研究直线与圆的位置关系.在经历了探索点与圆位置关系之后,学生初步体会了数形结合的数学思想,初步形成了探索的方法、具备了独立探索的能力.所以,在探索直线与圆位置关系时学生会类比点与圆位置关系进行探索,同时一部分学生则会在独立探索和交流的过程中发现这种位置关系的相互关联,从而在动态的过程中探索发现相关联的知识与题型.针对这种情况,教师应该在教学设计上重视知识之间的联系与综合,给学生充分的时间进行探索交流,暴露学生的思维过程,及时掌握学生的认知情况.

3. 核心问题

通过学习直线与圆的位置关系,学习、巩固解决平面解析几何问题的方法——代数法、几何法，进一步培养数形结合的思想方法.

（三）课时目标

1. 知识技能目标

经历探索直线与圆的位置关系的过程，掌握直线与圆的相交、相切、相离的三种位置关系的判断方法，探索圆心到直线的距离与半径之间的数量关系和直线与圆的位置关系之间的内在联系，同时发展交流合作、归纳概括能力.

2. 核心素养目标

通过观察、类比，并运用数形结合、化归与转化的思想方法，培养学生数学抽象、逻辑推理、数学模型、几何直观及数学运算等核心素养.

（四）教学重难点

教学重点：直线与圆的三种位置关系的性质和判定；解析几何问题的代数方法和几何方法的研究与应用；数形结合、化归的思想的研究与应用.

教学难点：直线与圆的位置关系的综合问题；解析几何中多种数学方法的应用.

（五）设计思路

课堂教学的中心是学生的学习活动，教学的根本任务是引导学生学习. 本课例设计的核心是将课本例题通过不断地变式即一题多变，挖掘各知识点的本质和联系从而揭示高考题的生成规律. 本课例设计充分考虑学生的学习基础和思维发展方向，力求教学过程的自然流畅，培养学生自然领悟及灵活运用多种方法解题（一题多解）的能力. 在教学方法上，以“问题引导，探究交流”为主，兼容讲解、演示、合作等多种方式，力求教学方法的灵活运用. 在教学目标上，以突出解析几何的思想为主，融知识与技能、过程与方法、情感与体验为一体，力求教学目标的多元价值取向.

二、教学过程

（一）一题多解

1. 复习回顾

问题：直线与圆有哪些位置关系？

设计意图：唤起学生们对知识的记忆，明确高考要求.

2. 近四年高考“直线与圆的位置关系”命题情况

近四年（贵州省使用全国Ⅲ卷以来）高考全国Ⅲ卷“直线与圆的位置关系”考查情况如下表所示.

2016 年文科			2017 年文科			2018 年文科			2019 年文科		
题号	分值	难度	题号	分值	难度	题号	分值	难度	题号	分值	难度
15	5	易	11	5	中	8、22	15	中	21、22	22	难
2016 年理科			**2017 年理科**			**2018 年理科**			**2019 年理科**		
题号	分值	难度	题号	分值	难度	题号	分值	难度	题号	分值	难度
16	5	易	10、12、20	22	中	6、22	15	中	21、22	22	难

设计意图:明确学习目标,激发学习兴趣.

3. 解法探讨

解法 1:(几何法)圆 C 的圆心为(0, 1),半径 $r=\sqrt{5}$,

圆心到直线 l 的距离 $d=\frac{|3\times0+1-6|}{\sqrt{3^2+1^2}}=\frac{\sqrt{10}}{2}=\sqrt{\frac{5}{2}}$.

因为 $d<r$,所以直线 l 与圆 C 相交.

解法 2:(代数法)联立直线 l 与圆 C 的方程,得 $\begin{cases}3x+y-6=0,\\x^2+y^2-2y-4=0.\end{cases}$

得 $x^2-3x+2=0$, $\Delta=(-3)^2-4\times1\times2=1>0$,该方程有两个实数根.

所以直线 l 与圆 C 有两个交点,直线 l 与圆 C 相交.

师生互动:引导学生复习判定直线与圆的位置关系的方法和步骤,学生自己思考、求解、总结.

(二) 一题多变

变式 1:已知直线 l: $3x+y-6=0$ 与圆 C: $x^2+y^2-2y-4=0$ 相交于 A、B 两点,求线段 AB 的长度.(改编自 2018 年高考全国 Ⅰ 卷第 15 题)

解法 1:(几何法)因为圆 C 的标准方程为 $x^2+(y-1)^2=5$,

所以圆心(0, 1)到直线 l 的距离 $d=\frac{|3\times0+1-6|}{\sqrt{3^2+1^2}}=\frac{\sqrt{10}}{2}$.

因为圆 C 的半径 $r=\sqrt{5}$,所以 $\frac{|AB|}{2}=\sqrt{(\sqrt{5})^2-\left(\frac{\sqrt{10}}{2}\right)^2}=\frac{\sqrt{10}}{2}$, $|AB|=\sqrt{10}$.

解法 2:(代数法)联立直线 l 与圆 C 的方程,得 $\begin{cases}3x+y-6=0,\\x^2+y^2-2y-4=0.\end{cases}$

解得 A、B 两点的坐标分别为(1, 3)、(2, 0).

所以 $|AB|=\sqrt{(1-2)^2+(3-0)^2}=\sqrt{10}$.

师生互动:在判断出直线与圆相交的基础上引导学生思考直线与圆相交产生的弦长问题,引导学生复习求弦长的方法和步骤,并将方法进行比较,从而得出通法.

设计意图:培养学生的归纳能力,衔接课本与高考,重点培养学生的运算能力、逻辑推理能力.

变式 2: 已知直线 $l: 2x+y-c=0$ 与圆 $C: x^2+y^2-2y-4=0$ 相切,求直线 l 的方程.(改编自 2017 年高考全国 Ⅲ 卷第 10 题)

解法 1:(几何法)因为圆 C 的标准方程为 $x^2+(y-1)^2=5$,

所以圆心 $(0, 1)$ 到直线 l 的距离 $d=\frac{|2\times 0+1-c|}{\sqrt{2^2+1^2}}$.

因为圆 C 的半径 $r=\sqrt{5}$,所以 $\frac{|2\times 0+1-c|}{\sqrt{2^2+1^2}}=\sqrt{5}$,解得 $c=-4$ 或 6.

即直线 l 的方程为 $2x+y+4=0$ 或 $2x+y-6=0$.

解法 2:(代数法)联立直线 l 与圆 C 的方程,得 $\begin{cases}2x+y-c=0,\\ x^2+y^2-2y-4=0.\end{cases}$

可得 $5x^2+(4-4c)x+c^2-2c-4=0$.

由题意知 $\Delta=(4-4c)^2-4\times 5\times(c^2-2c-4)=0$,解得 $c=-4$ 或 6.

即直线 l 的方程为 $2x+y+4=0$ 或 $2x+y-6=0$.

师生互动:观察图形,引导学生将该问题转化为点到直线的距离问题,并书写出解题步骤.

设计意图:培养逆向思维数形结合的能力;衔接课本与高考,将知识联系起来.

变式 3:(已知直线与圆相交求直线斜率或倾斜角)已知过点 $(\sqrt{10}, 1)$ 且倾斜角为 α 的直线 l 与圆 $C: x^2+y^2-2y-4=0$ 相交,求 α 的取值范围.(改编自 2018 年高考全国 Ⅲ 卷第 22 题)

解法 1:(几何法)由题意可设直线 l 为 $y-1=k(x-\sqrt{10})$.

因为圆 C 的标准方程为 $x^2+(y-1)^2=5$,

所以圆心 $(0, 1)$ 到直线 l 的距离 $d=\frac{|k\cdot 0-1-k\cdot\sqrt{10}+1|}{\sqrt{k^2+1^2}}$.

由 $d<\sqrt{5}$,解得 $-1<k<1$.

又因为 $\alpha\in[0, \pi)$,所以 $0\leqslant\alpha<\frac{\pi}{4}$ 或 $\frac{3\pi}{4}<\alpha<\pi$.

解法 2:(代数法)由题意可设直线 l 为 $y-1=k(x-\sqrt{10})$.

联立直线 l 与圆 C 的方程,得 $\begin{cases}y-1=k(x-\sqrt{10}),\\ x^2+y^2-2y-4=0.\end{cases}$

可得 $(k^2+1)x^2-2\sqrt{10}k^2x+10k^2-5=0$.

因为直线 l 与圆 C 相交,所以上式根的判别式

$$\Delta=40k^4-4\times(k^2+1)\times(10k^2-5)>0.$$

解得 $-1<k<1$.

又因为 $\alpha\in[0,\pi)$，所以 $0\leqslant\alpha<\frac{\pi}{4}$ 或 $\frac{3\pi}{4}<\alpha<\pi$.

变式4:(已知直线与圆相交求相交弦中点的轨迹)已知过点 $O(0,0)$ 的动直线 l 与圆 C：$x^2+y^2-2y-4=0$ 相交于 A、B 两点，求线段 AB 的中点 M 的轨迹方程.(改编自2014年高考全国Ⅰ卷第20题)

解略(引导学生完成).

师生互动:从运动的角度出发引导学生将运动与轨迹相结合，引发轨迹方程的探讨.

变式5:已知直线 l:$3x+y-6=0$ 与圆 C:$x^2+y^2+2x+2y+F=0$ 相交于 A、B 两点，若 $|AB|=2\sqrt{6}$，求圆 C 的方程.(改编自2016年高考全国Ⅰ卷第15题)

解略(引导学生完成).

师生互动:学生画出图形，教师引导学生用多种方法解决该题.

变式6:(已知直线与圆的位置关系求圆心轨迹)在平面直角坐标系 xOy 中，已知直线 $x=0$ 和 $y=0$ 与圆 C 都相交，相交所得弦长分别为 $2\sqrt{3}$、$2\sqrt{2}$. 求圆心 C 的轨迹方程.(改编自2013年高考全国Ⅱ卷第20题)

解略(引导学生完成).

归纳小结:①学生谈谈本节课的收获与感受;②教师根据学生的发言作总结.

(三) 一题多说

学生1:这堂课让我觉得高考题不再神秘，通过老师的启发，我自己也会变题了:“已知直线 l:$mx+y-m=0$，圆 C:$x^2+y^2-2y-4=0$，求当 l 被圆 C 截得的弦长最短时直线的方程(改编自2017年贵州省适应性考试第16题).”

学生2:这节课激发了我的创作灵感:“已知 P 为直线 l:$x+y-6=0$ 上的动点，过 P 作圆 C:$x^2+y^2-2y-4=0$ 的两条切线，切点分别为 A、B，求四边形 $PACB$ 的面积的最小值(改编自2011年贵州省适应性考试第9题).”

……

能联想到2011年贵州省适应性考试第9题的同学也一定留意到了一道经典的高考题——2018年高考全国Ⅲ卷文科数学第8题、理科数学第6题:直线 $x+y+2=0$ 分别与 x 轴、y 轴交于 A、B 两点，点 P 在 $(x-2)^2+y^2=2$ 上，求 $\triangle ABP$ 面积的取值范围. 这道题也可视为由课本例题变式而来，之所以说这道题经典，是由于这道题的解法很多，且有一个解法可引出直线与圆锥曲线最值问题的常用方法，那就是利用极坐标和参数方程的知识来设动点坐标，运用三角函数的知识求最值的方法. 具体分析如下:求出 $A(-2,0)$，$B(0,-2)$，$|AB|=2\sqrt{2}$，设点 P 的坐标为 $(2+\sqrt{2}\cos\theta,\sqrt{2}\sin\theta)$，点 P 到直线 $x+y+2=0$ 的距离为

$$d=\frac{|2+\sqrt{2}\cos\theta+\sqrt{2}\sin\theta+2|}{\sqrt{2}}=\frac{\left|2\sin\left(\theta+\frac{\pi}{4}\right)+4\right|}{\sqrt{2}}\in[\sqrt{2},3\sqrt{2}].$$

由此能求出$\triangle ABP$面积的取值范围.

三、学习体验

学生1:整节课的学习过程中,我很清楚知道老师的讲课思路和变题思路,老师是让我们"体会知识",而不是"灌"知识,提高了我们的求知欲.不断变化出的高考题中让我们觉得高考并不那么神秘了,提高了我们的自信心.另外老师语言幽默,表情亲切,面部表情丰富,声音抑扬顿挫,我们很喜欢.

学生2:听高三数学课,我和很多同学一样,都很想了解、掌握更丰富的知识和更多的解法.老师这堂课为我们指明了方向,老师把课本的题目不断地变化,挖掘了知识的关联,我们站在不同的角度复习到了很多知识,而且让我们知道了数学知识虽然丰富,但有其内在的联系.老师几乎把每个题都用了多种方法进行求解和对比,既考虑到了大部分同学的接受水平,也让我们清楚了哪种解法更好.这堂课我收获很多,不过在没有老师的引导下,让我课后进行一题多变可能目前我能力有限了.

四、教学反思

1. 利用"一题多变"教学,使复习内容由浅入深、循序渐进

变式学习复习课一般从一个简单的数学基础题入手,进行常规练习和复习,利用改变初始条件和所求结果,使问题循序渐进、层层深化,使学生思维始终处于"半熟悉状态",可以增强学生求知欲望,运用已有的数学知识解决实际问题,从而达到教学目标.

2. 利用"一题多变"教学,巧妙地进行学科内的知识综合

学生在教师的指导下自己参与并能利用已有知识进行问题的解决,增强了学习的积极性,教学效果同时得到有效的提高.学生也从中学会了一种行之有效的学习方法,他们的概括和分析能力得到了一定的培养与发展.

3. "一题多变"教学能满足学生学习的心理需求

根据高中学生的心理研究发现,在决定学生对教学满意度的因素中,首位因素是易学懂、教学灵活、避免单调.追求变化是学生学习心理的需求,变式教学正好满足这种需要.

4. "一题多变"教学能激活学生的思维

"一题多变"教学以它的低起点和不断提升的教学目标,使学生始终处于学习中的"半熟悉状态",故能激发学生的思维活动,这种思维活动不仅可以是猜想、分析,还在于通过学生的参与引发他们对自己思维的反思,最终可提高学生的思维监控能力.

5. "一题多变"教学能活化学生的知识结构.

"一题多变"教学不是讲授一个一个的知识点,而是以一个知识点为中心编织知识网,构建一个一个知识组块,这些组块相对于孤立的知识点具有更大的功能."一题多变"教学可以用最少的时间给予学生最大的有序知识.通过"一题多变"教学训练后获得的知识是包含着

"同化""顺应"过程中吸收的多种知识的一个知识集团,它无疑具有更大的学习活力.

总之,"一题多变"教学是高中数学教学中的一种行之有效的学习方法,若能熟练、持久地应用,定能提高高中数学教学的效益.

五、一题一诗

平面中圆与直线,交切离关系有三.
题多变数形结合,辨关系求线索圆.

“求椭圆的离心率”解题教学课例

——以 2014 年高考江苏卷数学第 17 题为例

覃义超(贵州省铜仁市第二中学)

题名对联

勤恳耕耘初中义务教育十五载培桃李

坎坷探索高中小组合作三教论渡超人

一、教学设计

(一) 知识要点

三角形的边、角关系,正、余弦定理;向量的数量积及相关结论;直线与方程、直线与圆锥曲线的位置关系;椭圆的性质及离心率的求法等知识与方法.

真题再现: 如图 1,在平面直角坐标系 xOy 中,F_1、F_2 分别是椭圆 $\frac{x^2}{a^2}+\frac{y^2}{b^2}=1(a>b>0)$ 的左、右焦点,顶点 B 的坐标为$(0, b)$,联结 BF_2 并延长交椭圆于点 A,过点 A 作 x 轴的垂线交椭圆于另一点 C,联结 F_1C.

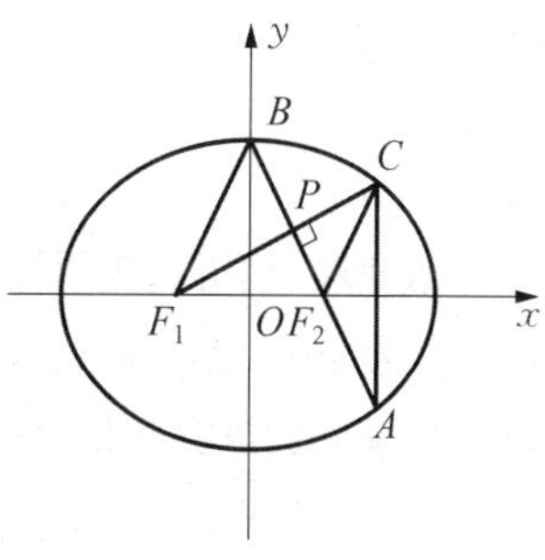

图 1

(Ⅰ) 若点 C 的坐标为 $\left(\frac{4}{3}, \frac{1}{3}\right)$,且 $BF_2=\sqrt{2}$,求椭圆的方程.

(Ⅱ) 若 $F_1C\perp AB$,求椭圆离心率 e 的值.

(二) 学习背景

1. 教材分析

圆锥曲线是高中数学中教材的必修模块内容,也是高考必考内容. 椭圆的离心率是高频考点,它建立在椭圆的定义及其性质基础上,与三角函数、向量、方程等知识紧密联系. 各知识点之间纵横交错,本课例的重点是利用三角函数、向量、方程等知识来研究椭圆的离心率的求法.

2. 学情分析

通过高考第一轮复习，学生对三角形的边、角关系，及正、余弦定理；向量的数量积及相关结论；直线与方程、直线与圆锥曲线的位置关系；椭圆的有关性质及离心率的求法等知识与方法，都有了不同程度的掌握，但是运用各知识点强强联手，解决复杂问题的能力有待提高. 这节“一题多解、一题多变、一题多说”的教学课例，通过对一道高考试题的解法探究、结构特点分析，使学生综合运用知识，求椭圆离心率的解题能力提升到一个新的高度.

3. 核心问题

结合题目给的条件，综合利用三角函数、向量、方程和椭圆的离心率等知识求离心率. 让学生从一道数学题的解法去思考数学的本质. 从而拓展思维广度，长见识、悟道理.

（三）学习目标

1. 核心素养目标

在掌握椭圆的定义、标准方程的基础上，通过椭圆过一个已知点，在图形中挖掘出隐含条件 a 求标准方程. 进一步从图形中找出左焦点、上顶点，用 c、b 表示点的坐标，再由垂直条件，用三角形、三角函数、向量和方程的知识求离心率. 培养学生数学运算、数学抽象、逻辑推理和数学建模等核心素养.

2. 长见识悟道理

长见识：从题目的已知条件能得到一些什么结论，本题已知椭圆过已知点，就会想到把它代入椭圆方程得到一个关于 a 和 b 的二元一次方程，再从短轴顶点到焦点的长又得到 a 的值，求出第（Ⅰ）问；第（Ⅱ）问仅有垂直关系，条件虽然少，但是内含丰富，F_1、F_2 的坐标能写出来，直线 BF_2 的斜率和方程可以求，进一步求出直线 F_1C 的方程，根据垂直的条件建立等式.

悟道理：经历求椭圆标准方程和离心率的过程，理解求椭圆标准方程就是求 a 和 b，求离心率就是求 a 与 c 的比值，使学生深刻体会到用方程的思想和方法解决这类问题的高效、对题目的条件加以深刻挖掘的必要.

（四）设计思路

(1) 思想与策略：借助信息技术的先进教育手段，采用“三教”教学思想，在师生互动中，引导学生动脑达到“会思考”、动口和动手的过程中达成“会表达”；在整个过程中“会体验”数学逻辑的严谨和数学之美.

(2) 分组与策划：8 人为一个学习小组，并确定一人为组长，由组长统筹兼顾本组学员，协调学习过程，汇总学习结果.

(3) 独学与对学：首先根据学生个人能力独立解答，然后与同桌或前后桌交流解题情况，尽量多地选择不同方法解决本题（课前准备）.

(4) 群学与展示：根据个人情况和优势，小组内再合作交流，经小组共同讨论确定一人或多人上台展示成果.

(5) 多解与变式：让学生从题海中解脱出来，形成知识网络，增强知识的系统性与连贯性，深度挖掘各知识点的内在逻辑性，从而使学生能够抓住问题的本质，加深对问题的理解.

(6) 总结与提高：针对学生的解答，发现学生的亮点，指正不足. 总结学生"长的见识、悟出的道理".

二、教学过程

2019 年 3 月 28 日，铜仁市 2017 年高三复习优质课评选活动在贵州省铜仁第一中学举行. 当天下午，笔者应邀在高三(7)班为大家上了一节题为"求椭圆离心率"的示范课. 在教学模式上，用自己主持研究的课题"高中数学小组合作学习"的成果："高中数学小组合作学习课堂教学模式". 教学过程中，落实了由贵州师范大学吕传汉教授提倡的"'三教'教学思想"，即教思考、教体验和教表达.

（一）一题多解

1. 第(Ⅰ)问条件分析(教思考)

"如图 1，在平面直角坐标系 xOy 中"指明本题是建立在我们熟悉的平面直角坐标系中的，而不是极坐标系，平面直角坐标系表示的实质是点的横坐标与纵坐标，相关量的等式就是点的横坐标与纵坐标的等量关系.

"F_1、F_2 分别是椭圆 $\dfrac{x^2}{a^2}+\dfrac{y^2}{b^2}=1(a>b>0)$ 的左、右焦点"有两层意思：一是焦点在 x 轴上，二是 $F_1(-c,\ 0)$、$F_2(c,\ 0)$.

"顶点 B 的坐标 $B(0,\ b)$，联结 BF_2 并延长交椭圆于点 A"告诉我们直线 F_1B 的方程 $\dfrac{x}{-c}+\dfrac{y}{b}=1$，以及 BF_2 的方程 $\dfrac{x}{c}+\dfrac{y}{b}=1$. 由 $\begin{cases}\dfrac{x^2}{a^2}+\dfrac{y^2}{b^2}=1,\\ \dfrac{x}{c}+\dfrac{y}{b}=1\end{cases}$ 能求出点 A 坐标.

"过点 A 作 x 轴的垂线交椭圆于另一点 C"说明点 C 与点 A 关于 x 轴对称，求出了点 A 的坐标就能写出点 C 的坐标.

"点 C 的坐标为 $\left(\dfrac{4}{3},\ \dfrac{1}{3}\right)$"，过点 A 作 x 轴的垂线交椭圆于另一点 C，所以点 C 的坐标满足椭圆方程 $\dfrac{x^2}{a^2}+\dfrac{y^2}{b^2}=1$，得 $\dfrac{\left(\dfrac{4}{3}\right)^2}{a^2}+\dfrac{\left(\dfrac{1}{3}\right)^2}{b^2}=1$.

"$BF_2=\sqrt{2}$"表明 $a=\sqrt{2}$，从而能解出 b，第(Ⅰ)问获解.

2. 第(Ⅰ)问解法分析

发挥"独学"功能，也就是在自主学习中"会思考、体验知识的运用".

解:把 $C\left(\frac{4}{3}, \frac{1}{3}\right)$ 代入 $\frac{x^2}{a^2}+\frac{y^2}{b^2}=1$,得 $\frac{\left(\frac{4}{3}\right)^2}{a^2}+\frac{\left(\frac{1}{3}\right)^2}{b^2}=1$.

又因为 $a=\sqrt{2}$,所以 $b=1$.

故所求椭圆的方程为 $\frac{x^2}{2}+y^2=1$.

评析: 第(Ⅰ)问考查了曲线与方程问题,难度不大,学生能解决,同时训练运算速度,尽量让学生自己解决.

3. 第(Ⅱ)问条件分析(教思考)

“$F_1C \perp AB$”能得到:

① 直线 F_1C 的斜率与直线 BF_2 的斜率的乘积为 -1,建立关系式.

② $\overrightarrow{F_1C} \cdot \overrightarrow{BF_2}=0$.

③ 在 $\triangle CF_1F_2$ 中,设 $\angle CF_1F_2=\theta$,则 $\angle CF_2F_1=\frac{\pi}{2}+\theta$, $\angle F_1CF_2=\frac{\pi}{2}-2\theta$,再用正弦定理获解.

4. 第(Ⅱ)问解法分析

发挥“对学”功能,也就是在同桌交流的合作学习中“教思考、教表达”.

解法 1:(联立直线与曲线方程)

$\because B(0, b)$, $F_2(c, 0)$, $\therefore$ 直线 BF_2 的方程为 $y=-\frac{b}{c}x+b$.

代入椭圆方程 $\frac{x^2}{a^2}+\frac{y^2}{b^2}=1$,得 $\left(\frac{1}{a^2}+\frac{1}{c^2}\right)x^2-\frac{2}{c}x=0$.

解得 $x=0$ 或 $x=\frac{2a^2c}{a^2+c^2}$, $\therefore A\left(\frac{2a^2c}{a^2+c^2}, -\frac{b^3}{a^2+c^2}\right)$.

且 A、C 关于 x 轴对称,$\therefore C\left(\frac{2a^2c}{a^2+c^2}, \frac{b^3}{a^2+c^2}\right)$.

则有 $k_{F_1C}=\dfrac{\frac{b^3}{a^2+c^2}}{\frac{2a^2c}{a^2+c^2}+c}=\frac{b^3}{3a^2c+c^3}$.

$\because F_1C \perp AB$, $\therefore \frac{b^3}{3a^2c+c^3} \cdot \left(-\frac{b}{c}\right)=-1$.

$\therefore b^4=3a^2c^2+c^4=3(b^2+c^2)c^2+c^4=3b^2c^2+4c^4$, $(b^2+c^2)(b^2-4c^2)=0$, $b^2-4c^2=0$, $b=2c$.

由 $a^2=b^2+c^2$,得 $\frac{c^2}{a^2}=\frac{1}{5}$. $\therefore e=\frac{\sqrt{5}}{5}$.

评析: 上述思路的难点是联立直线方程和椭圆方程之后得到二元二次方程组,运算复杂,学生有畏惧心理. 但是,这样解决确是培养学生运算能力的极好方式.

发挥“群学”功能，也就是在小组交流的合作学习中“教思考、教表达”．

解法 2：（联立直线与直线方程）

设点 A 坐标为$(x_0,\ y_0)$，则点 C 的坐标为$(x_0,\ -y_0)$．

点 A 在直线 BF_2 上，所以$(x_0,\ y_0)$满足 $bx_0+cy_0-bc=0$．

由点 C 在直线 F_1C 上，及 $F_1C\perp AB$，可得 $cx_0+by_0+c^2=0$．

联立 $\begin{cases}bx_0+cy_0-bc=0,\\ cx_0+by_0+c^2=0,\end{cases}$ 可解得 $\begin{cases}x_0=\dfrac{a^2c}{b^2-c^2},\\ y_0=-\dfrac{2bc^2}{b^2-c^2}.\end{cases}$

代入椭圆方程，得 $\dfrac{a^2c^2}{(b^2-c^2)^2}+\dfrac{4c^2}{(b^2-c^2)^2}=1$．

又 $b^2=a^2-c^2$，$\therefore\ a^2=5c^2$，$e=\dfrac{\sqrt{5}}{5}$．

评析：上述思考避开了联立直线方程和椭圆方程成二元二次方程组的复杂运算，只解二元一次方程组，降低了运算难度．

解法 3：（回归椭圆离心率定义结合正弦定理解决）

由于离心率是焦距与长轴长的比值，即 $e=\dfrac{2c}{2a}=\dfrac{|F_2F_1|}{|CF_1|+|CF_2|}$．

在$\triangle CF_1F_2$ 中，设 $\angle CF_1F_2=\theta$，则 $\angle CF_2F_1=\dfrac{\pi}{2}+\theta$，$\angle F_1CF_2=\dfrac{\pi}{2}-2\theta$．

由正弦定理知 $\dfrac{|CF_2|}{\sin\theta}=\dfrac{|CF_1|}{\sin\left(\dfrac{\pi}{2}+\theta\right)}=\dfrac{|F_2F_1|}{\sin\left(\dfrac{\pi}{2}-2\theta\right)}$．

$$\therefore\ e=\frac{\sin\angle F_1CF_2}{\sin\angle CF_1F_2+\sin\angle F_1F_2C}=\frac{\cos 2\theta}{\cos\theta+\sin\theta}=\cos\theta-\sin\theta.$$

又 $\sin\theta=\sin\angle OBF_2=\dfrac{c}{a}=e$，$\cos\theta=\dfrac{b}{a}=\sqrt{1-e^2}$，

$\therefore\ e=\sqrt{1-e^2}-e$，$e=\dfrac{\sqrt{5}}{5}$．

评析：上述思考巧妙利用直角三角形的角的关系，设 $\angle CF_1F_2=\theta$，表达出焦点三角形中的各个角．用正弦定理和椭圆离心率的定义轻松解决问题．

（二）一题多变

变式 1：（2018 年高考全国Ⅱ卷文科数学第 11 题）

已知 F_1、F_2 为椭圆 C：$\dfrac{x^2}{a^2}+\dfrac{y^2}{b^2}=1(a>b>0)$的左、右焦点，$P$ 是C上的一点，若$PF_1\perp PF_2$，且 $\angle PF_2F_1=60°$，则 C 的离心率为（　　）．

A. $1-\frac{\sqrt{3}}{2}$　　B. $2-\sqrt{3}$　　C. $\frac{\sqrt{3}-1}{2}$　　D. $\sqrt{3}-1$

解：因 $PF_1 \perp PF_2$，由 $\angle PF_2F_1=60^\circ$，$F_1F_2=2c$，有 $PF_2=c$，$PF_1=\sqrt{3}c$，解得 $PF_1+PF_2=2a=(\sqrt{3}+1)c$，$e=\frac{2c}{2a}=\frac{2}{\sqrt{3}+1}=\sqrt{3}-1$，选 D.

此题是用椭圆的定义(到两定点的距离之和为定长)和离心率的定义来求解的.此外还有下面考题也是利用定义解决.

(2019 年高考全国Ⅱ卷文科数学第 20 题)已知 F_1、F_2 为椭圆 C：$\frac{x^2}{a^2}+\frac{y^2}{b^2}=1(a>b>0)$ 的左、右焦点，P 为 C 上的一点，O 为坐标原点.

(Ⅰ) 若 $\triangle POF_2$ 为等边三角形，求 C 的离心率.

(Ⅱ) 如果存在点 P，使得 $PF_1 \perp PF_2$，且 $\triangle F_1PF_2$ 的面积等于 16，求 b 的值及 a 的取值范围.

变式 2：(2018 年高考全国Ⅱ卷理科数学第 12 题)

设 F_1、F_2 为椭圆 C：$\frac{x^2}{a^2}+\frac{y^2}{b^2}=1(0>b>0)$ 的左、右焦点，A 为 C 的左端点，点 P 在过 A 且斜率为 $\frac{\sqrt{3}}{6}$ 的直线上，$\triangle PF_1F_2$ 为等腰三角形，若 $\angle F_1F_2P=120^\circ$，则 C 的离心率为(　　).

A. $\frac{2}{3}$　　B. $\frac{1}{2}$　　C. $\frac{1}{3}$　　D. $\frac{1}{4}$

解：$A(-a,0)$，PA 的直线方程为 $y=\frac{\sqrt{3}}{6}(x+a)$，由 $\angle F_1F_2P=120^\circ$，$F_1F_2=2c$，有 $P(2c,\sqrt{3}c)$，代入得 $\sqrt{3}c=\frac{\sqrt{3}}{6}(2c+a)$，解得 $a=4c$，$e=\frac{c}{a}=\frac{1}{4}$，选 D.

此题运用条件求出 $P(2c,\sqrt{3}c)$，再由点在直线上建立关系式求出 $a=4c$.

变式 3：(2016 年高考全国Ⅲ卷文科数学第 12 题、理科数学第 11 题)

已知点 O 为坐标原点，点 F 为椭圆 C：$\frac{x^2}{a^2}+\frac{y^2}{b^2}=1(a>b>0)$ 的左焦点，点 A、B 分别为 C 的左、右顶点，点 P 为 C 上一点，且 $PF \perp Ox$. 过点 A 的直线 l 与线段 PF 交于点 M，与 y 轴交于点 E，若直线 BM 经过 OE 的中点，则 C 的离心率为(　　).

A. $\frac{1}{3}$　　B. $\frac{1}{2}$　　C. $\frac{2}{3}$　　D. $\frac{3}{4}$

(三) 一题多说

学生 1：这道试题第(Ⅱ)问求离心率作为把关题不多见，但是它确实能当把关题. 从已知条件来看十分寻常普通，已知焦点 F_1、F_2 在 x 轴上的椭圆标准方程、上顶点 $B(0,b)$，再加上一个条件“$F_1C\perp AB$”就使得解法如此之多，复习的知识点也很多，方法很巧妙，计算量可大可小，真是一道好题.

学生 2：我在把“$y=-\frac{b}{c}x+b$”代入椭圆方程“$\frac{x^2}{a^2}+\frac{y^2}{b^2}=1$”，得“$\left(\frac{1}{a^2}+\frac{1}{c^2}\right)x^2-\frac{2}{c}x=0$”时，没有想到把它变成“$\frac{y}{b}=-\frac{1}{c}x+1$”代入“$\frac{x^2}{a^2}+\frac{y^2}{b^2}=1$”得$\frac{x^2}{a^2}+\left(-\frac{1}{c}x+1\right)^2=1$，这样大大的简化计算量. 只不过，老师在平常上课时也很少教我们如何计算，只说我们计算能力差. 我们迫切需要老师在平常就教一些计算计巧，拜托！

学生 3：设点 A 坐标为(x_0, y_0)，根据条件得到$\begin{cases}bx_0+cy_0-bc=0,\\cx_0+by_0+c^2=0,\end{cases}$解得$\begin{cases}x_0=\frac{a^2c}{b^2-c^2},\\y_0=-\frac{2bc^2}{b^2-c^2},\end{cases}$再代入$\frac{x^2}{a^2}+\frac{y^2}{b^2}=1$，得$\frac{a^2c^2}{(b^2-c^2)^2}+\frac{4c^2}{(b^2-c^2)^2}=1$. 又 $b^2=a^2-c^2$，$\therefore a^2=5c^2$，$e=\frac{\sqrt{5}}{5}$. 这样避开解二元二次方程组，是一种好方法.

学生丁：我认为此题主要培育我们的逻辑推理、数学运算、数学建模等核心素养. 对于双曲线怎么办呢？

三、学生体验

学生 1：此题难度属于中等偏上，重点问题集中在第(Ⅱ)问. 第(Ⅰ)问把点的坐标代入椭圆方程得到一个等式，再由另外一个条件就能求解，属于比较常规的题型，属于中偏下一点的学生都能得分的题，不难想出. 而第(Ⅱ)问，条件简单实则不易，运用到的数学定义很多：离心率的定义及其常用求解方法、由垂直条件得出两条直线的斜率之积为-1，两个向量之积为 0、三角形相似等结论.

学生 2：此题要从不同的角度去建立 a、b、c 的等量关系式，从而求出离心率. 刚才，我们小组在“对学”讨论时遇到解二元二次方程，特别是带字母的方程很难解，看了老师的解法后觉得计算有方法. 正如以上同学说的那样，平时上课时老师没有把计算当成重点剖析，使得我们看到复杂计算就怕. 请老师以后上课时多给我们讲讲计算方面的问题.

学生 3：老师有意把最简单的方法放到最后讲解用心良苦！老师先把试题的已知条件剖析了一遍，教会了我们解题思路，这就是“教思考”；当我们按照思路往下完成时，体验到解二元二次方程组的艰辛，这是让我们焦头烂额的一个坎；解一元二次方程稍稍好一些，但是也很恼火；用椭圆离心率的定义、椭圆的定义和三角形相似计算量也很大；最后，用椭圆离心率的定义和正弦定理联手，计算量小，思路更加简洁. 这是在“教体验”，我们在体验过程中“长了见识”，提高了数学抽象、数学建模和数学运算素养.

学生 4：老师在课堂上仅仅引导我们三种解题过程，我们虽然积极发言，口头表达展示得淋漓尽致，书面表达格式只练习了三种，课后我们一定把另外两种(解法 4 和解法 5)解答过程写好贴在教室后面的展板上.

解法 4：用 $\overrightarrow{F_1C}\cdot\overrightarrow{F_2B}=0$，由 $\overrightarrow{F_1C}=\left(\frac{2a^2c}{a^2+c^2}-(-c),\ \frac{b^3}{a^2+c^2}\right)=\left(\frac{3a^2c+c^3}{a^2+c^2},\ \frac{b^3}{a^2+c^2}\right)$，$\overrightarrow{F_2B}=(-c,\ b)$，得 $-c\cdot\frac{3a^2c+c^3}{a^2+c^2}+b\cdot\frac{b^3}{a^2+c^2}=0$，以下同解法 1.

解法 5：把 $C\left(\frac{2a^2c}{a^2+c^2},\ \frac{b^3}{a^2+c^2}\right)$ 代入 F_1C 的方程 $y=\frac{c}{b}(x+c)$，得 $\frac{b^3}{a^2+c^2}=\frac{c}{b}\cdot\left(\frac{2a^2c}{a^2+c^2}+c\right)$，$b^4=3a^2c^2+c^4$，以下同解法 1.

四、教学反思

1. 设计思路与目的

合作学习：独学(自主学习：教思考、教体验)→对学(同桌交流：教思考、教表达)→群学(小组交流：教思考、教表达)→展示(各小组展示：教体验、教表达)→总结(汇报收获：教体验、教表达).

2. 课堂反思

离心率的求解在各类考试中以小题出现居多，作为高考解答题的第(Ⅱ)问独立出现很罕见，这说明命题人对该题的考查价值是非常认可的，问题虽然小，价值很大. 离心率问题的解决方向是想方设法获得 a、b、c 的关系，常常是将题目所给的条件(如本题中的两直线垂直)或图形中的关系(如本题中的对称、相似等)进行转化. 正确计算是解决解析几何问题的基本功，数形结合是转化解析几何问题的出发点. 若想在目前的高考中所向披靡，两者相辅相成，两手都要硬.

3. 成功之处

(1) 重视运算能力的培养，培育学生的数学运算核心素养

运算能力包括基本的计算与算法的选择两方面，例如已知直线与椭圆相交的一个交点，求另一个交点，这是基本的计算，必然熟练掌握. 另外，在进行复杂的运算之前，要有选择算法的意识，想清楚计算的过程，选择尽量优化的算法与顺序再动手.

(2) 渗透数形结合思想，培育学生的数学抽象核心素养

解析几何是用解析的方法解决几何问题，但并不排斥对图形结构的分析，若能运用好数形结合思想，先从图形上将问题转化，再计算则会轻巧很多.

(3) 选定一个方向，就勇敢地做下去，体验解数学题目的艰辛与乐趣

解析几何计算的复杂性是常态！与其“望而却步”，不如“埋头苦干往下算”，让学生坚信，只要方向正确，题目是一定可以解决的，不要轻易半途而废，和任何事情一样，数学解题也是一个充满喜怒哀乐的过程，唯有坚持，才能品尝到成功的喜悦！

4. 改进之处

及时对学生进行激励性的评价，鼓励学生大胆思考、踊跃表达，把学生的作品用展台展示，让学生有成就感与获得感. 另外把导学案提前发给学生，让他们有更多的思考时间与空间. 这样，课堂会更加精彩，学生的收获会更大.

五、一题一诗

啊，椭圆
你扎根海底
冲破滔滔巨浪
托起港珠澳，何止一座大桥
其实你的离心率，早已算尽宝岛

啊，椭圆
你隐居平塘
张开天眼，向宇宙聚焦
冲越时空的仰望
你向外星人述说，人间数学的美好

啊，椭圆
你穿越崇山峻岭
一带一路，满是芬芳花草
高铁的飞弧上
点点都是中华儿女的智慧与勤劳

啊，椭圆
你画定虚空
“嫦娥”搭上了你轨道
当月亮转身时
你恰到好处的焦点
让仙子也不愿再回九霄

参考文献

[1] 吴万辉. 数学诗歌[M]. 拉萨: 西藏人民出版社,2012.

[2] 吴国梁. 高中数学小组合作学习的实践探究[J]. 中国校外教育(中旬),2015(1):54.

[3] 林笃锦. 关于高中数学合作学习的意义探索及开展路径[J]. 亚太教育,2016(30):68.

[4] 覃义超. 高中数学新课堂模型——"分层走组,团队合作"活动探究[J]. 高中数理化,2017(8):17-19.

[5] 严虹,游泰杰,吕传汉. 引领中小学数学教学培育核心素养探究[M]. 贵阳:贵州人民出版社,2018.

[6] 袁景涛,李时健,吕传汉. 基于培育数学核心素养的行动:教学课例研析[M]. 上海:华东师范大学出版社,2019.

“圆锥曲线”小题解题教学课例

——以2019年高考全国Ⅲ卷文理科数学第15题为例

康后娟(贵阳市第一中学)

题名对联

康庄大道后来居上勇者胜

涓涓细流永不言弃志远洋

一、教学设计

(一) 知识要点

椭圆的定义,椭圆的方程,椭圆的性质,椭圆的第二定义,椭圆的参数方程,等腰三角形的性质,勾股定理,余弦定理,三角形相似等与解析几何相关的知识点.

真题再现: 设 F_1、F_2 为椭圆 C: $\dfrac{x^2}{36}+\dfrac{y^2}{20}=1$ 的两个焦点,M 为 C 上一点且在第一象限.若 $\triangle MF_1F_2$ 为等腰三角形,则点 M 的坐标为 ________.

(二) 学习背景

1. 教材分析

“圆锥曲线与方程”是教材的重点学习内容,其要求一是掌握它们的定义、标准方程、几何图形及简单性质;二是能解决一些与圆锥曲线有关的简单几何问题.

2. 学情分析

本课例原则上来说是基于学生已经完成高中阶段所有数学新知识的学习,故而可以应用在高三二轮复习中.但抛开其中采用参数方程的解法6,也可以作为圆锥曲线新授课或者高三一轮复习的习题课.例题难度适中,适合绝大部分学生.

3. 核心问题

(1) 如何求一个点的坐标?

(2) 如何求线段的长?

(3) 在三角形的数学情境下能想到什么?

(4) 在椭圆的数学情境下能想到什么?

（三）学习目标

设计高三第二轮复习中“解析几何小题突破”这个专题，根据学情，大概需要 2 到 3 个课时. 正如《普通高中数学课程标准(2017 年版)》中所提出的实施主题教学，提倡整体教学观，在整体视角下确定教学目标.

1. 知识技能目标

经历用代数方法和几何方法求解圆锥曲线小题的过程，充分复习和巩固与椭圆相关、平面几何相关的知识，更熟练地掌握椭圆的定义、椭圆的方程、椭圆的性质、椭圆的第二定义、椭圆的参数方程、等腰三角形的性质、勾股定理、余弦定理、三角形相似等相关知识点.

2. 核心素养目标

(1) 经历整个思路产生的过程，体会图形中的数学抽象.

(2) 经历回答问题串，提升逻辑推理的数学素养.

(3) 经历关键词、关键图形的关联过程，感悟数学中的直观想象.

3. 长见识悟道理

长见识要求：遇到与三角形尤其是特殊三角形或是椭圆相关的问题时，能又快又准地发现有哪些知识可用，哪个知识最好用.

悟道理要求：通过不同解法的对比学习，能领悟到解析几何问题的解决无非就是代数方法与几何方法，要敢于想象，肯于实践. 方能一览数学之美、之壮阔、之包容！

（四）教学重难点

教学重点：引导学生通过提炼题设中的关键字、词、图形，联想出相关的知识点与方法，整理出清晰的思维过程，并加以应用.

教学难点：在每一个思路的形成过程中，确保观察问题的完整性；以及解决题目之后对知识与方法的总结和升华.

（五）设计思路

(1) 确保选题典型——高考文理科试卷共有的一类题型.

(2) 暴露思维过程——以问题串形式开启一种解法.

(3) 内容丰富多样——几乎涉及所有与解析几何相关的知识与方法.

(4) 学生主体参与——解法与总结尽量由学生给出，教师加以完善.

(5) 自主创新探究——变式可作为练习题.

二、教学过程

（一）一题多解

先对问题作以下分析.

① 求什么？——点 M 的坐标.

② 如何求？——转化成到坐标轴的距离、利用椭圆的方程等.

③ 数学情境是什么？——椭圆、等腰三角形.

④ 有什么？——椭圆方程.

⑤ 椭圆和等腰三角形分别具有哪些性质？——等腰三角形两底角相等；“三线合一”；余弦定理；勾股定理；面积……

结合椭圆定义、椭圆方程、图形(图 1)和点 M 的位置，易知 $a=6$，$b=2\sqrt{5}$，$c=4$(求解时注意 a、b、c 的关系).

不妨设 F_1、F_2 分别为椭圆 C 的左右焦点，知 $|F_1F_2|=8$.

因为 M 在第一象限，所以 $|MF_1|>|MF_2|$，且 $|MF_1|+|MF_2|=12$.

又因为$\triangle MF_1F_2$ 为等腰三角形，故有 $|MF_1|=8$，$|MF_2|=4$.

1. 思路一及解法

求什么?	求点 M 的坐标
	↑
可以怎么求?	点 M 到 x 轴的距离 $\|MN\|$
	↑
$\|MN\|$是什么?	$\|MN\|$是$\triangle MF_1F_2$ 的高
	↑
有些什么条件?	$\triangle MF_1F_2$ 的三边已知

至此，将题目化归为已知等腰三角形三边求腰上的高的平面几何问题.

解法 1:(用余弦定理)

如图 1，过点 M 作 $MN\perp x$ 轴，垂足为点 N.

因为$\triangle MF_1F_2$ 的三边已知，由余弦定理得

$$\cos\angle MF_1F_2=\frac{|MF_1|^2+|F_1F_2|^2-|MF_2|^2}{2|MF_1|\cdot|F_1F_2|}=\frac{7}{8}.$$

在 $\mathrm{Rt}\triangle MF_1N$ 中，即 $|F_1N|=|MF_1|\cos\angle MF_1F_2=7$.

所以 $y_M=|MN|=\sqrt{|MF_1|^2-|F_1N|^2}=\sqrt{15}$，$x_M=|ON|=3$，所以 $M(3,\sqrt{15})$.

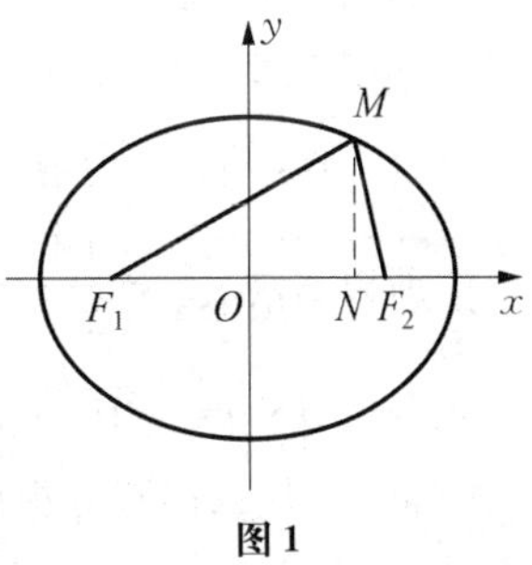

图 1

教学研讨:

(1) 已知三角形的三条边想到余弦定理是相当自然的. 但要顺势引导学生思考对不同的角用余弦定理会不会存在差异. 事实上，本解法中用 $\cos\angle MF_2F_1$ 过程是一样的. 但如果使用 $\cos\angle F_2MF_1$，就会发现后续过程大相径庭，需要用到余弦转正弦再结合等面积法得到 $|MN|$ 的长度.

(2) 进一步带领学生总结在解斜三角形时，还有哪种情况适用于使用余弦定理？分别需要注意些什么？(已知两边及一个角；需要注意已知角是两边的夹角还是其中一边所对的角，以及得到的关于第三边的一元二次方程的两个解(通常为两个)的合理性).

(3) 本解法中求解$|MN|$用的是勾股定理，也可以用$\sin\angle MF_1F_2=\dfrac{|MN|}{|MF_1|}=\dfrac{\sqrt{15}}{8}$. 当然，本质是一样的. 甚至可以由$x_M$代回椭圆方程解得$y_M$，不过没有必要.

学习后记:

(1) 长见识:①已知三角形三边，自然想到余弦定理；②对不同的角使用余弦定理效果可能大不一样；③余弦定理适用的情况.

(2) 悟道理:平时解决问题时，就要考虑全面，做好预设. 即是"凡事预则立，不预则废".

解法 2:(用勾股定理)

如图 1，过点M作$MN\perp x$轴于点N. 设$|F_1N|=t$，则$|F_2N|=8-t$.

在$\mathrm{Rt}\triangle MF_1N$与$\mathrm{Rt}\triangle MF_2N$中，$|MF_1|^2-|F_1N|^2=|MN|^2=|MF_2|^2-|F_2N|^2$，即$64-t^2=16-(8-t)^2$，解得$t=7$.

所以$x_M=|ON|=3$，$y_M=|MN|=\sqrt{|MF_1|^2-|F_1N|^2}=\sqrt{15}$.

所以$M(3,\ \sqrt{15})$.

教学研讨:

(1) 还可以设$|ON|=t$，列出的方程$64-(4+t)^2=16-(4-t)^2$.

(2) 这个方法是初中时求解三角形的高的常用解法，主要是要用好MN既是$\triangle MF_1F_2$的高又是$\mathrm{Rt}\triangle MF_1N$与$\mathrm{Rt}\triangle MF_2N$的公共边.

学习后记:

(1) 长见识:公共边是平面解析几何里非常重要的切入点，是构造等式的常用方法.

(2) 悟道理:方程思想是极为重要的一种数学思想方法，常常能带来意想不到的效果.

解法 3:(等面积法)

如图 2，取MF_2的中点P，联结PF_1，则$PF_1\perp MF_2$.

且$|PF_1|=\sqrt{|MF_1|^2-|MP|^2}=2\sqrt{15}$.

所以$S_{\triangle MF_1F_2}=\dfrac{1}{2}\cdot|MF_2|\cdot|PF_1|=\dfrac{1}{2}\cdot|MN|\cdot|F_1F_2|$

$\Rightarrow y_M=|MN|=\sqrt{15}$.

将y_M代入椭圆方程得$x_M=3$(或在$\mathrm{Rt}\triangle MF_1N$用勾股定理亦可得).

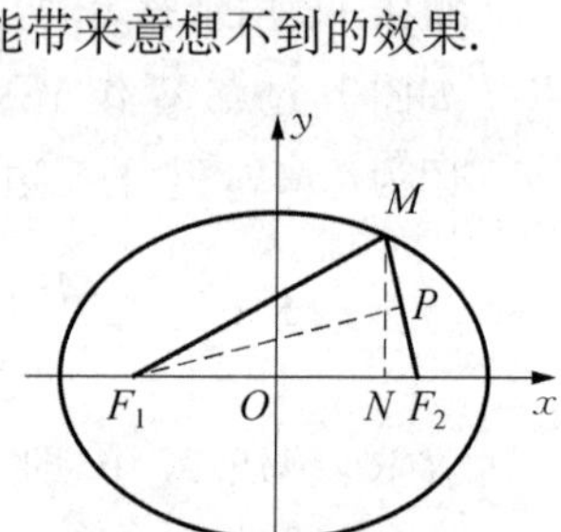

图 2

所以$M(3,\ \sqrt{15})$.

教学研讨: 因为涉及到三角形的高，学生是能够根据已有经验联想到三角形的面积的，进而到等面积法. 但对于等面积法，学生更多地是在直角三角形中使用，因为面积更容易表示. 于是此题中会有学生想到用正弦定理来表示三角形的面积(同解法 1 的教学研讨第一点)，虽略显繁杂，但值得鼓励. 因为对于更加一般的三角形，这是具有推广意义的. 回到本题，虽是斜三角形，却是特殊的等腰三角形. 等腰三角形求面积时运用“三线合一”性质作底边上高(中线)是其常规解法.

学习后记:

(1) 长见识:求解三角形面积已经有 $S=\frac{1}{2}lh$ 和 $S=\frac{1}{2}ab\sin C$ 这两个公式了，要根据条件选取合适的公式.

(2) 悟道理:等面积法在解三角形的题目中可以帮助我们快速列出方程，进而运用方程思想.

解法 4:(相似三角形)

如图 2，取 MF_2 的中点 P，联结 PF_1.

因 $\begin{cases}\angle F_1PM=\angle MNF_2,\\ \angle F_1MP=\angle MF_2N,\end{cases}$ 故 $\mathrm{Rt}\triangle F_1MP\backsim\mathrm{Rt}\triangle MF_2N$.

所以 $\frac{|MP|}{|MF_1|}=\frac{|NF_2|}{|MF_2|}$，即 $\frac{2}{8}=\frac{|NF_2|}{4}$，$|NF_2|=1$.

故 $x_M=|ON|=3$，$y_M=|MN|=\sqrt{|MF_2|^2-|F_2N|^2}=\sqrt{15}$.

所以 $M(3,\ \sqrt{15})$.

教学研讨:

(1) 本解法可以优化为:因为 $\cos\angle PMF_1=\cos\angle MF_2N$，即 $\frac{|MP|}{|MF_1|}=\frac{|NF_2|}{|MF_2|}$. 但当学生提出运用相似时，应该坚决鼓励与赞扬！然后再引导学生对解法进行优化.

(2) 这种解法充分运用了平面几何中相似三角形的知识点，这是初中数学重点考查的内容之一，即使是一般学生也掌握得很充分. 但在这道题目中，也许是图形中三角形摆放的样子不够清晰，致使部分同学不能在短时间内联想到相似或者是角的等量关系. 事实上，在圆锥曲线的小题中，运用相似三角形建立方程是极有优势的一种常规解法，关键是在于学生能否根据图形与经验获得一些当下的“灵光一闪”. 于是就要求老师在讲授时多引导学生总结，如“等腰三角形腰上的高与底边的夹角等于顶角的一半”. 不是要求学生作为结论记住，而是让学生能够在脑海中有这个印象，以便于在今后遇到类似等腰三角形时有方向可循.

学习后记:

(1) 长见识:分别作等腰三角形底边与腰上的高，可以形成两组相似三角形.

(2) 悟道理:不要被三角形摆放的形态迷惑，要透过现象看本质.

小结:“思路一”下的解法 1 至解法 4，均为把求点 M 的坐标转化为了求线段 $|MN|$ 的长，变为了解决平面几何问题，归根结底就是“解三角形”，也就是寻找其中的边角关系！利用已有条件，结合学生的联想和想象，给出代数或几何的解决方法. 总的来说，这四种解法围绕的中心是等腰三角形，分别主要运用了余弦定理、勾股定理、等面积法以及相似三角形等知识，

体现了数形结合的重要数学思想.在解决等腰三角形相关问题的方法上让学生长了见识;在不同条件适用于不同方法的总结上让学生悟了道理.

这四种解法各有侧重,其中学生最易想到的是解法1,计算最简便的是解法4.解法2与解法4都相当美妙地运用三角形的边、角、面积的关系,然后利用方程思想得解.

2. 思路二及解法

求什么?	求点 M 的坐标
	↑
点 M 在哪儿?	点 M 在已知椭圆上
	↑
关于点 M 已知什么?	已知 $\|MF_1\|=8$
	↑
F_1 是什么?	F_1 是椭圆的焦点
	↑
所以 $\|MF_1\|$ 是什么?	$\|MF_1\|$ 即为椭圆上的点到焦点的距离
	↑
可以联想到?	椭圆的第二定义(焦半径公式)

解法5:(椭圆的第二定义)

椭圆上的点到焦点的距离与到相应准线的距离之比为离心率.

$\frac{|MF_1|}{d}=\frac{|MF_1|}{\frac{a^2}{c}+x_M}=e=\frac{c}{a}$,即$\frac{8}{\frac{36}{4}+x_M}=\frac{4}{6}$,解得 $x_M=3$.

代入椭圆方程得 $y_M=\sqrt{15}$,所以 $M(3,\ \sqrt{15})$.

教学研讨:

(1) 亦可直接使用焦半径公式 $|MF_1|=e\cdot x_m+a$.

(2) 虽然现行教材中对椭圆的第二定义没有过多要求,但我们不得不承认在既有点的坐标又有点到焦点的距离的相关问题中,第二定义及其推导出的焦半径公式具有很强的现实意义.事实上,人教A版教材选修2-1第47页例6即是椭圆的第二定义.教师在讲解这个例题时就可以根据学情适当提出椭圆的第二定义,并且由于这是圆锥曲线的统一定义,所以这对之后双曲线与抛物线的学习都是相当有益的.而对于焦半径公式,点到即止,以防在学习中过多的二级结论给学生带来记错结论、乱用结论等负面影响.

学习后记:

(1) 长见识:了解圆锥曲线的统一定义(到定点的距离与到定直线的距离之比为常数),

并注意在椭圆与双曲线中,定点与定直线是相对应的!

(2) 悟道理:回归教材,领悟教材,挖掘教材,定能受益匪浅.

3. 思路三及解法

求什么?	求点 M 的坐标
	↑
点 M 在哪儿?	点 M 在已知椭圆上
	↑
椭圆已知什么?	已知椭圆的方程
	↑
什么方程?	直角坐标方程
	↑
除了直角坐标方程,还有什么方程?	参数方程
	↑
参数方程有什么好处?	参数方程横纵坐标只含一个未知数,便于列方程

解法 6:(椭圆的参数方程)

由 $C:\frac{x^2}{36}+\frac{y^2}{20}=1$ 可得其参数方程为 $\begin{cases}x=6\cos\alpha,\\ y=2\sqrt{5}\sin\alpha\end{cases}$ (α 为参数).

设 $M(6\cos\alpha,\ 2\sqrt{5}\sin\alpha)$,则 $|MF_1|=\sqrt{(6\cos\alpha+4)^2+(2\sqrt{5}\sin\alpha-0)^2}=8$.

结合 $\sin^2\alpha+\cos^2\alpha=1$,解得 $\cos\alpha=\frac{1}{2}$ 或 $\cos\alpha=-\frac{7}{2}$(舍去).

所以 $x_M=3$, $y_M=\sqrt{15}$(因为点 M 在第一象限,所以 $\sin\alpha=\frac{\sqrt{3}}{2}$).

所以 $M(3,\ \sqrt{15})$.

教学研讨:

(1) 此解法中也可用 $|MF_1|=4$ 同理求解.

(2) 可提出问题:设 $\begin{cases}x=6\sin\alpha,\\ y=2\sqrt{5}\cos\alpha\end{cases}$ 可以吗?即引导学生理解不一定必须按照严格的具有几何意义的椭圆的参数方程来做.可以理解为三角换元.

(3) 坐标系与参数方程在高考中通常是在解答题的选修部分呈现,这就导致在其余题目中学生较难联想到可以利用参数方程来解决曲线上的点的问题.所谓解析几何,就是用代数的方法解决几何问题,这门学科在17世纪笛卡尔发明坐标系后得到了广泛推广与发展.通过坐标系,把点与坐标、曲线与方程联系起来,实现了数和形的统一.然而对于这里的方程,我们如果仅仅理解为直角坐标方程，那就太狭隘了. 教学过程中在和学生一起使用参数方程的同时，教师也应注意渗透参数方程的本质意义——参数方程能够明确地揭示质点的运动规律，是描述“运动”“变化”的有效工具.

学习后记：

(1) 长见识：三角换元(参数方程)虽不比直角坐标方程普遍，但它在圆锥曲线中的应用是广泛的.

(2) 悟道理：曲线和三角本为一体.

4. 思路四及解法

求什么？	求点 M 的坐标
	↑
点 M 是动点吗？	点 M 是定点
	↑
点 M 是如何“被定住的”？	$\|MF_1\|=8$，且点 M 在椭圆上
	↑
如果点 M 只满足 $\|MF_1\|=8$，点 M 是动点吗？	此时点 M 是动点
	↑
动点轨迹是什么？	以 F_1 为圆心、8 为半径的圆
	↑
点 M 是如何产生的？	圆与椭圆相交产生的

解法 7：(交轨法)

因为 $|MF_1|=8$，所以点 M 在以 F_1 为圆心、8 为半径的圆上.

因为点 M 在椭圆上，所以

$$\begin{cases}(x+4)^2+y^2=64,\\ \dfrac{x^2}{36}+\dfrac{y^2}{20}=1,\end{cases} \text{解得}\begin{cases}x=3,\\ y=\sqrt{15}\end{cases}\text{或}\begin{cases}x=3,\\ y=-\sqrt{15}\end{cases}(\text{舍}).$$

所以 $M(3,\ \sqrt{15})$.

解法研讨：

在圆锥曲线中，由于运算量一般较大的关系，我们不提倡使用联立椭圆与圆的方程来解决问题，而是尽量寻求其他更加简便的方法. 但并不能抹杀联立曲线方程求交点(交轨法)这种方法的意义，因为在一定程度上，它算是求解曲线交点的通解通法. 对于这道题目，我们应该引导学生体悟“如果点 M 满足 $|MF_1|=8$，点 M 的轨迹是圆” 这种看似化简为繁的思维方法.

学习后记:

(1) 长见识:确定某个点的坐标可以转化为确定这个点是如何产生的.

(2) 悟道理:纯代数方法虽运算量较大,但具有不可比拟的直接性.

方法总结与比较:如果说解法 1 至解法 4 是围绕"三角形的形状"这个题设展开的,那么解法 5 至解法 7 就是以"椭圆的方程"这个条件为中心发散开来.用到了椭圆的第二定义、椭圆的参数方程、圆与椭圆相交、两点间的距离公式等知识点,充分体现了代数方法在几何题目中的运用.不仅加强了学生对平面解析几何中基本知识点的理解,而且有利于提升学生的整体运算素养.

以上七种解法均属于解析几何小题中的常用方法.总的来说,分为两大类:①从几何关系入手,得到关于未知量的等量关系.具体为解法 1 至解法 4,其中解法 4(相似三角形法)基本属于纯几何解法.而解法 1、2、3 均是几何与代数相结合的运用;②从代数方程入手,得到关于未知量的等量关系.其中又有解法 5(椭圆的第二定义)依然是采取了结合几何与代数的形式.解法 6 与解法 7 就是更加纯粹的代数方程(包括直角坐标方程和参数方程)的应用了.

本题七种解法各有千秋.其中以解法 1、5 最为直接,最容易为学生所用.解法 4 最为简便,但对条件要求较高.特殊方法自然只能对应特殊题型与条件,故而比较解法的优劣只应针对具体题目.方法没有最好,只有最适合.关键是要提高学生在解题时根据不同条件,最短的时间内找到最合适的方法的能力.

事实上,对于圆锥曲线的小题,不管是求长度、角度、坐标、离心率还是方程,无外乎上述两大类方法:从几何的图形出发或从代数的方程出发,并且二者还经常同时出现,你中有我、我中有你.即使因为题设与结论的不同会造成在解决具体问题的过程中存在差异,但万变不离其宗.应该引导学生从更高的高度去理解这里的"宗",体会数学中含有的思想哲学,打破局限,立于解题,高于解题.

(二) 一题多变

变式 1:(2019 年高考全国Ⅰ卷理科数学第 10 题)已知椭圆 C 的焦点 $F_1(-1,0)$、$F_2(1,0)$,过 F_2 的直线与 C 交于 A、B 两点.若 $|AF_2|=2|F_2B|$,$|AB|=|BF_1|$,则椭圆 C 的方程为(   ).

A. $\frac{x^2}{2}+y^2=1$ B. $\frac{x^2}{3}+\frac{y^2}{2}=1$ C. $\frac{x^2}{4}+\frac{y^2}{3}=1$ D. $\frac{x^2}{5}+\frac{y^2}{4}=1$

问题:这道题与原题有何异同?

分析:求解圆锥曲线试题,首先考虑画图.这道题目画图比原题稍复杂.其次是 $|AF_2|=2|F_2B|$、$|AB|=|BF_1|$ 这两个长度关系比原题中单纯的等腰三角形要略显复杂.但不变的依然是首先应用椭圆的定义,然后又化归为平面几何解三角形.

解法 1:(余弦定理)

设椭圆方程为 $\frac{x^2}{a^2}+\frac{y^2}{b^2}=1(a>b>0)$.

联结 F_1A，令 $|F_2B|=m$，则 $|AF_2|=2m$，$|BF_1|=3m$.

由椭圆的定义，知 $2a=4m$，即 $m=\dfrac{a}{2}$.

故 $|F_2A|=a=|F_1A|$，则点 A 为椭圆的上顶点或下顶点.

在 $\triangle ABF_1$ 中，$\cos\angle BAF_1=\dfrac{|AF_1|^2+|AB|^2-|BF_1|^2}{2|AF_1|\cdot|AB|}=\dfrac{1}{3}$.

在 $\triangle AF_1F_2$ 中，$\cos\angle F_2AF_1=\dfrac{|AF_1|^2+|AF_2|^2-|F_1F_2|^2}{2|AF_1|\cdot|AF_2|}=\dfrac{a^2+a^2-2^2}{2a\cdot a}=\dfrac{1}{3}$.

即得 $a^2=3$.

所以椭圆方程为 $\dfrac{x^2}{3}+\dfrac{y^2}{2}=1$.

解法 2:（余弦定理）

由解法 1，点 A 为椭圆的上顶点或下顶点.

在 $\triangle AF_1F_2$ 中，$\cos\angle AF_2F_1=\dfrac{|F_1F_2|^2+|AF_2|^2-|AF_1|^2}{2|F_1F_2|\cdot|AF_2|}=\dfrac{a^2+2^2-a^2}{2\cdot 2a}=\dfrac{1}{a}$.

在 $\triangle BF_1F_2$ 中，$\cos\angle F_1F_2B=\dfrac{|BF_2|^2+|F_1F_2|^2-|BF_1|^2}{2|F_1F_2|\cdot|BF_2|}$

$$=\frac{\left(\frac{a}{2}\right)^2+2^2-\left(\frac{3a}{2}\right)^2}{4\cdot\frac{a}{2}}=\frac{2-a^2}{a}.$$

因为 $\angle AF_2F_1+\angle BF_2F_1=180^\circ$，所以 $\cos\angle AF_2F_1=-\cos\angle BF_2F_1$.

即得 $a^2=3$.

所以椭圆方程为 $\dfrac{x^2}{3}+\dfrac{y^2}{2}=1$.

解法 3:（勾股定理）

由解法 1，点 A 为椭圆的上顶点或下顶点.

取 AF_1 中点 M，联结 BM，因为 $BA=BF_1$，所以 $BM\perp AF_1$.

在 $\triangle AMB$ 中，$\cos\angle MAB=\dfrac{|AM|}{|AB|}=\dfrac{1}{3}$.

在 $\triangle AF_1F_2$ 中，$\cos\angle F_2AF_1=\dfrac{|AF_1|^2+|AF_2|^2-|F_1F_2|^2}{2|AF_1|\cdot|AF_2|}=\dfrac{a^2+a^2-2^2}{2a\cdot a}=\dfrac{1}{3}$.

即得 $a^2=3$.

所以椭圆方程为 $\dfrac{x^2}{3}+\dfrac{y^2}{2}=1$.

解法 4:（勾股定理）

由解法 1，点 A 为椭圆的上顶点或下顶点.

作 $F_1N\perp AB$ 于点 N，取 AF_1 中点 M，联结 BM，因为 $BA=BF_1$，所以 $BM\perp AF_1$.

在$\triangle AMB$中，$\cos\angle MAB=\frac{|AM|}{|AB|}=\frac{1}{3}$.

在$\triangle AF_1N$中，$\cos\angle NAF_1=\frac{|AN|}{|AF_1|}=\frac{1}{3}$.

故$|AN|=\frac{1}{3}a$，$|NF_2|=\frac{2}{3}a$，$4-\frac{4}{9}a^2=a^2-\frac{1}{9}a^2$，得$a^2=3$.

所以椭圆方程为$\frac{x^2}{3}+\frac{y^2}{2}=1$.

教学研讨:

(1) 这道变式题与原题同属2019年高考全国卷，均以椭圆内部的一个等腰三角形为问题情境. 于是对于这道变式的求解，原题的方法是很有参考价值的.

(2) 这四种解法，首先都应用了椭圆的定义，得出其中线段的长. 然后就将解析几何问题完全转化为平面几何问题，进而落实到解三角形. 解法1与解法2对应原题中的解法1，思路都是由三角形的三边联想到余弦定理. 解法3就对应原题中的解法3，关键是利用了等腰三角形的“三线合一”，降低了解法1和解法2的计算量. 解法4对应了原题中的解法2和解法3，不仅利用了等腰三角形的“三线合一”，更是用好了两个直角三角形的公共边，建立关于a的方程，彻底甩开了余弦定理的较大运算量.

(3) 这个变式题可以在讲完原题解法1至解法4后呈现，可以让学生充分感受到平面几何方法在解析几何题目中的优势.

(4) 这个题目问题为求椭圆的方程，于是对于原题中的解法5至解法7这三个以椭圆的方程作为出发点的代数方法，这个题目并不能很好地类比. 可引导学生思考这个变式题是否可以用所谓代数的方法解决？如果有，好不好？为什么？

学习后记:

当问题情境是圆锥曲线与直线构成的三角形时，如果涉及到焦点首先考虑椭圆的定义，然后转化为找三角形中的边角关系进行求解.

变式2:(2016年高考全国卷Ⅲ理科第11题)已知O为坐标原点，F为椭圆C:$\frac{x^2}{a^2}+\frac{y^2}{b^2}=1(a>b>0)$的左焦点，$A$、$B$分别为椭圆$C$的左右顶点，$P$为椭圆$C$上一点，且$PF\perp x$轴，过点$A$的直线$l$与线段$PF$交于点$M$，与$y$轴交于点$E$，若直线$BM$经过$OE$的中点，则椭圆$C$的离心率为(　　).

A. $\frac{1}{3}$　　B. $\frac{1}{2}$　　C. $\frac{2}{3}$　　D. $\frac{3}{4}$

分析:这个题相较原题与变式1来说，难度更大. 体现在点多、线多、关系多. 学生较难一针见血找到切入点，于是需要带领和引导学生去尝试，层层剖析. 引导过程主要是通过问题让学生寻找题设条件与原题相似的地方，即其中点M、E以及OE的中点，都是两条直线相交产生的，就能联想到原题中的解法7，采取代数方法解决问题. 但由于原题中几何方法的优势是明显的，所以学生会自然去思考此题的几何解法，就是从几何图形出发，寻找边角关系.

解法 1:(直线的方程)

由题意,知 $A(-a,\ 0)$, $B(a,\ 0)$, $P\left(-c,\ \frac{b^2}{a}\right)$.

设 $l: x=my-a$, $M\left(-c,\ \frac{a-c}{m}\right)$, $E\left(0,\ \frac{a}{m}\right)$.

所以直线 $BM: y=-\frac{a-c}{m(a+c)}(x-a)$.

又因为 BM 经过 OE 的中点即$\left(0,\ \frac{a}{2m}\right)$,

所以$\frac{(a-c)a}{(a+c)m}=\frac{a}{2m}$,解得 $a=3c$.

即 $e=\frac{c}{a}=\frac{1}{3}$.

解法 2:(相似三角形)

设 OE 的中点为 N.

由题意,知 $\triangle AOE \backsim \triangle AFM$,则$\frac{|AO|}{|AF|}=\frac{|OE|}{|MF|}=\frac{2|ON|}{|MF|}=\frac{a}{a-c}$.

$\triangle BON \backsim \triangle BFM$,则$\frac{|OB|}{|BF|}=\frac{|ON|}{|MF|}=\frac{a}{a+c}$.

故 $\frac{2a}{a+c}=\frac{a}{a-c}$,解得 $a=3c$.

即 $e=\frac{c}{a}=\frac{1}{3}$.

教学研讨:

原题的几何解法与代数解法勉强可以算是旗鼓相当,这个变式 2 的代数解法就完全不能望到几何解法的项背了. 当然,代数解法依然延续了一贯的直接性,按部就班地相交,联立求解即可. 但运算过程实在是让人尤其是学生望而生畏. 而几何解法就非常美妙,运用平行线带来的三角形相似,轻松列出 a 与 c 的关系.

学习后记:

(1) 长知识:解析几何也是几何,几何做法的优势太大了! 利用平行线得三角形相似,而且是两组相似,非常具有代表性.

(2) 悟道理:平面几何学得好,解析几何没烦恼!

变式 3:设 F_1、F_2 为椭圆 $C: \frac{x^2}{36}+\frac{y^2}{20}=1$ 的两个焦点,M 为椭圆 C 上一点且在第一象限. 若 $\triangle MF_1F_2$ 为直角三角形,则点 M 的坐标为 ________. (即把原题中的"等腰"变为"直角")

问题:等腰变为直角后,到底改变了些什么?

解法跟原题的会有较大差异吗? 为什么?

分析:对于这个变式题,学生容易认为直角三角形跟等腰三角形差别不大,会产生"不就是换个三角形吗?那还不一样?"等稍显幼稚的想法.归根结底这还是因为对焦点三角形理解不够透彻.这时不妨让学生动笔去做,给他们试错的机会.等到学生发现问题,教师再与学生共同解决问题.

思路:

原题中等腰是哪两条边相等?	$\vert F_1F_2\vert=\vert MF_1\vert$
	↑
还有没有别的可能?	没有
	↑
为什么?	由椭圆的定义及点 M 的位置
	↑
变为直角三角形后哪个角是直角?	不一定
	↑
哪些角可能是直角?三个角都可能吗?	只有$\angle F_1MF_2$ 和$\angle MF_2F_1$ 可能为直角

解:若 $\angle F_1MF_2=\frac{\pi}{2}$,则 $S_{\triangle MF_1F_2}=b^2\tan\frac{\pi}{4}=\frac{1}{2}\cdot 2c\cdot y_M$,得 $y_M=5$.

此时点 M 不在椭圆上,不符合题意.

若 $\angle MF_2F_1=\frac{\pi}{2}$,则显然有 $M\left(c,\ \frac{b^2}{a}\right)$,即 $M\left(4,\ \frac{10}{3}\right)$.

教学研讨:

(1) 当等腰三角形变为直角三角形后,看似两个字的差别,在实际解决方法上却不尽相同.变式题中用到的分类讨论、焦点三角形的面积公式好像都是原题目中没有的.但看似具体方法不一样,却具有同样的思想本质:分析图形,理清几何关系,得到与未知量相关的等式.教师可以和学生一起讨论这种看似相同却不同、看似不同却相同的数学经历,使学生理解万事万物都应该透过现象看本质,在理解的基础上去比较数学题目之间是"形似"还是"神似"?

(2) 焦点三角形的面积公式与通径长是椭圆中较常见的二级结论,教师应根据学生的具体水平选择这两个知识点的具体解决办法.

变式 4:(2018 年高考全国卷Ⅲ理科数学第 11 题)设 F_1、F_2 是双曲线 C:$\frac{x^2}{a^2}-\frac{y^2}{b^2}=1(a>0,\ b>0)$ 的左右焦点,O 为坐标原点,过 F_2 作双曲线 C 的一条渐近线的垂线,垂足为 P,若 $\vert PF_1\vert=\sqrt{6}\ \vert OP\vert$,则双曲线 C 的离心率为(　　).

A. $\sqrt{5}$　　B. 2　　C. $\sqrt{3}$　　D. $\sqrt{2}$

问题:这道题与原题有什么相似的地方?

分析:学生拿到这个题目,读完之后会觉得这个题目与原题目几乎没有一丁点的相似.椭圆变成了双曲线;双曲线方程未知;没有焦点三角形;出现了双曲线的渐近线;求解的是离心率……但好在有变式 3 的铺垫,学生会意识到这只是"形不似",进而能积极地根据之前总结的方法去进行几何与代数两方面的思考.

解法 1:(联立直线与双曲线渐近线的方程)

$$\begin{cases} y=-\dfrac{a}{b}(x-c), \\ y=\dfrac{b}{a}x \end{cases} \Rightarrow P\left(\dfrac{a^2}{c},\dfrac{ab}{c}\right),故\ |OP|=a.$$

$$|PF_1|=\sqrt{6}a=\sqrt{\left(\frac{a^2}{c}+c\right)^2+\left(\frac{ab}{c}\right)^2},化简得\ c^4+a^4-4a^2c^2+a^2b^2=0.$$

即 $c^2=3a^2$,所以 $e=\dfrac{c}{a}=\sqrt{3}$.

解法 2:(余弦定理)

由双曲线的性质,得 $|PF_2|=b$, $|OP|=a$, $|PF_1|=\sqrt{6}a$.

$\cos\angle PF_2O=\dfrac{b}{c}=\dfrac{(2c)^2+b^2-6a^2}{2\cdot 2c\cdot b}$,化简得 $c^2=3a^2$.

所以 $e=\dfrac{c}{a}=\sqrt{3}$.

解法 3:(勾股定理)

过点 F_1 作 OP 的垂线,垂足为 M.

则 $|F_1M|=|F_2P|=b$, $|OM|=|OP|=a$, $|F_1P|=\sqrt{6}a$.

在直角$\triangle PF_1M$ 中,$b^2+(2a)^2=(\sqrt{6}a)^2$,即 $b^2=2a^2$.

所以 $e=\dfrac{c}{a}=\sqrt{3}$.

教学研讨:

(1) 解法 2 与解法 3 中均涉及到了"双曲线的焦点到渐近线的距离为 b"(也就是双曲线中的特征三角形),需要教师提前为学生打基础.

(2) 即使看起来此道变式题与原题目八竿子打不着,但给出的三种解法均与原题目异曲同工,不得不说真是妙哉!通过这个变式,学生不仅可以强化各种解法中涉及到的知识点,还能再一次地体悟到解析几何解题方法中的"万变不离其宗",甚至还可以强烈地感受到数学之美,数学之妙!

设计与教学反思:

变式 1 采取与原题解法一一对应的方式巩固了椭圆定义的运用以及等腰三角形的处理办法.变式 2 让学生感受到了几何解法的优越性带来的强大冲击力.变式 1 与变式 2 结合在一起又可以让学生理解哪种题型是可以使用代数方法的,虽然计算较复杂.变式 3 的设计意图主要是让学生亲历:即使题目只有细微的变化,解法也可能千差万别.但千差万别中又蕴含着相同的数学解题的真谛. 让学生根据自己的所见所做开视野,长见识. 而变式 4 则是着重强调哪怕形不似,也可以神似,也可以是几乎一样的解决方法. 四个变式题结合在一起,对学生形成一个完整的数学乃至生活世界,是大有裨益的!

前面说到,合适的方法就是最好的. 结合四个变式,学生已经可以认识到在圆锥曲线的选择填空题中,大多数情况下,几何法比代数法要有优势. 用好几何法的关键是熟悉圆锥曲线的几何性质,以及扎实的平面几何处理能力. 就需要同学们在平时的学习中,注意积累常用的几何方法以及其适用的条件.

（三）一题多说

作为高考填空题的倒数第二题,2019 年全国Ⅲ卷文理科数学第 15 题难度中等,却依然有一定的区分度. 试题覆盖面广,却不偏不倚,留给学生解题的空间大、思路广、方法多. 非常具有教学甚至研讨的意义.

求解的过程主要为:

以问题串的形式帮助学生理清思路

↓

在学生做的基础上整理出解题步骤

↓

引导学生做总结

具体得出如下解法:

- 解析几何
  - 几何 (求 $|MN|$ 的长是关键)
    - 解法 1→余弦定理
    - 解法 2
      - 勾股定理
      - 方程思想
    - 解法 3
      - 三线合一
      - 等面积法
    - 解法 4→相似三角形
  - 代数 (建立关于 x_M、y_M 的方程)
    - 解法 5→椭圆第二定义
    - 解法 6→椭圆参数方程
    - 解法 7→椭圆与圆联立

其实除了给出的 7 种解法以外,还有许多做法. 比如还可以运用三角形的中线长公式、极化恒等式、向量法等,由于这些方法主体过于依赖某一不太常见的知识点,放到课堂上不大合适,在此就不做赘述.

总的来说,希望通过对这个高考题及其一题多解的变式教学,将解题的过程层次化,加深学生对该问题的理解与认识,从而减轻解题过程中思维的负担.同时让学生感受了发散思维的有效性,全面观察问题的必要性.最终力求达到学生能站在教师的肩膀上看得更高,悟得更深!

三、学习体验

学生1:一直觉得圆锥曲线不管大题小题都既难又繁,没想到有这么多方法.而且运用的知识点都不偏不难不怪.感觉现在至少从心理上不再畏惧圆锥曲线问题了.

学生2:数学是我相对拿手的学科,平时也喜欢研究一题多解.但通过这几次课的学习,我明白了一题多解不是为了炫技,而是应该站在更高的水平上作总结,以期达成多题一解.

学生3:上完这个主题才觉得发明坐标系的笛卡尔真是个天才!太伟大了!虽然有些时候用纯代数的方法去解决几何问题运算比较复杂,但当真的找不到几何关系的时候就很有用了.

学生4:每一个方法都懂了,也觉得很神奇.但估计下次遇到的时候可能还是想不到.

四、教学反思

1. 教中反思

首先,对于强调一题多解的这种课堂模式,大部分学生还是很有兴趣的.也愿意积极主动跟随老师,回答老师提出的问题串,很有收获.但也有部分同学由于没有正确理解一题多解带给我们的意义,认为高三课业负担已经很重,压力已经很大,没有时间也没有兴趣去钻研一题多解.

2. 教后反思

(1) 难度.本教学课例例题与变式难度均适中,各种解法也都很朴实,容易接受.基本符合将难度设置在学生的"最近发展区"的原则.这体现在课堂上学生有较强的成就感和满足感.

(2) 梯度.对于绝大部分同学,题目难度、深度与广度都较为合适.但对于基础较薄弱,解决问题的综合能力较差的同学,课程容量相对较大,加上对一题多解不甚有兴趣,很难在这个主题的教学中获得较多收获.虽然教学无法面对每一名学生是常态,但应用适宜的梯度来弥补,以尽每个学生都有所得.

(3) 参与度.总的来说,学生的课堂参与度算是差强人意.虽不尽善尽美,却也有了一点像模像样的"再创造".笔者认为问题串的方式起了很大的积极作用,以后应该多用.但还是没有充分相信学生,还是存在一定程度上的包办行为.

(4) 总结度.总结的意义绝不仅仅只是回顾知识点与方法,而应该从整体主题、整体方法出发，做好大框架的分门别类，要争取帮助学生获取“上帝视角”，尽量做到高屋建瓴．一题多解最终目标绝不只是为了解，而是着力于思，落实到推广．

五、一题一诗

圆锥曲线

圆锥曲线妙，焦点先知道．
椭圆看大小，双曲看符号．
抛物不用愁，范围是理由．
一次焦点轴，符号定开口．

“解析几何”解题教学课例

——以 2016 年高考四川卷理科数学第 20 题为例

张志勇[1,2]（1. 江苏省常州市第五中学；2. 新青年数学教师工作室）

题名对联

志在教育课堂扎根寻答案

勇于探索技术循证觅方向

一、教学设计

（一）知识要点

直线方程，椭圆方程，椭圆几何性质，直线与直线、直线与圆锥曲线的位置关系，弦长公式等.

真题再现： 如图 1，已知椭圆 $E:\frac{x^2}{a^2}+\frac{y^2}{b^2}=1(a>b>0)$ 的两个焦点与短轴的一个端点是直角三角形的三个顶点，直线 $l:y=-x+3$ 与椭圆 E 有且只有一个公共点 T.

（Ⅰ）求椭圆 E 的方程及点 T 的坐标.

（Ⅱ）设 O 是坐标原点，直线 l' 平行于 OT，与椭圆 E 交于不同的两点 A、B，且与直线 l 交于点 P. 证明：存在常数 λ，使得 $|PT|^2=\lambda|PA|\cdot|PB|$，并求 λ 的值.

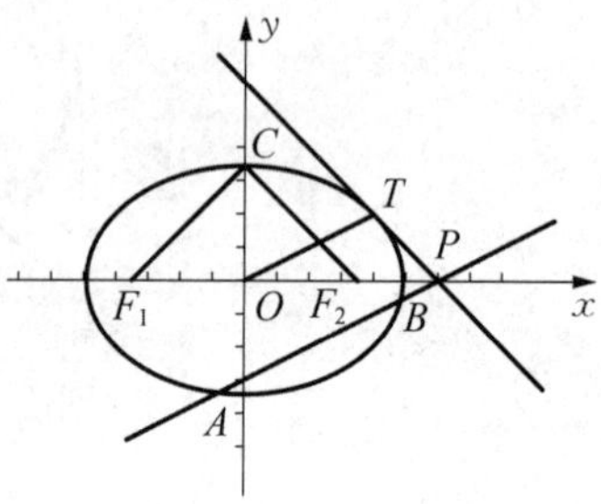

图 1

（二）学习背景

1. 教材分析

“解析几何”是高中数学的重要内容，基本要求是用代数的方法研究几何问题，包括平面解析几何初步和圆锥曲线与方程两个单元. 具体而言，要在平面直角坐标系中，认识直线、圆、椭圆、抛物线、双曲线的几何特征，建立它们的标准方程；运用代数方法进一步认识几何性质，运用平面解析几何方法解决简单的数学问题和实际问题，感悟平面解析几何中蕴含的数学思想.

2. 学情分析

此题可以作为圆锥曲线与方程单元复习课的例题,也可作为高考第一轮复习的解题教学例题.本设计基于学生已经熟练掌握直线与椭圆方程、直线与圆锥曲线位置关系等知识的基础上,拟采用“三教”理念对该题进行一题多解、一题多变的课堂教学设计.

3. 核心问题

(1) 题设中有什么条件,如何将条件表达清楚?

(2) 定值问题中变的是什么?不变的又是什么?

(3) 可否改变题设条件,得到一个一般性的结论?又能否将这个结论推广到其他圆锥曲线?

(三) 学习目标

1. 核心素养目标

掌握直线方程和椭圆方程的一般求法,会用联立方程组的方法判断直线与椭圆的位置关系,能应用弦长公式求解一类问题;在图形的动态变化中思考隐含的制约条件,学会用数学式子刻画表征题设条件,并在条件与目标的联系比较中优化改进运算方法.

2. 长见识悟道理

在解题思路展示比较中,深刻理解数学概念、掌握数学方法,进而锤炼数学思维;在解题策略的形成解构中,思考“怎样学会解题”;在问题“源流”的求索探寻中,认识数学发现的真实过程,并居高临下、触类旁通,感悟“原来如此”的美妙.

(四) 设计思路

圆锥曲线中的定点、定值、取值范围、最值问题一直是高考的热点和重点,这类试题往往解法灵活,为考生提供了多样的选择;贴近教材,为教学提供了良好的导向;背景丰富,为研究提供了广阔的空间.本课例以 2016 年高考四川卷理科数学第 20 题为载体,在一题多解中掌握基本解题方法,在一题多变中探源推广,在挖掘高考试题的教育价值的同时,帮助学生实现观点上的提高和实质性的进步.

二、教学过程

(一) 一题多解

(1) 第(Ⅰ)问的求解

思路分析: 椭圆方程中含有两个参数 a、b,于是确定方程需要有两个条件,与之相对应,题设中有两个条件:一是$\triangle CF_1F_2$ 为等腰直角三角形,二是直线 l 与椭圆相切.将这两个条件分别转化,便可解决问题.

解法 1: ① $\triangle CF_1F_2$ 为等腰直角三角形 $\Rightarrow |OF_1|=|OC|\Rightarrow b=c\Rightarrow a^2=2b^2$.

② 直线 l 与 椭圆相切 $\Rightarrow\begin{cases}\dfrac{x^2}{a^2}+\dfrac{y^2}{b^2}=1,\\ y=-x+3\end{cases}\Rightarrow(a^2+b^2)x^2-6a^2x+a^2(9-b^2)=0.$（★）

因为相切，所以 $\Delta=36a^4-4a^2(a^2+b^2)(9-b^2)=0\Rightarrow a^2+b^2=9$.

这样由 $\begin{cases}a^2=2b^2,\\ a^2+b^2=9\end{cases}\Rightarrow\begin{cases}a^2=6,\\ b^2=3,\end{cases}$ 从而椭圆方程为 $\dfrac{x^2}{6}+\dfrac{y^2}{3}=1$.

（★）式简化为 $9x^2-36x+36=0$，从而得到 $T(2, 1)$.

解题回顾： 上述解法中，由题设两个条件独立求解，分别得到参数 a、b 的两个关系式，从而解决问题. 虽方法清晰但（★）式中含有两个参变量，运算量偏大，可以考虑将条件①的化归结果代入（★）式的运算，可以降低运算的难度.

解法 2: ① $\overrightarrow{CF_1}\perp\overrightarrow{CF_2}\Rightarrow(-c, b)\cdot(c, b)=0\Rightarrow b=c\Rightarrow a^2=2b^2$.

② 直线 l 与 椭圆相切 $\Rightarrow\begin{cases}\dfrac{x^2}{2b^2}+\dfrac{y^2}{b^2}=1,\\ y=-x+3\end{cases}\Rightarrow 3x^2-12x+18-2b^2=0.$

$$\Delta=12^2-4\times3(18-2b^2)=0\Rightarrow b^2=3.$$

从而得到椭圆方程 $\dfrac{x^2}{6}+\dfrac{y^2}{3}=1$ 和点 $T(2, 1)$.

解法比较： 本解法中，在处理条件②时因为有条件①的及时介入而事半功倍，事实上解析几何的基本思路是用代数方法研究几何问题，于是控制运算量是一个重要话题，比较合理的操作方式是条件间相互关照、携手同行.

另外，如果清楚椭圆切线方程的话，处理条件②还可以有下列解法.

解法 3: 设 $T(x_0, y_0)$，则椭圆过点 T 的切线方程为 $\dfrac{x_0x}{2b^2}+\dfrac{y_0y}{b^2}=1\Rightarrow y=-\dfrac{x_0}{2y_0}x+\dfrac{b^2}{y_0}$.

对比 $y=-x+3$，有 $-\dfrac{x_0}{2y_0}=-1$, $\dfrac{b^2}{y_0}=3$.

又 $T(x_0, y_0)$ 在椭圆上，于是 ${x_0}^2+2{y_0}^2=2b^2$.

从而得到椭圆方程 $\dfrac{x^2}{6}+\dfrac{y^2}{3}=1$ 和点 $T(2, 1)$.

解法比较： 借助切线方程公式，可以回避解法 2 中的联立方程组求解. 事实上椭圆中的许多结论可以类比圆中的结论得出，如由过圆 $x^2+y^2=r^2$ 上一点 (x_0, y_0) 的切线方程 $x_0x+y_0y=r^2$，可类比得到过椭圆 $\dfrac{x^2}{a^2}+\dfrac{y^2}{b^2}=1$ 上一点 (x_0, y_0) 的切线方程为 $\dfrac{x_0x}{a^2}+\dfrac{y_0y}{b^2}=1$.

（2）第（Ⅱ）问的求解

思路分析： 本例属于典型的定值问题，需要找寻变化中不变的数学内容. 而对于数学解题而言，首要之处在于寻找题设中的制约条件（等量关系），尔后将题设条件符号化（表征为数学式子)，本例中制约条件在于：P 在直线 l 上，AB 与 OT 平行. 帮助学生发现题设条件，可以使用 GeoGebra 软件进行动态呈现.

解法 1：设 $P(m,\ 3-m)$，则 AB：$y=\frac{1}{2}x-\frac{3}{2}(m-2)$.

$$\begin{cases}y=\frac{1}{2}x-\frac{3}{2}(m-2),\\ x^2+2y^2=6\end{cases}\Rightarrow x^2-2(m-2)x+3(m-2)^2-4=0\Rightarrow\begin{cases}x_1+x_2=2(m-2),\\ x_1x_2=3(m-2)^2-4.\end{cases}$$

所以 $|PA|\cdot|PB|=\frac{5}{4}|(x_1-m)(x_2-m)|$

$$=\frac{5}{4}|x_1x_2-m(x_1+x_2)+m^2|=\frac{5}{2}(m-2)^2.$$

又 $|PT|^2=2(m-2)^2$，所以 $|PT|^2=\frac{4}{5}|PA|\cdot|PB|$.

解题回顾： 借助点 P 在直线 l 上设点，然后应用 AB 与 OT 平行的条件设直线 AB，这样整个解题过程中只含有参变量 m，通过运算将 $|PA|\cdot|PB|$ 和 $|PT|^2$ 均用参数 m 来表示，比较两个表达式可得出 λ 值. 值得强调的是，本题可以设直线也可设点，但考虑到设变量应能方便表达解题目标中的 $|PA|$、$|PB|$ 和 $|PT|$，因此否定方案"直接设 AB 的方程为 $y=\frac{1}{2}x+t$，联立直线 l 和 AB 的方程得点 P 坐标". 进一步的，本题还可考虑用直线的参数方程来解决.

解法 2：设 $P(m,\ 3-m)$，直线 AB：$\begin{cases}x=\frac{2}{\sqrt{5}}t+m,\\ y=\frac{1}{\sqrt{5}}t+3-m.\end{cases}$

代入 $x^2+2y^2=6$，得 $\frac{6}{5}t^2+\frac{12}{\sqrt{5}}t+3(m-2)^2=0$，所以

$$|PA|\cdot|PB|=|t_1t_2|=\frac{5}{2}(m-2)^2.$$

又 $|PT|^2=2(m-2)^2$，所以 $|PT|^2=\frac{4}{5}|PA|\cdot|PB|$.

解题回顾： 本解法中巧妙的借助直线参数方程来表达 $|PA|\cdot|PB|$，运算更紧凑，但对直线方程中参数 t 的几何意义需要有较高水平的理解.

（二）一题多变

如果只是为了解题而解题，而忽视了解题后的再思考，那么就错过了提高解题能力的最好契机，无异于"入宝山而空返"(华罗庚语). 正如美国著名数学教育家波利亚所言，"好问题类似于采蘑菇，采到一个后还应四处看看，也许还有更多."

鉴于本题背景与圆中的切割线定理的相似性（PT 是切线长，PA、PB 是割线长），于是考虑在 GeoGebra 软件的支持下进行变式探究.

1. 试题发散，寻求突破

探究 1：（改变 T 点位置和椭圆方程）

如图 2，T 为椭圆上任意一点，P 为椭圆过点 T 的切线上一点，拖动 P 点可以发现 $\lambda=\dfrac{|PT|^2}{|PA|\cdot|PB|}$ 为定值，更改椭圆方程后，结果依然是定值.

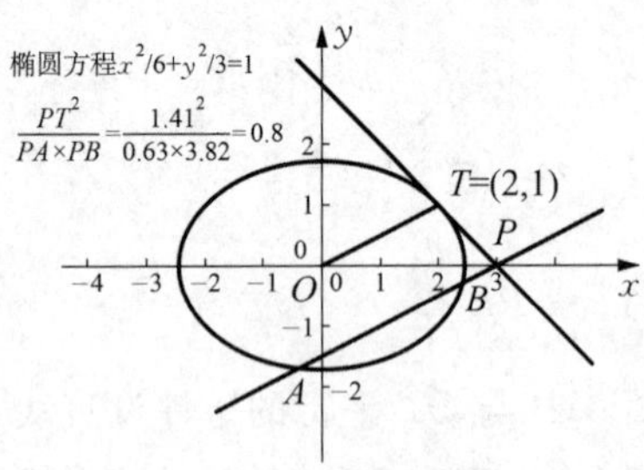

图 2

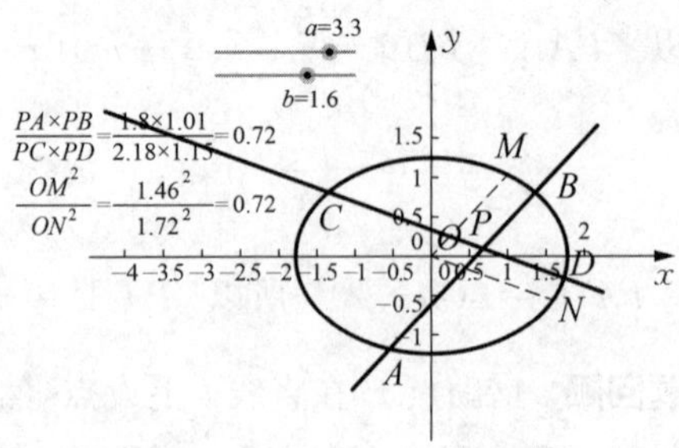

图 3

探究 2：（将 P 点的限制范围从切线变更为弦）

如图 3，OM、ON 为椭圆的两半径，AB、CD 为过点 P 分别与 OM、ON 平行的弦；拖动点 P 可以发现 $\dfrac{|PA|\cdot|PB|}{|PC|\cdot|PD|}$ 的值保持不变，并且 $\dfrac{|PA|\cdot|PB|}{|PC|\cdot|PD|}=\dfrac{|OM|^2}{|ON|^2}$.

探究 3：（将问题背景从椭圆变为双曲线）

如图 4，拖动滑动条改变 a、b 的值，将椭圆变为双曲线，改变点 P 的位置，发现依然有

$$\frac{|PA|\cdot|PB|}{|PC|\cdot|PD|}=\frac{|OM|^2}{|ON|^2}.$$

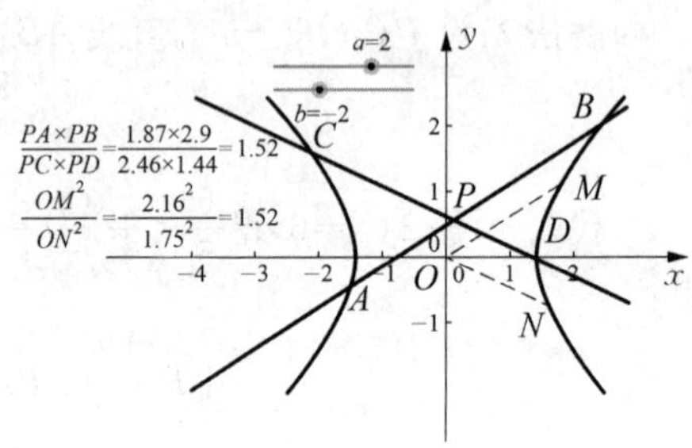

图 4

参照圆中的定理，可以推广命题如下.

圆锥曲线切割线定理：P 为圆锥曲线外一点，过 P 引圆锥曲线的切线 PT 和割线 PAB，r_1、r_2 是分别与切线 PT 和割线 PAB 平行的圆锥曲线的半径，则

$$\frac{PT^2}{PA\times PB}=\frac{{r_1}^2}{{r_2}^2}.$$

圆锥曲线相交弦定理：AB 与 CD 为圆锥曲线中两相交于点 P 的弦，r_1、r_2 是分别与 AB、CD 平行的圆锥曲线的半径，则 $\dfrac{PA\times PB}{PC\times PD}=\dfrac{{r_1}^2}{{r_2}^2}$.

2. 正本清源,古为今用

上述命题在2000多年前的古希腊著作《圆锥曲线论》已有记载,它的作者是与欧几里得、阿基米德齐名的阿波罗尼奥斯,一部《圆锥曲线论》可谓是古希腊几何的登峰造极之作,阿波罗尼奥斯当时利用纯几何方法,就证明了今天高中数学中关于圆锥曲线的几乎全部性质.

3. 演绎推广,问题解决

圆中的相交弦定理、切割线定理、割线定理可以统一成圆幂定理.类似地,也应该有圆锥曲线幂的概念.仿照圆幂定理,得到如下结论.

圆锥曲线幂定理:过一定点$P(x_0, y_0)$的直线与圆锥曲线$\frac{x^2}{m}+\frac{y^2}{n}=1$交于$A$、$B$两点,$OM$为圆锥曲线中平行于$AB$的半径,则$\frac{PA\times PB}{OM^2}$为定值$\frac{{x_0}^2}{m}+\frac{{y_0}^2}{n}-1$($PA$、$PB$、$OM$表示有向线段的数量),此定值叫做$P$关于此圆锥曲线的幂.[1]

用仿射变换的方法,证明其中的椭圆幂定理:

依据变换Γ:$\begin{cases}x'=x,\\ y'=\frac{a}{b}y,\end{cases}$由椭圆$\frac{x^2}{a^2}+\frac{y^2}{b^2}=1$得到圆$x'^2+y'^2=a^2$.

如图5,椭圆中的割线PAB、半径OM,变换后得到圆中的割线$P'A'B'$、半径OM'.

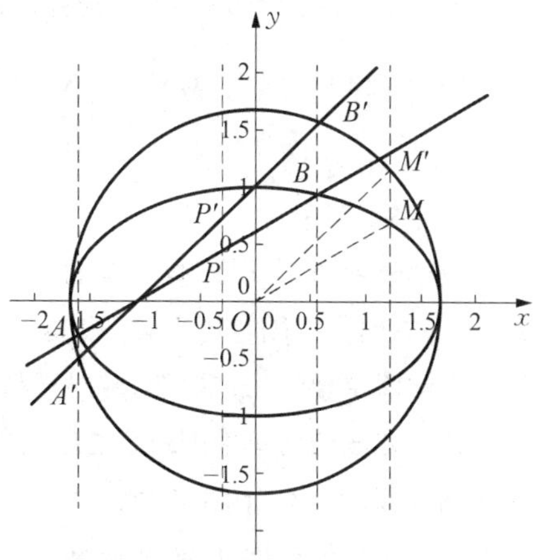

图5

依据仿射变换的基本性质(即仿射变换前后的直线保持平行性、平行或共线的线段比例不变),得$\frac{PA}{OM}=\frac{P'A'}{OM'}$,$\frac{PB}{OM}=\frac{P'B}{OM'}$,从而

$$\frac{PA\times PB}{OM^2}=\frac{P'A'\times P'B}{OM'^2}.$$

由圆幂定理,又有$P'A'\times P'B=OP'^2-a^2$.

设$P(x_0, y_0)$,则$P'(x_0, \frac{a}{b}y_0)$,所以

$$\frac{PA\times PB}{OM^2}=\frac{OP'^2-a^2}{a^2}=\frac{{x_0}^2}{a^2}+\frac{{y_0}^2}{b^2}-1.$$

4. 类比举例,举一反三

定值问题是解析几何解答题的考查重点,需要善于运用辩证的观点去思考、分析,在动点的"变"中寻求定值的"不变"性,基本思路是选定一个适合该题设的参变量,用题中已知量和参变量表示题中所涉及的定义、方程、几何性质等,再用根与系数的关系、点差法等推导出所求定值关系所需要的表达式,并将其代入定值关系式,化简整理求出结果.相类似的高考题较多,列举部分如下.

变式 1:(2016 年高考四川卷文科数学第 20 题)已知椭圆 E:$\frac{x^2}{a^2}+\frac{y^2}{b^2}=1(a>b>0)$ 的一个焦点与短轴的两个端点是正三角形的三个顶点,点 $P\left(\sqrt{3},\frac{1}{2}\right)$ 在椭圆 E 上.

(Ⅰ)求椭圆 E 的方程.

(Ⅱ)设不过原点 O 且斜率为 $\frac{1}{2}$ 的直线 l 与椭圆 E 交于不同的两点 A、B,线段 AB 的中点为 M,直线 OM 与椭圆 E 交于 C、D,证明:$|MA|\cdot|MB|=|MC|\cdot|MD|$.

变式 2:(2017 年高考北京卷文科数学第 19 题)已知椭圆 C 的两个顶点分别为 $A(-2,0)$、$B(2,0)$,焦点在 x 轴上,离心率为 $\frac{\sqrt{3}}{2}$.

(Ⅰ)求椭圆 C 的方程.

(Ⅱ)点 D 为 x 轴上一点,过 D 作 x 轴的垂线交椭圆 C 于不同的两点 M、N,过 D 作 AM 的垂线交 BN 于点 E. 求证:$\triangle BDE$ 与 $\triangle BDN$ 的面积之比为 4∶5.

变式 3:(2018 年高考北京卷理科数学第 19 题)已知抛物线 C:$y^2=2px$ 经过点 $P(1,2)$. 过点 $Q(0,1)$ 的直线 l 与抛物线 C 有两个不同的交点 A、B,且直线 PA 交 y 轴于 M,直线 PB 交 y 轴于 N.

(Ⅰ)求直线 l 的斜率的取值范围.

(Ⅱ)设 O 为原点,$\overrightarrow{QM}=\lambda\overrightarrow{QO}$,$\overrightarrow{QN}=\mu\overrightarrow{QO}$,求证:$\frac{1}{\lambda}+\frac{1}{\mu}$ 为定值.

(三)一题多说

数学学习离不开解题,一方面学生对数学概念的理解和掌握往往通过解题来表达和完善,另一方面数学问题也是展现数学方法和能力、锤炼数学思维的重要载体,因此解题教学自然是数学课堂教学的重要部分,对于高三数学复习而言更可谓是主旋律. 开展解题教学,不能只是解题方法的简单堆积或解题技巧的神秘出现,也不应囿于一招一式的归类,应在研究"怎样解"的基础上,不断追问"为什么这样解""怎样学会解",在解题具体操作与解题策略之间架设沟通或转化的桥梁,以实现观点上的提高.

本课例的教学就是想在解题策略的解构中思考"怎样学会解题",在"源与流"的探寻中实现触类旁通. 我们以 GeoGebra 为探究工具,以数学史料为参考,从圆的相关定理中得到启发,发现并证实了圆锥曲线切割线定理、相交弦定理和幂定理,从而居高临下寻求试题的二次解决方案.

三、学习体验

本课例中,学生收获的不仅是一道题的具体解法,更多的是解决策略的提升和数学思考的优化,在课后反思中学生纷纷表示:

(1) 一道难题经过解读后用各种方法解开时,总有一种"华丽之感",成就感油然而生;古人早就有的发现，至今还令人“震惊”，数学的魅力或许正在于此.

(2) 通过类比的方法，将圆中的结论类比到椭圆中，而不同的命题可统一成一个定理，这样的探究发现已经远远超出了一节课的内容.

(3) 世上没有“无缘无故的爱”，定值也不会“随随便便存在”，关键是“有缘才能相见”，所以定值问题需要在动态中把握关键要素.

(4) 解题需要统筹兼顾，在开始的时候就要想到结果，比如如何设变量，不能只看条件的表达，还需要考虑到目标的设定.

(5) 解题不仅要方法“靠谱”，还需要有更多的思考，如何切题剖题、如何保有“大局观”，解题后的回顾是重要的环节，我们可以优化解题思路，也可以反向揣摩出题意图.

(6) 解题中要知晓“在哪儿”(已知条件)、明晰“到哪儿去”(目标结论)，更要思考“如何到达”，所以要在已知与未知之间架设通道，不断消除条件与结论之间的落差.

四、教学反思

如果仅仅为了解题，本课例完全可以不必如此大费周章；但教是为了不教，解题教学的价值和意义恰恰在于教会学生“怎样应用数学方法”“如何发现数学结论”，而解题策略的获取、解题观点的提升、思维层次的优化自然是教学设计中的重要考量.

(一) 问源探流，高观点的解题立意

能直击问题命脉、揭示事物本质的观点可谓高观点，唯有登高方能望远，从而“一览众山小”. 提升解题立意，离不开对问题空间的再度表征、对问题结构的深度剖析、对原有认知的高度完善，也离不开对问题“源与流”的不断探寻.

就本课例所讨论的试题而言，当经历一番问源探流后再回望试题本身，学生自然会对结果“了然于心”，事实上取与 PT 平行的半径 OS，容易求得 $OS=2$，$OT=\sqrt{5}$，这样很快便会得到结果 $\dfrac{PT^2}{PA\times PB}=\dfrac{OS^2}{OT^2}=\dfrac{4}{5}$，让最终结果在解题前就“观念地存在着”显然要比“在黑房间里摸索前进”来得高明；而经历了一般形式的证明，特殊情形下的推导自不在话下；何况求解过程中我们还有着更多的方案选择. 事实上，课后再回解试题时，多数同学选择了变换法. 过程如下：

在变换 $\begin{cases}x'=x,\\ y'=\sqrt{2}\,y\end{cases}$ 作用下，椭圆的割线 PAB、切线 PT 变换成了 $P'A'B'$、$P'T'$，

于是 $\dfrac{P'T'^2}{PT^2}=\dfrac{1+2\times(-1)^2}{1+(-1)^2}=\dfrac{3}{2}$，$\dfrac{P'A'\times P'B'}{PA\times PB}=\dfrac{1+2\times\left(\frac{1}{2}\right)^2}{1+\left(\frac{1}{2}\right)^2}=\dfrac{6}{5}$.

从而有 $\dfrac{PT^2}{PA\times PB}\times\dfrac{P'A'\times P'B'}{P'T'^2}=\dfrac{4}{5}$.

又 $P'T'^2=P'A'\times P'B'$，故 $\frac{PT^2}{PA\times PB}=\frac{4}{5}$.

（二）数学实验，低起点的数学发现

本课例的基本设计思路是让学生类比圆中的定理，猜想、发现圆锥曲线中的结论，也就是“再创造”出当年阿波罗尼奥斯的重要发现，相应的教学策略就是“大胆猜想，小心求证，逐步推广”. 猜想如何得到证实，无论是切割线定理还是相交弦定理，在猜想之初就能得到数学论证是很难想象的，教学中采取的方式是数学实验，当一个猜想在无数个椭圆、双曲线中得到证实时，其中所蕴涵的数学规律自然可以“呼之欲出”. 事实上 GeoGebra 很好地履行了它的实验工具职责，从椭圆到双曲线，只要有想法都能一一核实，而且数形同步、举重若轻、一触即发（简单更改数学对象属性设置便能轻松实现），正是 GeoGebra 的强大功能让数学发现成为可能.

（三）欲擒故纵，愤悱中的华丽转身

所谓“教之道在于度，学之道在于悟”，领悟就是人在思考一个问题的过程中，想想，想想，突然“嗷……！”灵光一闪，猛然醒悟、豁然开朗的思维现象. 解题教学中教师要揣着明白装糊涂，通过不断的追问，让学生：发现题目的条件、结论中没有出现的关键性质，正确、顺畅地表述自己分析和解决问题的思维过程，简洁、清晰地理清和表述思路.

如本课例中，当学生自主探究得出圆锥曲线切割线定理，发现定值结果其实就是“$\frac{PT^2}{PA\times PB}=\frac{r_1^2}{r_2^2}$”时，自然会有“原来如此”的感慨；而当得知古人 2000 多年前即有此研究时，他们的“震惊”之情溢于言表；又当他们独立地发现并用参数方程法或仿射变换法证得圆锥曲线幂定理时，自有“华丽转身”之感. 让学生参与试题的源与流的探寻，不断追问“为什么这样解”“怎样学会解”，在架设解题具体操作与解题策略间沟通或转化的桥梁的同时，恰可实现解题观点上的提高.

五、一题一诗

运动变化思定值，优化运算见真章.
由浅入深讲方法，追根溯源显本质.

参考文献

[1] 沈文选，杨清桃. 几何瑰宝——平面几何 500 名题暨 1000 条定理[M]. 哈尔滨：哈尔滨工业大学出版社，2010：567 - 569.

“切点弦方程”解题教学课例

——以 2019 年高考全国Ⅲ卷文科数学第 21 题为例

葛磊(贵阳市第十中学)

题名对联

葛衣麻相命运本来我做主

磊落为人处事无悔明月心

一、教学设计

(一) 知识要点

直线与圆、抛物线及切线问题的相关知识.

真题再现: 已知曲线 $C:y=\frac{x^2}{2}$,D 为直线 $y=-\frac{1}{2}$ 上的动点,过点 D 作曲线 C 的两条切线,切点分别为 A、B.

(Ⅰ) 证明:直线 AB 过定点.

(Ⅱ) 若以 $E\left(0,\ \frac{5}{2}\right)$ 为圆心的圆与直线 AB 相切,且切点为线段 AB 的中点,求该圆的方程.

(二) 学习背景

1. 教材分析

抛物线是学生学习了椭圆、双曲线之后所学习的另一种重要曲线. 解析几何中直线与圆锥曲线的位置关系,是高考考查的一个重要知识. 本课例研究直线与抛物线相切问题,这是平面解析几何的核心内容之一,着重让学生体会运用方程、数形结合、分类讨论、类比归纳等数学思想方法,优化解题思维,提高解题能力. 本课例作为高三复习的“一题一课”,是培养数学能力的良好题材,为解决直线与圆锥曲线的综合问题打下基础.

2. 学情分析

高三学生已具备一定的分析、观察能力. 在此之前,已复习了圆锥曲线的相关知识,也研究了直线与圆锥曲线的位置关系,本课例是对直线与抛物线的相切问题作专题研究. 鉴于学生有了一定逻辑思维能力，注意力能够集中较长时间，学习目的明确，内驱力是主要的学习动力，本课例采用学生自主探究的启发式教学方法，师生共同讨论、归纳，在教学中关注学法的指导.

3. 核心问题

(1) 求圆锥曲线切线方程的方法有哪些?

(2) 求切点弦方程的方法有哪些?

（三）学习目标

1. 知识技能目标

(1) 能够在熟悉的数学情境中，根据实际问题的特征建立合适的运算思路，了解运算对象，提出运算问题.

(2) 学会合理选用运算方法，通过化归转化、类比分析的思想，解决实际问题，得到数学命题的一般形式.

2. 核心素养目标

发挥学生自主学习的能动性，提高学生分析问题、解决问题的能力. 逐步培养学生的观察能力、归纳能力、探索发现能力. 能够在关联的情境中提出解决问题的方法，并用数学语言进行表达，然后进行归纳和证明.

（四）设计思路

在课堂结构上，根据学生的认知水平共设计了四个环节：(1)本节要点扫描；(2)引出主题，精讲例题；(3)能力训练，总结结论，强化认识；(4)变式延伸，进行重构.

这四个环节的学法，环环相扣，层层深入. 从学生的认知基础看，遵循学生的认知规律，体现由特殊到一般，采用循序渐进的启发式教学原则. 可以预先由学生自主探究圆的切线方程、圆的切点弦方程的求解，在解题过程中体会数学方法，再由教师引导，自然过渡到抛物线的切线以及抛物线的切点弦方程的求解，层层递进，激发学生的学习兴趣. 但由于涉及到一定的运算量，故着重采用点拨思路、发散思维、小组分类讨论的教学方法.

二、教学过程

（一）一题多解

1. 问题探究

师：请写出过圆 $x^2+y^2=10$ 上一点 $M(2,\sqrt{6})$ 的切线的方程.

生：切线方程为 $2x+\sqrt{6}y=10$.

师：求过圆 $x^2+y^2=r^2$ 上一点 $M(x_0, y_0)$ 的切线方程.

生：切线方程为 $x_0x+y_0y=r^2$.

探究 1: 如图 1,过圆外一点 $M(x_0, y_0)$ 作圆 $x^2+y^2=r^2$ 的两条切线,切点分别为 A、B,求过 A、B 两点的直线方程.

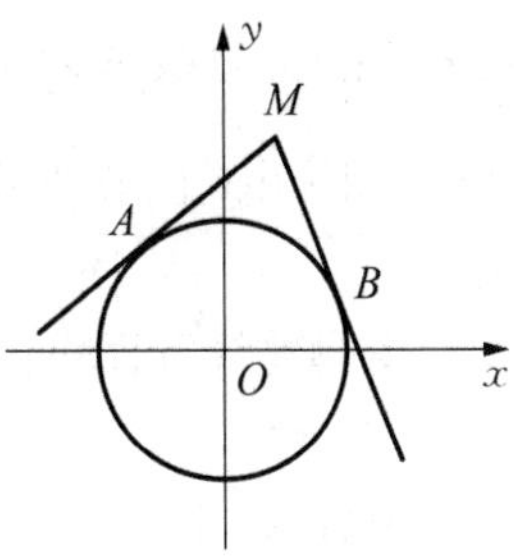

图 1

解析: 设 $A(x_1, y_1)$, $B(x_2, y_2)$.

切线 MA 的方程为 $x_1x+y_1y=r^2$.

切线 MB 的方程为 $x_2x+y_2y=r^2$.

又 $M(x_0, y_0)$ 在切线上,则有

$$x_1x_0+y_1y_0=r^2,\ x_2x_0+y_2y_0=r^2.$$

由此可知点 A、B 都在直线 $x_0x+y_0y=r^2$ 上.

所以过 A、B 两点的直线方程为 $x_0x+y_0y=r^2$.

探究 2: 设抛物线的方程为 $x^2=2py(p>0)$,点 $A(x_1, y_1)$ 在抛物线上,求过点 A 的切线方程.

解析: 由 $x^2=2py$ 得 $y=\frac{x^2}{2p}$,得 $y'=\frac{x}{p}$, $y'\Big|_{x=x_1}=\frac{x_1}{p}$.

过 $A(x_1, y_1)$ 的切线方程为 $y-y_1=\frac{x_1}{p}(x-x_1)$.

得 $py-py_1=x_1x-x_1{}^2=x_1x-2py_1$,即 $xx_1=p(y+y_1)$.

结论 1: 设 $A(x_1, y_1)$ 是抛物线 $x^2=2py(p>0)$ 上一点,过点 $A(x_1, y_1)$ 作抛物线切线,则切线方程为 $xx_1=p(y+y_1)$.

探究 3: 如图 2,设抛物线的方程为 $x^2=2py(p>0)$, $M(x_0, y_0)$ 为抛物线外任意一点,过 M 引抛物线的两条切线,切点分别为 $A(x_1, y_1)$、$B(x_2, y_2)$,求过 A、B 两点的直线方程.

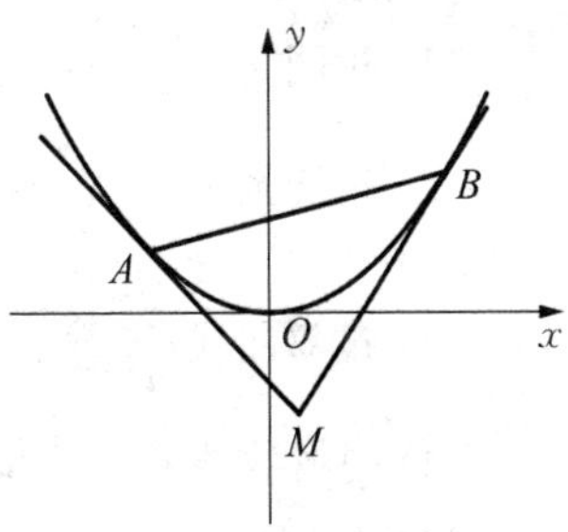

图 2

解析: 由结论 1 可知过 $A(x_1, y_1)$、$B(x_2, y_2)$ 的切线方程为 $x_1x=p(y_1+y)$, $x_2x=p(y_2+y)$.

因为两切线过点 $M(x_0, y_0)$,所以 $\begin{cases}x_1x_0=p(y_1+y_0),\\x_2x_0=p(y_2+y_0).\end{cases}$

这说明 $A(x_1, y_1)$、$B(x_2, y_2)$ 都是直线 $x_0x=p(y+y_0)$ 上的点.

所以直线 AB 的方程为 $x_0x=p(y+y_0)$.

结论 2: 设 $M(x_0, y_0)$ 为抛物线 $x^2=2py(p>0)$ 外任意一点,过 M 引抛物线的两条切线,切点分别为 $A(x_1, y_1)$、$B(x_2, y_2)$,则过切点 A、B 的直线方程为 $x_0x=p(y+y_0)$.

2. 问题解答

证明:(Ⅰ) 设 $A(x_1, y_1)$, $B(x_2, y_2)$, $D\left(t, -\frac{1}{2}\right)$.

由结论 2 可知过切点 A、B 的直线方程为 $tx=y-\frac{1}{2}$.

显然此直线 AB 恒过定点$\left(0,\ \frac{1}{2}\right)$.

(Ⅱ) 由(Ⅰ)得直线 AB 的方程为 $2tx-2y+1=0$.

与抛物线方程联立,得$\begin{cases}2tx-2y+1=0,\\ y=\frac{1}{2}x^2.\end{cases}$

化简,得 $x^2-2tx-1=0$.

于是 $x_1+x_2=2t$, $y_1+y_2=t(x_1+x_2)+1=2t^2+1$.

设 M 为线段 AB 的中点,则 $M\left(t,\ t^2+\frac{1}{2}\right)$.

因为 $\overrightarrow{EM}\perp\overrightarrow{AB}$,而$\overrightarrow{EM}=(t,\ t^2-2)$, $\overrightarrow{AB}$ 与向量$(1,\ t)$平行,

所以 $t+t(t^2-2)=0$. 解得 $t=0$ 或 $t=\pm1$.

当 $t=0$ 时,$\overrightarrow{EM}=(0,\ -2)$, $|\overrightarrow{EM}|=2$,所求圆的方程为 $x^2+\left(y-\frac{5}{2}\right)^2=4$.

当 $t=\pm1$ 时,$\overrightarrow{EM}=(\pm1,\ -1)$, $|\overrightarrow{EM}|=\sqrt{2}$,所求圆的方程为 $x^2+\left(y-\frac{5}{2}\right)^2=2$.

所以圆的方程为 $x^2+\left(y-\frac{5}{2}\right)^2=4$ 或 $x^2+\left(y-\frac{5}{2}\right)^2=2$.

3. 问题拓展

问题拓展一:

(1) 过圆 $x^2+y^2=r^2$ 上一点 $M(x_0,\ y_0)$ 的切线方程为 $x_0x+y_0y=r^2$.

(2) 过椭圆 $\frac{x^2}{a^2}+\frac{y^2}{b^2}=1$ 上一点 $M(x_0,\ y_0)$ 的切线方程为$\frac{xx_0}{a^2}+\frac{yy_0}{b^2}=1$.

(3) 过双曲线 $\frac{x^2}{a^2}-\frac{y^2}{b^2}=1$ 上一点 $M(x_0,\ y_0)$ 的切线方程为$\frac{xx_0}{a^2}-\frac{yy_0}{b^2}=1$.

(4) 过抛物线 $y^2=2px$ 上一点 $M(x_0,\ y_0)$ 的切线方程为 $yy_0=p(x+x_0)$.

问题拓展二:

(1) 设 $M(x_0,\ y_0)$为圆 $x^2+y^2=r^2$ 外一点,过该点作圆的两条切线,切点分别为 A、B,则切点弦的方程为 $xx_0+yy_0=r^2$.

(2) 设 $M(x_0,\ y_0)$为椭圆 $\frac{x^2}{a^2}+\frac{y^2}{b^2}=1$ 外一点,过该点作椭圆的两条切线,切点分别为 A、B,则切点弦的方程为$\frac{xx_0}{a^2}+\frac{yy_0}{b^2}=1$.

(3) 设 $M(x_0,\ y_0)$为双曲线 $\frac{x^2}{a^2}-\frac{y^2}{b^2}=1$ 外一点,过该点对双曲线的两支作两条切线,切点分别为 A、B,则切点弦的方程为$\frac{xx_0}{a^2}-\frac{yy_0}{b^2}=1$.

(4) 设 $M(x_0,\ y_0)$为抛物线 $y^2=2px$ 外一点,过该点作抛物线的两条切线,切点分别为

A、B,则切点弦的方程为 $yy_0=p(x+x_0)$.

(二)一题多变

变式 1: 如图 3,设抛物线的方程为 $x^2=2py(p>0)$,焦点为 F,若 $M\left(x_0,\ -\dfrac{p}{2}\right)$ 是抛物线准线上任意一点,过 M 引抛物线的切线,切点分别为 A、B. 试问 A、B、F 三点是否共线?

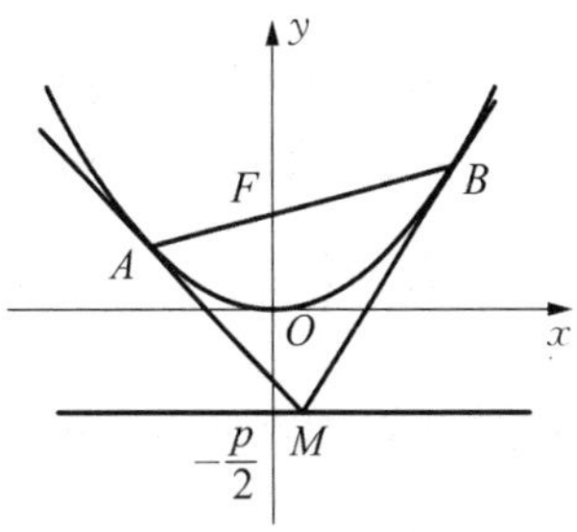

图 3

解: 设切点 $A(x_1,\ y_1)$、$B(x_2,\ y_2)$,则过切点 A、B 的直线方程为 $x_0x=p\left(y-\dfrac{p}{2}\right)$.

因为抛物线 $x^2=2py(p>0)$ 的焦点 $F\left(0,\ \dfrac{p}{2}\right)$ 满足直线方程 $x_0x=p\left(y-\dfrac{p}{2}\right)$,

所以 A、B、F 三点共线.

变式 2: 如图 4,设抛物线的方程为 $x^2=2py(p>0)$,M 为直线 $y=-2p$ 上任意一点,过 M 引抛物线的切线,切点分别为 A、B. 求证:A、M、B 三点的横坐标成等差数列.

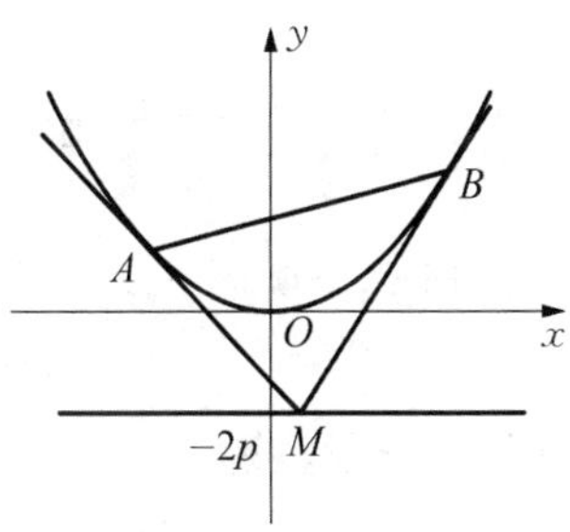

图 4

证明: 由题意可设 $A\left(x_1,\ \dfrac{x_1^2}{2p}\right)$,$B\left(x_2,\ \dfrac{x_2^2}{2p}\right)$,$M(x_0,\ -2p)$.

则过点 A 的切线方程为 $x_1x=p\left(\dfrac{x_1^2}{2p}+y\right)$,过点 B 的切线方程为 $x_2x=p\left(\dfrac{x_2^2}{2p}+y\right)$.

又过 A、B 的切线过点 M,故 $x_1x_0=p\left(\dfrac{x_1^2}{2p}-2p\right)$,$x_2x_0=p\left(\dfrac{x_2^2}{2p}-2p\right)$.

两式相减得 $x_0=\dfrac{x_1+x_2}{2}$,即 A、M、B 三点的横坐标成等差数列.

变式 3: 如图 5,设抛物线的方程为 $x^2=2py(p>0)$,$M(x_0,\ y_0)$ 为 $x^2=2py$ 外任意一点,过 M 引抛物线的切线,切点分别为 A、B. A、M、B 三点的横坐标是否成等差数列?

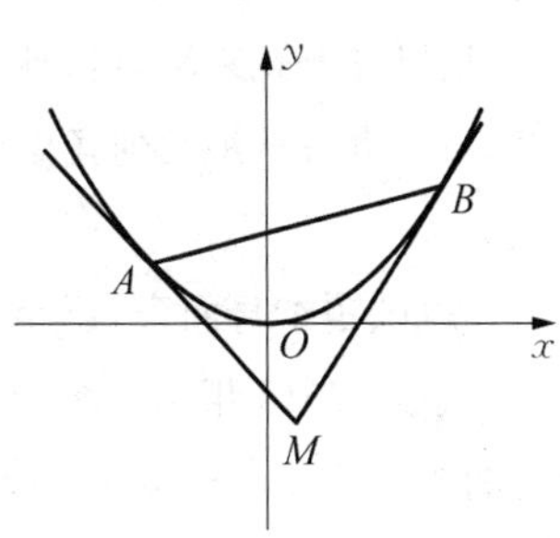

图 5

解: 由结论 1 可知过 $A(x_1,\ y_1)$、$B(x_2,\ y_2)$ 的切线方程分别为 $x_1x=p(y_1+y)$,$x_2x=p(y_2+y)$.

因为两条切线过点 $M(x_0,\ y_0)$,

所以 $\begin{cases} x_1x_0=p(y_1+y_0), \\ x_2x_0=p(y_2+y_0) \end{cases} \Rightarrow \begin{cases} x_1x_0=p\left(\dfrac{x_1^{\ 2}}{2p}+y_0\right), \\ x_2x_0=p\left(\dfrac{x_2^{\ 2}}{2p}+y_0\right). \end{cases}$

两式相减得 $2x_0=x_1+x_2$，即 A、M、B 三点的横坐标成等差数列.

变式 4: 如图 6，设抛物线的方程为 $x^2=2py(p>0)$，焦点为 F，若 $M\left(x_0,-\dfrac{p}{2}\right)$ 是抛物线准线上任意一点，过 M 引抛物线的切线，切点分别为 A、B. 若以点 $M\left(x_0,-\dfrac{p}{2}\right)$ 为圆心的圆 E 与直线 AB 相切，求圆 E 面积的最小值.

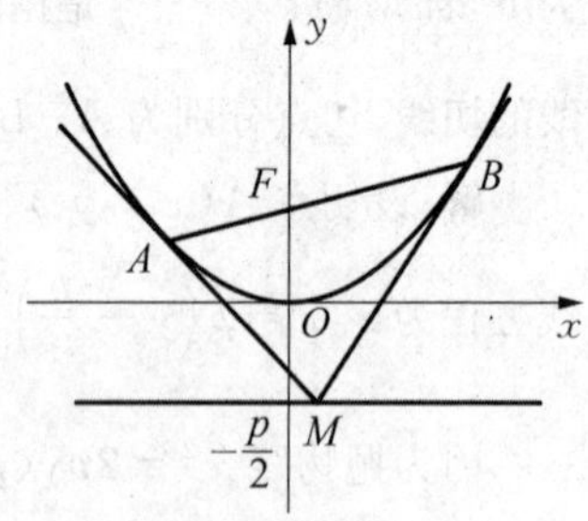

图 6

解: 过 A、B 的切点弦为 $x_0x=p\left(y-\dfrac{p}{2}\right)$，即 $x_0x-py+\dfrac{p^2}{2}=0$. 设圆 E 的圆心 M 到直线 AB 的距离为 r，则

$$r=\frac{\left|x_0^{\ 2}-p\times\left(-\dfrac{p}{2}\right)+\dfrac{p^2}{2}\right|}{\sqrt{x_0^{\ 2}+p^2}}=\frac{|x_0^{\ 2}+p^2|}{\sqrt{x_0^{\ 2}+p^2}}=\sqrt{x_0^{\ 2}+p^2}.$$

当 $x_0=0$ 时，$r_{\min}=p$，此时圆 E 面积的最小值为 πp^2.

（三）一题多说

我们从 2019 年高考全国Ⅲ卷文科数学第 21 题出发，挖掘了抛物线与其切线的内在联系，运用从特殊到一般的归纳思想，得到了切线公式、切点弦公式. 对抛物线的切线问题进行深入研究，数形结合，合理猜想，探究了切线与相交弦之间的关系，加深对抛物线中切线应用的理解，最终比较轻松地解决本题第（Ⅰ）问.

坐标法是解析几何最重要的思想方法，是解决直线与圆锥曲线的综合问题的有效方法，在解题的探索过程，培养了学生的发现能力、钻研能力. 本题涉及抛物线的标准方程、刻画过抛物线上任一点的切线方程的有关量，因此，可以对条件进行变式，也可以对结论进行变式. 从思维方式来看，可以顺向思维变式，也可逆向思维变式；从方法上来看，可以从纯代数角度变式，也可从纯几何角度变式. 如上述变式 4 中的结论还可以改为：直线 AM、BM 有何位置关系？

就试题本身而言，近年来涉及到切线方程的试题频频出现，如：

(1) (2015 年高考全国Ⅱ卷文科数学第 16 题) 已知曲线 $y=x+\ln x$ 在点 $(1,1)$ 处的切线与曲线 $y=ax^2+(a+2)x+1$ 相切，则 $a=$________.

试题解析: 由 $y'=1+\dfrac{1}{x}$ 可得曲线 $y=x+\ln x$ 在点 $(1,1)$ 处的切线斜率为 2，故切线方程为 $y=2x-1$，与 $y=ax^2+(a+2)x+1$ 联立得 $ax^2+ax+2=0$，显然 $a\neq0$，所以由 $\Delta=$

$a^2-8a=0$ 可得 $a=8$.

(2)(2016 年高考全国Ⅲ卷文科数学第 16 题)已知 $f(x)$为偶函数,当 $x\leqslant 0$ 时,$f(x)=e^{-x-1}-x$,则曲线 $y=f(x)$ 在点(1, 2) 处的切线方程是____________________.

试题解析: 当 $x>0$ 时,$-x<0$,则 $f(-x)=e^{x-1}+x$. 又因为 $f(x)$ 为偶函数,所以 $f(x)=f(-x)=e^{x-1}+x$, $f'(x)=e^{x-1}+1$,切线斜率为 $f'(1)=2$. 所以切线方程为 $y-2=2(x-1)$,即 $y=2x$.

三、学习体验

学生 1:本题其实可以直接用解析法来解,设 A、B 两点的坐标分别为(x_1, y_1)、(x_2, y_2),然后求出 A、B 两点处的切线,两条切线交于直线 $y=-\frac{1}{2}$ 之上,所以交点的纵坐标为$-\frac{1}{2}$.

学生 2:对于解析几何中常见的二级结论,除了老师归纳要求学生记忆或应用之外,我们学生在进行试题研究时可以自己去推理,因为这部分知识较为抽象,难以理解. 只有我们亲自去推导、去实践,或者借助多媒体动画,主动参与教学,在轻松愉快的环境中发现、获取新知,才能提高我们的学习效率.

四、教学反思

1. 对教学设计的反思

在教学设计中,为了解决这节课的核心内容,从大家熟悉的直线与圆相切入手. 一方面强化学生求切线方程的基本功,另一方面与抛物线联系起来,使学生有一种"熟悉""顿悟"的感觉,为学生自主探究和发现创造条件,为培养学生的实践能力和创新能力,构建一个探索性的学习空间.

2. 对知识考点的反思

平面内一点引曲线的两条切线,两切点所在直线的方程叫做曲线的切点弦方程. 切点弦方程是解析几何中的热点问题,也是高考命题热点之一. 随着导数的介入,它的内涵更加丰富. 本题从圆的切线入手,对圆锥曲线(椭圆、双曲线、抛物线)等常见的曲线的切点弦方程进行推导,再到一般的圆锥曲线的切点弦方程的结论,以及切点弦方程在近年来高考中的应用,让学生对"切点弦方程"的学习更深入和深刻.

3. 对试题设计的反思

直线与圆锥曲线联系在一起的综合题在高考中多以中档题、压轴题出现,主要涉及位置关系的判定、弦长问题、最值问题、对称问题、轨迹问题等. 突出考查了数形结合、分类讨论、函数与方程、等价转化等数学思想方法,对考生分析问题和解决问题的能力、计算能力较高,实现了拉开考生“档次”、有利于选拔的功能.

4. 对教学方法的反思

本课例的选题具有明显的层次性，由浅入深，所设计的问题以及引导学生进行探究过程的发问，都力求做到“把问题定位在学生认知的最近发展区”. 教师通过对问题的引申、变化，引起学生新的认知冲突，将对问题的讨论层层引向深入，重点突出、分析到位，基本实现了预期目标. 在此过程中，学生对圆锥曲线定义的认识不断深化，而且思维深刻性、创造性、科学性、批判性等良好品质得到了很好的训练，分析问题、解决问题的能力大大提高. 同时，教学方式的选择合理、高效，符合新课程理念. 设计的问题强调了基础性、探究性、层次性. 这种“探究—合作”式教学模式，使学生在“知识的获得过程”上不再是简单的“师传生受”，而是让学生依据自己已有的知识和经验主动地建构，实现了教师主导下的主体建构，其目的在于提高学生的解题能力、启迪思维、开阔视野.

五、一题一诗

切点之弦觅佳音，圆切引渡交错行.
拨开云雾现明月，曲直相交见真情.

“抛物线”小题解题教学课例

——以 2018 年高考全国Ⅲ卷理科数学第 16 题为例

蔡雪慧(贵州师范大学附属中学)

题名对联

笃志好学长见识不待著蔡

映雪读书燃慧炬厚积薄发

一、教学设计

(一) 知识要点

抛物线的定义,抛物线的方程,抛物线的几何性质,抛物线的切线方程,抛物线的切点弦方程.

真题再现: 已知点 $M(-1, 1)$ 和抛物线 C:$y^2=4x$,过 C 的焦点且斜率为 k 的直线与 C 交于 A、B 两点.若 $\angle AMB=90°$,则 $k=$________.

(二) 学习背景

1. 教材分析

“圆锥曲线与方程”是教材中的重点学习内容,其要求一是掌握它们的定义、标准方程、几何图形及简单性质;二是能解决一些与圆锥曲线有关的简单几何问题.

2. 学情分析

本课例基于学生已经学完圆锥曲线的全部内容,可运用于高考二、三轮复习,试题难度适中,适合学习能力中等及以上的学生学习.

3. 核心问题

(1) 如何巧设直线方程.

(2) 如何求解直线过定点的问题.

(3) 如何求解圆锥曲线与直线相交或相切时直线斜率的问题.

(4) 如何从习题中总结有效结论并运用其快速解题.

(5) 如何实现一般到特殊及特殊到一般的转化.

（三）教学目标

1. 知识技能目标

经历用代数方法和几何方法求解圆锥曲线小题的过程，充分复习与巩固抛物线、平面几何相关的知识，更深刻地掌握抛物线的定义、抛物线的方程、抛物线的几何性质，以及与解析几何相关的知识点.

2. 核心素养目标

(1) 经历整个思路产生的过程，体会图形中的数学抽象.

(2) 经历回答问题串，提升逻辑推理的数学素养.

(3) 经历关键词、关键图形的关联过程，感悟数学中的直观想象.

3. 长见识悟道理

长见识要求：(1) 对于抛物线中的定点、定值问题有解决的思路；(2)对于抛物线中的弦问题特别是焦点弦问题有更加快捷的解法；(3)能快速反应出用何种性质实现快速解题，及深层理解圆锥曲线的相关几何知识；(4)在推导结论的过程中对抛物线的一些相关定义及性质加深印象.

悟道理要求：(1) 在学习相关结论时，让学生自主推导、积极思考、感悟结论的形成过程；(2)在证明相关结论时，让学生不断巩固提高对问题的思考及解决问题的能力；(3)一些好用的结论并教老师给学生提出并要求学生熟悉，学生可以通过自己的思考自主发现一些优美的结论；(4)通过不同解法的对比学习，能领悟到解析几何问题的解决无非就是代数方法与几何方法，要敢于想象、肯于实践，才能感悟数学的美.

（四）教学重难点

教学重点：引导学生积极思考，从此高考题中总结抛物线的一些性质，整理出清晰的思路并加以证明运用.

教学难点：在每一个思路的形成过程中，确保观察问题的完整性，以及解决题目之后对知识与方法进行总结和升华.

（五）设计思路

引导学生对数学问题进行深层次的思考，激发学生学习数学的兴趣，提升数学思维能力，感受数学问题解决过程中的简洁美，提升数学素养，养成研究问题的习惯.

二、教学过程

（一）一题多解

1. 问题分析

(1) 数学情境是什么？——抛物线、直线.

(2) 求什么？——斜率 k.

(3) 如何求?

思路 1: 利用抛物线与直线的位置关系联立方程求解(通性通法).

思路 2: 利用抛物线的几何性质和方程求解.

思路 3: 利用抛物线的焦点弦性质和方程求解.

2. 解法分析

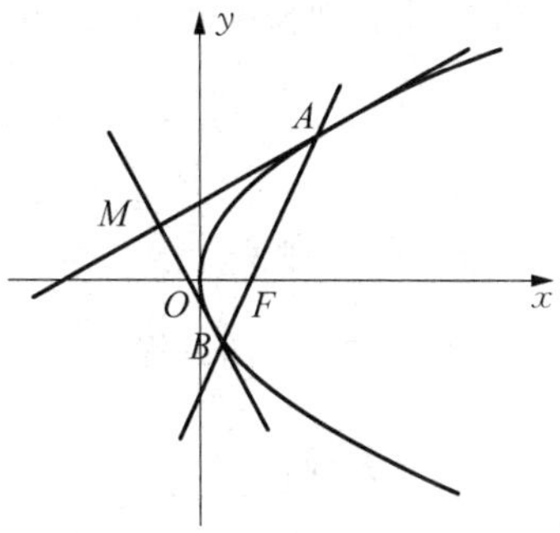

图 1

解法 1: 如图 1, $F_1(1,\ 0)$, 设 AB 的直线方程为 $x = ty + 1$.

联立方程 $\begin{cases} x = ty + 1, \\ y^2 = 4x, \end{cases}$ 消去 x, 得 $y^2 - 4ty - 4 = 0$.

设 $A(x_1,\ y_1)$, $B(x_2,\ y_2)$, 由韦达定理得

$$\begin{cases} y_1 + y_2 = 4t, \\ y_1 \cdot y_2 = -4. \end{cases}$$

由 $\angle AMB = 90°$, $M(-1,\ 1)$, 得

$$\begin{aligned} \overrightarrow{MA} \cdot \overrightarrow{MB} &= (x_1 + 1,\ y_1 - 1) \cdot (x_2 + 1,\ y_2 - 1) \\ &= x_1x_2 + x_1 + x_2 + 1 + y_1y_2 - (y_1 + y_2) + 1 \\ &= (ty_1 + 1)(ty_2 + 1) + ty_1 + 1 + ty_2 + 1 + y_1y_2 - (y_1 + y_2) + 2 \\ &= t^2y_1y_2 + t(y_1 + y_2) + 1 + t(y_1 + y_2) + y_1y_2 - (y_1 + y_2) + 4 \\ &= (t^2 + 1)y_1y_2 + (2t - 1)(y_1 + y_2) + 5 \\ &= -4(t^2 + 1) + 4t(2t - 1) + 5 \\ &= 4t^2 - 4t + 1 \\ &= 0. \end{aligned}$$

解得 $t = \dfrac{1}{2}$, 故 $k = 2$.

教学研讨:

(1) 题目条件涉及到过焦点 F 的弦的斜率问题, 同时题目中提及 MA 与 MB 垂直, 很容易联想到对应的向量的数量积为 0, 或 MA 与 MB 的斜率之积为 -1.

(2) 由于数量积与斜率都与 A、B 两点坐标相关, 所以涉及到直线与抛物线的公共点问题, 巧设直线 AB 方程规避直线 AB 的斜率存在与否的讨论, 让题目稍微降低了一些难度.

学习后记:

这个解法是解决直线与抛物线问题的通性通法, 只是在直线方程的设置上去规避斜率的讨论, 把垂直问题转化成两向量的数量积的关系, 通过解方程, 求出了 t 的大小, 即求出了 k 的大小.

解法 2：如图 2，因为 $M(-1,\ 1)$，所以点 M 在抛物线 $C: y^2=4x$ 的准线上.

又因为 $\angle AMB=90°$，所以点 M 在以 AB 为直径的圆 N 上，且抛物线准线与该圆相切于 M，则 M 为 PQ 的中点，其中 Q、P 分别为点 A、B 在抛物线准线上的射影.

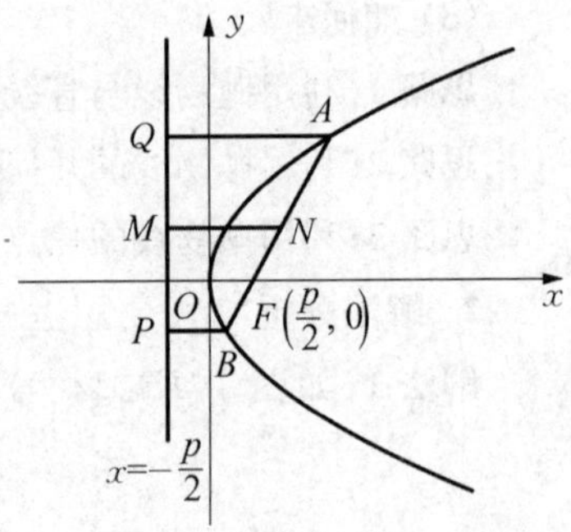

图 2

设 $A(x_1,\ y_1)$，$B(x_2,\ y_2)$，$Q\left(-\frac{p}{2},\ y_1\right)$，$P\left(-\frac{p}{2},\ y_2\right)$，则 $y_1+y_2=2$.

设直线 AB 的方程为 $x=ty+1$.

联立方程 $\begin{cases}x=ty+1,\\ y^2=4x,\end{cases}$ 消去 x，得 $y^2-4ty-4=0$.

由韦达定理，得 $\begin{cases}y_1+y_2=4t,\\ y_1\cdot y_2=-4.\end{cases}$

故 $4t=2$，得 $t=\frac{1}{2}$，$k=2$.

教学研讨：

(1) 这个解法是利用抛物线过焦点的弦的性质，以焦点弦为直径的圆与准线相切，因为点 M 在圆上且在抛物线准线上，快速得出圆心的纵坐标，即 AB 的中点纵坐标，这个解法利用了几何性质，优于解法 1.

(2) 抛物线的焦点弦的相关性质(抛物线中的一个特殊梯形性质)可作集中呈现.

如图 3，l 是抛物线 $y^2=2px(p>0)$ 的准线，过抛物线上 A、B 两点分别作 $AQ\perp l$，$BP\perp l$，垂足分别为 Q、P，设 PQ 的中点为 M，AB 中点为 N.

性质 1：$QF\perp PF$(如图 3).

性质 2：$AM\perp BM$，AM 平分 $\angle QAB$，BM 平分 $\angle PBA$(如图 4).

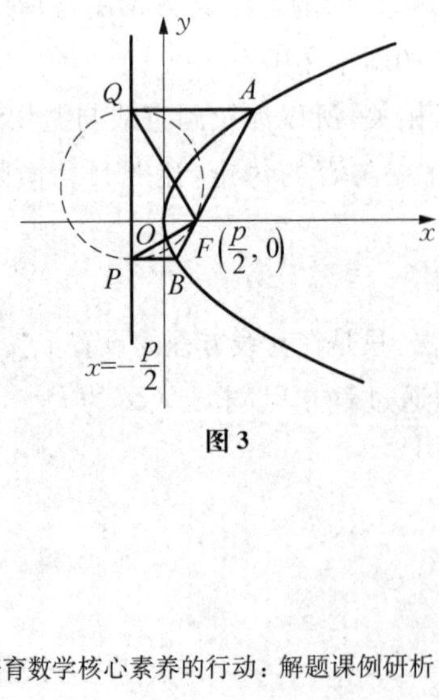

图 3

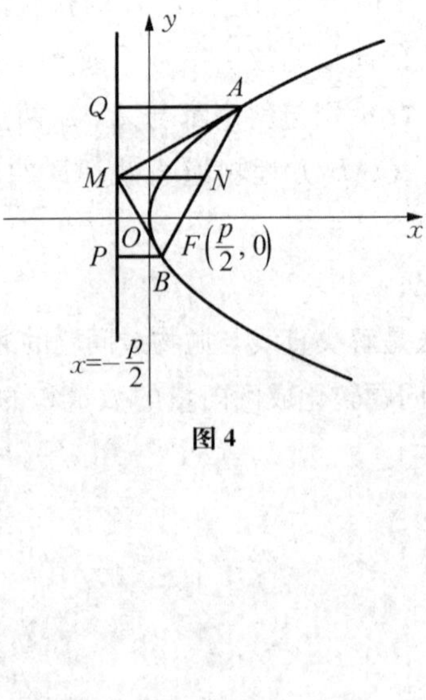

图 4

性质 3：$MF \perp AB$（如图 5）.

性质 4：$AM \parallel PF$，$BM \parallel QF$（如图 6）.

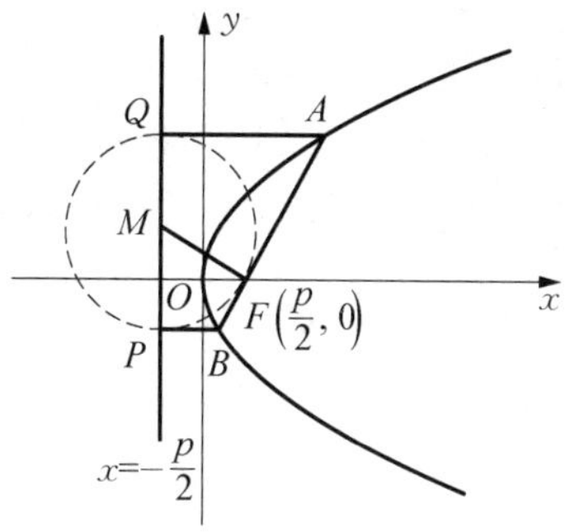

图 5

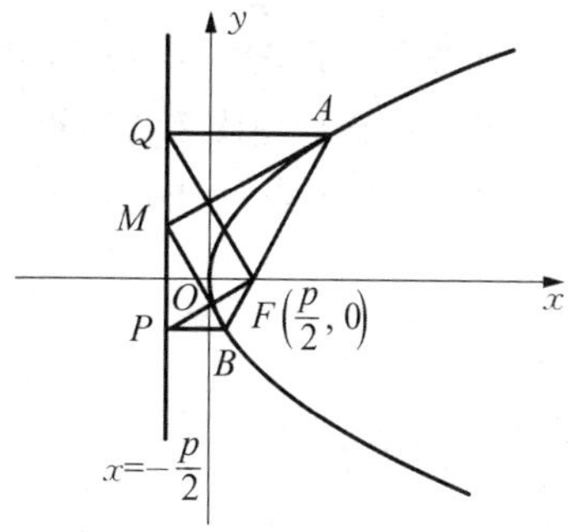

图 6

性质 5：如图 7，设点 A 关于 x 轴的对称点为 A'，E 为抛物线与 x 轴的交点，则 $\angle AEF = \angle BEF$，且点 A'、B、E 三点共线.

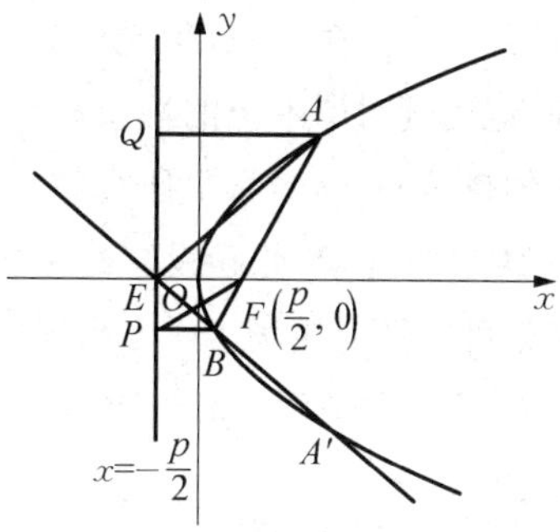

图 7

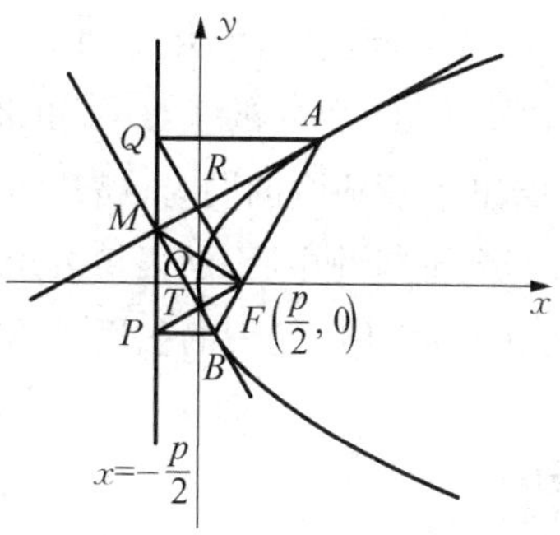

图 8

性质 6：如图 8，直线 AM 与 QF 交于点 R，直线 BM 与 PF 交于点 T，则：

(1) 四边形 $MRFT$ 为矩形.

(2) 直线 AM 和直线 BM 都与抛物线相切.

(3) R、T 在 y 轴上，R、T 分别为 QF、PF 的中点.

解法 3：由已知 $M(-1, 1)$，$F(1, 0)$，$k_{MF} = -\frac{1}{2}$，由以上性质可知 $k_{AB} = \frac{-1}{k_{MF}} = 2$.

解法 4：由已知 $M(-1, 1)$ 在抛物线的准线上，由以上性质可知，以 A、B 为切点的切点弦方程为 $y = 2(x-1)$，所以 $k_{AB} = 2$.

（二）一题多变

变式 1：点 $M(2, 1)$ 是抛物线 $x^2 = 2py$ 上的点，则以点 M 为切点的抛物线的切线方程为__________.

解析:将点 $M(2, 1)$代入抛物线 $x^2=2py$,得 $p=2$,故以 M 为切点的切线方程为 $2x=2(y+1)$,即 $x-y-1=0$.

变式 2:已知点 $P(-3, 2)$在抛物线 C:$y^2=2px(p>0)$ 的准线上,过点 P 的直线与抛物线 C 相切于 A、B 两点,则直线 AB 的斜率为 ________.

解法 1: $P(-3, 2)$在抛物线 C:$y^2=2px(p>0)$ 的准线上,故 $p=6$,抛物线方程为 C:$y^2=12x$. 由以上性质知 AB 的中点纵坐标为 2,且 AB 过抛物线的焦点 $F(3, 0)$,故设 AB 的方程为 $x=ky+3$,联立 $\begin{cases}x=ky+3,\\ y^2=12x,\end{cases}$ 得 $y^2-12ky-36=0$. 由韦达定理得 $y_1+y_2=12k$, $6k=2$, $k=\frac{1}{3}$,故直线 AB 的斜率为 3.

解法 2:$P(-3, 2)$在抛物线 C:$y^2=2px(p>0)$ 的准线上,故 $p=6$,由切点弦方程可得 AB 的直线方程为 $2y=6(x-3)$,故 $k_{AB}=3$.

(三) 一题多说

客观地说,2018 年高考全国Ⅲ卷理科数学第 16 题是该套试卷中比较有区分度的一道题,很多学生在解决这个问题时,利用通性通法虽然得出了正确答案,但至少花了 5 至 10 分钟. 如果我们把功夫用在平时的复习中,更多的时间运用到对课本上的性质研究与拓展上,会让学生在发现结论获得愉悦的同时,提升学习数学的自信心,培养学生研究数学的态度. 关于抛物线的焦点弦所形成的梯形,是很多关于抛物线命题的背景,此题设置的抛物线中的特殊梯形性质难度并不大,平时功夫的积累在关键时候就可以派上用场.

三、学习体验

学生 1:一开始拿到这个题本能想到的也就只有常规解法了,也就是设直线方程后联立方程,利用垂直里的斜率之积为-1或者向量数量积为 0 求解. 但是通过这次课上老师的讲解后我学习到了很多高效的方法,让我能快速解决类似的问题了.

学生 2:一直以来感觉自己对解这种解析几何的问题总是找不到方法,有时觉得计算繁琐总是会选择性放弃这道题,但是今天让我受益良多,感觉重新找回了解决此类问题的信心.

学生 3:我发现了点 M 在抛物线的准线上,但是当时没有深究这个问题的拓展性质,看来我们在学习过程中还是要不断摸索探究,才能"秒解"一些题,为我们的考试节省大量时间.

学生 4:哇! 这节课信息量太大太有用了,我回去要好好消化消化,看看能不能在老师讲的这部分性质内容上再挖掘一下.

四、教学反思

我们究竟该让学生在学习过程中学到些什么? 现在很多学生觉得数学难学又不得不学,

找不到学习的乐趣，所以非常无奈，很多人一旦摆脱了数学就有解放的感觉. 有时是我们老师把数学教得太无趣了，带领学生见识到数学的美是笔者一直努力在做的事. 把复杂问题简单化、特殊问题一般化，让学生在学习中体会到发现结论的快感，思维得到提高和升华，学习数学的兴趣越来越浓. 每一节课都会觉得意犹未尽，课堂的延续性会很强，高中毕业后还会萌生上大学进一步学习数学的想法. 这是时代对数学人的期待，我们既要让学生掌握解决问题的通性通法，又要启迪学生探求更多的解决问题的途径，以便掌握更加简捷的办法，同时提升自己解决问题的能力. 高考是源于教材又高于教材的考试，若我们的教学照本宣科禁锢在一个思维水平上，没把学生的潜力激发和挖掘出来，可能会埋没每一个有数学潜力和才华的人.

五、一题一诗

灵巧善变焦点弦，婀娜多姿舞蹁跹.
面积距离常相伴，性质奇妙美名传.
切弦三角谱新篇，衍生好题溯千年.
但使情寄抛物线，独闯解析擎一天.

“解析几何”解题教学课例

——以 2019 年高考全国Ⅲ卷理科数学第 21 题为例

李明健，史纯清（贵州省高中数学李明健名师工作室）

题名对联

明心智应学数理逻辑至纯　健脑力需练学科思维于清

纯情如水岁月印痕都有乘除加减　清梦是风人生轨迹尽在曲线方程

一、教学设计

（一）知识点

直线与圆锥曲线相交问题.

真题再现： 已知曲线 $C: y=\frac{x^2}{2}$，D 为直线 $y=-\frac{1}{2}$ 上的动点，过 D 作 C 的两条切线，切点分别为 A、B.

（Ⅰ）证明：直线 AB 过定点.

（Ⅱ）若以 $E\left(0, \frac{5}{2}\right)$ 为圆心的圆与直线 AB 相切，且切点为线段 AB 的中点，求四边形 $ADBE$ 的面积.

（二）学习背景

1. 教材分析

平面解析几何既是一种重要的数学思想，也是一种重要的数学方法，其核心是数形结合思想方法，这一思想在初等数学的其他领域也有广泛的应用，是高考考查的重点和热点. 主要是考查圆的方程、圆锥曲线的方程及其简单几何性质、直线与圆锥曲线的综合性问题，因此有必要将其作为高三复习的“一题一课”展开教学.

2. 学情分析

学生对直线与圆锥曲线的综合问题有心理障碍，往往比较害怕，容易放弃，尤其是定点、定值问题和探索性问题. 究其原因，解析几何本身的概念较其他数学概念要复杂得多，学生对于解析几何知识只是机械式记忆，对于解析几何的解题思想只是模仿式地接受，对于解析几何的解题方法只是套路式寻找,根本不能灵活式应用其思想解题,从而使学生对解析几何产生畏难情绪,进而消极面对后续学习和解题.本课例根据学生实际情况,引导学生归纳解析几何常用的解题思路,然后用问题情境引导学生进行一题多解的思考.

3. 核心问题

本课例的内容是直线与圆锥曲线的综合问题,核心问题是引导学生归纳解析几何中定点问题、面积问题常用的解题思路和方法.

(三)课时目标

1. 知识技能目标

通过对试题的研究,引导学生检查自身对平面解析几何基础知识的掌握情况,以及对解析几何常见的定点、定值问题的解决能力.能够熟练应用韦达定理、弦长公式等平面几何知识和技能解决直线与圆锥曲线的综合问题.

2. 核心素养目标

通过学习研究,训练学生的思维能力,提升学生逻辑推理、直观想象、数学运算、数据处理素养,以此增强学生自信心.

(四)教学重难点

教学重点:直线与圆锥曲线综合问题的解题思路,运算能力的提升.

教学难点:引导学生探寻直线与圆锥曲线常用的解题思路.

(五)设计思路

采用问题情境教学法,通过对高考真题的解法进行分析,体会平面解析几何问题解决的基本模式.并通过对真题进行变式和拓展,引导学生总结该类问题常用的解题思路,从而提升学生逻辑推理、数学运算、数学抽象、数据处理等方面的素养.

二、教学过程

(一)一题多解

1. 第(Ⅰ)问的解法

解法 1:(抽象法)

思路设计:通过提问,引导学生思考如何求直线 AB 方程.首先思考曲线在点 $A(x_1, y_1)$、$B(x_2, y_2)$处的切线的斜率求法有几种,然后得出点 A、B 应该满足的条件 $f(x_1, y_1)=0$、$f(x_2, y_2)=0$,最后根据满足的条件抽象出直线 AB 的方程 $f(x, y)=0$,继而得出定点.

问题 1:直线过定点是什么意思?

生:就是直线方程含有参数,参数取值不同,直线不同,但这些直线都过同一个点.

问题 2:能否举出直线过定点的例子?

生 1:例如直线 $y=k(x-2)+1$,当直线的斜率不同时,表示的直线不同,但这些直线都过点$(2, 1)$.

生 2:例如直线 $mx+y-m+1=0$ 恒过点$(1, -1)$.

生 3:直线 $x+ty+1=0$ 恒过点$(-1, 0)$.

问题 3:怎么确定以上直线过的定点?

生:对 x 或 y 赋值,设法消掉参数,即得定点.

问题 4:本题第(Ⅰ)问的直线 AB 有什么特点?

生:因为 A、B 两点由 D 的变化而改变,即直线 AB 是动直线.

问题 5:既然直线 AB 是动直线,那它是否会过定点?

生:D 的横坐标是一个未知数(可设为参数),因此直线 AB 的方程含有参数,而这个参数就是 D 的横坐标,求出直线 AB 的参数方程,即得定点.

问题 6:怎样求直线 AB 的参数方程?

生 1:寻找 $A(x_1, y_1)$、$B(x_2, y_2)$满足的条件 $f(x_1, y_1)=0$、$f(x_2, y_2)=0$,则直线 AB 的方程为 $f(x, y)=0$.

生 2:求出切线 DA、DB 方程,联立解出 D 点坐标,寻找 D 点坐标与$A(x_1, y_1)$、$B(x_2, y_2)$坐标之间的关系,最后得出直线 AB 的方程.

问题 7:求曲线 $C: y=\frac{x^2}{2}$ 在点 A、B 的切线的斜率有几种方法?

生:有 2 种方法,导数法和两点法,设 $A(x_1, y_1)$, $B(x_2, y_2)$, $D\left(t, -\frac{1}{2}\right)$,由 $y'=x$ 或 $k=\frac{y_1+\frac{1}{2}}{x_1-t}$ 求出切线斜率.

问题 8:切点 $A(x_1, y_1)$、$B(x_2, y_2)$应该满足什么条件?

生:$x_1^2=2y_1$, $x_2^2=2y_2$.

问题 9:$A(x_1, y_1)$、$B(x_2, y_2)$除了满足上述条件,还需满足其他条件吗?

生:$k_{DA}=y'|_{x=x_1}$, $k_{DB}=y'|_{x=x_2}$(教师作适当引导).

则 $\frac{y_1+\frac{1}{2}}{x_1-t}=x_1$,即 $2tx_1-2y_1+1=0$.

同理可得 $2tx_2-2y_2+1=0$.

可得直线 AB 的方程为 $2tx-2y+1=0$.

从而直线 AB 过定点$\left(0, \frac{1}{2}\right)$,此点就是抛物线 $y=\frac{x^2}{2}$ 的焦点.

教学研讨: 引导学生寻求直线 AB 的方法,即寻找 $A(x_1, y_1)$、$B(x_2, y_2)$满足的条件 $f(x_1, y_1)=0$、$f(x_2, y_2)=0$,则直线 AB 的方程为 $f(x, y)=0$. 需要值出的是 $A(x_1, y_1)$、$B(x_2, y_2)$ 满足的条件中,对应法则必须是一致的. 这个方法比较抽象,需要老师作引导,不过此法对于提升学生的数学抽象能力有帮助. 一部分学生很难理解当"$A(x_1, y_1)$、$B(x_2, y_2)$满足的条件 $f(x_1, y_1)=0$、$f(x_2, y_2)=0$,则直线 AB 的方程为 $f(x, y)=0$"这一逻辑推理过程,必须给出一些学生比较熟悉的例子加以说明. 例如:若点 $M(x_1, y_1)$、$N(x_2, y_2)$满足 $2x_1+3y_1-4=0$,且 $2x_2+3y_2-4=0$,则点 $M(x_1, y_1)$、$N(x_2, y_2)$在直线 $2x+3y-4=0$ 上,即直线 MN 的方程为 $2x+3y-4=0$(理由:两点确定一条直线).

解法 2:(直接法)

思路设计:直接引导学生求出切线方程.

问题 10:曲线 $C: y=\frac{x^2}{2}$ 在点 A 处的切线方程怎么求?

生:求 $y=\frac{x^2}{2}$ 的导数,得 $y'=x$.

设 $A(x_1, y_1)$,则 $k_{AD}=x_1$,所以切线 AD 的方程为 $y=x_1x-\frac{x_1^2}{2}$.

生:同理可得点 B 处的切线 BD 的方程 $y=x_2x-\frac{x_2^2}{2}$.

问题 11:思考如何用已知条件及切线 AD、BD 方程找关系?

生:点 D 的纵坐标为 $-\frac{1}{2}$,可将切线 AD、BD 方程联立的求 $y_D=\frac{1}{2}x_1x_2$ 即得关系 $x_1x_2=-1$.

问题 12:如何写出直线 AB 的方程?

生:直线 AB 的方程可写为

$$y-y_1=\frac{y_1-y_2}{x_1-x_2}(x-x_1).$$

化简,得

$$y-\frac{x_1^2}{2}=\frac{\frac{x_1^2}{2}-\frac{x_2^2}{2}}{x_1-x_2}(x-x_1),$$

$$y-\frac{x_1^2}{2}=\frac{1}{2}(x_1+x_2)(x-x_1),$$

$$y=\frac{1}{2}(x_1+x_2)x+\frac{1}{2}.$$

于是得到直线 AB 过定点$\left(0, \frac{1}{2}\right)$.

教学研讨: 利用点斜式求直线 AB 的方程,可取点 $A(x_1, y_1)$、$B(x_2, y_2)$求得斜率 k,然后根据点斜式方程的模型写出直线 AB 的方程 $y-y_1=\frac{y_1-y_2}{x_1-x_2}(x-x_1)$,再利用条件 $y_1=\frac{x_1^2}{2}$、$y_2=\frac{x_2^2}{2}$ 以及 $x_1x_2=-1$ 对方程进行化简. 这里的难点就是学生想不到 $x_1x_2=-1$ 这个

关系，另外部分学生想不到要对直线 AB 的方程 $y-y_1=\frac{y_1-y_2}{x_1-x_2}(x-x_1)$ 进行化简才能得出定点，因此在教学过程中教师要引导学生思考. 第一步只有把 $y-y_1=\frac{y_1-y_2}{x_1-x_2}(x-x_1)$ 中的参数 y_1、y_2 消掉才便于观察直线 AB 所过的定点，即消参思想. 第二步思考消掉参数 y_1、y_2 需要哪些条件？即化归思想. 尽可能根据已知找出可能的条件，因为我们未知化简过程中需要哪些条件，这一步非常关键，因此要引导学生考虑到切线方程 AD：$y=x_1x-\frac{x_1^2}{2}$ 与 BD：$y=x_2x-\frac{x_2^2}{2}$ 联立，解得交点的纵坐标 $y_D=\frac{1}{2}x_1x_2=-\frac{1}{2}$，换句话说就是要根据题设尽可能找出条件.

2. 第(Ⅱ)问的解法

思路设计：通过提问，引导学生思考，根据第(Ⅰ)问结论设出直线 AB 方程 $y=kx+\frac{1}{2}$，然后利用 $\overrightarrow{EQ}\perp\overrightarrow{AB}$（$Q$ 为切点）可求出 k，继而可求弦长 $|AB|$ 及 E、D 到直线 AB 的距离 d_E、d_D，从而四边形 $ADBE$ 的面积 $S=S_{\triangle ABE}+S_{\triangle ABD}=\frac{1}{2}|AB|(d_E+d_D)$（如图 1).

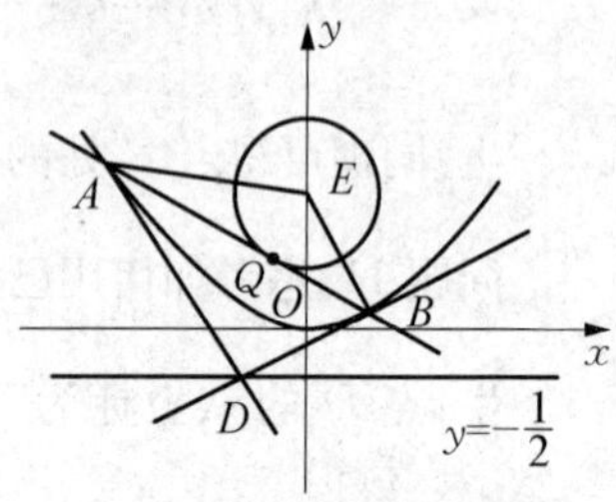

图 1

问题 1：我们在平面几何中求非特殊四边形的面积是怎么处理的？

生：把四边形分割成两个三角形，求两个三角形的面积之和即可，当然这两个三角形面积是可以根据已知条件求出的.

问题 2：观察图形，思考本题中的四边形 $ADBE$ 的面积怎样求？

生：将四边形 $ADBE$ 分割成 $\triangle ABE$ 和 $\triangle ABD$，四边形 $ADBE$ 的面积

$$S=S_{\triangle ABE}+S_{\triangle ABD}=\frac{1}{2}|AB|(d_E+d_D).$$

问题 3：如何求 $|AB|$、d_E、d_D？

生：$|AB|=\sqrt{(x_1+x_2)^2-4x_1x_2}\cdot\sqrt{1+k^2}$，关键是求出直线 AB 的斜率，继而可求 d_E、d_D，所以解决此问的关键是求直线 AB 的斜率.

问题 4：直线 AB 的斜率是否确定？

生：由第(Ⅰ)问可知，直线 AB 过定点 $\left(0,\frac{1}{2}\right)$，且直线 AB 的斜率存在，而此时以 $E\left(0,\frac{5}{2}\right)$ 为圆心的圆与直线 AB 相切，那么直线 AB 的斜率是确定的.

问题 5：如何根据条件确定直线 AB 的斜率？

生：利用直线 AB 与圆 E 相切这个条件求出直线 AB 的斜率.

问题 6：在直线与圆的位置关系中，当直线与圆相切时，会得出什么结论？

生：①圆心到直线的距离等于半径；②过圆心和切点的直线与切线垂直.

问题 7：请同学们根据上述讨论思考求直线 AB 斜率的具体思路？

生 1：设圆 E 与直线 AB 相切于 Q 点，由（Ⅰ）可知 $Q\left(k,\ k^2+\frac{1}{2}\right)$，利用两点间距离公式求出 $|EQ|$，再求点 $E\left(0,\ \frac{5}{2}\right)$ 到直线 AB：$y=kx+\frac{1}{2}$ 的距离 d，由 $|EQ|=d$，可解得 $k=0$ 或 $k=\pm 1$.

生 2：设圆 E 与直线 AB 相切于 Q 点，利用 $k_{AB}\cdot k_{EQ}=-1$ 即可求得直线 AB 的斜率.

生 3：设圆 E 与直线 AB 相切于 Q 点，利用 $\overrightarrow{EQ}\perp\overrightarrow{AB}$，即可求出 $k=0$ 或 $k=\pm 1$.

教学研讨： 根据学生思考与回答，本题关键是求直线 AB 的斜率，并且可得出三种求直线 AB 斜率的方法. 第一种方法是常规解法——代数法，即用圆心到直线的距离等于半径列方程解出 k. 第二种方法是几何法，利用 $k_{AB}\cdot k_{EQ}=-1$ 列方程即可求得直线 AB 的斜率. 第三种方法是向量法，设圆与直线 AB 相切于 Q 点，由（Ⅰ）可知 $Q\left(k,\ k^2+\frac{1}{2}\right)$，利用 $\overrightarrow{EQ}\perp\overrightarrow{AB}$ 列出方程即可解得 k. 我们重点要求学生掌握代数法，其次是几何法，原因是这两种方法一般学生比较容易接受，而对于向量法可以要求思维层次较高的学生领会其思想.

解法 1：（代数法）

设圆 E 与直线 AB 相切于 Q 点，直线 AB 的方程为 $y=kx+\frac{1}{2}$.

由（Ⅰ）可知 $Q\left(k,\ k^2+\frac{1}{2}\right)$.

∵圆 E 的半径 $|EQ|$ 与点 E 到直线 AB 的距离相等，且

$$|EQ|=\sqrt{k^2+\left(k^2+\frac{1}{2}-\frac{5}{2}\right)^2}=\sqrt{k^4-3k^2+4},$$

E 到直线 AB 的距离

$$d=\frac{\left|-\frac{5}{2}+\frac{1}{2}\right|}{\sqrt{1+k^2}}=\frac{2}{\sqrt{1+k^2}},$$

∴ $\sqrt{k^4-3k^2+4}=\frac{2}{\sqrt{1+k^2}}$，解得 $k=0$ 或 $k=\pm 1$.

当 $k=0$ 时，易知 $|AB|=2,\ d_E=2,\ d_D=1$.

则四边形 $ADBE$ 的面积

$$S=S_{\triangle ABE}+S_{\triangle ABD}=\frac{1}{2}|AB|(d_E+d_D)=3.$$

当 $k=\pm 1$ 时，D 的坐标为 $\left(\pm 1,\ -\frac{1}{2}\right)$.

易知 $|AB|=\sqrt{(x_1+x_2)^2-4x_1x_2}\cdot\sqrt{1+k^2}=\sqrt{(\pm 2)^2+4}\cdot\sqrt{1+(\pm 1)^2}=4$,

$$d_D=\frac{\left|1+\frac{1}{2}+\frac{1}{2}\right|}{\sqrt{2}}=\sqrt{2},\ d_E=\frac{\left|\frac{1}{2}-\frac{5}{2}\right|}{\sqrt{2}}=\sqrt{2}.$$

则四边形 $ADBE$ 的面积

$$S=S_{\triangle ABE}+S_{\triangle ABD}=\frac{1}{2}|AB|(d_E+d_D)=4\sqrt{2}.$$

解法 2:(几何法)

设圆 E 与直线 AB 相切于 Q 点，直线 AB 的方程为 $y=kx+\frac{1}{2}$.

由(Ⅰ)可知 $Q\left(k,\ k^2+\frac{1}{2}\right)$，当 $k\neq 0$ 时，$k_{EQ}=\frac{k^2+\frac{1}{2}-\frac{5}{2}}{k}$.

于是由 $k\cdot k_{EQ}=-1$ 可得 $k\cdot\frac{k^2+\frac{1}{2}-\frac{5}{2}}{k}=-1$，所以 $k=\pm 1$.

同解法 1，四边形 $ADBE$ 的面积

$$S=S_{\triangle ABE}+S_{\triangle ABD}=\frac{1}{2}|AB|(d_E+d_D)=4\sqrt{2}.$$

当 $k=0$ 时，直线 EQ 即 y 轴，此时 $d_E=|EQ|=2,\ d_D=1,\ |AB|=2$.
四边形 $ADBE$ 的面积

$$S=S_{\triangle ABE}+S_{\triangle ABD}=\frac{1}{2}|AB|(d_E+d_D)=3.$$

解法 3:(向量法)

设直线 AB 的方程为 $y=kx+\frac{1}{2}$，则其方向向量为 $\vec{e}=(1,\ k)$.

设圆 E 与直线 AB 相切于 Q 点，由(Ⅰ)可知 $Q\left(k,\ k^2+\frac{1}{2}\right)$, $\overrightarrow{EQ}=(k,\ k^2-2)$, $\overrightarrow{AB}=\lambda(1,\ k)$(其中 $\lambda\neq 0$).
因 $\overrightarrow{EQ}\perp\overrightarrow{AB}$，故 $k+(k^2-2)k=0$，解得 $k=0$ 或 $k=\pm 1$.
当 $k=0$ 时，易知 $|AB|=2,\ d_E=2,\ d_D=1$.
则四边形 $ADBE$ 的面积

$$S=S_{\triangle ABE}+S_{\triangle ABD}=\frac{1}{2}|AB|(d_E+d_D)=3.$$

当 $k=\pm\frac{1}{2}$ 时,D 的坐标为 $\left(\pm 1,-\frac{1}{2}\right)$.

易知 $|AB|=\sqrt{(x_1+x_2)^2-4x_1x_2}\cdot\sqrt{1+k^2}=\sqrt{(\pm 2)^2+4}\cdot\sqrt{1+(\pm 1)^2}=4$,

$$d_D=\frac{\left|1+\frac{1}{2}+\frac{1}{2}\right|}{\sqrt{2}}=\sqrt{2},\ d_E=\frac{\left|\frac{1}{2}-\frac{5}{2}\right|}{\sqrt{2}}=\sqrt{2}.$$

则四边形 $ADBE$ 的面积 $S=S_{\triangle ABE}+S_{\triangle ABD}=\frac{1}{2}|AB|(d_E+d_D)=4\sqrt{2}$.

教学研讨: 通过提问让学生与教师在思维上产生互动,顺理成章得出求解四边形 $ADBE$ 的面积的方法. 一般来说,在平面解析几何中,求四边形的面积,往往要把四边形分割成两个三角形,利用三角形的面积公式进行求解,例如此问中四边形 $ADBE$ 可分割成 $\triangle ABD$ 和 $\triangle ABE$. 最后求解面积的问题转化为求弦长和点到直线的距离的问题,而这些都是基本的问题,即复杂的问题转化为简单的问题. 最后这个问题归结为确定直线 AB 斜率的问题,由于不同的学生思考求斜率 k 的切入点不一样,产生三种不同的解法. 因此,在教学中教师尽量不要包办,让学生积极主动思考,使其思维得到发展. 在这三种方法中,解法 1 是最常规的解法,学生容易理解和掌握,但计算较繁琐. 解法 2 是几何法,比解法 1 更简洁,学生更容易理解,计算量也不大,不过学生容易忽略直线 AB 斜率为 0 的情况,这点是学生的失分点,必须要重点说明. 解法 3 事实上思路与解法 2 如出一辙,只是借助向量这个工具进行计算,避开解法 2 容易失误的地方,不过计算量相对来说比较大. 综上所述,三种方法在教学中必须跟学生突出地说明其中的利与弊,尤其是解法 2,毕竟是几何问题,往往我们用几何方法更容易解决,但经常忽视曲线和方程之间的对立统一关系.

(二) 一题多变

1. 第(Ⅰ)问变式

变式 1: 已知曲线 C:$y=\frac{x^2}{2}$,D 为直线 $y=-1$ 上的动点,过 D 作 C 的两条切线,切点分别为 A、B,证明:直线 AB 过定点.

教学研讨: 这个变式在考查点上与原题没有多大区别,但有了这个问题,学生会思考"过曲线外一点 D 作曲线的两条切线 DA、DB,直线 AB 是否都会过定点?"这个问题,那么教师就可以再让学生思考:"过曲线 $y^2=2px\ (p>0)$ 外一点 $D(x_0,y_0)$ 作曲线的两条切线 DA、DB,求此时直线 AB 的方程."进而思考:"过曲线上一点 D 作曲线的切线 DA,直线 DA 是否都会过定点? 切线 DA 的方程是什么?"于是就可得到变式 2 和变式 3.

变式 2: 过曲线 $y^2=2px\ (p>0)$ 外一点 $D(x_0,y_0)$ 作曲线的两条切线 DA、DB,求此时直线 AB 的方程.

变式 3: 过曲线 $y^2=2px\ (p>0)$ 上一点 $D(x_0,y_0)$ 作曲线的切线 DA,求此时直线 DA 的方程.

教学研讨: 上面的变式,其实就是所谓"阿基米德三角形"的二级结论,可让学生自己证明,为今后解决问题打下坚实的基础,同时培养学生善于思考问题、发现问题、提出问题的良好习惯,提升数学素养.完成上面的证明,可以让学生研究问题:过曲线 $\frac{x^2}{a^2}\pm\frac{y^2}{b^2}=1(a>0,b>0)$ 外一点 $D(x_0, y_0)$ 作曲线的两条切线 DA、DB,求此时直线 AB 的方程;过曲线$\frac{x^2}{a^2}\pm\frac{y^2}{b^2}=1(a>0, b>0)$ 上一点 $D(x_0, y_0)$ 作曲线的切线 DA,求此时直线 DA 的方程.为了提高学生的认识,增加学生的研究兴趣,可以增加变式 4 的研究.

变式 4: 设抛物线 $y^2=2px(p>0)$,弦 AB 过焦点 F,过 A、B 分别作抛物线的两条切线,求证:两切线的交点 P 必在抛物线的准线上.

2. 第(Ⅱ)问变式

变式 1: 求$\triangle ABD$ 面积的最小值.

变式 2: y 轴正半轴上的是否存在一个点 E,使得以 E 为圆心的圆与直线 AB 相切,切点为线段 AB 的中点,且四边形 $ADBE$ 的面积为 $4\sqrt{2}$?若存在,求直线 AB 的方程;若不存在,请说明理由.

教学研讨: 变式 1 学生完成之后,教师可以给出更一般性的问题:已知曲线 $C:y^2=2px(p>0)$,D 为直线 $x=-\frac{p}{2}$ 上的动点,过 D 作C 的两条切线,切点分别为 A、B,求$\triangle ABD$ 面积的最小值(答案 p^2).变式 2 在解题思路上相对原题没有多大变化,不过问题变成了双变量的探究性问题,难度加大,有利于提升学生逻辑推理、数学运算等方面的数学素养.

变式 3: (2019 年高考全国Ⅲ卷文科第 21 题)已知曲线 $C:y=\frac{x^2}{2}$,D 为直线$y=-\frac{1}{2}$上的动点,过 D 作C 的两条切线,切点分别为 A、B.

(Ⅰ) 证明:直线 AB 过定点.

(Ⅱ) 若以 $E\left(0, \frac{5}{2}\right)$为圆心的圆与直线 AB 相切,且切点为线段 AB 的中点,求该圆的方程.

教学研讨: 第(Ⅰ)问不再赘述.第(Ⅱ)问是求圆 E 的方程,可以引导学生思考:确定圆的要素有哪些?(圆心和半径)而已知圆心 $E\left(0, \frac{5}{2}\right)$,因此本题只需求出半径即可.对于文科生来说,此问虽然看似简单,不过大部分学生都不知道圆心和切点连线段就是半径,因此教师要通过提问复习的方式引导学生突破这一关键点,明白半径等于圆心 E 到直线AB 的距离,由此可得出多种求半径的解法.但是无论哪一种解法的关键都要求直线 AB 的斜率k,这样一来问题的解决方法就与理科试题一致了.

3. 高考中类似问题举例

历年考题中,与此题类似的问题较多.类似的客观题,例如 2018 年高考全国卷Ⅲ理科数学第 16 题：已知点 $M(-1,\ 1)$ 和抛物线 $C: y^2=4x$，过 C 的焦点且斜率为 k 的直线与 C 交于 A、B 两点，若 $\angle AMB=90°$，则 $k=$________.

再如 2014 年高考全国Ⅱ卷第 10 题：(文科)设 F 为抛物线 $C: y^2=3x$ 的焦点，过 F 且倾斜角为 $30°$ 的直线交 C 于 A、B 两点，$|AB|=$(　　).

A. $\dfrac{\sqrt{10}}{3}$　　B. 6　　C. 12　　D. $7\sqrt{3}$

(理科)设 F 为抛物线 $C: y^2=3x$ 的焦点，过 F 且倾斜角为 $30°$ 的直线交 C 于 A、B 两点，O 为坐标原点，则 $\triangle OAB$ 的面积为(　　).

A. $\dfrac{3\sqrt{3}}{4}$　　B. $\dfrac{9\sqrt{3}}{8}$　　C. $\dfrac{63}{32}$　　D. $\dfrac{9}{4}$

类似的主观题如 2017 年高考全国卷Ⅲ第 20 题：已知抛物线 $C: y^2=2x$，过点 $(2,\ 0)$ 的直线 l 交 C 与 A、B 两点，圆 M 是以 AB 为直径的圆.

(Ⅰ) 证明：坐标原点在圆 M 上.

(Ⅱ) 设圆 M 过点 $P(4,\ -2)$，求直线 l 与圆 M 的方程.

（三）一题多说

本题考查抛物线的简单几何性质、直线与抛物线的位置关系，考查数形结合思想和化归与转化思想，考查的核心素养是逻辑推理、直观想象、数学运算等.

本题设计不是机械地考查学生的知识和能力，而是考查学生综合运用学科知识处理并解决复杂问题的综合品质，其中蕴含的学科素养集中体现了数学学科应注重培养和塑造学生的思维方法、价值观念这一目标. 圆锥曲线的定点问题是常见的一种高考题型，解决这类问题的关键就是引进参变量表示直线方程、数量积、比例关系等，根据所得的条件等式，进行代数恒等变换寻找不受参数影响的量即为定点.

如果学生有一定的知识背景——“阿基米德三角形”的性质，此题(Ⅰ)问中直线过定点问题可先有心目中的“定点”，然后通过逆向思维、合情推理即可得出. 但要留意曲线上切线方程的二级结论：

(1) 若点 $P(x_0,\ y_0)$ 在曲线 $y^2=2px$ 外，过该点作曲线的两条切线 PA、PB，则直线 AB 的方程为 $y_0y=p(x+x_0)$.

(2) 若点 $P(x_0,\ y_0)$ 在曲线 $y^2=2px$ 上，过该点作曲线的切线 PA，则直线 PA 所在的直线方程为 $y_0y=p(x+x_0)$.

则本题的第(Ⅰ)问中 $D\left(x_0,\ -\dfrac{1}{2}\right)$ 在曲线 $x^2=2y$ 外，过该点作曲线的两条切线 DA、DB，则直线 AB 的方程为 $x_0x=y-\dfrac{1}{2}$，过定点 $\left(0,\ \dfrac{1}{2}\right)$.

如果学生不具备上面的知识，可从直线过定点这一提示入手设直线方程为 $y=kx+m$，或从特殊直线 $y-\dfrac{1}{2}$ 入手，猜想直线所过的定点.

圆锥曲线中的四边形面积问题也是一种常规高考题. 从解题思路方面看，此题第(Ⅱ)问的解题思路主线就是将四边形 $ADBE$ 分割成$\triangle ABD$ 和$\triangle ABE$，于是问题转化为求三角形的面积. 利用韦达定理求出弦长$|AB|$，之后利用点到直线的距离公式求出两三角形顶点 D、E 到公共底边$|AB|$的距离(与直线 AB 的斜率有关)，即可求出四边形 $ADBE$ 的面积. 这一模式自初中开始学生都使用过，而在高中的解析几何中，几乎涉及到四边形面积的问题，也都是利用这一模式进行解题. 面积问题是平面解析几何考查的一个重点问题，问题往往是转化为确定直线的斜率，所以必须要求学生牢固掌握这一解题模式，并能熟练应用. 因此可以总结，关于解析几何有一类高考常考题型，即是直线与二次曲线相交，确定直线的斜率是解题关键.

三、学习体验

学生 1：通过这道题的解法学习，巩固了一些基础知识，基本解题技能得到提高，了解了"阿基米德三角形"，拓宽了视野.

学生 2：很难理解当"$A(x_1, y_1)$、$B(x_2, y_2)$满足的条件 $f(x_1, y_1)=0$、$f(x_2, y_2)=0$，则直线 AB 的方程为 $f(x, y)=0$" 这一逻辑推理过程.

学生 3：通过这道题的学习，我领悟到，无论是哪一个学科，都有必要多了解课本之外的知识，提高认识，拓宽视野.

学生 4：第(Ⅱ)问的解法很熟悉，也好掌握，就是第(Ⅰ)问想不到那个点上去，如果知道阿基米德三角形的性质就没那么迷茫了.

四、教学反思

1. 知识总结——懂道理

通过本课例教学，使学生领会求定点问题的一般步骤，即关键在于根据已知条件建立直线方程中相关参数之间的关系 $f(x, y)=0$，之后化为点斜式 $y-y_0=k(x-x_0)$，可得定点(x_0, y_0)，或化为斜截式 $y=kx+t$，可得定点$(0, t)$. 使学生明白，在平面解析几何中，求四边形的面积，往往要把四边形分割成两个三角形，利用三角形的面积公式进行求解，从而归结为弦长和点到直线的距离的问题，最终转化为求直线斜率的问题. 通过教学让学生牢固掌握基础知识，同时加强对学生解题技能的训练，包括常用的解题通法，常用技巧，和问题转化的思维训练，更重要的是让学生体会数学的魅力在于可以将问题相互转化，可将不相关的问题联系起来.

2. 成功之处——长见识

本题第(Ⅰ)问考查的是抛物线的"阿基米德三角形"(若直线 l 与抛物线没有公共点，以 l 上的点为顶点的"阿基米德三角形"的底边过定点，与 2018 年高考全国Ⅲ卷理科第 16 题背景一样，弦 AB 必过焦点). 本课例通过提问展开教学，在分析试题寻找解法的过程中重视教师与学生思维互动，旨在通过交流提升学生素养. 培养学生多角度思考问题的习惯，重视训练学生逻辑思维.

3. 改进之处——共提升

本课例通过提问，与学生在思维上互动，这样不仅可以提升学生的数学素养，同时对教师自身的教学能力发展也有促进. 不过我们历来倡导学生自主探索、动手实践、合作交流，因此，我们必须重视引导学生在分析问题时，要深思与问题相关的数学知识的纵横联系，通过自我思考，自主探索，揭示问题的本质，充分发挥学生的主动性，使学生的学习过程成为教师引导下的“再创造”过程，发现一个问题比解决一个问题更重要.

五、一题一诗

圆锥曲线伤头脑，综合能力必需要.
常有动点动直线，却把定点定值找.
斜截方程最常用，韦达定理求弦长.
巧设动点巧消参，主次分明境界高.

"抛物线"解题教学课例

——以人教A版教材选修2-1第69页例4为例

袁晓亮(贵州省都匀一中)

题名对联

晓数理通解考题疑难矢志追求卓越

亮品牌熟知学科奥妙决心走向成功

一、教学设计

(一) 知识要点

两点间距离公式,韦达定理,三角形面积公式,抛物线定义以及抛物线有关知识.

原题再现: 斜率为1的直线 l 经过抛物线 $y^2=4x$ 的焦点 F,且与抛物线相交于 A、B 两点,求线段 AB 的长.(注:原题无图)

(二) 学习背景

1. 教材分析

解析几何是17世纪数学发展的重大成果之一,其本质是用代数方法研究图形的几何性质,体现了数形结合的重要数学思想.行星绕太阳运行的轨道是一个椭圆,探照灯反射镜就是由抛物线绕其对称轴旋转形成的抛物面,等等,为什么圆锥曲线有如此巨大的作用呢?我们可以从它们的几何特征以及性质中找到答案.圆锥曲线的诸多应用可以引发学生学习圆锥曲线的兴趣.抛物线是在学习了圆、椭圆、双曲线之后进一步学习的圆锥曲线.

2. 学情分析

在初中,学生已经知道二次函数的图像是一条抛物线,并已了解抛物线有顶点、对称轴,那么抛物线还有哪些几何性质?有怎样的几何特征呢?这能引起学生的兴趣.学生学习了圆锥曲线中的圆、椭圆、双曲线等知识,已具备一定的解析几何知识与解题能力,基本掌握了直线与圆、椭圆、双曲线相交的弦长问题.每次和学生谈及高考数学,大家似乎都有同感,高中数学难,解析几何又是难中之难.其实不然,解析几何题目有规律可循、有方法可依.只要掌握解析几何的本质和基本方法、技巧,解析几何问题就会迎刃而解.

3. 核心问题

(1) 如何求过抛物线焦点的直线与抛物线相交所得的弦长?

(2) 求过抛物线焦点的直线与抛物线相交所得弦长有哪些方法?

(三) 学习目标

1. 核心素养目标

通过本节课的教学,培养学生主动探索精神,提高学生分析、对比、概括等多方面能力,运用数形结合、函数方程等数学思想优化解题过程,让学生体会到解题的乐趣,增强学习的积极性. 通过教材典例探究、抽象、概括,让学生学会用数学思维思考,学会用数学语言表达. 增强学生的数学抽象、直观想象、逻辑推理、数学运算等核心素养.

2. 长见识悟道理

从一道经典例题出发,通过问题驱动学生进行探究,让学生体会优化解题的全过程,通过追问让学生收获抛物线焦点弦的一些性质. 变式加深了学生对基本概念、基本思想和方法的理解、应用,打开了解题思路. 悟到了要想把一件事情做好并非易事,只有积极主动,循序渐进,逐步完善,反复琢磨,不断总结,方能成功.

(四) 设计思路

本课例从课本例题出发,通过问题驱动引导学生进行探究,让学生在教学过程中积极参与,让学生通过探究、抽象、概括出抛物线焦点弦的几条性质. 通过追问打开学生的解题思路,变式加强学生的理解,帮助他们熟练应用常用结论.

二、教学过程

(一) 一题多解

学生 1(王子琳):由抛物线的标准方程得到它的焦点坐标 $F(1, 0)$,结合直线 l 的斜率为 1,写出直线方程;把直线方程与抛物线方程联立,可以求出 $A(x_1, y_1)$、$B(x_2、y_2)$两点的坐标,利用两点间的距离公式求出线段 $|AB|=\sqrt{(x_1-x_2)^2+(y_1-y_2)^2}$ 的长.

师:此法可行,如果 A、B 两点坐标不易求出,能否有办法优化解法?

学生 2(罗玲洁):可以先利用韦达定理求 x_1+x_2 和 x_1x_2,再把两点间距离公式变形为

$$|AB|=\sqrt{(x_1-x_2)^2\left[1+\left(\frac{y_1-y_2}{x_1-x_2}\right)^2\right]}$$
$$=\sqrt{1+k^2}\,|x_1-x_2|=\sqrt{1+k^2}\sqrt{(x_1+x_2)^2-4x_1x_2},$$

然后代入即得弦长.

设计与教学反思: 学生 1、学生 2 的思路自然,因为已经学习了直线与椭圆、双曲线相交所得弦长的求法,回答出来相对容易,只是一个知识再现的过程.

师：学生 2 分析到位，变形后得到了弦长公式. 从抛物线定义出发，是否能进一步优化解法？

学生 3(黄星辰)：根据抛物线定义，得

$$|AB|=|AF|+|BF|=\left(x_1+\frac{p}{2}\right)+\left(x_2+\frac{p}{2}\right)=x_1+x_2+p.$$

设计与教学反思： 学生 3 的方法是课本上的解法，只有对抛物线的定义很熟悉或预习过的学生，才能想到这种方法. 以此题为媒介，引导学生深刻理解概念的重要性，并体会灵活运用概念解决问题的优越性，感受数学之简约美.

师：非常好，进一步优化了解法. 同学们，再想一想，由直线的斜率联系其倾斜角 θ，由抛物线方程联想到方程中的 p，能否用 θ、p 来表示弦长 $|AB|$.

学生 4(刘奕男)：以抛物线 $y^2=2px(p>0)$ 为例，如图 1 作辅助线.

在 $\mathrm{Rt}\triangle AFM$ 中，因为

$$\cos\theta=\frac{|AM|}{|AF|}=\frac{|AP|-|MP|}{|AF|}=\frac{|AF|-p}{|AF|},$$

所以 $|AF|=\dfrac{p}{1-\cos\theta}$.

同理，在 $\mathrm{Rt}\triangle BFN$ 中，$|BF|=\dfrac{p}{1+\cos\theta}$.

所以 $|AB|=|AF|+|BF|=\dfrac{p}{1-\cos\theta}+\dfrac{p}{1+\cos\theta}=\dfrac{2p}{\sin^2\theta}$.

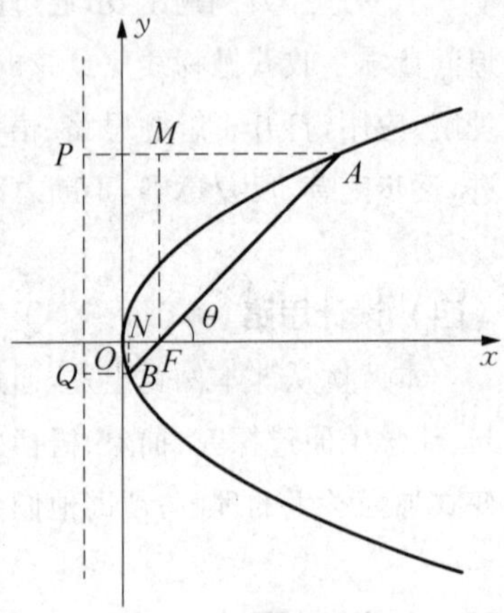

图1

设计与教学反思： 当学生 3 得出焦点弦长 $|AB|$ 的简洁表达式后，再追问能否用倾斜角 θ 和 p 表示弦长 $|AB|$. 让学生去探究，体验探究乐趣.

师：学生 4 的解法非常漂亮. 同学们已经通过两点间距离公式、弦长公式及抛物线定义等得到了四种计算弦长 $|AB|$ 的方法，现在大家分为四组，每组用一种方法计算，看哪组最快？

第四组同学的速度最快，他们选择学生 4 的方法. 通过斜率为 1 求出倾斜角 $\theta=\dfrac{\pi}{4}$，由抛物线的方程"读"出 $p=2$，代入公式 $|AB|=\dfrac{2p}{\sin^2\theta}=8$.

设计与教学反思： 学生 3、4 的方法简洁，但只适用于求过抛物线焦点的弦长. 学生 1、2 的方法是求圆锥曲线与直线相交的弦长的通法.

（二）一题多变

变式 1：(教材选修 2－1 第 73 页第 5 题)如图 2，M 是抛物线 $y^2=4x$ 上一点，F 是抛物线

的焦点，以 Fx 为始边、FM 为终边的角 $\angle xFM=60°$，求 $|FM|$.

分析： 本变式题与例题的已知条件类似，所求为弦长的一部分，即焦半径长.

解： 由题意得 $|FM|=\dfrac{p}{1-\cos\theta}=\dfrac{2}{1-\cos 60°}=4$.

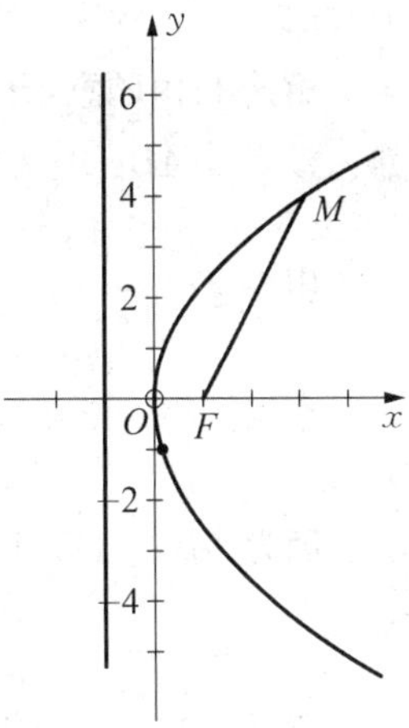

图 2

变式 2：（2018 年高考全国Ⅱ卷文科数学第 20 题、理科数学第 19 题）设抛物线 $C: y^2=4x$ 的焦点为 F，过 F 且斜率为 $k(k>0)$ 的直线 l 与 C 交于 A、B 两点，若 $|AB|=8$.（Ⅰ）求 l 的方程.（Ⅱ）略.

分析： 与例题相比，例题已知具体抛物线和直线方程，求弦长. 变式 2 已知抛物线方程、弦长，求直线方程.

解法 1： 由题意得 $F(1,0)$，l 的方程为 $y=k(x-1)(k>0)$.

设 $A(x_1, y_1)$，$B(x_2, y_2)$.

由 $\begin{cases} y=k(x-1), \\ y^2=4x, \end{cases}$ 消 y，并整理得 $k^2x^2-(2k^2+4)x+k^2=0$.

$\Delta=16k^2+16>0$，$x_1+x_2=\dfrac{2k^2+4}{k^2}$.

所以 $|AB|=x_1+x_2+p=\dfrac{4k^2+4}{k^2}$.

由题设知 $\dfrac{4k^2+4}{k^2}=8$，解得 $k=-1$（舍去），或 $k=1$.

因此 l 的方程为 $y=x-1$.

解法 2： 设直线 l 的倾斜角为 θ，$|AB|=\dfrac{2p}{\sin^2\theta}=\dfrac{4}{\sin^2\theta}$.

又 $\because$ $|AB|=8$，$\therefore$ $\dfrac{4}{\sin^2\theta}=8$，即 $\sin^2\theta=\dfrac{1}{2}$.

$\therefore$ $\cos^2\theta=\dfrac{1}{2}$，$\tan^2\theta=\dfrac{\sin^2\theta}{\cos^2\theta}=1$，即 $k^2=1$. 解得 $k=-1$（舍去），或 $k=1$.

因此 l 的方程为 $y=x-1$.

设计与教学反思： 本变式题训练学生的逆向思维，保留学生的两种做法，教师不评价做法的优劣，只检查对错，让学生自己感受两种做法的不同. 重在让学生熟悉过抛物线焦点的各种弦长公式，为学生以后能灵活运用过抛物线焦点的弦长公式打基础.

变式 3：（2017 年高考全国Ⅰ卷理科数学第 10 题）已知 F 为抛物线 $C: y^2=4x$ 的焦点，过 F 作两条互相垂直的直线 l_1、l_2，直线 l_1 与 C 交于 A、B 两点，直线 l_2 与 C 交于 D、E 两点，则 $|AB|+|DE|$ 的最小值为（　　）.

A. 16　　B. 14　　C. 12　　D. 10

分析： 本题难度较大，主要考查两直线垂直的条件、直线方程、直线与抛物线的位置关系、弦长、基本不等式等知识，考查运算求解能力、转化与化归能力、数形结合思想.

解法 1: 由题意，显然直线 l_1、l_2 的斜率存在(若有一条不存在，则交点个数不满足题意). 设直线 AB：$y=k(x-1)(x\neq 0)$，$A(x_1、y_1)$，$B(x_2、y_2)$.

由 $\begin{cases} y=k(x-1), \\ y^2=4x, \end{cases}$ 得 $k^2x^2-(2k^2+4)x+k^2=0$，所以 $x_1+x_2=\dfrac{2k^2+4}{k^2}=2+\dfrac{4}{k^2}$.

根据抛物线定义，得 $|AB|=x_1+x_2+p=4+\dfrac{4}{k^2}$.

因为 $AB\perp DE$，同理可得 $|DE|=4+\dfrac{4}{\frac{1}{k^2}}=4+4k^2$.

所以 $|AB|+|DE|=4+\dfrac{4}{k^2}+4+4k^2$

$$=8+\frac{4}{k^2}+4k^2=8+4\left(\frac{1}{k^2}+k^2\right)\geqslant 8+4\times 2\sqrt{\frac{1}{k^2}\times k^2}=16.$$

当且仅当 $k=\pm 1$ 时取等号，故选 A.

解法 2: 设直线 AB 的倾斜角为 $\theta\left(0<\theta<\dfrac{\pi}{2}\right)$，则直线 DE 的倾斜角为 $\theta+\dfrac{\pi}{2}$.

$\because |AB|=\dfrac{2p}{\sin^2\theta}$，$|DE|=\dfrac{2p}{\sin^2\left(\frac{\pi}{2}+\theta\right)}=\dfrac{2p}{\cos^2\theta}$.

$\because y^2=4x$，$\therefore p=2$.

$\therefore |AB|+|DE|=2p\left(\dfrac{1}{\sin^2\theta}+\dfrac{1}{\cos^2\theta}\right)=\dfrac{4}{\sin^2\theta\cos^2\theta}=\dfrac{4}{\frac{1}{4}\sin^2 2\theta}=\dfrac{16}{\sin^2 2\theta}\geqslant 16.$

当且仅当 $\theta=\dfrac{\pi}{4}$ 时取等号，即 $|AB|+|DE|$ 的最小值为 16，故选 A.

设计与教学反思: 本变式题的目的一是让学生熟悉抛物线的焦点弦长公式的各种形式，有助于解题，降低难度；二是活用"基本不等式"，利用基本不等式求最值，注意"一正、二定、三相等"在解题中的应用. 变式 2、3 主要考查抛物线焦点弦长公式，教师可以根据班上学生情况，选择一题进行讲解，另一题作为作业留给学生自己练习.

变式 4: 过抛物线 $y^2=4x$ 焦点 F 的直线 l 交抛物线于 A、B 两点，求线段 AB 的最小值.

分析: 本题与例题的已知条件相比，直线斜率未定，从定直线变成过焦点的动直线，随直线的变化，弦长跟着变化.

学生 5(潘金粉)：由同学 4 的解法得 $|AB|=\dfrac{2p}{\sin^2\theta}$，因为 p 为定值，当 $\sin\theta=1$ 时，$|AB|$ 的最小值为 $2p=4$.

设计与教学反思: 过抛物线焦点的所有弦长中，通径最短且通径为 $2p$.

变式 5: 斜率为 1 的直线 l 经过抛物线 $y^2=4x$ 的焦点 F，且与抛物线相交于 A、B 两点，O 为坐标原点. 求 $\triangle AOB$ 的面积.（与例题条件相同，但所求不同）

学生 6(简铭)：$S_{\triangle AOB}=\frac{1}{2}\cdot|AB|\cdot h=\frac{1}{2}\cdot\frac{2p}{\sin^2\theta}\cdot\frac{p\sin\theta}{2}=\frac{p^2}{2\sin\theta}$.

学生 7(邓彬)：$S_{\triangle AOB}=\frac{1}{2}\cdot|OF|\cdot|y_1-y_2|=\frac{1}{2}\cdot\frac{p}{2}\cdot|AB|\cdot\sin\theta=\frac{1}{2}\cdot\frac{p}{2}\cdot\frac{2p}{\sin^2\theta}\cdot\sin\theta=\frac{p^2}{2\sin\theta}$.

师：学生 6、学生 7 解法非常好. 学生 6 以线段 AB 为底，求出 $\triangle AOB$ 的面积. 学生 7 把 $\triangle AOB$ 的面积看成两个 $\triangle AOF$、$\triangle BOF$ 的面积和，这两个三角形都以线段 OF 为底，体现了“割补”思想. 他们用两种方法完成了老师的任务.

师：大家马上用这两位同学提供的思路进行计算.

学生 8(张月坤)：$p=2$，$\theta=\frac{\pi}{4}$，$S_{\triangle AOB}=\frac{p^2}{2\sin\theta}=2\sqrt{2}$.

变式 6:（2014 年高考全国Ⅱ卷理科第 10 题）设 F 为抛物线 C：$y^2=3x$ 的焦点，过 F 且倾斜角为 30° 的直线交 C 于 A、B 两点，O 为坐标原点，则 $\triangle OAB$ 的面积为（　　）.

A. $\frac{3\sqrt{3}}{4}$　　B. $\frac{9\sqrt{3}}{8}$　　C. $\frac{63}{32}$　　D. $\frac{9}{4}$

解法 1: 由题意得 $\frac{p}{2}=\frac{3}{4}$，所以抛物线的焦点为 $F\left(\frac{3}{4},0\right)$，直线 AB 的方程为 $y-0=\frac{\sqrt{3}}{3}\left(x-\frac{3}{4}\right)$，即 $4x-4\sqrt{3}y-3=0$，与抛物线方程 $y^2=3x$ 联立，消 y 得 $x^2-\frac{21}{2}x+\frac{9}{16}=0$. 设 $A(x_1,y_1)$，$B(x_2,y_2)$，则 $x_1+x_2=\frac{21}{2}$. 由抛物线的定义知 $|AF|=x_1+\frac{3}{4}$，$|BF|=x_2+\frac{3}{4}$，所以 $|AB|=|AF|+|BF|=x_1+x_2+\frac{3}{2}=12$. 又原点到直线 AB 的距离 $d=\frac{|-3|}{\sqrt{4^2+(4\sqrt{3})^2}}=\frac{3}{8}$，所以 $S_{\triangle OAB}=\frac{1}{2}\times|AB|\times d=\frac{1}{2}\times12\times\frac{3}{8}=\frac{9}{4}$，故选 D.

解法 2: $S_{\triangle OAB}=\frac{p^2}{2\sin\theta}=\frac{\left(\frac{3}{2}\right)^2}{2\sin30^\circ}=\frac{9}{4}$，答案为 D.

设计与教学反思: 变式 6 的解法 1 是常规解法，主要考查抛物线的几何性质、点到直线的距离、直线方程，难度中等. 解法 2 利用学生 6、7 的结论来解答，过程非常简捷. 可根据班级学生情况，选择适合他们的方法. 通过变式题让学生立足基础又不止于基础.

（三）一题多说

师：通过对例题和变式的探究，大家可以总结出什么结论？（分小组讨论）

学生 9(李秋飏)：可以从代数的角度推导抛物线的焦点弦长公式.（通过电脑展示学生的

成果)

解:以抛物线 $y^2=2px$ 为例,焦点坐标 $F\left(\frac{p}{2},0\right)$.

设直线 l 过 F,则直线 l 方程为 $y=k\left(x-\frac{p}{2}\right)$.

联立 $y^2=2px$,得 $k^2x^2-(pk^2+2p)x+\frac{p^2k^2}{4}=0$.

$\Delta>0$,由韦达定理得 $x_1+x_2=p+\frac{2p}{k^2}$, $x_1x_2=\frac{p^2}{4}$.

$|AB|=x_1+x_2+p=2p+\frac{2p}{k^2}=2p\left(1+\frac{1}{k^2}\right)$.

因为 $k=\tan\theta$,所以 $1+\frac{1}{k^2}=1+\frac{1}{\tan^2\theta}=\frac{1}{\sin^2\theta}$,即 $|AB|=\frac{2p}{\sin^2\theta}$.

当 $\theta=90^\circ$ 时,即 AB 垂直于 x 轴时,AB 取得最小值,最小值是 $|AB|=2p$.

学生 9(李秋飏发言):刚才老师分配给我们组的任务是用同学 3 的方法完成例题解答任务.当时我们只完成 $|AB|=x_1+x_2+p=2p+\frac{2p}{k^2}=2p\left(1+\frac{1}{k^2}\right)=2\times2\times(1+1)=8$.

现在我们小组通过讨论,进一步完善,也得出同学 4 的结论.在求解过程中我们意外发现,若过抛物线焦点的任意直线与抛物线交于两点,则两个交点的横坐标乘积为定值$\frac{p^2}{4}$,即 $x_1x_2=\frac{p^2}{4}$.

设计与教学反思: 学生 9 从代数的角度推出 $|AB|=\frac{2p}{\sin^2\theta}$,学生 4 从几何的角度推出相同的公式,两位同学的方法殊途同归.

学生 10(陆绎帆):由同学 9 的结论知 $x_1x_2=\frac{p^2}{4}$,可以推出

$$\begin{aligned}y_1y_2&=k\left(x_1-\frac{p}{2}\right)\cdot k\left(x_2-\frac{p}{2}\right)=k^2\left[x_1x_2-\frac{p}{2}(x_1+x_2)+\frac{p^2}{4}\right]\\&=k^2\left[\frac{p^2}{4}-\frac{p}{2}\left(p+\frac{2p}{k^2}\right)+\frac{p^2}{4}\right]=-p^2.\end{aligned}$$

归纳提升,形成抛物线焦点弦的如下几条有用性质.

以抛物线 $y^2=2px(p>0)$ 为例,经过抛物线焦点 F 的直线 l,与抛物线相交于 $A(x_1, y_1)$、$B(x_2, y_2)$ 两点,有以下结论:

① $x_1x_2=\frac{p^2}{4}$, $y_1y_2=-p^2$.

② $|AF|=x_1+\frac{p}{2}$, $|BF|=x_2+\frac{p}{2}$,或 $|AF|=\frac{p}{1-\cos\theta}$, $|BF|=\frac{p}{1+\cos\theta}$(焦半径公式).

③ $\frac{1}{|AF|}+\frac{1}{|BF|}=\frac{2}{p}$.

④ $|AB|=x_1+x_2+p$ 或 $|AB|=\frac{2p}{\sin^2\theta}$(一般的弦长公式 $|AB|=\sqrt{1+k^2}\ |x_1-x_2|$).

⑤ $\overrightarrow{OA}\cdot\overrightarrow{OB}=x_1x_2+y_1y_2=-\frac{3}{4}p^2$.

⑥ $S_{\triangle AOB}=\frac{p^2}{2\sin\theta}$.

师:焦点在 x 负半轴或 y 轴又如何？请同学们下去思考. 有兴趣的同学,课后可以探索抛物线焦点弦的更多性质. 在高考中,考查抛物线性质的试题比比皆是. 如 2018 年高考全国Ⅲ卷理科数学第 16 题:已知点 $M(-1,1)$和抛物线 $C:y^2=4x$,过 C 的焦点且斜率为 k 的直线与 C 交于 A、B 两点. 若 $\angle AMB=90^\circ$,求 k 的值.

设计与教学反思: 解析几何部分的题目比较难,推导并记住一些常用的结论,对选择题和填空题的解答可收到事半功倍的效果. 能理解并掌握推导过程,把相关知识串连起来,对大题的解答也很有帮助.

本课例从课本例题出发,不断地对解法进行优化,通过对题目进行变式探究,抽象概括出焦点弦的几条常用性质,并尝试用性质解题.

三、学习体验

通过本课例,学生对圆锥曲线的弦长问题有了较为深刻的理解,尤其是通过对抛物线弦长问题解法的探究. 从中获得了丰富的学习体验和解题经验,部分同学发表了他们的学习体验:

学生 1:用代数方法,一般我们都习惯联立方程组,结合韦达定理求解. 用几何方法,在多数时候很便捷,但不容易领会. 平时练习时可以多想想几何方法,几何与代数结合,理解而不死背,才能更好地运用.

学生 2:其实就是数与形的结合. 记忆这些与 k、p、θ 相关的公式,在题目中熟练地化抽象为具体. 在脑海中贯穿公式与图象的关系,从而达到为我所用的目的.

学生 3:已知椭圆和双曲线可用 a、b、c 和 θ 来表示焦点弦长 $|AB|=|AF|+|BF|=\frac{2ab^2}{|a^2-c^2\cos^2\theta|}$. 猜想抛物线能否用类似的推理方法,寻求用 θ、p 来表示弦长 $|AB|$,从而得出弦长公式 $|AB|=\frac{2p}{\sin^2\theta}$. 让我感受到对比学习的重要性.

学生 4:探索新知时,善于联想学过的知识,并加以运用. 在此基础上观察相似之处和不同之处,从而实现联想记忆. 这节课从一道题中体验了不同解题方法带来的乐趣,又从每一种方法中获得了新知即结论.

学生 5:感悟考题探究的四个层次:探清——弄懂、会用;探透——一题多解、多题一解;探活——追本溯源，在变化中发展；探法——抓住本质，道法自然.

四、教学反思

本课例的亮点：(1)从课本例题出发，让学生重视课本；(2)设问自然，环环紧扣，激发学生的求知欲.学生在不断优化解法的过程中，获得成功的喜悦；(3)通过一题多变，让学生利用所学知识从不同角度灵活解决相关问题；(4)从课本上一道经典例题出发，推导出一系列常用结论.以此告诉学生，学习不仅要立足于课本，还要高于课本.

本课例的不足：(1)学生在分组讨论环节中，由于数学基础薄弱或性格原因，个别小组的讨论缺乏积极性，因此在今后的教学中，要做好更合理的分组，尽可能多地参与并指导小组的讨论；(2)学生自我展示环节，并不那么理想，部分学生不善于表达，所以真实的课堂并不是很连贯、精彩，因此在今后的教学中不仅要“教思考”和“教体验”，更要注重“教表达”.

作为教师有必要从极坐标的角度，推导出圆锥曲线统一方程并求出焦点弦长，因为恰当的数学方法有时会对问题的解决起到决定性的作用.解决数学问题固然重要，但更重要的是在解决问题的研究过程中我们使用什么样的数学思想及方法，有什么新的发现.

五、一题一诗

抛物线的焦点弦

线线抛物重焦点，环环相扣步惊险.

追天换日求真道，题海神游功匪浅.

注：第一句中的第一个“线”指直线，第二个“线”指抛物线.第二句中的“惊”指惊艳，“险”是谐音“显”指显现.

另有一词谣：投纸抛物，一笔清线，直取焦点.早又是，环环相扣，动人心魄，一马当先.徒风追影，精思穷巧，莫前欢颜.终还有，云外星汉，冥冥之中，我辈难闲.备注：此词谣为贵州省都匀一中 2020 届高三(11)班学生袁政写.

“极坐标系及其应用”解题教学课例

——以2015年高考全国Ⅱ卷理科数学第23题为例

徐海利(贵州大学附属中学)

题名对联

双人同行南北齐思荡题海

余力学文奇正相辅生本利

一、教学设计

(一) 知识要点

极坐标系、参数方程、极径的几何意义、直角坐标系,直线的极坐标方程、圆的极坐标方程等其他曲线的极坐标方程.

真题再现: 在直角坐标系 xOy 中,曲线 C_1:$\begin{cases} x=t\cos\alpha, \\ y=t\sin\alpha \end{cases}$($t$ 为参数,$t\neq0$),其中 $0\leqslant\alpha<\pi$.在以 O 为极点,x 轴正半轴为极轴的极坐标系中,曲线 C_2:$\rho=2\sin\theta$,曲线 C_3:$\rho=2\sqrt{3}\cos\theta$.

(Ⅰ)求 C_2 与 C_3 交点的直角坐标.

(Ⅱ)若 C_2 与 C_1 相交于点 A,C_3 与 C_1 相交于点 B,求 $|AB|$ 的最大值.

从内容上看,第(Ⅰ)问考查的是求交点问题.我们既可以把它化为直角坐标方程求交点坐标,也可以用极坐标方程直接求出极角和极径,然后再转化为直角坐标.换言之,既要会极坐标系和直角坐标系之间的相互转化,又要能理解极坐标方程的几何意义.因此,学生学习该内容需要有以下前期知识储备:(1)极坐标系的基本含义;(2)极坐标和直角坐标系的互化;(3)极径和极角的几何意义.

(二) 学习背景

1. 教材分析

极坐标系与直角坐标系是有着紧密联系的两种不同坐标系.在解决问题时,有时用极坐标方程更加简洁、计算量更小,能够提高做题效率.因此,极坐标系不单是知识更是方法,是解决解析几何问题的一种切实有效的方法.利用极径的几何意义来解决距离问题、面积问题、弦长问题、弦长的最值问题以及面积的最值问题，是高考常见考题.

2. 学情分析

学生对极坐标系理解不清，特别是对极角和极径的概念理解不到位，导致在解决极坐标问题时不会利用极坐标系解题，更难理解极径在问题中的应用；导致学生在解决极坐标与参数方程问题上读不懂题，理解不了题意，更不会用极坐标方程来解决实际问题. 有的同学转化为直角坐标系来解决增加了计算量，有时也会使变量增多导致问题的难度增加. 对于具体问题该选择哪种坐标系解题更方便，学生比较茫然，不知道如何下手，从而使得在这道中等题丢分严重，得分普遍偏低. 学生解题过程中如何避免上述情况？通过本课例的研究，促使学生深刻认识极坐标系，特别是极径和极角的实质含义，拿到与实际能力匹配的分数，是当下的迫切需求.

3. 核心问题

(1) 理解极坐标系的基本含义，理解极径和极角的几何意义.

(2) 解决此类综合问题要注意数形结合，在图形中观察求解线段的特点(什么时候用极坐标方程主要是看有关直线是否过原点，是否确定，有无最值等)，根据线段的特点来选择适当的坐标系.

(3) 用极坐标系及方程解决距离、面积等问题.

(三) 学习目标

1. 知识技能目标

提升对极坐标系方程中 ρ 的几何意义理解，加强 ρ 的几何意义在解决有关距离问题的应用.

2. 核心素养

在数学核心素养的考查上，本题着重考查了数形结合、数学运算、数学建模等方面的能力，同时兼顾考查了化归思想应用能力.

3. 长知识悟道理

长知识要求:学生通过学习这节课将掌握如下知识:(1)什么时候用极坐标系解决距离问题;(2)怎样用极坐标方程解决距离问题.

悟道理要求:通过这节课学习悟出解决高考选做题中的极坐标问题可以看直线是否过原点，或题目中是否有坐标原点 O，之后利用其几何意义进行求解可以更加简便.

(四) 教学重难点

教学重点:让学生尽量掌握运用极坐标系方程中 ρ 的几何意义解决到原点的距离问题或距离之差、面积问题.

教学难点:什么时候选择极坐标系解决距离、面积等问题.

(五) 设计思路

第一环节，复习基础知识，理解极坐标的含义；第二环节，一题多解，探索路径作比较；第三环节，变式训练；第四环节，创新设计，拓展应用；第五环节，归纳总结，师生共进.

二、教学过程

（一）复习知识

如图 1，以 O 为极点，以射线 Ox 为极轴，确定一个长度单位，确定角度单位（弧度）以及它的正方向（逆时针方向），建立极坐标系.

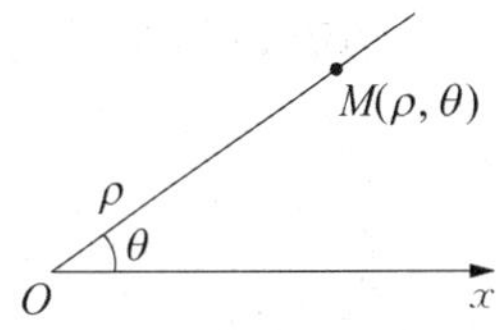

图 1

极径： 坐标平面内的点 M 到极点 O 的距离 $|OM|$，记为 ρ.

极角： 以极轴 Ox 为始边，射线 OM 为终边的角 xOM，记为 θ.

极坐标： 有序数对 (ρ, θ) 叫做点 M 的极坐标，记为 $M(\rho, \theta)$.

一般地 $\rho \geqslant 0$，当极角 θ 的取值范围是 $[0, 2\pi)$ 时，平面上的点（除去极点）就与极坐标 (ρ, θ) 建立一一对应的关系，否则点与极坐标就不是一一对应. 极点的极坐标是 $(0, \theta)$，其中极角 θ 是任意角.

极坐标与直角坐标的转化： 如图 2，直角坐标系的原点 O 为极点，x 轴的正半轴为极轴，且在两坐标系中取相同的长度单位. 平面内任意一点 P 的直角坐标与极坐标分别为 (x, y) 和 (ρ, θ)，则由三角函数的定义可以得到

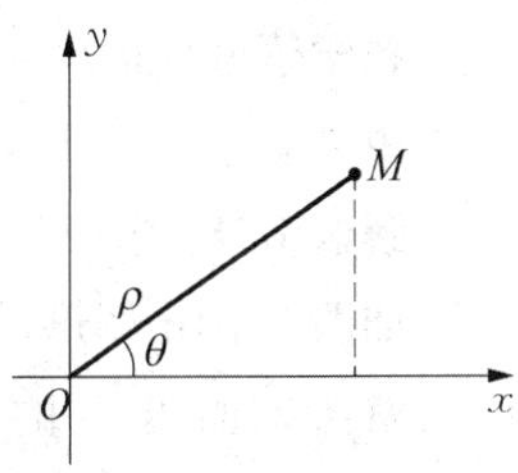

图 2

$$\begin{cases} x = \rho\cos\theta, \\ y = \rho\sin\theta \end{cases} \Leftrightarrow \begin{cases} \rho^2 = x^2 + y^2, \\ \tan\theta = \dfrac{y}{x} \end{cases} (x \neq 0).$$

若把直角坐标化为极坐标，求极角 θ 时，应判断点 M 所在的象限（即角 θ 的终边位置），以便正确地求出角 θ，在转化过程中注意不要漏解.

（二）问题引入

问题 1： 既然极坐标都可以化成直角坐标，那是不是所有的极坐标问题都可以化成直角坐标来计算？还是直接用极坐标来计算？看下面两个问题：

(1) 在极坐标系中，已知 $A\left(2, \dfrac{\pi}{3}\right)$，$B\left(3, \dfrac{\pi}{3}\right)$，则 $|AB| =$ ________.

(2) 在极坐标系中，已知 $A\left(2, \dfrac{\pi}{3}\right)$，$B\left(3, -\dfrac{2\pi}{3}\right)$，则 $|AB| =$ ________.

学生对于知识的掌握程度可能得到如下回答.

同学甲：第一步，先化成直角坐标系. 第二步，用两点间距离公式计算.

同学乙：直接用极坐标结合图形计算.

教学研讨： 通过学生回答具体简单的例子，结合极坐标系画图，让学生发现利用 ρ 的几何意义，可以较快地算出线段 AB 的长度. 师生一起总结出：极坐标系内任意极角相同（过极点）的两点 A、B 之间的距离可以表示成 $|\rho_A - \rho_B|$.

（三）一题多解

1. 第(Ⅰ)问的解法

设计意图: 不同坐标系下,两种方法的对比,体现极坐标系解题的优势,进而体现学习极坐标系的意义.

解法 1: C_2 方程化为直角坐标系方程 $x^2+y^2-2y=0$, C_3 方程化为直角坐标系方程 $x^2+y^2-2\sqrt{3}x=0$.

$$\begin{cases}x^2+y^2-2y=0,\\x^2+y^2-2\sqrt{3}x=0\end{cases}\Rightarrow\begin{cases}x=0,\\y=0\end{cases}\text{或}\begin{cases}x=\dfrac{\sqrt{3}}{2},\\y=\dfrac{3}{2}.\end{cases}$$

所以 C_2 与 C_3 交点的直角坐标为$(0,\ 0)$和$\left(\dfrac{\sqrt{3}}{2},\ \dfrac{3}{2}\right)$.

教学研讨: 此方法采用极坐标化为直角坐标,联立方程求出 A、B 两点的坐标,优点是思路简单易懂,缺点是计算量大.

解法引导: 利用极坐标中的 ρ 的几何意义.

如图 3,画出图形,鼓励学生尝试,提出自己发现的问题.

解法 2: 曲线 C_2 的极坐标方程为 $\rho=2\sin\theta$,曲线 C_3 的极坐标方程为 $\rho=2\sqrt{3}\cos\theta$.

$$\begin{cases}\rho^2=2\rho\sin\theta,\\\rho^2=2\sqrt{3}\rho\cos\theta\end{cases}\Rightarrow\theta=\frac{\pi}{3}\Rightarrow\begin{cases}\rho=0,\\\rho=\sqrt{3}.\end{cases}$$

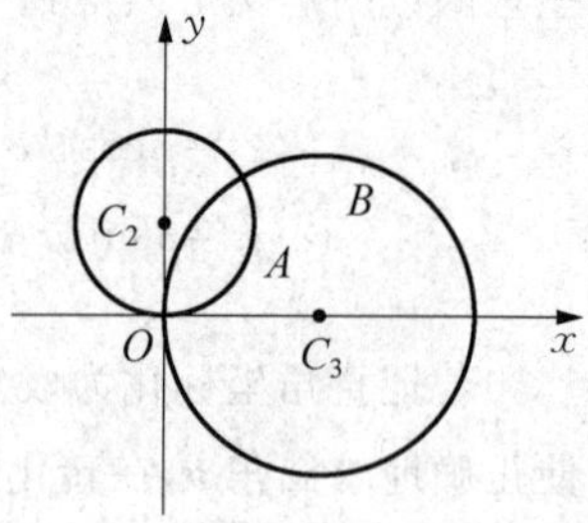

图 3

再将其转化为直角坐标$(0,\ 0)$和$\left(\dfrac{\sqrt{3}}{2},\ \dfrac{3}{2}\right)$.

教学研讨: 此法缺点是对极径 ρ 的几何意义理解要求较高,优点是计算简单直观、易推广. 这是本节内容的主要研究方向.

2. 第(Ⅱ)问的解法

解法 1: 曲线 C_1 的直角坐标方程为 $y=x\tan\alpha$.

将其与 C_2 的直角坐标方程联立,得$\begin{cases}y=x\tan\alpha,\\x^2+y^2-2y=0,\end{cases}$解得交点坐标为$(0,\ 0)$和$(2\sin\alpha\cos\alpha,\ 2\sin^2\alpha)$.

将其与 C_3 的直角坐标方程联立,得$\begin{cases}y=x\tan\alpha,\\x^2+y^2-2\sqrt{3}x=0,\end{cases}$解得交点坐标为$(0,\ 0)$和$(2\sqrt{3}\cos^2\alpha,\ 2\sqrt{3}\sin\alpha\cos\alpha)$.

题目中要求交点除原点外,所以将剩下的两个交点用两点间距离公式得

$$|AB|=\sqrt{4\cos^2\alpha(\sin\alpha-\sqrt{3}\cos\alpha)^2+4\sin^2\alpha(\sqrt{3}\cos\alpha-\sin\alpha)^2}$$
$$=2|\sin\alpha-\sqrt{3}\cos\alpha|=4\left|\sin\left(\alpha-\frac{\pi}{3}\right)\right|.$$

由于 $0\leqslant\alpha<\pi$，所以 $-\frac{\pi}{3}\leqslant\alpha-\frac{\pi}{3}<\frac{2\pi}{3}$.

所以当 $\alpha-\frac{\pi}{3}=\frac{\pi}{2}$，即 $\alpha=\frac{5\pi}{6}$ 时，$|AB|$ 取得最大值，最大值为 4.

解法 2：如图 4，曲线 C_1 的极坐标方程为 $\theta=\alpha(\rho\in\mathbf{R},\ \rho\neq 0)$，其中 $0\leqslant\alpha<\pi$.

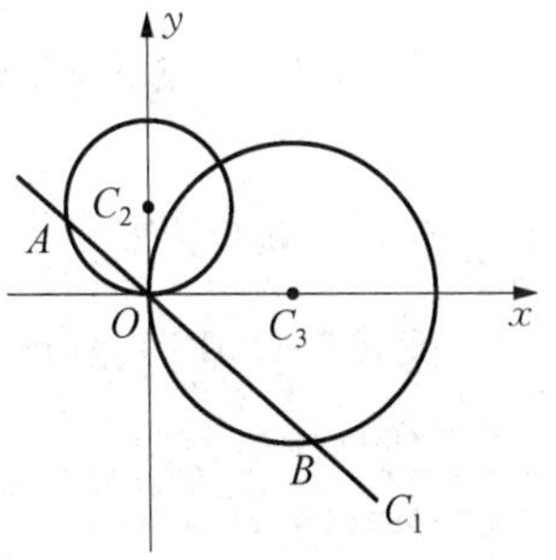

图 4

因为 A 的极坐标为 $(2\sin\alpha,\ \alpha)$，B 的极坐标为 $(2\sqrt{3}\cos\alpha,\ \alpha)$，

所以 $|AB|=|2\sin\alpha-2\sqrt{3}\cos\alpha|=4\left|\sin\left(\alpha-\frac{\pi}{3}\right)\right|$.

因为 $0\leqslant\alpha<\pi$，所以 $-\frac{\pi}{3}\leqslant\alpha-\frac{\pi}{3}<\frac{2\pi}{3}$.

所以当 $\alpha-\frac{\pi}{3}=\frac{\pi}{2}$，即 $\alpha=\frac{5\pi}{6}$ 时，$|AB|$ 取得最大值，最大值为 4.

教学研讨：解法 1 计算量特别大，会在考试中浪费大量的时间. 解法 2 利用 ρ 的几何意义，直观、方便、计算量很小，能快速地解决问题，进而大大地节省了时间.

思考：若把条件 $C_1:\begin{cases}x=t\cos\alpha,\\y=t\sin\alpha\end{cases}$（$t$ 为参数，$t\neq 0$）改为 $C_1:\theta=\alpha$（其中 $\rho\in\mathbf{R},\ \rho\neq 0,\ 0\leqslant\alpha<\pi$），其他条件不变，结果会有变化吗？（$\theta=\alpha\Leftrightarrow\begin{cases}x=t\cos\alpha,\\y=t\sin\alpha\end{cases}$（$t$ 为参数），结果不变.）

设计意图：体现直线方程不同的呈现方式，本质都相同.

（四）一题多变

变式 1：（2016 年高考全国Ⅱ卷理科数学第 23 题）在直角坐标系 xOy 中，圆 C 的方程为 $(x+6)^2+y^2=25$.

（Ⅰ）以坐标原点为极点，x 轴正半轴为极轴建立极坐标系，求 C 的极坐标方程.

（Ⅱ）直线 l 的参数方程是 $\begin{cases}x=t\cos\alpha,\\y=t\sin\alpha\end{cases}$（$t$ 为参数），l 与 C 交于 A、B 两点，$|AB|=\sqrt{10}$，求 l 的斜率.

设计意图：将例题中的条件和结论互换，产生了变式训练，采用的是 2016 年高考新课标Ⅱ卷试题，目的在于训练学生对于知识正用和逆用的能力. 同时由于本题解法比较多，学生可以多种角度，发散思维，将高中数学的前后知识联系起来.

解:(Ⅰ)由圆 C 的标准方程 $(x+6)^2+y^2=25$,得 $x^2+y^2+12x+11=0$.

所以圆 C 的极坐标方程为 $\rho^2+12\rho\cos\theta+11=0$.

(Ⅱ)在(Ⅰ)建立的极坐标系中,直线 l 的极坐标方程为 $\theta=\alpha(\rho\in\mathbf{R})$.

设 A、B 所对应的极径分别为 ρ_1、ρ_2,将 l 的极坐标方程代入 C 的极坐标方程得

$$\rho^2+12\rho\cos\alpha+11=0,\ \rho_1+\rho_2=-12\cos\alpha,\ \rho_1\rho_2=11.$$

$$|AB|=|\rho_1-\rho_2|=\sqrt{(\rho_1+\rho_2)^2-4\rho_1\rho_2}=\sqrt{144\cos^2\alpha-44}.$$

由 $|AB|=\sqrt{10}$,得 $\cos^2\alpha=\dfrac{3}{8}$, $\tan\alpha=\pm\dfrac{\sqrt{15}}{3}$.

所以 l 的斜率为 $\dfrac{\sqrt{15}}{3}$ 或 $-\dfrac{\sqrt{15}}{3}$.

变式 2:(2019 年贵州省适应性考试)在平面直角坐标系 xOy 中,曲线 C_1 的参数方程是 $\begin{cases}x=t\cos\alpha,\\ y=t\sin\alpha,\end{cases}$($t$ 为参数,$t\geqslant 0$).以 O 为极点,以 x 轴正半轴为极轴建立极坐标系,曲线 C_2、C_3 的极坐标方程分别为 $\rho^2-2\rho\cos\theta-\dfrac{4}{5}=0$, $\rho(\cos\theta+\sin\theta)=\dfrac{7}{5}$.若 $\tan\alpha=\dfrac{3}{4}(0\leqslant\alpha<\pi)$, C_1 分别与 C_2、C_3 交于点 M、N,求 $|MN|$.

设计意图: 使学生见识过极点直线的多种表示形式,加强对极坐标系的应用能力.

解:由 $\tan\alpha=\dfrac{3}{4}(0\leqslant\alpha<\pi)$,得 $\sin\alpha=\dfrac{3}{5}$, $\cos\alpha=\dfrac{4}{5}$.

曲线 C_1 的极坐标方程为 $\theta=\alpha(\rho\geqslant 0)$.

由 $\begin{cases}\theta=\alpha(\rho\geqslant 0),\\ \rho^2-2\rho\cos\theta-\dfrac{4}{5}=0,\end{cases}$ 得 $\rho^2-\dfrac{8}{5}\rho-\dfrac{4}{5}=0$,解得 $\rho_1=2$, $\rho_2=-\dfrac{2}{5}$(舍去).

由 $\begin{cases}\theta=\alpha(\rho\geqslant 0),\\ \rho(\cos\theta+\sin\theta)=\dfrac{7}{5},\end{cases}$ 得 $\rho\left(\dfrac{4}{5}+\dfrac{3}{5}\right)=\dfrac{7}{5}$,解得 $\rho_3=1$.

故 $|MN|=|\rho_1-\rho_3|=1$.

变式 3:(2017 年高考全国Ⅱ卷理科数学第 22 题)在直角坐标系 xOy 中,以坐标原点为极点,x 轴正半轴为极轴建立极坐标系,曲线 C_1 的极坐标方程为 $\rho\cos\theta=4$.

(Ⅰ)M 为曲线 C_1 上的动点,点 P 在线段 OM 上,且满足 $|OM|\cdot|OP|=16$,求点 P 的轨迹 C_2 的直角坐标方程.

(Ⅱ)设点 A 的极坐标为 $\left(2,\ \dfrac{\pi}{3}\right)$,点 B 在曲线 C_2 上,求$\triangle OAB$ 面积的最大值.

设计意图: 第(Ⅰ)问中利用 ρ 的几何意义能解决轨迹方程问题,第(Ⅱ)问利用极坐标系解决最值问题.由定变动,由特殊到一般.

解:(1) 设点 P 的极坐标为 $(\rho,\ \theta)(\rho>0)$, M 的极坐标为 $(\rho_1,\ \theta)(\rho_1>0)$.

由题设知 $|OP|=\rho$，$|OM|=\rho_1=\dfrac{4}{\cos\theta}$.

由 $|OM|\cdot|OP|=16$，得 C_2 的极坐标方程 $\rho=4\cos\theta(\rho>0)$.

因此 C_2 的直角坐标方程为 $(x-2)^2+y^2=4(x\neq 0)$.

(2) 设点 B 的极坐标为 $(\rho_B, \alpha)(\rho_B>0)$，由题设知 $|OA|=2$，$|OB|=\rho_B=4\cos\alpha$.

于是 $\triangle OAB$ 面积

$$\begin{aligned} S&=\frac{1}{2}|OA|\cdot|OB|\cdot\sin\angle AOB\\ &=4\cos\alpha\cdot\left|\sin\left(\alpha-\frac{\pi}{3}\right)\right|=2\left|\sin\left(2\alpha-\frac{\pi}{3}\right)-\frac{\sqrt{3}}{2}\right|\leqslant 2+\sqrt{3}. \end{aligned}$$

当 $\alpha=-\dfrac{\pi}{12}$ 时，S 取得最大值 $2+\sqrt{3}$.

所以 $\triangle OAB$ 面积的最大值为 $2+\sqrt{3}$.

变式 4:(2019 年高考全国Ⅱ卷理科数学第 22 题)在极坐标系中，O 为极点，点 $M(\rho_0, \theta_0)$ $(\rho_0>0)$ 在曲线 $C:\rho=4\sin\theta$ 上，直线 l 过点 $A(4, 0)$ 且与 OM 垂直，垂足为 P.

(Ⅰ) 当 $\theta_0=\dfrac{\pi}{3}$ 时，求 ρ_0 及 l 的极坐标方程.

(Ⅱ) 当 M 在 C 上运动且 P 在线段 OM 上时，求点 P 轨迹的极坐标方程.

设计意图: 这是极坐标系在 2019 年高考题中的应用，让同学们理解直接用极坐标系求轨迹方程.

解:(Ⅰ) 因为 $M(\rho_0, \theta_0)$ 在 C 上，当 $\theta_0=\dfrac{\pi}{3}$ 时，$\rho_0=4\sin\dfrac{\pi}{3}=2\sqrt{3}$.

由已知得 $|OP|=|OA|\cos\dfrac{\pi}{3}=2$.

设 $Q(\rho, \theta)$ 为 l 上除 P 以外的任意一点.

在 Rt$\triangle OPQ$ 中 $\rho\cos\left(\theta-\dfrac{\pi}{3}\right)=|OP|=2$.

经检验，点 $P\left(2, \dfrac{\pi}{3}\right)$ 在曲线 $\rho\cos\left(\theta-\dfrac{\pi}{3}\right)=2$ 上.

所以，l 的极坐标方程为 $\rho\cos\left(\theta-\dfrac{\pi}{3}\right)=2$.

(Ⅱ) 设 $P(\rho, \theta)$，在 Rt$\triangle OAP$ 中，$|OP|=|OA|\cos\theta=4\cos\theta$，即 $\rho=4\cos\theta$.

因 P 在线段 OM 上，且 $AP\perp OM$，故 θ 的取值范围是 $\left[\dfrac{\pi}{4}, \dfrac{\pi}{2}\right]$.

所以，点 P 轨迹的极坐标方程为 $\rho=4\cos\theta$，$\theta\in\left[\dfrac{\pi}{4}, \dfrac{\pi}{2}\right]$.

归纳总结: 利用极坐标系解决问题时要注意:

(1) 熟练掌握直角坐标与极坐标之间的互化.

(2) 熟练掌握过极点的直线的极坐标方程的形式.

(3) 利用极坐标方程中 ρ 与 θ 的几何意义解题时,一定要数形结合,解决线段距离问题时,要注意直线是否过极点.

(五) 创新设计

由例题我们进行创新设计,使一条过原点的直线与两个不一定过原点的曲线相交于 A、B 两点,求距离乘积或者面积.

创新 1: 曲线 C_1 的参数方程为 $\begin{cases} x=2+2\cos\alpha, \\ y=2\sin\alpha \end{cases}$ (α 为参数). 在以原点 O 为极点,以 x 的非负半轴为极轴的极坐标系中,曲线 C_2 的极坐标方程为 $\rho\cos^2\theta=\sin\theta$. 过原点且倾斜角为 $\alpha\left(\frac{\pi}{6}<\alpha\leqslant\frac{\pi}{4}\right)$ 的射线 l 与曲线 C_1, C_2 分别相较于 A、B 两点(A、B 异于原点),求 $|OA|\cdot|OB|$ 的取值范围.

解: 第一步,将所有的曲线方程均化为极坐标方程.

曲线 C_1 的极坐标方程为 $\rho=4\cos\theta$.

曲线 C_2 的极坐标方程为 $\rho\cos^2\theta=\sin\theta$.

射线 l 的极坐标方程为 $\theta=\alpha(\rho\geqslant 0)$, $\frac{\pi}{6}<\alpha\leqslant\frac{\pi}{4}$.

第二步,把射线 l 的极坐标方程分别代入曲线 C_1 与 C_2 的极坐标方程,得到

$$|OA|=\rho_A=4\cos\alpha, \ |OB|=\rho_B=\frac{\sin\alpha}{\cos^2\alpha}.$$

第三步, $|OA|\cdot|OB|=4\cos\alpha\cdot\frac{\sin\alpha}{\cos^2\alpha}=4\tan\alpha$.

$\because \frac{\pi}{6}<\alpha\leqslant\frac{\pi}{4}$, $\therefore |OA|\cdot|OB|$ 的取值范围是 $\left(\frac{4\sqrt{3}}{3}, 4\right]$.

创新 2: 曲线 C_1 的参数方程为 $\begin{cases} x=2+2\cos\alpha, \\ y=2\sin\alpha \end{cases}$ (a 为参数). 在以原点 O 为极点,以 x 的非负半轴为极轴的极坐标系中,曲线 C_2 的极坐标方程为 $\rho=2\sin\theta$,曲线 C_3: $\theta=\frac{\pi}{6}$ 分别交 C_1、C_2 于点 A、B,求三角形 CAB 的面积,其 C 为曲线 C_1 的圆心.

解: 第一步,将所有的曲线方程均化为极坐标方程.

曲线 C_1 的极坐标方程为 $\rho=4\cos\theta$.

曲线 C_2 的极坐标方程为 $\rho=2\sin\theta$.

射线 l 的极坐标方程为 $\theta=\frac{\pi}{6}$.

第二步,把射线 l 的极坐标方程分别代入曲线 C_1 与 C_2 的极坐标方程,得到

$$|OA|=\rho_A=4\cos\frac{\pi}{6}=2\sqrt{3},\ |OB|=\rho_B=2\sin\frac{\pi}{6}=1.$$

第三步，$|AB|=|\rho_A-\rho_B|=2\sqrt{3}-1$，点 C 到 $\theta=\frac{\pi}{6}$ 的距离 $d=1$，则三角形 C_1AB 的面积为 $\frac{1}{2}|AB|\cdot d=\sqrt{3}-\frac{1}{2}$.

如果把题目中的直线变成动直线就可以转化成计算面积最值问题，这样的问题就不再举例了.

（六）一题多说

极坐标问题是学生比较难拿满分的题目，其实该问题并不是很难. 学生对题目感觉难的主要原因就是没有把 ρ 的几何意义理解到位，不会用 ρ 的几何意义解决距离等问题. 学生对于这一类问题一般的解决方法就是化为直角坐标系，但化成直角坐标系计算量大、变量多，在做题中浪费很多时间. 即使浪费很多时间还拿不到满分，导致这道题的得分率低. 通过本课例的学习希望能提高学生对极径的理解，会用极径的几何意义解决距离问题、交点坐标、面积或取值范围问题. 希望老师们多教一些用极坐标解决距离、坐标等的问题，提升做题速度的同时也能提高学生们的得分率.

1. 归纳解决极坐标问题的一般步骤

(1) 看直线是否过原点，或题目中是否有原点 O，或弦长是由过原点的弦做差获得的.

(2) 将所有的曲线方程转化为极坐标方程.

(3) 将直线的极坐标方程分别与曲线的极坐标方程联立得到长度.

(4) 根据题意进行计算或变形应用.

其中，(1)即什么时候用，接下来(2)、(3)、(4)是怎么用.

2. 核心知识多次重复考查是研究的核心

总的来说，本课例中的高考数学试题难度不大. 第(Ⅰ)问考查的方向是极直互化、参普互化、极参互化，难度不大. 而第(Ⅱ)问好多学生读不懂题，特别是极坐标的应用不到位，不会利用极径求距离，使问题变得很复杂，甚至不会做. 要解决好这个问题，应该在研究数形结合、极径的几何意义等方面下苦功，通过归纳梳理题型使之形成普适性解题方法.

三、教学体验

通过本课例的学习，大多数同学通过复习、理解，巩固了直线与圆、椭圆、双曲线抛物线的解析几何知识. 在解决解析几何上有了更多的方法和什么时候用极坐标系、怎样用极坐标系中的极径解决距离问题，进而实现通法归类. 同学们写的学习体验正好体现了如下几点.

(1) 通过学习，我意识到极坐标系的根本含义.

(2) 通过学习，我发现极径本质含义，为我们解决解析几何提供了更多有效的方法.

(3) 通过学习,我认识到了什么时候用极坐标更加简单快捷地解决问题.

四、教学反思

通过本课例的学习,结合学生的学习体验反馈,笔者思考:既然极坐标可以化成直角坐标,那为什么还要学习极坐标呢? 根本原因还是学生对极坐标系中 ρ 与 θ 的几何意义理解还不到位,对于何时用极坐标方程,如何用极坐标方程不清晰. 针对这一问题,本课例选取了 2019 年高考全国Ⅱ卷、2019 年贵州省适应性考试、2017 年高考全国Ⅱ卷和 2016 年高考全国Ⅱ卷的 4 道高考题,以 2015 年高考全国Ⅱ卷高考题为例题,设置层层递进的四个问题,体现高考试题从定到动、从特殊到一般的特点,进而引导学生数学学习只要回到本质(即极坐标的几何意义),题目就是百变不离其宗. 题目中既体现坐标系的选择,也突显极坐标在解决某些具体问题上的优势,让学生深刻体会到:所有数学知识的产生和发展,都是自然的和合理的.

数学本质的理解正是数学核心素养的体现. 数学教我们什么时候用这个知识和方法,怎样用这个知识和方法. 只有我们对知识的理解更加透彻才能更好地应用它! 一题多解探路径,多题一解显方法.

五、一题一诗

极参方程是一双,参数作用是桥梁.
纵横关系不明朗,这个大忙它来帮.
动点若在曲线上,点参设法不能忘.
普参只是形异样,二者互化勿缩张.

第五篇

集合与逻辑、函数与导数

“集合”解题教学课例

——以一道高考复习题为例

李立端(贵阳市第六中学)

题名对联

立事挥笔绘远图师心方盛

端居临窗思无极画意正佳

一、教学设计

(一) 知识要点

全集、交集、补集、空集以及与解方程(特别是一元二次方程、韦达定理)有关的知识.

原题再现: 已知全集 $U=\mathbf{R}$,集合 $A=\{x \mid x^2+px+q=0\}$, $B=\{x \mid qx^2+px+1=0\}$,满足:① $A\cap B\neq\varnothing$, ②$A\cap(\complement_U B)=\{-2\}$,其中 p、q 均为不等于零的实数,求 p、q 的值.

(二) 学习背景

1. 教材分析

“集合”的主要内容是在引入集合概念与表示的基础上,介绍集合之间的关系,特别是集合的交集、并集和补集的运算及其简单应用.此题既可以作为高一单元复习的“一题一课”,也可以作为高三第一轮复习的“一题一课”,且应考虑与数学(集合)相关知识的综合运用.

2. 学情分析

对于刚进入高中的高一学生来说,解题思路较狭窄,解题方法不够灵活,解题经验还不足.有些学生对数学基本概念不够重视,基本知识不扎实,有的学生理解问题不深入,往往停留在问题的表面上等.对于刚进入高三的大部分学生,也存在类似的情况.此题既可以作为学生学习集合概念及有关知识后单元复习课的例题,也可以作为高三第一轮复习的解题教学例题.解题教学过程中,要根据学生的实际情况,判断是否需要对集合及其有关知识进行适当的提示或复习,再开展“一题一课”的教学.本设计基于学生已经相对熟练地掌握了有关知识的基础上,特别是对于刚进入高中的高一学生,拟采用“三教”理念与波利亚解题思想对该题进行“一题多解”的课堂教学设计.

3. 核心问题

(1) 集合 A 与集合 B 中的元素有怎样的关系？能否求出集合 A 与集合 B？

(2) 如何建立 p、q 所满足的关系式？如何直接或间接地求出 p、q 的值？

（三）学习目标

1. 知识技能目标

集合的描述法表示与列举法表示、全集、补集、交集、空集、一元二次方程的解集、韦达定理、一元二次方程的解法以及因式分解解高次方程的方法等.

2. 核心素养目标

在数学核心素养的考查上，此题着重考查了逻辑推理和数学运算，同时兼顾数学建模能力的考查，因此本题教学的核心素养目标主要就是要提高学生逻辑推理、数学运算、直观想象以及数学建模等能力.

3. 长见识悟道理

解题时，要充分把握问题条件蕴涵的各种信息并综合考虑、灵活选择解题方法. 特别是在对条件的观察分析中充分考虑集合 A 与 B 是什么样的集合，两个集合中的元素有怎样的关系，以便获得解决问题的有效途径. 数学学习，既要关注数学学习的知识，又要关注数学学习的过程.

（四）教学重难点

教学重点：引导学生利用波利亚解题提示语理解问题的条件和结论，通过对条件和结论的分析、推理，寻找从条件到结论的思维通路.

教学难点：如何引导学生理清解题思路，帮助学生积累解题经验，提高学生清晰表达数学结论，以达到“教思考、教体验、教表达”的目的，是解题教学的难点.

（五）设计思路

引导学生盯住目标、弄清条件，对集合 A 与 B 满足的条件进行合情推理，再提示学生有什么方法可求出 p、q 的值，是用间接方法先求出集合 A 或 B，再求出 p、q 的值；还是直接寻找 p、q 所满足的条件，建立方程或方程组求解，从而利用合适的方法解决问题. 对于每一种解法，将给出简要的评析，重在引导学生总结该类问题的解题方法.

二、教学过程

（一）一题多解

1. 问题分析

要求什么？——求 p、q 的值，一元二次方程中的待定系数.

已知什么？——$A\cap B\neq\varnothing$，$A\cap(\complement_U B)=\{-2\}$，且 A、B 是与 p、q 有关的一元二次方

程的解集.

有哪些方法可用？——逻辑推理、代入法、韦达定理、构造方程(组)、解方程的方法等.

2. 解法分析与教学研讨

解法 1：(代入法、逻辑推理、韦达定理)

因为 $A\cap(\complement_U B)=\{-2\}$，所以 $-2\in A$.

若 $A=\{-2\}$，由韦达定理知 $p=q=4$，从而得 $B=\left\{-\dfrac{1}{2}\right\}$，但不满足 $A\cap B\neq\varnothing$.

又由 $x_0\in A$ 及 p、q 均不等于零，知 $x_0\neq 0$，代入 A 中的方程，得 $x_0^2+px_0+q=0$.

两边同除以 x_0^2 得 $q\left(\dfrac{1}{x_0}\right)^2+p\left(\dfrac{1}{x_0}\right)+1=0$，从而可知 $\dfrac{1}{x_0}\in B$，故 $-\dfrac{1}{2}\in B$.

可设 $A=\{-2,\ x_0\}$，$B=\left\{-\dfrac{1}{2},\ \dfrac{1}{x_0}\right\}$.

由 $A\cap B\neq\varnothing$，得 $x_0=\dfrac{1}{x_0}$，所以 $x_0=\pm 1$.

当 $x_0=1$ 时，由韦达定理，得 $\begin{cases}-2+1=-p,\\-2\times 1=q,\end{cases}$ 所以 $\begin{cases}p=1,\\q=-2.\end{cases}$

此时 $A=\{-2,\ 1\}$，$B=\left\{1,\ -\dfrac{1}{2}\right\}$，符合条件.

当 $x_0=-1$ 时，同理得 $\begin{cases}p=3,\\q=2.\end{cases}$

此时 $A=\{-2,\ -1\}$，$B=\left\{-1,\ -\dfrac{1}{2}\right\}$，符合条件.

教学研讨： 由条件① $A\cap B\neq\varnothing$ 可知 A、B 均非空且有公共元素，对空集的概念及其关系必须清楚. 再由条件 ②$A\cap(\complement_U B)=\{-2\}$ 可知 $-2\in A$，必须熟练掌握交集、补集的运算，以及一元二次方程的解集特征，才能进行合理、有效的逻辑推理. 并注意观察两个集合中一元二次方程的系数关系，从而找到两集合中元素的关系. 求出集合 A 或 B 中的元素，结合韦达定理，使得问题得到顺利解决. 这种解法的巧妙之处是抓住了两个集合中元素的内在关系.

解法 2：(逻辑推理、构造方程、韦达定理)

因为 $A\cap(\complement_U B)=\{-2\}$，所以 $-2\in A$.

又因为 $A\cap B\neq\varnothing$，所以 $A\neq\varnothing$，$B\neq\varnothing$，且可设 $x_0\in(A\cap B)$.

则 $x_0^2+px_0+q=qx_0^2+px_0+1$，所以 $(1-q)(x_0^2-1)=0$，从而 $q=1$ 或 $x_0^2=1$.

若 $q=1$，则 $A=B$，这时 $A\cap(\complement_U B)=\varnothing$，与条件 ② 矛盾，故舍去.

若 $x_0^2=1$，则 $x_0=\pm 1$.

当 $x_0=1$ 时，$A=\{-2,\ 1\}$，由韦达定理知 $p=1$，$q=-2$，此时 $B=\left\{1,\ -\dfrac{1}{2}\right\}$ 符合条件.

当 $x_0=-1$ 时，$A=\{-2,\ -1\}$，同理得 $p=3$，$q=2$，此时 $B=\left\{-1,\ -\dfrac{1}{2}\right\}$ 符合条件.

教学研讨: 这种解法非常巧妙,充分运用了 $A\cap B\neq\varnothing$ 这个条件,以集合 A 与集合 B 的公共元素为纽带建立方程,轻而易举地求出了集合 A 与 B 的公共元素. 辅以必要的逻辑推理,简洁、流畅. 这种解法实际上是很常规的思路,要善于总结方法. 在教学中要引导学生充分挖掘题目中的条件,善于找到解决问题的关键. 这种解法的关键是利用两个集合中的公共元素建立方程.

解法 3:(逻辑推理、韦达定理、构造方程组、解方程)

因为 $A\cap(\complement_U B)=\{-2\}$,所以 $-2\in A$.

由解法 1 知集合 A 与 B 都有两个元素,如图 1 所示.

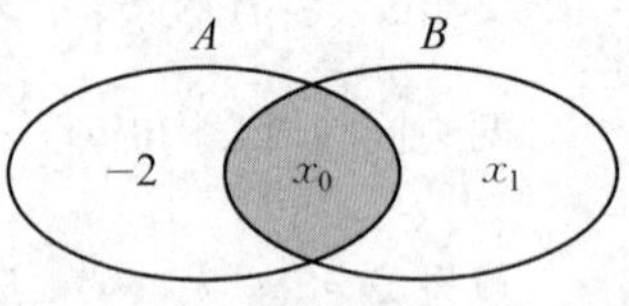

图 1

再由 $A\cap B\neq\varnothing$,可设 $A=\{-2,\ x_0\}$, $B=\{x_0,\ x_1\}$.

由韦达定理可得

$$\begin{cases}-2+x_0=-p,\\ -2x_0=q\end{cases} 及 \begin{cases}x_0+x_1=-\dfrac{p}{q},\\ x_0x_1=\dfrac{1}{q}.\end{cases}$$

联立消去 p、q 及 x_1,得 $2x_0^3+x_0^2-2_0x-1=0$.

分解因式得 $(2x_0+1)(x_0^2-1)=0$,所以 $x_0=-\dfrac{1}{2}$ 或 $x_0=\pm1$.

当 $x_0=-\dfrac{1}{2}$ 时,$p=\dfrac{5}{2}$, $q=1$,这时 $A=\left\{-2,\ -\dfrac{1}{2}\right\}$, $B=\left\{-\dfrac{1}{2},\ -2\right\}$,但 $A\cap(\complement_U B)=\varnothing$,不满足条件 $A\cap(\complement_U B)=\{-2\}$,故舍去.

当 $x_0=1$ 时,$p=1$, $q=-2$,这时 $A=\{-2,\ 1\}$, $B=\left\{1,\ -\dfrac{1}{2}\right\}$,符合条件.

当 $x_0=-1$ 时,$p=3$, $q=2$,这时 $A=\{-2,\ -1\}$, $B=\left\{-1,\ -\dfrac{1}{2}\right\}$,符合条件.

教学研讨: 在对已知条件的观察分析中,根据一元二次方程解集的特征,得出集合 A 与 B 都是有两个元素的集合(可画韦恩图表示),在没有发现集合 A 与 B 中元素的内在关系的基础上,由已知条件可设 $A=\{-2,\ x_0\}$, $B=\{x_0,\ x_1\}$,也是正常的. 当然在解题过程中消去 x_0、x_1 及 q 得到关于 p 的方程,直接求出 p 的值也可以. 也可以只设 $A=\{-2,\ x_0\}$,由 $-2\notin B$,知 $x_0\in B$,再由韦达定理得 $x_0=2-p$, $q=-2x_0=2p-4$,代入集合 B 中的方程得到 p 的方程,求出 p 的值,但要注意检验. 这种解法需要学生具备较强的数学运算能力和解方程的能力,在学生的实际学习过程中,这种解法虽然麻烦些,但具有普遍性. 在教学中要引导学生合理运算,在由韦达定理建立方程组后怎样消去未知数化为一元方程,如何通过分解因式解三次方程,等等.

(二) 一题多变

变式 1: 已知全集 $U=\mathbf{R}$,集合 $A=\{x\mid x^2+px+q=0\}$, $B=\{x\mid x^2+qx+p=0\}$,满足:① $A\cap B\neq\varnothing$, ② $A\cap(\complement_U B)=\{-2\}$,其中 p、q 均为不等于零的实数,求 p、

q的值.

分析： 变式 1 与原题不同的是集合 B 中的方程由 $qx^2+px+1=0$ 变成了 $x^2+qx+p=0$. 虽然形式上相差不大，但集合 A 与 B 中的元素已没有明显的内在关系，不能由 $x_0\in A$ 推出 $\frac{1}{x_0}\in B$ 了. 原题的解法 1 自然不能用了，但仍可用解法 2 或解法 3 求得 $p=1$, $q=-2$，且要注意检验.

变式 2： 已知全集 $U=\mathbf{R}$，集合 $A=\{x\mid x^2+px+q=0\}$, $B=\{x\mid px^2+qx+1=0\}$，满足：① $A\cap B\neq\varnothing$，② $A\cap(\complement_U B)=\{-2\}$，其中 p、q 均为不等于零的实数，求 p、q的值.

分析： 变式 2 与原题不同的是集合 B 中的方程由 $qx^2+px+1=0$ 变成了 $px^2+qx+1=0$. 形式上相差也不大，同样集合 A 与 B 中的元素已没有明显的内在关系，仍然不能由 $x_0\in A$ 推出 $\frac{1}{x_0}\in B$ 了. 原题的解法 1 自然也不能用了，解法 2 用起来也不是很顺畅，但仍可用解法 3 求得 $p=1$, $q=-2$, $A=\{-2, 1\}$, $B=\{1\}$，但要注意检验. 说明解法 3 虽然麻烦一点，但具有一定的普遍性.

变式 3： 已知全集 $U=\mathbf{R}$，集合 $A=\{x\mid x^2+px+q=0\}$, $B=\{x\mid qx^2+px+1=0\}$，满足：① $A\cap B\neq\varnothing$，② $A\cap(\complement_U B)=\{a\}$，其中 p、q 均为不等于零的实数，求满足条件的实数 a 的取值范围以及 p、q 的值.

分析： 变式 3 是把原题中的条件 $A\cap(\complement_U B)=\{-2\}$ 换成了 $A\cap(\complement_U B)=\{a\}$，是不是原题的一个推广呢？是不是更具有普遍性了呢？是不是更抽象了呢？是不是要求学生具有更强的逻辑推理能力了呢？回答是肯定的. 虽然逻辑推理更强了，数学运算的要求更高了，但要注意选择解题方法，在求 p、q 的值时，选择原题的解法 1 或解法 2 可避免了较为复杂的运算. 实际上，由 $A\cap(\complement_U B)=\{a\}$ 可知 $a\in A$ 且 $a\notin B$，又由集合 A 与集合 B 中方程之间的关系，由 $a\in A$ 可推出 $\frac{1}{a}\in B$，故 $a\neq\frac{1}{a}$，从而 $a\neq\pm1$ 且 $a\neq0$. 由解法 1 或解法 2 求出集合 A，再由韦达定理求得 $p=-1-a$, $q=a$，或 $p=1-a$, $q=-a$. 所以满足条件的实数 a 的取值范围是 $\{a\mid a\neq0\text{ 且 }a\neq\pm1\}$, $p=-1-a$, $q=a$，或 $p=1-a$, $q=-a$.

通过上述变式题及其分析，逐步培养学生从数学角度发现和提出问题的能力、分析和解决问题的能力，逐步培养学生的逻辑推理能力和数学运算能力. 因此，对于数学的学习，不仅要求记住基本的数学概念、公式、定理、性质等内容，更需要理解它们在推导过程中的有关思想、方法和应用. 总之，既要关注数学学习的知识，又要关注数学学习的过程.

（三）一题多说

(1) 对于这道集合求值题来说，难度并不算太大，但对学生综合运用数学知识解决问题的能力要求较高. 虽然在很多年的高考中没有出现直接考查集合方面的大题，但本题蕴含了重要的数学思想和方法，可作为培养学生运用数学概念、知识和方法的练习题，可作为培养学生逻辑推理能力和数学运算能力的训练题.

(2) 此题重在考查学生对集合、全集、补集、交集、空集、一元二次方程的解集、一元二次方程的解法、韦达定理、因式分解、解方程等具体知识的掌握情况,以及对数学概念、逻辑推理的理解与应用情况,还有对数形结合思想、化归思想、方程思想等数学思想的理解与应用情况.此外,除了对逻辑推理能力的考查,方程也是数学模型,因此解法3(列方程组求解)涉及对数学建模能力的考查.事实上,从对数学模型的广义理解来看,数学综合题常常涉及对学生数学建模能力的考查.

(3) 作为高三第一轮复习的解题教学课例,此题并不算太难,但对数学基础知识的应用综合性较强.既是对集合部分有关知识的复习,又对学生数学概念的应用、逻辑推理的训练、数学运算的加强是一个很好的锻炼.相对高考题对集合的要求来讲,本解题教学课例的确偏深了一些,但从培养学生数学学科核心素养以及提升学生分析问题和解决问题的能力方面来看,是大有裨益的.平时学习要求严一点、难度大一点、站得高一点,在高考考场上才能从容应对,才不会不知所措,才有"一览众山小"的感觉.

三、学习体验

通过本解题课例的学习,大多数同学巩固了集合的概念、集合的表示、集合的运算、韦达定理以及解方程等有关知识,掌握了解决此类问题的常用方法,获得了丰富的学习体验和解题经验,部分同学发表了他们的学习体验.

学生1:通过这道题的学习,我知道了要综合把握问题的条件,结合必要的逻辑推理,充分考虑可能的解法,灵活选择更简便、快捷的解题方法.

学生2:通过这道题的学习,我了解到数学概念(如空集、交集、补集、一元二次方程的解集以及集合的表示等)以及基础知识的重要性.

学生3:通过这道题的学习,我学到了怎样运用两个集合中方程系数间的关系,寻找两个集合中元素间的关系的方法,从而使得问题得以顺利解决.

学生4:通过这节课的学习,我感悟到逻辑推理、数学运算以及直观想象在数学学习和解题中的重要作用.

学生5:通过这道题的学习,我学到了怎样运用条件建立方程的方法以及用因式分解解三次方程的方法.

四、教学反思

这是针对新高一学生的章节复习以及高三学生的第一轮复习设计的"一题多解"教学课例,通过"一题一课"的教学实践,结合学生的学习体验以及教学效果的反馈,从课程目标、学生的学习过程、教师的教学过程等方面进行反思.

1. 对课程目标的反思

新课标指出数学教学不仅要关注"数学基础知识""数学基本技能""数学基本思想""数学基本活动经验"的学习，更要关注"数学学科核心素养"的发展.在本课例中，既包含了对全集、补集、交集、空集、一元二次方程的解集、韦达定理、因式分解解方程的方法等基础知识、基本技能以及化归思想、方程思想、合情推理的思想等数学思想方法的学习，又蕴涵了对逻辑推理、数学运算、直观想象、数学建模等数学核心素养的培育.

2. 对学习过程的反思

在本课例的教学过程中，通过课堂观察及学生的学习体验，发现部分学生的学习出现了以下问题.

(1) 部分学生对集合及有关概念不清，对基本知识掌握不牢固，基本技能还欠缺.

(2) 有不少学生虽然能从条件② $A \cap (\complement_U B)=\{-2\}$ 中发现 $-2 \in A$，但接下来就不知道怎么办了，不能运用条件 ①$A \cap B \neq \varnothing$ 及集合 A 与 B 都是一元二次方程的解集进行合情推理、判断，也就不了了之了.

(3) 部分学生在解题时受思维定势的影响，对于不熟悉的题型，不会综合运用题目的条件和结论去分析问题和解决问题，也无法灵活地运用各种方法和结论进行解题.

(4) 还有一部分学生，看到题目条件众多，不知从何入手.对自己没有信心，容易被吓到，畏难情绪油然而生，自然放弃.

3. 对教学过程的反思

在本课例的"一题多解"教学过程中，教师可以尝试运用波利亚"怎样解题"的思想方法开展教学，帮助学生理解题意、弄清问题、找到解决问题的办法.借助"三教"教育理念，以学生为主体，充分调动学生的学习兴趣，激发学生思考，让学生主动体验解题过程，积极展示自己的想法.引导学生如何根据已知条件结合基本知识进行推理、判断，对于学生出现的错误，要指出错在哪里，及时纠正.

在"一题多解"教学过程中，要让学生学会取舍，学会选择恰当的方法解题，通过变式分析让学生重视通法，能起到举一反三的作用，对于类似的方法只需点到为止.对于学生难以想到的解题方法，教师应充分展示寻找解题思路的思维分析过程，逻辑推理要有根有据，书写要规范工整，起到良好的示范作用.

对于刚进入高中的学生来说，解题的思想方法比较欠缺、解题经验不足、逻辑推理能力还比较薄弱，在教学过程中，教师要循循善诱，耐心启发、引导和帮助学生，逐步提升学生分析问题和解决问题的能力.在教师的示范和引导之下，学生能够学会怎样解题.教师可与学生一起参与解题活动，体验解题过程，帮助学生积累解题经验.

总之，在教学过程中，数学教学既要关注数学学习的知识，更要关注数学学习的过程，加强学生"四基""四能"训练，逐步发展数学学科核心素养.

五、一题一诗

高中数学莫畏难，集合概念是开篇.
基本知识要牢记，方法技能缘笔端.
涉及二次方程根，韦达定理常关联.
刻苦训练勤动脑，一题多解思路宽.

“黄金分割”解题教学课例

——以 2019 年高考全国Ⅰ卷理科数学第 4 题为例

陈飞[1,2]（1. 贵州省习水县第一中学；2. 新青年数学教师工作室）

题名对联

推陈出新断臂女神现高考

比翼齐飞数学文化呈素养

一、教学设计

（一）知识要点

黄金分割比例、解方程、解不等式逻辑推理与合情推理等知识.

真题再现： 古希腊时期，人们认为最美人体的头顶到肚脐的长度与肚脐到足底的长度之比为 $\frac{\sqrt{5}-1}{2}$（$\frac{\sqrt{5}-1}{2}\approx 0.618$，称为黄金分割比例），著名的“断臂的维纳斯”（如图 1）便是如此. 此外，最美人体的头顶至咽喉的长度与咽喉至肚脐的长度之比也是 $\frac{\sqrt{5}-1}{2}$. 若某人满足上述两个黄金分割比例，且腿长为 105 cm，头顶至脖子下端长度为 26 cm，则其身高可能是（　　）.

A. 165 cm　　B. 175 cm

C. 185 cm　　D. 190 cm

图 1

（二）学习背景

1. 教材分析

此题的背景是著名的雕塑“断臂的维纳斯”，在人教版全日制普通高级中学教科书（必修）高中语文（2007 版）第二册有《米洛斯的维纳斯》一文，“断臂的维纳斯”在现行高中美术教材中也有介绍. 虽然“断臂的维纳斯”是一个艺术作品，主要展现的是艺术价值，但是它也离不开数学中的黄金分割比例知识. 在初中数学教材中就有黄金分割比例内容. 高中数学课程标准要求数学教学要体现多学科的融合，语文与美术教材中出现“断臂的维纳斯”可以培养学生的文学和美学修养，再与数学中的黄金分割比例结合起来，以艺术作品为背景考查数学知识就体现了课标要求.

2. 学情分析

学生在初中已经学习并掌握了黄金分割比例内容,在高中美术课上已经了解了“断臂的维纳斯”这个艺术作品,学生熟悉此题的数学与文化背景.此题需要学生利用数学建模把文化情境转化为数学问题来解决,对学生来说是个挑战.

3. 核心问题

(1) 如何准确提取数学文化情境中的数据?

(2) 如何建立适当的数学模型,对提取的数据进行分析?

(3) 如何对计算结果进行估算,以得出最佳选项?

(三) 课时目标

1. 知识技能目标

(1) 使学生了解“断臂的维纳斯”中蕴含的数学文化.

(2) 使学生理解通过列方程、解不等式等知识解决问题的方法.

(3) 使学生掌握数据分析、数学运算(尤其是估算)能力.

(4) 使学生学会应用数学知识、合情推理解决实际问题.

2. 长见识悟道理

使学生体验到艺术作品中原来还包含着数学知识的神奇(出乎学生预料,而又在情理之中);使学生领悟到数学使艺术作品增色的功能,从而使学生增强用数学的眼光观察世界、用数学的思维分析世界、用数学的语言表达世界的意识.

(四) 设计思路

用问题驱动模式组织学生学习,让学生在一个个“小步走”“小转弯”的问题引领下学会如何思考.

通过先进行“猜想式”的解法探讨,再到“推理式”的解法探讨,使学生在体验中感悟数学解法需要严密逻辑推理的必要.

使学生在探讨题目解法的过程中学会数学建模,学会用数学表达现实问题的方法.

二、教学过程

(一) 一题多解

解法 1:(一种排除法——碰碰运气)

师:对于选择题,方法是多种多样的,俗话说“不管黑猫白猫,能抓住老鼠就是好猫”,用来描述做选择题是十分贴切的.同学们来看看这道题,有没有什么解题妙招?

生:我在网上看到过一个巧妙的排除法.首先,维纳斯是女的,不可能太高,所以排除 C 和 D.其次,维纳斯是外国人,所以身高不会太低,排除 A.答案就是 B.

(全班同学大笑!)

师:同学们可能对这样的解法感到好笑,这道题的答案确实是 B.

生:为什么是这样!(惊讶)

师:选择题的解法在试卷上是反映不出来的,可能会有一些同学这样思考,恰巧答案就对了.对于一次考试来说,可以算是成功的解出一道难题.对于这样的解法,同学们满意吗?

生:不满意.

师:为什么不满意?

生:不是所有的题都能这样蒙对呀!

师:或者说不是所有的选择题都是能用排除法,然后去猜测答案的.

解法 2:(列方程解法——数学建模)

师:请大家注意,题目中提到人体的哪几个地方?

生:头顶、咽喉、脖子下端、肚脐、腿、足底.

师:这些部位能用来数学计算吗?方便数学书写吗?

生:不方便.

师:该怎么办?

生:用字母代替.把头顶、咽喉、肚脐、足底分别用 A、B、C、D 来表示.

师:各部位之间的高度如何表示?维纳斯的身高用什么来表示?

生:用线段 AB、BC、CD 来表示.维纳斯的身高用 AD 来表示.

师:请大家在题图上标上相应的数据信息(如图 2).

(教师巡视,查看学生绘图情况)

师:给大家看看一位同学的绘图,AB、BC、CD 呈现折线状.

生:我们也是这样画的.

师:这样画合适吗?

(学生开始思考,并分小组讨论)

生:(一位学生恍然大悟)画成折线,AD 就不是维纳斯的身高了.

师:然后呢?

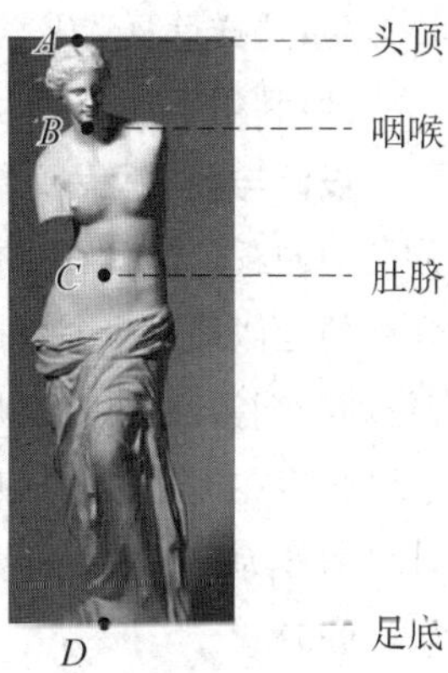

图 2

生:(陷入了困惑)图中雕塑的头顶、咽喉、肚脐、足底确实不在一条直线上呀!

师:(孔子说"不愤不启,不悱不发",是时候启发了)我们关心的是高度,不关注点所在的水平位置,水平位置对于高度没有影响,可以把四个点在水平位置上移动,直到它们在竖直方向上处于一条直线为止(如图 2).

(1) 利用头顶到脖子下端数据进行估算——第二种排除法

师:头顶到咽喉的长度 AB 是不是 26 cm.

生 1:是.如果不是就没法做了.

生 2:不是.若是,题目就直接说头顶到咽喉的长度是 26 cm,

而不说头顶到脖子下端长度是 26 cm 了.

师:那该怎么办?

生:差别不大,可以把 AB 看做 26 cm.

师:也就是估算,大家试一试.

生:因为 $AB : BC = \frac{\sqrt{5}-1}{2} \approx 0.618$,且 $AB \approx 26$ cm,

所以 $BC = AB \div 0.618 \approx 42$ cm. 所以 $AC \approx 68$ cm.

又因为 $AC : CD = \frac{\sqrt{5}-1}{2} \approx 0.618$,

所以 $CD = AC \div 0.618 \approx 110$ cm.

所以维纳斯身高 $AD \approx 68 + 110 = 178$ cm.

AB 不到 26 cm,给放大了,但是比较接近 26 cm.

所以总体身高低于 178 cm,并且接近 178 cm,选项 B 是 175 cm,是最恰当选项.

(2) 利用腿长数据进行估算——第三种排除法

师:这样的话给出的腿长 105 cm 没用上.

生:还可以这样做,用腿长估算 CD.

因为 $CD \approx 105$ cm, $AC : CD = \frac{\sqrt{5}-1}{2} \approx 0.618$,

所以 $AC \approx CD \times 0.618 \approx 65$ cm.

所以维纳斯身高 $AD \approx 65 + 105 \approx 170$ cm.

实际腿长比 CD 小, CD 被缩小了,好在被缩小的不多,所以 AD 大于 170 cm,但是和 170 厘米比较接近. 所以选 B.

(3) 利用不等式精确解答——还是排除法

师:也就说估算的结果在 170 到 178 之间,大家看看哪个选项在 170 到 178 之间.

生:只有 175 cm 也就是 B 选项一个了. 真神奇!

师:虽然这也是排除法,但与上面的比较大不一样了吧.

生:这样计算选 B 就没得说了.

师:利用不等式从两边向中间找,大学里还有专门的“夹逼定理”.

设计与教学反思: 数学向来被看作是“一门与人类思想中的精确部分相一致的学科”. 它的结构的逻辑性、推理的严谨性、结论的确定性为人所公认. 但是,随着计算机科学的兴起,数学中的近似理论与合情推理越来越受到人们的重视,1980 年美国数学教师联合会(NCTM)《行动的纲领》指出:“教师应该经常地有规律地将估计活动结合到教学程序中去,特别地,应鼓励学生在提出和选择对象以及研究结果的合理性时进行估计练习”. 这份文件第一次把估计能力作为一种重要的数学素质,从而给数学教育带来了新的课题:估计能力的培养(鲍建生,1995).

这道题目中给的数据是无法精确求出维纳斯的身高的,如果学生一心想要通过计算,得出一个与某选项一样的结果，这条路无疑是走不通的，需要估算，此题可以有效训练学生的估算能力.

估算，不代表可以随意扩大或缩小数据，要根据题目的背景决定是放还是缩，解法 2 就是如此. 估算，也可以利用不等式把结果“逼”到一个确定的范围，在此范围内寻找符合题意的选项.

对于上面两种解法，解法 1 不太可靠，解法 2 的前两种估算办法比解法 1 可靠，第三种估算办法是综合了前两种得到了，逻辑更清晰.

（二）一题多变

此题的素材来自高中美术教材中的“断臂的维纳斯”，利用艺术作品中的数学元素进行出题，体现了课标将数学文化贯穿课程始终的要求.

题目利用的是黄金分割比这个数学元素，还有很多艺术作品符合黄金分割比例，如达芬奇的《蒙娜丽莎的微笑》(图 3)和世界七大奇迹之一《帕特农神庙》(图 4).

图 3

图 4

未来的试题中，还有可能以黄金分割比例为背景考查学生.

变式 1: 相传，古希腊数学家毕达哥拉斯有一次在街上听到铁匠在打铁，声音非常有规律，十分动听. 回家之后认真研究，就发现了黄金分割比例. 毕达哥拉斯学派对黄金分割比例非常熟悉，他们把五角星作为他们的会徽. 某装饰公司要在如图 5 所示的五角星形建筑中，沿周边每隔 20 厘米装一盏闪光灯. 若 $BC=2$ 米，则需安装多少盏闪光灯？（　　）.

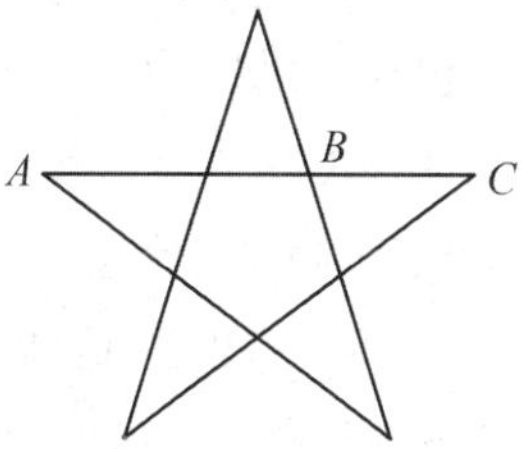

图 5

A. 99 盏　　　　B. 100 盏

C. 101 盏　　　　D. 102 盏

答案:B.

变式 2: 世界艺术宝库中著名的帕特农神庙，又名巴特农神庙. 神庙历经两千多年的沧桑之变，如今庙顶已坍塌，雕像荡然无存，浮雕剥蚀严重，但从巍然屹立的柱廊中，还可以看出神庙当年的丰姿. 由帕特农神庙的长和高构成的矩形是黄金矩形（短边与长边的比是$\frac{\sqrt{5}-1}{2}$)(如图 6).

(1) 动手操作：请你在如图 6 所示的黄金矩形 $ABCD(AB>AD)$ 中，以短边 AD 为一边作正方形 $AEFD$.

(2) 探究：在(1)中的四边形 $EBCF$ 是不是黄金矩形？若是，请予以证明；若不是，请说明理由.

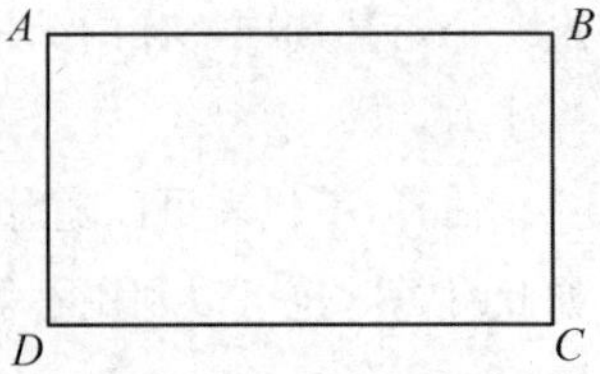

图 6

(3) 归纳：通过上述操作及探究，请概括出具有一般性的结论(不需要证明).

设计与教学反思： 2017 年高考数学大纲正式提出了数学文化进高考，张奠宙教授提出“高考数学试卷的数学文化命题”“应该越出以往的狭窄视野”，把落实“帮助学生了解在人类文明发展中数学的作用”核心思想作为主要的依归，而不是简单的“穿靴戴帽”. 两道变式题不仅仅是具有黄金分割比例背景，还需要用这个知识作为出发点才能解决问题.

（三）一题多说

此题以断臂女神为背景，包含黄金分割比例知识，实质是考查一次不等式知识.

此题主要考查数学建模素养，要求学生能够把情境中的数据抽取出来，建立适当的数学模型来解答.

此题情境新颖，考生没有练过，目的是考查阅读理解水平、数学化、估算等能力. 此题还是一道条件、算法和结论均开放的开放性问题，目的是考查数学探究、应用和创新的意识，体现了追求理解、追求探究、追求问题解决的价值取向.

三、学习体验

学生 1：数学，以前我认为是学习理科知识的基础，将来从事理化生相关工作，都需要掌握数学. 而且在生活应用中，也发挥着极大的作用. 想到艺术作品的设计也需要数学知识，例如今天这节课，使我知道了有了黄金分割比，可以把艺术作品设计得更美观，真是长了见识.

学生 2：数学，仿佛是畅游在我手指间的鱼，即使大汗淋漓也不能将他牢牢抓住，稍不注意它就会从我手中溜走，学习数学时，我不太会变通，总在一个地方停滞不前. 以前做选择题时，在很多知识点半知半解的情况下去蒙，很多题蒙对得分了，但还是糊里糊涂的. 对于这道题，在老师循序渐进的提点之下，我恍然大悟，原来它很容易做的.

学生 3：对于数学，我感觉用一个字来说，就是“难”. 从小学到初中，我的数学成绩都维持在及格和不及格左右. 并不是我不喜欢数学，是因为我太懒，不喜欢动脑筋. 如果我第一眼见到一道题，字太多，我就不愿意去思考. 这节课对我启发很大，要敢于去动手做，敢于去思考.

四、教学体验

1. 讲数学,也要讲文化

著名数学家齐民友先生 1991 年在《数学与文化》一书中提出了一个观点:“历史已经证明,而且将继续证明,一种没有相当发达的数学的文化是注定要衰落的,一个不掌握数学作为一种文化的民族也是注定要衰落的.”数学不仅是一门重要的基础学科,也是整个人类文化的重要组成部分,这已经得到了广泛的认可.我国的基础教育课程改革对高中数学教学中渗透数学文化提出了明确的要求,如《普通高中数学课程标准(实验)》把“体现数学的文化价值”作为重要的课程理念,《普通高中数学课程标准(2017)年版》进一步要求高中数学教学中“数学文化要贯穿始终”.上面的要求在高考试题命制中也反映了出来,教育部《关于 2017 年普通高考考试大纲修订内容的通知》正式提出了“在数学试题中增加数学文化的内容”.本课例是教师在 2019 年 9 月为高二新生讲授的,旨在使学生了解 2019 年高考最新动向.

《普通高中数学课程标准(实验)》颁布以来,数学文化高考试题的研究如雨后春笋,文章数以百计,教师已经认识到数学文化的重要性.但是学生受老观念的影响,并没有像教师一样的认识,这从高一开始进行的调查就可以得知,学生始终认为数学就是解题,并且是解冷冰冰的数学题,很难把数学与文化联系起来.所以教师在日常教学中注重渗透数学文化,本节课也是使学生理解数学包含文化的又一次尝试.

有些数学文化高考题,学生认为前面的数学文化背景无需阅读,只要看最后面的数学部分就可以解答.显然,学生认为数学文化只不过是数学试题“穿的一件外衣”,不了解也没关系.通过这道题的教学,学生明白了不了解此题背景就无法解答,从而在以后的学习中重视数学文化,教师的授课目标得以达成.

2. 重结果,也要重过程

基于核心素养的教学,重视过程教学,让学生在探究、交流、表达中促进学科核心素养的达成.

通过本题例的教学,教师还想使学生知道解数学题不仅要结果,更要过程,使学生避免“对而不会”.日常教学中,教师发现学生迫切想知道题目的答案,对于如何解答题目的思考过程不是很在意.由于此题是选择题,上面所说的问题就更为突出.一些学生根据自己的经验已经有了不少解答选择题的“妙招”,在教师看来这些“妙招”在逻辑上并不能经得起推敲,也不适用于所有题目.

教师一开始就拿出了网上所谓的一些解题“妙招”使学生明白它的不可靠性.虽然选择题在试卷上不用呈现解题过程,但我们心中要有解题过程,并且必须是十分清晰的.教师引导学生先分析题目中所给的数据,分别使用看有什么结果,然后再综合所有数据得出清晰的解题过程.前面的几种解法是为最后一种方法做铺垫的,通过循序渐进的学习,学生掌握了解题方法.

3. 既要长见识，又要悟道理

基于核心素养的教学，要让学生在掌握知识技能的同时，感悟数学的本质，要让学生在解题过程中实现“长见识、悟道理”.“长见识”就是要获得原来没有的知识、经验或见闻，含有意料之外的意思，其结果就是“见多识广”.“悟道理”要求学生认识和把握事物的客观规律.

通过本题例的教学，使学生知道了咽喉与脖子下端不是一个位置，肚脐到足底距离与腿长不是等同的这些基本生理常识，也使学生知道了身体当中的黄金分割比例，感叹造物主的神奇，增长了见识.

通过本题的教学，也使学生知道了不同知识之间的关联，本题的数学文化背景呈现的是黄金分割知识，但解答此题的关键实际上是运用一次不等式的知识，从而认清了题目的实质.

五、一题一诗

维纳斯你入高考，众多考生被困扰.
咽喉腿长让人恼，还是黄金分割好.
建模估算离不了，考题改革传信号.
数学文化君莫笑，核心素养要记牢.

“导数及其应用”解题教学课例

——以 2018 年高考全国 I 卷理科数学第 21 题为例

郭坤[1],杨武宗[2],李仕魁[3],张奇星[4]

(1. 贵阳市第一中学;2. 贵州大学附属中学;3. 贵州省实验中学;4. 贵州省罗甸县第一中学)

题名对联

点线面纵横郭外桃园翩舞东风醉　甲乙丙绘尽坤道春色扶摇紫气生

三尺讲台随手轻挥光彩人生多威武　一支粉笔妙语微点峥嵘岁月赋文宗

立三尺讲台画百变曲线桃李入仕雄笔展　抒万丈豪情描无穷极限胸怀称魁美名扬

奇思妙想变雀啄虫比敏锐　星转斗移法天象地赛高强

一、教学设计

(一) 知识要点

函数单调性、一元二次方程根的情况、均值不等式以及导数的相关知识.

真题再现: 已知函数 $f(x)=\dfrac{1}{x}-x+a\ln x$.

(Ⅰ) 讨论 $f(x)$的单调性.

(Ⅱ) 若 $f(x)$存在两个极值点 x_1、x_2,证明:$\dfrac{f(x_1)-f(x_2)}{x_1-x_2}<a-2$.

(二) 学习背景

1. 教材分析

导数及其应用这部分内容出现在教材选修 2-2 上. 导数是微积分的核心概念之一,有着极其丰富的实际背景和广泛的应用.

2. 学情分析

导数及其应用这部分知识比较深奥,学生理解运用起来不太容易. 它在历年高考中往往充当压轴题,全省范围内得分情况很不理想. 教学过程着重在常规题型、常规方法上下功夫,针对一部分基础较好的学生适当介绍新知识、方法,拓展学生的解题思路.

学生在学习了导数及其应用这部分知识后，已经了解了导数概念的实际背景，知道瞬时变化率就是导数；通过函数图像直观地理解导数的几何意义；能利用基本初等函数的导数公式和导数的四则运算法则求简单函数的导数，能求简单的复合函数的导数；能利用导数研究函数的单调性，会求不超过三次的多项式函数的单调区间；结合函数图像，理解函数在某点取得极值的必要条件和充分条件；会用导数求不超过三次的多项式函数的极大值、极小值，以及在给定区间上求不超过三次的多项式函数的最大值、最小值. 多数学生都能按照一定的步骤，利用导数研究较简单函数（不含参数）的单调性、极值，但在研究较复杂函数（含参数）时对于该不该讨论、如何讨论认识不深；大部分学生在对导数知识的进一步应用，如通过构造新函数研究与原函数有关的问题上存在一定困难.

3. 核心问题

导数知识在函数问题中何时用、如何用？

（三）学习目标

1. 知识技能目标

（1）了解函数单调性和导数的关系；能判断函数的单调性，会求函数的单调区间（其中多项式函数一般不超过三次）.

（2）了解函数在某点取到极值的必要条件和充分条件；会用导数求函数的极大值、极小值（其中多项式函数一般不超过三次）；会求闭区间上函数的最大值、最小值（其中多项式函数一般不超过三次）.

（3）通过教学使学生了解导数知识在函数问题中何时用、如何用？

2. 核心素养目标

通过典型例题的讲解，使学生能根据题目的特征，从不同方向入手研究函数，感受数学知识之间的联系，构建知识框架，形成合乎逻辑的思维品质；使学生能开拓视野，感受数学抽象的思维方式解决问题，以便培养学生思维的灵活性和创造性.

（四）教学重难点

教学重点： 利用导数研究函数的单调性，会求函数的单调区间.

教学难点： 寻找论证问题的等价形式、构造新函数.

（五）设计思路

本课例主要针对 2018 年高考全国Ⅰ卷理科数学第 21 题第（Ⅱ）问，引导学生如何结合条件、已学习的数学知识，寻找条件与结论之间的关系，利用合适的方法解决问题. 对于每一种解法，因各自的切入点不同，实际操作起来难易度不同，重在引导学生如何切入，便于学生后续遇到该类问题时有一些想法和思路，从而正确地解题.

二、教学过程

（一）一题多解

1. 第(Ⅰ)问分析与解答

第(Ⅰ)问是常规题型. 题中函数由基本初等函数的和、差构成,可以直接利用导数的方法研究其单调性. 直接交给学生,让他们进行课堂练习.

解: $x>0$, $f'(x)=-\dfrac{1}{x^2}-1+\dfrac{a}{x}=\dfrac{-x^2+ax-1}{x^2}=-\dfrac{x^2-ax+1}{x^2}$.

令 $g(x)=x^2-ax+1$, $\Delta=a^2-4$, $\Delta\leqslant 0\Rightarrow -2\leqslant a\leqslant 2$.

(i) 若 $a<-2$,则 $f'(x)<0$ 对 $x\in(0,+\infty)$ 恒成立,故 $f(x)$ 在 $(0,+\infty)$ 上单调递减.

(ii) 若 $-2\leqslant a\leqslant 2$,则 $f'(x)\leqslant 0$,当且仅当 $a=2$, $x=1$ 时 $f'(x)=0$,故 $f(x)$ 在 $(0,+\infty)$ 上单调递减.

(iii) 若 $a>2$,则令 $f'(x)=0\Rightarrow x_1=\dfrac{a-\sqrt{a^2-4}}{2}$ 或 $x_2=\dfrac{a+\sqrt{a^2-4}}{2}$.

当 $x\in(0,x_1)\cup(x_2,+\infty)$ 时,$g(x)>0$, $f'(x)<0$.

当 $x\in(x_1,x_2)$ 时,$g(x)<0$, $f'(x)>0$.

$\therefore$ $f(x)$ 在 $(0,x_1)$ 上单调递减,在 (x_1,x_2) 上单调递增,在 $(x_2,+\infty)$ 上单调递减.

综上所述,当 $a\leqslant 2$ 时,$f(x)$ 在 $(0,+\infty)$ 上单调递减;当 $a>2$ 时,$f(x)$ 在 $(0,x_1)$ 上单调递减,在 (x_1,x_2) 上单调递增,在 $(x_2,+\infty)$ 上单调递减.

小结: 利用导数研究函数单调性的一般步骤是:①求函数 $f(x)$ 定义域;②求 $f'(x)$;③令 $f'(x)=0$,求其零点;④ 导函数的零点将原函数定义域分成不同区域,判断在每个区间上 $f'(x)$ 的符号;⑤ 得到 $f(x)$ 的单调区间.

教学研讨: (1) 研究任何函数问题,首先要保证函数有意义,所以先求函数定义域很有必要. 在日常教学中多训练,使学生养成先求定义域的习惯.

(2) 在涉及研究二次型方程、不等式时,注意从以下几个方面考虑是否需要讨论:①二次项系数是否为零(决定该方程、不等式是否是二次的);②在二次项系数不为零的情况下,方程是否有根;③对应二次方程有两个不同实数根的情况下,两个根的大小如何.

2. 第(Ⅱ)问分析与解答

思路 1: 由(Ⅰ)知,$f(x)$ 存在两个极值点时,当且仅当 $a>2$.

由于 $f(x)$ 的两个极值点 x_1、x_2 满足 $x^2-ax+1=0$, $\therefore$ $x_1x_2=1$.

由这个条件不易找到突破口直接推导出要证明的结论,可以通过分析法的思路找入手点,从而解决问题.

证法 1: 由(Ⅰ)知,$f(x)$ 存在两个极值点时,当且仅当 $a>2$.

由于 $f(x)$ 的两个极值点 x_1、x_2 满足 $x^2-ax+1=0$, $\therefore$ $x_1x_2=1$.

不妨设 $x_1 < x_2$，则 $x_2 > 1$. 因为

$$\frac{f(x_1)-f(x_2)}{x_1-x_2}=-\frac{1}{x_1x_2}-1+a\cdot\frac{\ln x_1-\ln x_2}{x_1-x_2}$$
$$=-2+a\cdot\frac{\ln x_1-\ln x_2}{x_1-x_2}=-2+a\cdot\frac{-2\ln x_2}{\frac{1}{x_2}-x_2},$$

所以 $\frac{f(x_1)-f(x_2)}{x_1-x_2}<a-2\Leftrightarrow\frac{1}{x_2}-x_2+2\ln x_2<0$.

令 $g(x)=\frac{1}{x}-x+2\ln x(x>1)$，由(Ⅰ)知，$g(x)$ 在 $(0,+\infty)$ 上单调递减.

又 $g(1)=0$，从而当 $x\in(1,+\infty)$ 时，$g(x)<0$.

所以 $\frac{1}{x_2}-x_2+2\ln x_2<0$，即 $\frac{f(x_1)-f(x_2)}{x_1-x_2}<a-2$.

思路 2: 待证不等式中的代数式 $\frac{f(x_1)-f(x_2)}{x_1-x_2}$ 在拉格朗日中值定理中出现，可以利用该定理把它转化为 $f'(\xi)$，故可以把待证不等式转化为证明 $f'(x)$ 的最大值比 $a-2$ 小.

证法 2: 由拉格朗日中值定理得 $\frac{f(x_1)-f(x_2)}{x_1-x_2}=f'(\xi),\ \xi\in(x_1,x_2)$.

由(Ⅰ)可知 $[f'(x)]_{\max}=f'\left(\frac{2}{a}\right)=\frac{a^2-4}{a^2}=1-\frac{4}{a^2}$.

即证 $f'(x)<a-2$，即证 $1-\frac{4}{a^2}<a-2$，即证 $3-\left(\frac{4}{a^2}+a\right)<0$.

$\because \frac{4}{a^2}+a=\frac{4}{a^2}+\frac{a}{2}+\frac{a}{2}>3\sqrt[3]{\frac{4}{a^2}\cdot\frac{a}{2}\cdot\frac{a}{2}}=3$，$\therefore 3-\left(\frac{4}{a^2}+a\right)<0$.

$\therefore f'(x)_{\max}<a-2\Rightarrow f'(\xi)<a-2\Rightarrow\frac{f(x_1)-f(x_2)}{x_1-x_2}<a-2$.

思路 3: 由(Ⅰ)知，$f(x)$ 存在两个极值点时，当且仅当 $a>2$.

由于 $f(x)$ 的两个极值点 x_1、x_2 满足 $x^2-ax+1=0$，$\therefore x_1x_2=1$.

同时对 $\frac{f(x_1)-f(x_2)}{x_1-x_2}$ 做恒等变化就可以发现内有对数平均不等式的身影.

证法 3: 由证法 1 知 $x_1x_2=1$，$a>2$.

$$\frac{f(x_1)-f(x_2)}{x_1-x_2}=-\frac{1}{x_1x_2}-1+a\cdot\frac{\ln x_1-\ln x_2}{x_1-x_2}.$$

由对数平均不等式，有 $\frac{x_1-x_2}{\ln x_1-\ln x_2}>\sqrt{x_1x_2}\Rightarrow\frac{\ln x_1-\ln x_2}{x_1-x_2}<\frac{1}{\sqrt{x_1x_2}}$.

所以 $\frac{f(x_1)-f(x_2)}{x_1-x_2}<a\cdot\frac{1}{\sqrt{x_1x_2}}-\frac{1}{x_1x_2}-1=a-2$，从而得证.

教学研讨:（1）证法 1 较其余两种方法是最常规的，根据代数式$\frac{f(x_1)-f(x_2)}{x_1-x_2}$的同解变形，减少变量个数，由此构造出新函数 $g(x)=\frac{1}{x}-x+2\ln x(x>1)$，将要证明的问题转化为研究 $g(x)$ 最大值与 0 比大小，充分体现数学中常见的化繁为简、化难为易的化归思想.

（2）证法 2 得益于对教材进一步的理解. 在人教 A 版教材选修 2－2 第一章 1.3.1 第 24 页“思考”中提到让学生思考某个区间上函数 $y=f(x)$ 的平均变化率的几何意义与其导数正负的关系，回顾平均变化率$\frac{\Delta y}{\Delta x}=\frac{f(x_1)-f(x_2)}{x_1-x_2}$的几何意义即为割线 AB 的斜率，学生观察图 1 就会发现在函数 $y=f(x)$ 图像上存在一点 T，使得该函数在点 T 处的切线与割线 AB 平行，即存在一点 $\xi\in(x_1, x_2)$，使得 $f'(\xi)=\frac{f(x_1)-f(x_2)}{x_1-x_2}$(这个结论就是拉格朗日中值定理). 掌握这一知识点，证法 2 的产生就比较自然了.

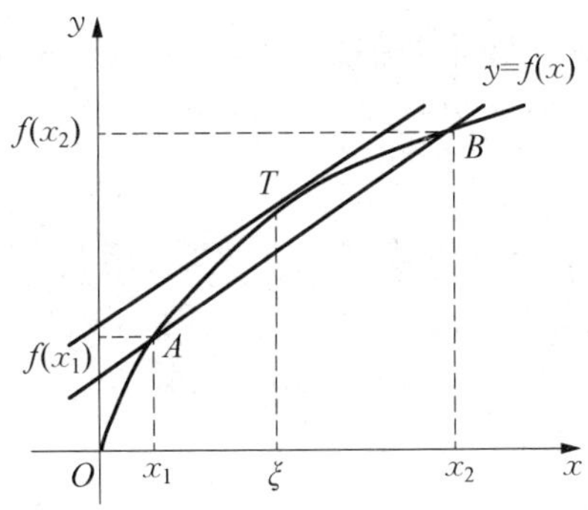

图 1

（3）证法 3 建立在对两个正数的算术平均数、几何平均数、调和平均数、平方平均数的进一步推广上——两个正数的对数平均数$\frac{x_1-x_2}{\ln x_1-\ln x_2}$，继而产生对数平均不等式. 当然，这一方法仅仅对学习程度较好、喜欢拓展新知识的学生适用，对大部分学生而言该方法较前两种方法难，不宜推荐.

（二）一题多变

这道题目其实并不陌生，在该函数本身不变的情况下，可以考虑变化问法. 如 2011 年高考湖南卷文科数学第 21 题：

变式 1: 设函数 $f(x)=x-\frac{1}{x}-a\ln x(a\in\mathbf{R})$.

（Ⅰ）讨论函数 $f(x)$的单调性.

（Ⅱ）若函数 $f(x)$有两个极值点 x_1、x_2，记 $k=\frac{f(x_1)-f(x_2)}{x_1-x_2}$，问：是否存在 a，使得 $k=$

$a-2$? 若存在,求出 a;若不存在,请说理由.

分析:(Ⅰ)求原函数定义域;求 $f'(x)$;令 $f'(x)=0$,求出 $f'(x)$ 的零点;跟踪 $f'(x)$、$f(x)$ 随 x 变化情况即可求出原函数的单调区间.

(Ⅱ)假设存在 a,使得 $k=a-2$,根据(Ⅰ),利用韦达定理求出 k,再结合(Ⅰ)研究出来的函数单调性推出矛盾,即可解决问题.

将原题中涉及到的函数 $f(x)=\dfrac{1}{x}-x+a\ln x$ 变形,可得到类似的函数,如:

变式 2:(2017 年高考全国Ⅱ卷理科数学第 21 题)已知函数 $f(x)=ax^2-ax-x\ln x$,且 $f(x)\geqslant 0$.

(Ⅰ)求 a. (Ⅱ)证明:$f(x)$存在唯一的极大值 x_0,且 $e^{-2}<f(x_0)<2^{-2}$.

分析:(Ⅰ) $f(x)\geqslant 0\Leftrightarrow h(x)=ax-a-\ln x\geqslant 0$,观察到 $h(x)\geqslant 0$, $h(1)=0\Rightarrow h'(1)=0$,由此可以求出 a,再验证符合题意.

(Ⅱ)对原函数求导发现不易求导函数的零点,二次求导后可以判断 $f'(x)$的单调性,结合特殊的导函数 $f'(x)$的函数值判断导函数的零点所在区域从而证明问题.

指数函数与对数函数关系紧密,考虑把对数函数部分变形为指数型函数,又可以得到新函数,如:

变式 3:(2015 年高考全国Ⅱ卷理科数学第 21 题)设函数 $f(x)=e^{mx}+x^2-mx$.

(Ⅰ)证明:$f(x)$在$(-\infty, 0)$上单调递减,在$(0, +\infty)$上单调递增.

(Ⅱ)若对于任意 x_1、$x_2\in[-1, 1]$,都有 $|f(x_1)-f(x_2)|\leqslant e-1$,求 m 的取值范围.

分析:(Ⅰ)结论可以转化为证明 $f'(x)<0$ 对 $x\in(-\infty, 0)$ 成立,$f'(x)>0$ 对 $x\in(0, +\infty)$ 成立.

(Ⅱ)对于任意 x_1、$x_2\in[-1, 1]$,都有 $|f(x_1)-f(x_2)|\leqslant e-1$ 即为 $f(x)$ 的最大值与最小值之差小于等于 $e-1$,故问题即可转化为研究 $f(x)$ 的最值问题.

三、学习体验

通过本课例的学习,大多数学生巩固了导数的有关知识,掌握了解决此类问题的常用方法,获得了丰富的学习体验和解题经验,部分同学发表了他们的学习体验.

学生 1:通过做这道题,让我重温了利用导数的方法研究"陌生函数"的步骤,再次提醒自己不要轻易上二次型方程、函数的"当".

学生 2:通过这道题的学习,我再次体会到"正难则反易"的重要,即直接由已知条件推导结论比较困难时,可考虑从结论下手来找题目的切入点.

学生 3:通过这道题的学习,我认识到"化繁为简"必不可少,不减少变量根本就构造不出函数.

四、教学反思

通过本课例的教学，结合学生的课堂表现及学习体验，从“四基”、学生的学习过程、教师的教学过程等方面进行反思.

1. 对“四基”的反思

数学教学不仅要关注“数学基本知识”“数学基本技能”的学习，更要关注“数学基本思想”“数学基本活动经验”的学习. 在此题中，既包含了对函数的单调性与导数的关系、二次型方程的判定及求解等基础知识、基本技能，又蕴含了化归思想、方程思想、合情推理等数学思想，还涉及到对课本知识的拓展应用.

2. 对学习过程的反思

通过课堂观察及学生的课后反馈，在此题的教学过程中，很大一部分学生的学习出现了以下问题.

(1) 部分学生对用导数研究“陌生函数”的方法掌握不牢固.

(2) 相当一部分学生对含字母的问题不清楚该如何下手讨论.

(3) 大部分学生通过对结论部分较复杂的式子化简并构造函数有一定困难.

3. 对教学过程的反思

(1) 充分关注数学教学中知识的发展性

拉格朗日中值定理的发现，依赖于对平均变化率这个知识点几何意义的掌握，结合函数图像就可以得到. 因此在教学中既要关注本节课新知的学习，又要注重前后知识的联系.

(2) 对于“一题多解”的教学，要适当取舍、灵活选择解题方法

在“一题多解”的教学中，面对有多种解法的问题，有些解法更具一般性，除了需要教师在课堂着重讲解，更需要学生课后去练习；有些解法能使解题简约，但需要的新知更多，不适用于一般性的推广. 这就需要教师在有限的课堂时间内适当取舍，灵活选择解题方法，重点讲解有启发性、有利于学生解题经验积累的解题方法，对于其他方法只需点到为止、适当点拨.

(3) 与学生一起积累数学解题活动的经验，真正实现教学相长

导数题充当压轴题，历来对学生而言都是较为困难的. 本题及其变式题的函数模型在高考中多次出现，堪称经典. 它蕴含了很多的数学思想方法，可以区分不同思维层次的考生，所以在高考中不断地推陈出新，这应该引起我们的重视.

此外，教师与学生只有通过长时间解题经验的积累，才能在解题教学中实现“通过学解一道题学会解一类题”. 因此在解题教学中，教师应与学生一起，对特殊的、有趣的解题方法及时讨论和总结，共同成长，真正实现教学相长.

五、一题一诗

求导歌诀

（1）$y=x^{n}\Rightarrow y'=nx^{n-1}$.

底变指常好求导，右耳脱落往前靠.

生命旺盛无与比，长出新耳就粘了.

（2）$y=\ln x\Rightarrow y'=\frac{1}{x}$，$y=\mathrm{e}^{x}\Rightarrow y'=\mathrm{e}^{x}$.

自然对数易求导，颠倒真数符号消.

自然指数性刚强，任你求导不动摇.

（3）$y=\sin x\Rightarrow y'=\cos x$，$y=\cos x\Rightarrow y'=-\sin x$.

正弦余弦结良缘，你求导来我登场.

正配加号余配减，正号可省负置前.

“导数”解题教学课例

——以 2019 年高考全国Ⅱ卷理科数学第 20 题为例

王仕强（贵州省安顺市第一高级中学）

题名对联

规圆矩方柔似几何学仕无心专学术

品正德厚坚如三角为师有强展才情

一、教学设计

（一）知识要点

真题再现： 已知函数 $f(x)=\ln x-\dfrac{x+1}{x-1}$.

（Ⅰ）讨论 $f(x)$的单调性，并证明它有且只有两个零点.

（Ⅱ）设 x_0 是 $f(x)$的一个零点，证明曲线 $y=\ln x$ 在点$(x_0,\ \ln x_0)$处的切线也是曲线 $y=e^x$ 的切线.

本题第（Ⅰ）问涉及到的知识点是用导数研究对数函数、反比例函数及其复合函数的单调性. 第（Ⅰ）问考查导数的代数意义，与之对应的第（Ⅱ）问考查导数的几何意义，两个函数图像的公切线问题，是近几年与导数相关的热点压轴题. 本课例从多角度引导学生解决本题，并由此进行尝试改变题目的设问，一是为了让学生明白高考题命题者的命题思路，让学生在高考备考时做到知己知彼；二是学会举一反三，让学生思考问题之间和知识体系之间的联系，从而触及数学的本质，使得学习系统化和深入化，做到学会此题后遇到类似的题目能触类旁通.

（二）学习背景

1. 教材及考点分析

本题所涉及到的主要知识点在人教 A 版教材必修 1 第三章和选修 2－2 第一章或选修 1－1 第三章，教材对这个内容讲解得非常详细，是高中数学主要的学习内容. 高考考试大纲要求学生会判断函数零点的存在性及零点的个数，理解导数的几何意义和导数在研究函数中的应用. 判断函数零点的存存性问题在高考中既是热点问题，也是难点问题，两个函数图像的公切线问题近年也逐渐成为压轴题常考点.

2. 学情分析

学生已经学完导数及其应用，对导数这部分知识点和题目比较熟悉，对对数函数和反比例函数掌握得比较好，但本题对学生来说还是有一定的难度，故本题放在高三一轮复习时研究，目的在于增强学生的逻辑推理和直观想象的数学学科素养，为进入大学学习高等数学打下坚实的基础.

3. 核心问题

引导学生尝试用导数分析函数的单调性并画出这种陌生函数的图像草图，结合图像草图用恰当的赋值法赋值确定函数零点的存在性，并尝试思考两个零点之间的关系. 两个函数图像的公切线问题关键在于找到两个切点的坐标关系，引导学生严谨地证明题目的结论，让学生在实际操作中把这些核心问题弄清楚，本题就能迎刃而解.

（三）学习目标

1. 核心素养目标

以问题为导向，驱动学生寻找相关的方法解决问题，通过严谨的推理过程，让学生学会用导数来分析函数的单调性，通过分析零点所在区间和零点所依赖的量 e 来找到恰当的赋值，会用导数来求切线斜率，通过数形结合找到答案，从而促进学生逻辑推理、直观想象和数学运算等方面的素养.

2. 长见识悟道理

教学生理解把条件结论互换、分梯度引导设问、增加减少参数、以大学数学为背景等角度命制数学题的思路，思考今后如何去发现问题，从哪些角度去提出问题. 通过一题多解，引导学生用不同的知识去解决问题，从多个方向和角度去解决问题，启发学生去思考，把握数学本质，从而提升学生数学抽象、逻辑推理和直观形象这些受用终生的数学学科素养.

（四）教学重难点

教学重点：启发学生寻找不同的方法研究函数的单调性、确定函数零点的存在性和巩固切线问题的处理方法.

教学难点：如何赋值确定零点、寻找两个切点坐标关系和一题多解多问发散性思维.

（五）设计思路

对于第（Ⅰ）问第一小问，引导学生用导数判断函数单调性、用学过的函数模型和定义法判断单调性；第（Ⅰ）问第二小问启发学生在刚才结论的基础上用赋值和极限的思想得出结论，同时可以用两种画法画出函数图像的草图得出结论. 第（Ⅱ）问首先引导学生找到两个切点坐标的关系，再利用这些关系思考如何证明结论；然后对比这些方法的优缺点和适用题型，启发学生学会追问，学会从不同的角度设问、反问.

二、教学过程

（一）一题多解

1. 第(Ⅰ)问第一小问解法

先让学生自己做，发现学生讨论单调性基本上用的是求导方法，有部分学生没有考虑函数的定义域，基本上没有学生发现两个零点互为倒数.

师：大家思考一下，判断函数单调性的方法有哪些？

生：求导、定义法(作差或作商).

师：还有呢？我们学过一次函数、二次函数、正比例函数、反比例函数、指数对数函数和三角函数吧.

生：通过学过的那些基本初等函数判断.

接下来引导学生解答第(Ⅰ)问的第一个小问题.

解法 1： $f(x)=\ln x-\dfrac{x+1}{x-1}=\ln x-\dfrac{2}{x-1}-1,\ x\in(0,\ 1)\cup(1,\ +\infty)$.

$f'(x)=\dfrac{1}{x}+\dfrac{2}{(x-1)^2}>0\Rightarrow f(x)$ 在$(0,\ 1)$ 和$(1,\ +\infty)$ 上单调递增.

(分离常数，将陌生函数转化为常见的反比例模型函数，简化计算，提升学生将陌生问题转化为熟悉问题，即转化与化归的意识，提升学生数学运算等数学学科素养)

师：除了求导，我们还可以用什么方法来做？这个函数是由哪些学过的基本初等函数通过加减乘除得来的？

生：是对数函数和反比例型函数相加得到的.

师：这两个函数在$(0,\ 1)$和$(1,\ +\infty)$上的单调性是怎样的？

生：两个都是增函数.

师：所以该函数是增函数吗？

生：是.

(意图是引导学生将陌生的问题转化为熟悉的问题，在问题情境中体会转化与化归的思想，这是“三教”之“教体验”的具体落实和实践，让学生体验一次转化思想的应用比老师讲千百次收到的效果还要好，是提升学生逻辑推理素养的一个例子)

解法 2： $f(x)=\ln x-\dfrac{x+1}{x-1}=\ln x-\dfrac{2}{x-1}-1$.

令 $g(x)=\ln x,\ h(x)=-\dfrac{2}{x-1}-1$，则 $f(x)=g(x)+h(x)$.

当 $x\in(0,\ 1)$ 时，$g(x)$ 与 $h(x)$ 都是增函数 $\Rightarrow f(x)$ 在$(0,\ 1)$ 上是增函数.

当 $x\in(1,\ +\infty)$ 时，$g(x)$ 与 $h(x)$ 都是增函数 $\Rightarrow f(x)$ 在$(1,\ +\infty)$ 上是增函数.

师：这两种解法各有什么优缺点？什么时候用哪种解法？

生：解法 1 容易想到，书写过程容易交代清楚，且大部分题型适用，但思维固化、书写较复杂；解法 2 容易快速看出结果，但过程不太好写、不严谨，且很大一部分题目不可用此方法. 所以小题宜用解法 2，大题宜用解法 1.

师：那判断函数零点的方法呢？

生：解方程 $f(x)=0$、函数 $f(x)$ 的图像与 x 轴交点的横坐标、零点的存在性定理和分离函数看成两个函数图像的交点.

（此设计在于提升学生分类与整合的思想和归纳总结能力，提升学生逻辑推理的学科核心素养）

2. 第(Ⅰ)问第二个小问解法

师：已经判断出 $f(x)$的单调性了，那在$(0, 1)$和$(1, +\infty)$上是从多少增加到多少呢？请大家思考.

解法 1： 两个区间都是开区间，考虑极限 $\lim\limits_{x\to 0^+} f(x)\to -\infty$，$\lim\limits_{x\to 1^-} f(x)\to +\infty$，$\lim\limits_{x\to 1^+} f(x)\to -\infty$，$\lim\limits_{x\to +\infty} f(x)\to +\infty$. 画出 $f(x)$的图像草图如图 1 所示，可以判断显然有且只有两个零点.

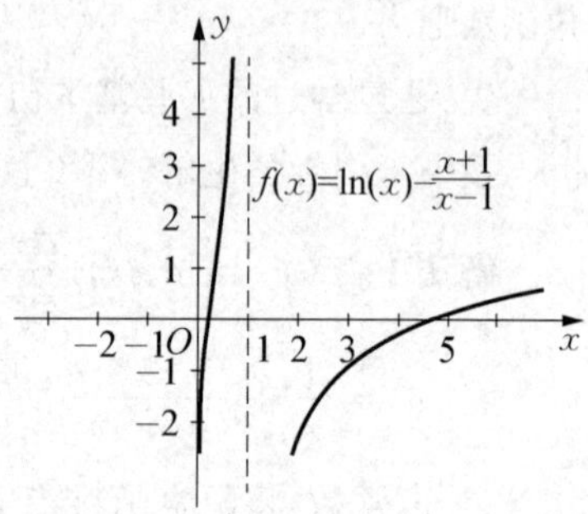

图 1

（此法在于启发学生数形结合，对零点有个直观的感觉，"三教"之"教表达"在此实践，从而提升学生数学抽象和直观想象等学科核心素养）

解法 2： $f(x)=\ln x-\dfrac{x+1}{x-1}=\ln x-\dfrac{2}{x-1}-1=0\Rightarrow$

$\ln x=\dfrac{2}{x-1}+1$，设 $g(x)=\ln x$，$k(x)=\dfrac{2}{x-1}+1$.

画出 $g(x)$与 $k(x)$的图像找交点个数即可.

前面两种方法优点在于直观形象，但推理不太严谨，且不太方便写解题过程，故接着考虑以下方法.

解法 3： 已经证得函数 $f(x)$在$(0, 1)$和$(1, +\infty)$上是增函数，接下来用文[1]的方法赋值，x 的取值必然与自然底数 e 有关，故考虑

$$f(\sqrt{\mathrm{e}})=\frac{1}{2}-\frac{\sqrt{\mathrm{e}}+1}{\sqrt{\mathrm{e}}-1}<0,\ f(\mathrm{e}^2)=2-\frac{\mathrm{e}^2+1}{\mathrm{e}^2-1}>0,$$

$$f\left(\frac{1}{\mathrm{e}}\right)=-1-\frac{1+\mathrm{e}}{1-\mathrm{e}}=\frac{-2}{1-\mathrm{e}}>0,\ f\left(\frac{1}{\mathrm{e}^2}\right)=-2-\frac{1+\mathrm{e}^2}{1-\mathrm{e}^2}=\frac{-3+\mathrm{e}^2}{1-\mathrm{e}^2}<0.$$

所以 $f(x)$在$(0, 1)$和$(1, +\infty)$上各有一个零点，$f(x)$有且仅有两个零点.

（此解法的关键是如何恰当的取值，促进学生悟道理，从而提升学生逻辑推理等学科核心素养）

解法 4： $\because\ f(\mathrm{e})=1-\dfrac{\mathrm{e}+1}{\mathrm{e}-1}<0,\ f(\mathrm{e}^2)>0$

$\therefore\ f(x)$ 在$(1, +\infty)$ 上有且仅有一个零点 x_1.

$\because 0<\dfrac{1}{x_1}<1$，$f\left(\dfrac{1}{x_1}\right)=-\ln x_1+\dfrac{x_1+1}{x_1-1}=f(x_1)=0$，

$\therefore$ $f(x)$ 在$(0, 1)$上有唯一零点$\dfrac{1}{x_1}$.

综上，$f(x)$有且仅有两个零点.

（这样引导学生，是为了提升学生数形结合的能力，能够更好地将数形结合这一数学思想应用到函数零点这类问题中，从而提升学生的直观想象等学科核心素养）

师：同学们思考一下这四种方法各自的优缺点，再想想还有没有其他方法.

3. 第(Ⅱ)问解法

师：这条直线和两个函数图像都相切，两个切点坐标之间的桥梁关系是什么？

生：斜率相等.

（设置本问题的目的在于引导学生遇到多个量时，要有思考"找多个量之间的关系"这一良好习惯，增强学生逻辑推理素养）

师：求斜率有哪些方法？

生：导数、两点坐标对应相减、通过平行垂直位置关系求、联立切线和曲线的方程用判别式为 0、圆心到切线的距离等于半径.

（设置本问题是为了加强学生多总结提升的学习习惯）

师：那我们知道该切线与曲线 $y=\ln x$ 的切点是$A(x_0, \ln x_0)$，则斜率 $k=\dfrac{1}{x_0}$，切线与曲线 $y=e^x$ 的切点是$B(x_1, e^{x_1})$，那两个横坐标之间有什么关系？曲线 $y=e^x$ 在点B 处切线的斜率也是$\dfrac{1}{x_0}$，所以 $e^{x_1}=\dfrac{1}{x_0}=e^{-\ln x_0}$，故 $x_1=-\ln x_0$，则点 $B\left(-\ln x_0, \dfrac{1}{x_0}\right)$在曲线 $y=e^x$ 上. 现在找到了两个切点之间的坐标关系，且由题知 $f(x_0)=0$，即 $\ln x_0=\dfrac{x_0+1}{x_0-1}$. 那接下来如何保证结论成立呢？

生：用 A、B 两点求斜率，验证看看是不是和前面求的一样，若一样，则结论成立.

解法 1：因为 $k_{AB}=\dfrac{\dfrac{1}{x_0}-\ln x_0}{-\ln x_0-x_0}=\dfrac{1}{x_0}$，所以曲线 $y=\ln x$ 在点$A(x_0, \ln x_0)$处的切线也是曲线 $y=e^x$ 的切线.

解法 2：由(Ⅰ)知 $f(x_0)=0$，则 $\ln x_0=\dfrac{x_0+1}{x_0-1}$.

$y=\ln x$，则 $y'=\dfrac{1}{x}$，曲线 $y=\ln x$ 在点$A(x_0, \ln x_0)$处的切线是 $y-\ln x_0=\dfrac{1}{x_0}(x-x_0)$，即 $y=\dfrac{1}{x_0}x+\dfrac{2}{x_0-1}$.

设 $y=e^x$ 的切点为$B(x_1, e^{x_1})$，$m(x)=e^x$，则 $m'(x)=e^x$，则曲线 $m(x)$ 在点 B 处的切线方程是 $y=e^{x_1}x+(1-x_1)e^{x_1}$.

由 $\dfrac{1}{x_0}=\mathrm{e}^{x_1}$，得 $(1-x_1)\mathrm{e}^{x_1}=\dfrac{2}{x_0-1}$. 故结论成立.

（二）一题多变

1. 本题设问变式

第（Ⅰ）问只是定性判断有两个零点，还可以引导学生继续追问以下问题.

(1) 从研究两个零点的大小关系的角度设问

① 证明：$x_1x_2=1$.

② 证明：$x_1+x_2>2$.（和基本不等式结合）

③ 证明：$x_1+x_2>4$.（范围更精确）

不但证明有两个零点，而且还进一步研究两个零点的大小关系，首先是发现 $x_1x_2=1$，再研究两个零点之和的范围，由均值不等式得到一个粗糙的大范围，再进一步研究得到一个相对精确的范围. 这样设问的出发点是为了提升学生逻辑推理的学科素养，遵循循序渐进的教学原则.

第①问由 $f(x_1)=0$，从而得到 $f\left(\dfrac{1}{x_1}\right)=0=f(x_2)$，即证得 $x_1x_2=1$；第②问由第①问结论再用均值不等式可证；第③问可以用估算法求得，也可以用处理极值点偏移的方法得到.

(2) 从增加参数的角度设问

④ 若 $f_1(x)=\ln x-\dfrac{x+1}{x-1}+a$ 的两个零点为 x'_1、x'_2，试探究它们之间有什么关系.

⑤ 若 $f_2(x)=a\ln x-\dfrac{x+1}{x-1}$ 在 $(1,+\infty)$ 上是增函数，讨论函数 $f_2(x)$ 的零点个数.

含参问题是高考的重点和难点，这样设问意在增强学生体验从特殊到一般的数学思想，这也符合循序渐进的教学原则. 这也是高考题常用的设问方法. ④可以先用 $f_1(x'_1)=0$ 证得 $f_1\left(\dfrac{1}{x'_1}\right)=0$，从而得到 $x'_1x'_2=1$.

(3) 从形成对比的角度设问

⑥ 若 $f_2(x)=a\ln x-\dfrac{x+1}{x-1}$ 不单调，求 a 的取值范围.

举一反三是“教思考”的常见方法，这样设问能促进学生逆向思考问题的能力. ⑤⑥解题思路与前面判断单调性类似，不再赘述.

(4) 从与其他知识点结合设问

⑦ 证明：$\ln x<\dfrac{x+1}{x-1}$，$x\in(1,\mathrm{e})$.

⑧ 若该切线与抛物线 $y^2=2x+b$ 相切，求 b 的值.

其中⑦可以考虑构造函数来证明；⑧的做法与后面几个高考题中曲线的公切线问题

一样.

上述设问方式能更好地增加学生思考的方向和能力，在“三教”的“教思考”上下功夫，从而提升学生长见识和悟道理的能力. 让学生体验命题的一些思路，从而增强学生解决问题的能力，因为解题就是命题的一个逆向思维的过程.

2. 与本题相似的高考题

(2019 年高考全国Ⅱ卷文科数学第 21 题)已知函数 $f(x)=(x-1)\ln x-x-1$. 证明：(Ⅰ) $f(x)$ 存在唯一的极值点. (Ⅱ) $f(x)=0$ 有且仅有两个实根，且两个实根互为倒数.

与本题配套的 2019 年高考全国Ⅱ卷文科数学第 21 题难度稍低于理科，因设问相似，故而解法也极其相似. 这个题实际上就是由理科题改编而来. 文科第(Ⅰ)问解法也与理科第(Ⅰ)问相似，首先是判断导函数的单调性，方法一可以再次求导判断，方法二可以看成对数函数和反比例函数相加，因为两个函数在定义域上都是单调递增的，因此得出复合函数是增函数. 其次是判定原函数存在极值点，即相当于判定导函数存在零点，与理科题一样，解法一采用赋值法，解法二使用极限思想也可以推断导函数有且仅有一个零点，且左右两侧的导数异号，这样第(Ⅰ)问就得到证明了，第(Ⅱ)问的做法与前面一样，此处不再赘述. 值得一提的是文科第(Ⅱ)问明确给出两个根互为倒数，命题专家这是将理科题一题多变得来的，变的目的是按照考纲要求，文科题的难度稍低于理科的难度，这样学生找到第一个零点后第二个零点就好做了.

本题第(Ⅰ)问还与 2013 年高考全国Ⅱ卷理科数学第 21 题相似，该题如下：

已知函数 $f(x)=e^x-\ln(x+m)$.

(Ⅰ) 设 $x=0$ 是 $f(x)$ 的极值点，求 m 并讨论 $f(x)$ 的单调性.

(Ⅱ) 当 $m\leqslant 2$ 时，证明：$f(x)>0$.

第(Ⅰ)问求出 m 后的做法与前面惊人的相似，判断导函数的单调性的思路一是再次求导，思路二是可以看成指数函数和反比例型函数相加，两个函数在定义域上都是增函数，故而得出复合函数在定义域上是增函数. 接下来结合 $f'(0)=0$ 就可以判断原函数的单调性. 第(Ⅱ)问做法类似，且与 2019 年高考全国 Ⅱ 卷理科数学第 21 题第(Ⅱ)问类似，也是要由 $f(x_0)=0$ 将指数型或对数型用反比例型来代换，从而达到计算的目的.

本题第(Ⅱ)问与以下几个高考题类似：

(2016 年高考全国Ⅱ卷理科数学第 16 题)若直线 $y=kx+b$ 是曲线 $y=\ln x+2$ 的切线，也是曲线 $y=\ln(x+1)$ 的切线，则 $b=$______.

(2015 年高考全国Ⅱ卷文科数学第 16 题)已知曲线 $y=x+\ln x$ 在点(1, 1)处的切线与曲线 $y=ax^2+(a+2)x+1$ 相切，则 $a=$______.

(2013 年高考全国Ⅰ卷文科数学第 21 题)设函数 $f(x)=x^2+ax+b$，$g(x)=e^x(cx+d)$，若曲线 $y=f(x)$ 和曲线 $y=g(x)$ 都过点 $P(0, 2)$，且在点 P 处有相同的切线 $y=4x+2$. 求 a、b、c、d 的值.

这几个函数图像的公切线问题解法都极其相似，主要从以下几个角度考虑：一是两个切点的坐标关系都用公切线的斜率相同来建立；二是除了主要通过斜率列方程，还可以通过切点坐标同时满足切线的方程和原函数的解析式来列方程；三是如果这两条曲线有一条是二次函数的图像抛物线，还可以将切线方程和二次函数解析式联立方程，消元后用一元二次方程的判别式 Δ 为 0 来处理. 这些问题都是近年来的高考热点问题，它们“形变而质不变”，且高考“岁岁年年题相似，年年岁岁法相同”. 题目设问“有律可循”，思考解决问题的角度和方法“有法可依”.

（三）一题多说

正如数学家哈尔莫斯所说：“问题是数学的心脏”，引导学生从不同的角度寻找多种方法去思考问题和解决问题，在思考问题和解决问题的过程中受到启发提出新的问题，从而做到一题多解、多问. 本题作为高考压轴题，难度中等偏大，题目设问的目的在于考查导函数在解决原函数问题中的作用，一是代数作用，即通过导函数判断原函数的单调性；二是几何作用，通过导数解决曲线的切线问题，还考查了赋值法和零点的存在性定理. 此类题目一是为了考查学生中学阶段初等数学的学习情况，二是为了考查学生下一步学习微积分所需要的基础能力和素养，所以我们研究这些问题有很大的价值和意义.

三、学习体验

学生 1：（听课时的感受）平时遇到的函数题第一问多是只求单调性，而这道题多了证明“只有两个零点”这一问，且难度较大，在不允许画图说明的情况下，很难将其解题过程书写清楚. 另外，平时做这类题较少用到极限法，对这一解法掌握不好. 第二问主要借助思维方式的转变，要在准确理解题意的情况下才能较快找到思路.

学生 2：（听课后整理笔记后的感受）到高三了，上这种课很有收获，对已经做过的题型有了更深理解，通过一题多解、一题多变将相关知识点和题型串联起来了，使我能更好地掌握它们之间的内在联系，更加明白了这些题目“形变质不变”，这才是高效的课. 但有些解法不易想到，有些设问思路以前没有想过，自己去做不一定想得到.

四、教学体验

1. “教思考”是数学教学的关键

由一个关键问题出发，不断启发学生从不同的角度去寻找答案，收获超出想象，学生的潜力是无穷的. 组织学生去质疑、追问和反问，让学生感悟到数学的本质，增强举一反三的能力，感悟到学习数学的乐趣. 让学生感悟到跳出题海的高效学习方法，从而使学生的逻辑推理等学科素养得到提升.

2. “教体验”“教表达”能促进学生综合素养的提升

组织学生参与到思考问题、质疑问题和解决问题中来，让学生体验到用辩证的思维看待世界. 教表达主要是口头表达和书写表达，口头表达是让学生说出他们的想法，提出问题、质疑不解的地方，或提出解决问题的思路和方向；书写表达是在弄清楚所有的问题后用数学语言规范地写出正确的思维过程和计算过程，促进学生的沟通交流能力和对问题的理解能力.

五、一题一诗

直观想象千般好，逻辑推理终身用.
代数与几何齐飞，能力共素养一色.

参考文献：

[1] 陈亮. 利用放缩法解函数零点存在问题[J]. 中学数学教学参考(上旬)，2018(12)：39—41.

[2] 中华人民共和国教育部. 普通高中数学课程标准(2017 年版)[S]. 北京：人民教育出版社，2018.

[3] 教育部考试中心 . 2019 年普通高等学校招生全国统一考试大纲(文理科)[S]. 北京：高等教育出版社，2018.

“函数的零点”解题教学课例

——以 2017 年高考全国Ⅲ卷理科数学第 11 题为例

吴长锦(贵州省铜仁第一中学)

题名对联

手执粉笔解世事代数吴酒几盏敬同仁

胸怀壮志问人生几何长河落日醉锦江

一、教学设计

(一) 知识要点

真题再现: 已知函数 $f(x)=x^2-2x+a(\mathrm{e}^{x-1}+\mathrm{e}^{1-x})$ 有唯一零点,则 $a=$(　　).

A. $-\frac{1}{2}$　　B. $\frac{1}{3}$　　C. $\frac{1}{2}$　　D. 1

本题主要考查函数零点的范围、个数,以及求参数的取值范围等问题.

(二) 学习背景

1. 教材分析

(1) 函数的零点概念是人教 A 版教材必修 1 第三章第 1 节《函数与方程》提出来的:函数图像与 x 轴的交点的横坐标就是方程的根,也就是函数的零点. 教材还给出了零点存在性的判定定理. 函数的零点问题主要围绕零点的个数、零点的位置、参数的取值范围问题等.

(2) 函数与导数在高考中是重、难点也是热点,一般情况下有两道选择题和一道解答题,或者一道选择题、一道填空题和一道解答题,共 3 道题,分值为 22 分. 高考对这一部分内容考查的难度相对稳定,选择、填空题主要考查基本初等函数及其应用,重点是函数的定义域、值域,函数的单调性、奇偶性、对称性和周期性的应用;指数函数、对数函数、幂函数的图像和性质的运用;简单的函数建模,导数的几何意义的运用等. 解答题主要考查导数在函数问题中的综合运用,重点是利用导数的方法研究函数的单调性和极值,解决与函数的单调性、极值、最值相关的不等式和方程等问题,考查函数建模和利用导数解决问题的能力,突出了对学生的逻辑推理能力、运算求解能力、分类与整合思想、化归与转化思想、数形结合思想、函数与方程思想的考查.

2. 学情分析

历年来，函数零点相关问题在高考中大多数出现在压轴题中，难度大，学生惧怕一些含有参数的函数问题，大部分学生对于函数的理解还是停留在一个变量的层面上，对于双变量或是多变量问题无从下手. 很多学生还是看不到函数零点概念的本质. 函数的零点，就是函数图像与 x 轴的交点的横坐标，也就是方程的根，而方程的根的个数就是恰当的两个函数图像交点的个数. 还有一些学生对数学化归的思想不理解，不能举一反三这是学生最大的困惑. 从学生知识层面看：学生对最值问题已有初步的认识，对基本不等式、导数、线性规划等求最值的方法运用已有一定的基础，对构造函数、数形结合等数学思想的体会也逐渐深刻；从学生能力层面看：学生自主探究习惯也初步养成，现阶段高三学生思维活跃，课堂参与意识较强，而且已经具有一定的分析、推理能力.

3. 核心问题

通过本课例的学习进一步培养数形结合的思想方法. 函数与导数问题中往往含有变量或参数，学生能从一道数学题去思考数学的本质，从而拓展思维，长见识、悟道理.

（三）学习目标

1. 核心素养目标

理解函数零点的概念，函数的零点就是函数图像与 x 轴的交点的横坐标，也就是方程的根，而方程的根的个数就是恰当的两个函数图像交点的个数，此题着重考查了直观想象、逻辑推理、数学运算等核心素养，因此教学目标是领悟等价转化、数形结合的思想，着重培养学生直观想象、逻辑推理等核心素养.

2. 长见识悟道理

长见识悟道理需要经历理解、感悟、觉醒等环节，本节课要让学生增强函数的对称性应用意识，运用数形结合解题时需要把图画准确、注意无穷远处图像的变化趋势，感悟两边同时取对数的等价转化与化归的方法，培养学生直观想象、逻辑推理等核心素养.

（四）教学重难点

教学的重难点是对称性意识及等价转化、数形结合思想的培养.

（五）设计思路

函数是高考数学的重点内容之一，函数的零点一直在全国高考和各省的模拟考试中频繁出现，主要围绕零点的个数、零点的位置、参数的取值范围问题等. 其中数形结合、分离参数等方法构成了函数应用的广泛性、解法的多样性和思维的创造性. 本课例的设计核心是由一道高考题的一题多解，联想贵州省使用全国卷Ⅲ以来函数零点的相关题目，挖掘各知识点的本质和联系从而揭示高考考题的生成规律，找到这个知识点的共性. 本课例对学生的知识基础有一定的要求，力求教学过程的深入浅出，培养学生 题多解、一题多变的能力. 在体验中长见识、悟道理，培养学生直观想象、逻辑推理等核心素养.

(1) 启发引导学生弄清题意,思考解题思路和方法,书写解答过程要做到精准表述,体验解答全过程蕴含的数学思想和方法.

(2) 一题多解、一题多变的教学模式让学生从题海中解脱出来,形成知识网络,增强知识的系统性与连贯性,从而使学生能够抓住问题的本质,加深对问题的理解.

二、教学过程

(一) 一题多解

1. 近四年高考“函数的零点”考查情况统计表

卷次	文/理科	2016 年	2017 年	2018 年	2019 年
全国Ⅰ卷	理科	第 21 题	第 21 题	第 15 题	第 20 题
	文科	第 21 题			第 20 题
全国Ⅱ卷	理科			第 21 题	第 20 题
	文科			第 21 题	
全国Ⅲ卷	理科		第 11 题	第 15 题	第 12 题
	文科		第 12 题		

2. 复习回顾

(1) 函数零点的概念是什么?

(师生互动)函数的零点就是函数的图像与 x 轴交点的横坐标.

(2) 函数的零点存在性判定定理

(师生互动)如果函数 $y=f(x)$ 在区间$[a, b]$上的图像是一条连续不断的曲线,并且 $f(a)\cdot f(b)<0$,那么,函数 $y=f(x)$ 在区间(a, b)内有零点,即存在 $c\in(a, b)$,使得 $f(c)=0$.

注:①定理的前提是函数图像在闭区间$[a, b]$上是连续曲线.

② 定理的结论是函数 $y=f(x)$ 在区间(a, b)内至少有一个零点,指出了结论的存在性和非唯一性.

③ 定理由 $f(a)\cdot f(b)<0$ 知 $y=f(x)$ 在 $x\in(a, b)$ 内有零点,反之不一定成立,即定理是不可逆的.

④ 定理中若函数 $y=f(x)$ 在$[a, b]$上还是单调的,则零点有且只有一个(唯一性).

3. 解法探讨

解法 1:由 $f(x)=x^2-2x+a(e^{x-1}+e^{1-x})=0$,得 $a(e^{x-1}+e^{1-x})=2x-x^2$.

设 $g(x)=e^{x-1}+e^{1-x}$,则 $g'(x)=e^{x-1}-e^{1-x}$.

$\because g'(1)=0$, $g'(x)=e^{x-1}-e^{1-x}$ 在$(-\infty, +\infty)$上递增,

$\therefore$ 当 $x\in(-\infty, 1)$ 时,$g'(x)<0$;当 $x\in(1, +\infty)$ 时,$g'(x)>0$.

$\therefore\ y=g(x)$ 在$(-\infty,\ 1)$上递减，在$(1,\ +\infty)$上递增.

作出 $g(x)=\mathrm{e}^{x-1}+\mathrm{e}^{1-x}$ 与$h(x)=2x-x^2$ 的大致图像，如图 1 所示.

通过数形结合分析，知 $a=\dfrac{1}{2}$.

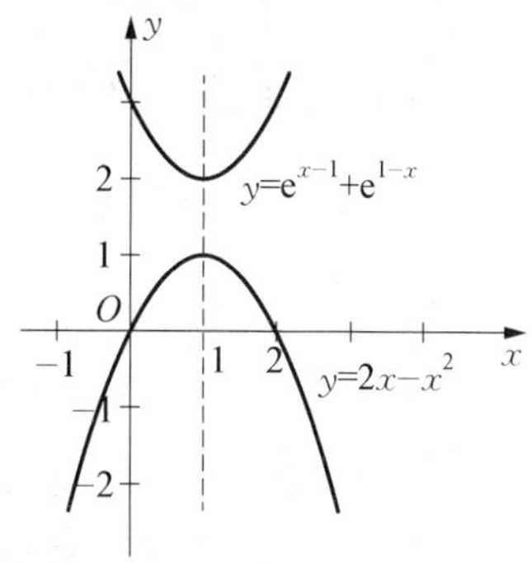

图 1

解法 2:设 $\varphi(x)=x^2+a(\mathrm{e}^x+\mathrm{e}^{-x})$，则 $y=\varphi(x)$ 为偶函数，其图像的对称轴为 y 轴.

将 $\varphi(x)=x^2+a(\mathrm{e}^x+\mathrm{e}^{-x})$ 的图像向右平移 1 个单位，得 $y=(x-1)^2+a(\mathrm{e}^{x-1}+\mathrm{e}^{1-x})$，再向下平移 1 个单位，得 $f(x)=x^2-2x+a(\mathrm{e}^{x-1}+\mathrm{e}^{1-x})$.

$\therefore\ f(x)$图像的对称轴为 $x=1$.

又 $\because\ y=f(x)$ 有唯一的零点，

$\therefore\ f(1)=-1+2a=0$，得 $a=\dfrac{1}{2}$.

解法 3: $\because\ g(x)=\mathrm{e}^{x-1}+\mathrm{e}^{1-x}\geqslant 2$，当且仅当 $x=1$ 时，等号成立.

又 $\because\ y=x^2-2x+t=0$ 有唯一解的充要条件是 $t=1$，

$\therefore\ f(1)=-1+2a=0,\ a=\dfrac{1}{2}$.

解法 4:本题的关健是方程 $f(x)=x^2-2x+a(\mathrm{e}^{x-1}+\mathrm{e}^{1-x})=0$ 为超越方程，不易求解.

观察方程，令 $x=1$，去掉指数函数得 $f(1)=-1+2a=0,\ a=\dfrac{1}{2}$.

教学研讨: 学生首先想到的是参变分离，但是发现分离后函数的导函数很复杂，根本解决不了问题. 此题虽然可以参变混合，但是涉及到悬链线也即双曲余弦函数的图像及性质，难度较大. 这一道题表面上是考查含参数的函数零点问题，实质上考查函数图像的对称性；此题主要以函数的零点为载体，考查函数图像和性质，考查的核心素养主要是逻辑推理、直观想象，对学生的基础有一定的要求.

（二）一题多变

变式 1:（2018 年高考全国Ⅲ卷理科数学第 15 题）函数 $f(x)=\cos\left(3x+\dfrac{\pi}{6}\right)$ 在$(0,\ \pi)$内的零点个数为________.

解法 1:（直接法、数形结合）由 $f(x)=0$，得

$$3x+\frac{\pi}{6}=k\pi+\frac{\pi}{2},\ x=\frac{k\pi}{3}+\frac{\pi}{9},\ k\in\mathbf{Z}.$$

当 $k=0$ 时，$x=\dfrac{\pi}{9}$；

当 $k=1$ 时，$x=\frac{4\pi}{9}$；

当 $k=2$ 时，$x=\frac{7\pi}{9}$.

所以，$f(x)$在$(0, \pi)$内有 3 个零点.

解法 2: 由 $0<x<\pi$，得$\frac{\pi}{6}<3x+\frac{\pi}{6}<3\pi+\frac{\pi}{6}$.

由图 2 可知，$f(x)$在$(0, \pi)$内有 3 个零点.

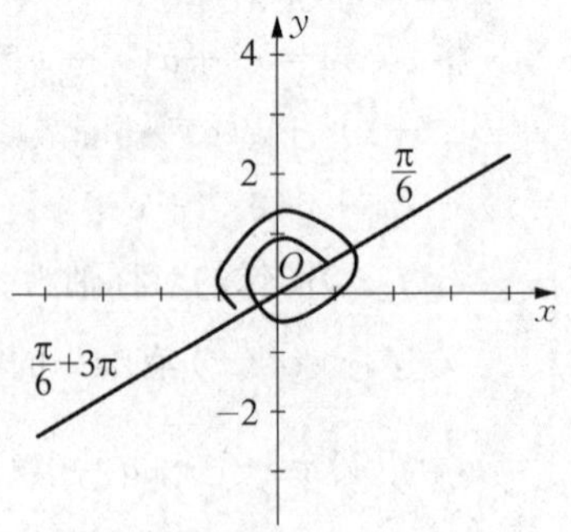

图 2

教学研讨： 解法 1 是常规解法，但是来得不是最快的. 实际上此函数的零点就是使得相位的终边落在 y 轴上，只要画出相位终边的取值范围即可，这就是解法 2.

变式 2: 已知函数 $f(x)=x+2^x$，$g(x)=x+\ln x$，$h(x)=x-\sqrt{x}-1$ 的零点分别为 x_1、x_2、x_3，则 x_1、x_2、x_3 的大小关系为________.

解法 1: 由零点存在性定理可得

$$x_1\in(-1, 0), x_2\in\left(\frac{1}{\mathrm{e}}, 1\right), x_3\in(2, 3).$$

所以 $x_1<x_2<x_3$.

解法 2: x_1、x_2、x_3 分别是方程 $2^x=-x$，$\ln x=-x$，$-\sqrt{x}-1=-x$ 的根.

由图 3 可知 $x_1<x_2<x_3$.

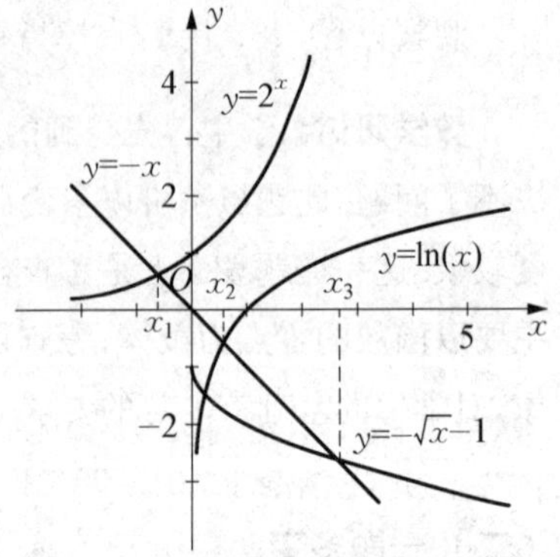

图 3

教学研讨： 判断函数零点的范围经常先去判断函数的单调性，再用零点存在性定理判断零点所在的区间. 而探究函数零点的个数经常是转化为两个恰当函数的图像交点的个数. 本题的设计意图在于顺利地过渡到下面的变式 3.

变式 3:（2018 年高考全国Ⅱ卷理科数学第 21 题）已知函数 $f(x)=\mathrm{e}^x-ax^2$.

（Ⅰ）略.

（Ⅱ）若 $f(x)$在$(0, +\infty)$上只有一个零点，求 a.

解法 1: 令 $f(x)=0$，即 $\mathrm{e}^x-ax^2=0$.

$\because x>0$，$\therefore a=\frac{\mathrm{e}^x}{x^2}$.

令 $g(x)=\frac{\mathrm{e}^x}{x^2}$，则 $f(x)$ 在$(0, +\infty)$ 上只有一个零点等价于函数 $y=g(x)$ 的图像与直线 $y=a$ 只有一个交点.

又 $\because g'(x)=\frac{\mathrm{e}^x(x-2)}{x^3}$，

$\therefore$ 当 $x\in(0,2)$ 时，$g'(x)<0$，$g(x)$ 单调递减；

当 $x\in(2,+\infty)$，$g'(x)>0$，$g(x)$ 单调递增.

$\therefore [g(x)]_{\min}=g(2)=\dfrac{e^2}{4}$.

当 $x\to0$ 时，$g(x)\to+\infty$；当 $x\to+\infty$时，$g(x)\to+\infty$.

通过数形结合分析，知 $a=\dfrac{e^2}{4}$.

解法 2: 由 $f(x)=0$，得$\dfrac{1}{a}=\dfrac{x^2}{e^x}$.

令 $g(x)=\dfrac{x^2}{e^x}(x>0)$，则 $f(x)$ 在$(0,+\infty)$ 上只有一个零点等价于函数 $y=g(x)$ 的图像与直线 $y=a$ 只有一个交点.

又 $\because g'(x)=\dfrac{x(2-x)}{e^x}$，

$\therefore$ 当 $x\in(0,2)$ 时，$g'(x)>0$，$g(x)$ 单调递增；

当 $x\in(2,+\infty)$ 时，$g'(x)<0$，$g(x)$ 单调递减.

$\therefore [g(x)]_{\max}=g(2)=\dfrac{4}{e^2}$.

当 $x\to0$ 时，$g(x)\to0$；当 $x\to+\infty$时，$g(x)\to0$.

通过数形结合分析，知 $\dfrac{1}{a}=\dfrac{4}{e^2}$，即 $a=\dfrac{e^2}{4}$.

解法 3: $f(x)=e^x-ax^2=0\Leftrightarrow e^x=ax^2\Leftrightarrow1-ax^2e^{-x}=0$.

令 $h(x)=1-ax^2e^{-x}$，则 $f(x)$ 在$(0,+\infty)$ 上只有一个零点的充分必要条件为 $h(x)$ 在$(0,+\infty)$ 上只有一个零点.

1°当 $a\leqslant0$ 时，$h(x)>0$，$h(x)$ 没有零点.

2°当 $a>0$ 时，$h'(x)=-2axe^{-x}+ax^2e^{-x}=ax(x-2)e^{-x}$.

当 $x\in(0,2)$ 时，$h'(x)<0$，$h(x)$ 单调递减；

当 $x\in(2,+\infty)$ 时，$h'(x)>0$，$h(x)$ 单调递增.

故 $h(2)=1-4ae^{-2}$ 是 $h(x)$ 在$(0,+\infty)$ 上的最小值.

① 若 $h(2)=1-4ae^{-2}>0$，即 $a<\dfrac{e^2}{4}$，则 $h(x)$ 在$(0,+\infty)$ 上没有零点.

② 若 $h(2)=1-4ae^{-2}=0$，即 $a=\dfrac{e^2}{4}$，则 $h(x)$ 在$(0,+\infty)$ 上只有一个零点.

③ 若 $h(2)=1-4ae^{-2}<0$，即 $a>\dfrac{e^2}{4}$.

由于 $h(0)=1>0$，则 $h(x)$ 在 $x\in(0,2)$ 上有一个零点.

又 $\lim\limits_{x\to+\infty}h(x)=\lim\limits_{x\to+\infty}(1-ax^2e^{-x})=1>0$，从该极限及函数 $h(x)=1-ax^2e^{-x}$ 在$(2,+\infty)$ 上单调递增，知 $h(x)$ 在$(2,+\infty)$ 上又有一个零点.

即 $h(x)$ 在 $(0, +\infty)$ 上有两个零点.

综上，$f(x)$ 在 $(0, +\infty)$ 内只有一个零点时，$a=\frac{e^2}{4}$.

解法 4: 由 $f(x)=e^x-ax^2=0$，得 $e^x=ax^2(a>0)$.

两边同时取以自然常数 e 为底的对数，得

$$x=\ln a+2\ln x\text{，即 }\ln x=\frac{1}{2}x-\frac{\ln a}{2}.$$

设 $g(x)=\ln x$，则由 $g'(x_0)=\frac{1}{x_0}=\frac{1}{2}$，得 $x_0=2$.

由点斜式，得点 $(2, \ln 2)$ 处的切线方程为 $y-\ln 2=\frac{1}{2}(x-2)$，

即 $y=\frac{1}{2}x+\ln 2-1$.

由图 4 可知，$\frac{\ln a}{2}=1-\ln 2$，得 $a=\frac{e^2}{4}$.

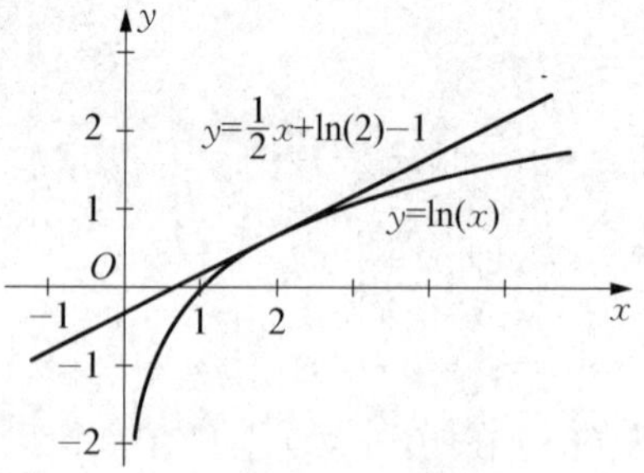

图 4

教学研讨: 这道题的解法很多，让学生板演练习，展示学生的不同解法，然后老师讲评，主要讲解解题思路和方法. 与解法 1 相比，解法 2 也是运用参变分离的方法，但为什么要把对数函数放在分母? 学生不是很理解这样做，这是因为在解函数相关问题时，经常利用自然对数的导数的特点，求导后是自身，就形成一种符号化、系数化、摆设化的对数函数与指数函数的解题策略，从而减小对导函数的符号研究难度. 另外，数形结合解题时需要把图画准确、注意无穷远处函数图像的变化趋势，让学生感悟两边同时取对数的等价转化与化归的方法，培养学生直观想象、逻辑推理等核心素养.

（三）一题多说

对于 2017 年高考全国Ⅲ卷理科数学第 11 题，学生首先想到的是参变分离，但发现导函数很复杂，根本解决不了问题. 此题虽然可以参变混合，但是涉及到悬链线也即双曲余弦函数的图象及性质，难度较大. 这一道题表现上是考查含参数的函数零点问题，实质上考查函数图像的对称性，$y=x^2$ 与 $y=e^x+e^{-x}$ 两个偶函数组合得到的函数 $y=x^2+a(e^x+e^{-x})$ 还是偶

函数，然后又向右平移了一个单位，再向下平移了一单位得到，函数的对称轴为 $x=1$. 若函数的零点有偶数个，一定是关于 $x=1$ 成对出现的；若函数的零点有奇数个，在对称轴 $x=1$ 处一定是这个函数的零点，学生通过直观想象可以想得到，一些聪明的同学可以运用零点假想法快速得出答案. 此题以函数的零点为载体，主要考查函数图像的对称性问题，考查的核心素养主要是逻辑推理、直观想象，对学生的基础有一定的要求. 联想近几年高考，函数的零点问题大多数出现在压轴题中，难度大，不易得分. 从这道题可以联想到函数零点相关问题的常用解法，于是笔者构思了本课例.

三、学习体验

学生 1：函数有三大特性，即单调性、奇偶性、周期性，函数图像的对称性在高考中的考查其实很常见，如果把函数图像的对称性加进去，函数就有四大特性了，我们要加强函数图像对称性的应用意识.

学生 2：本节课我受益匪浅，尤其是 2018 年高考全国Ⅱ卷第（Ⅱ）问是含有参数的恒成立问题，解决此类问题我们常用的方法是分离参数、参变混合，有时需要分类讨论和构造函数，如果我们拿着题就用分类讨论的方法去解此题，时间花得多而且不一定讨论得完整. 本节课让我长了见识，运用数形结合解题时需要把图画准确、要注意无穷远处函数图像的变化趋势. 在解函数相关问题时，经常利用自然对数的导数的特点，求导后是自身，就形成一种符号化、系数化、摆设化以及"对数单身狗指数好基友"的解题策略，从而减小对导函数的符号研究难度. 另外，我还感悟了两边同时取对数的等价转化与化归的方法.

四、教学反思

1. 设计思路

本课例从一道函数的零点高考题入手，串起了近几年高考全国Ⅱ、Ⅲ卷关于函数的零点这一知识点的考查情况，通过一题多解、一题多变为主线进行设计，以一题多解引导学生对典型例题解法的总结、回味与提升，力求做到吃透一道题、掌握一类题，悟出一些方法、道理，让学生从题海中解放出来.

2. 不足之处

本课例内容较多，课堂容量大，适用于针对有一定基础的学生作专题复习教学. 教学过程中多以老师引导为主，学生学习体验较少，师生互动不理想，基本实现课前预设的教学目标.

3. 成功之处

通过"一题多解"与"一题多变"启发教学，体现了新的课程标准所强调的"教师要让学生感受和体验数学知识产生、发展和应用的过程；启发学生发现问题和提出问题，使数学学习成为再创造、再发现的过程；教会学生数学地思考问题的方法，为学生发展数学思维能力提供有效的途径". 通过例题的讨论和讲解，学生对多种数学思想方法有了更深的认识. 以 2018 年高考全国Ⅱ卷第(Ⅱ)问让学生板演练习,在教学中贯彻“三教”理论,让学生思考解题的思路和方法,书写解答过程要表述精准,体验解答全过程蕴含的数学思想和方法,实现让学生长见识、悟道理的教学目的.

4. 改进措施

弄清高考题的生成规律,从学生的角度出发,对学生给出的讨论结果要及时反馈和鼓励,对课堂的生成与预设不同的地方,要机智的处理、掌控好课堂.这堂课从准备到最终完成,感觉到教学不单单是教师教、学生学,教师在教学的过程,要做好充分的课堂预设,要时时关注学生的学习状态,要在教的过程中体现出学科的特点,让学生对数学感兴趣,对数学的学习有激情、有希望.

五、一题一诗

函数的零点

定区间来找中点,中值计算两边看.
同号去掉异号算,零点落在异号间.
周而复始怎么办,精确度上来判断.

第六篇

概率与统计

“概率与统计应用中的合理性问题、选择性问题”解题教学课例

——以 2019 年高考全国Ⅰ卷理科数学第 21 题为例

袁景涛(贵州省铜仁第一中学)

题名对联

孜孜不倦树书山锦绣风景

循循善诱渡学海壮阔波涛

一、教学设计

(一)知识要点

概率与统计的基本知识包括:取有限个值的离散型随机变量及其分布列的概念,取有限个值的离散型随机变量均值、方差的概念,简单离散型随机变量的均值、方差,实际问题的直方图,正态分布曲线,常见的统计方法,独立性检验(2×2 列联表)的基本思想、方法及其简单应用,回归分析的基本思想、方法及其简单应用.

真题再现: 为了治疗某种疾病,研制了甲、乙两种新药,希望知道哪种新药更有效,为此进行动物试验.试验方案如下:每一轮选取两只白鼠对药效进行对比试验.对于两只白鼠,随机选一只施以甲药,另一只施以乙药.一轮的治疗结果得出后,再安排下一轮试验.当其中一种药治愈的白鼠比另一种药治愈的白鼠多 4 只时,就停止试验,并认为治愈只数多的药更有效.为了方便描述问题,约定:对于每轮试验,若施以甲药的白鼠治愈且施以乙药的白鼠未治愈则甲药得 1 分,乙药得 -1 分;若施以乙药的白鼠治愈且施以甲药的白鼠未治愈则乙药得 1 分,甲药得 -1 分;若都治愈或都未治愈则两种药均得 0 分.甲、乙两种药的治愈率分别记为 α 和 β,一轮试验中甲药的得分记为 X.

(Ⅰ)求 X 的分布列.

(Ⅱ)若甲药、乙药在试验开始时都赋予 4 分,$p_i(i=0,1,\cdots,8)$ 表示“甲药的累计得分为 i 时,最终认为甲药比乙药更有效”的概率,则 $p_0=0$,$p_8=1$,$p_i=ap_{i-1}+bp_i+cp_{i+1}$ $(i=1,2,\cdots,7)$,其中 $a=P(X=-1)$,$b=P(X=0)$,$c=P(X=1)$.假设 $\alpha=0.5$,$\beta=0.8$.

(i) 证明：$\{p_{i+1}-p_i\}(i=0, 1, 2, \cdots, 7)$ 为等比数列.

(ii) 求 p_4，并根据 p_4 的值解释这种试验方案的合理性.

（二）学习背景

1. 教材分析

概率与统计在人教A版教材必修3和选修2－3均有提及.必修3的第二章2.2节介绍了如何用样本估计总体，包括用频率分布表、频率分布直方图和茎叶图等对数据的数字特征进行说明，详细介绍了利用频率分布直方图研究数据的数字特征的方法，既是对初中知识的拓展延伸，也对后续概率知识的研究做了铺垫.必修3第三章、选修2－3介绍了一些随机事件的概率的求解方法，这些方法是概率论的基础知识，包括分布列和期望、线性回归、独立性检验、变量间的相关关系、正态分布等，这些内容起到了承上启下的作用.

2. 考情分析

概率与统计来源于生活又应用于生活，概率与统计综合应用题是将数学知识应用于生活的典型代表，对于培养学生的数学应用意识有较好的引导作用.《考试大纲》要求学生通过学习应该达到以下水平.

(1) 理解取有限个值的离散型随机变量及其分布列的概念，了解分布列对于刻画随机现象的重要性.

(2) 理解取有限个值的离散型随机变量均值、方差的概念，能计算简单离散型随机变量的均值、方差，并能解决一些实际问题.

(3) 利用实际问题的直方图，了解正态分布曲线的特点及曲线所表示的意义.了解一些常见的统计方法，并能应用这些方法解决一些实际问题.

(4) 了解独立性检验(只要求2×2列联表)的基本思想、方法及其简单应用.

(5) 了解回归分析的基本思想、方法及其简单应用.

(6) 能力要求：数据处理能力以及应用意识和创新意识.

(7) 数学核心素养的培育与考查：数据分析、数学建模、数学运算等.

3. 学情分析

概率与统计一直是高考的重点，在纳入高考的初期，重概率轻统计，但到了社会科技经济高速发展的新时代，统计越来越被重视；学生在之前的学习过程中已经了解了频率分布直方图的基本知识，具备一定的解题思维，概率与统计综合应用的难题的解答对优秀学生提出了较高的要求.

4. 核心问题

(1) 如何规范写出随机变量的分布列.

(2) 如何运用概率与统计知识解决实际问题，并且利用运算结果对现实问题进行解释、判断和指导.

（三）学习目标

1. 知识技能目标

了解高考考试大纲对概率与统计的考查要求，弄清命题意图. 提高阅读理解能力，特别是数据处理能力，会收集、整理、分析数据，能从大量数据中抽取对研究问题有用的信息，并作出判断、选择和决策.

2. 核心素养目标

培养学生的人文底蕴与科学精神，促进学生的数据分析、数学运算与数学建模等数学核心素养的形成.

3. 长见识悟道理

长见识要求：通过本课例的学习，意识到高考是源于教材并且紧扣考纲的. 在今后的复习过程中应吃透教材，理解教材例题的解题思维，发现题目的数学本质，在实际情境中提炼数学模型.

悟道理要求：概率问题强调应用性，一般以实际问题为背景，实际问题背景与新时代的社会科技是同步的，在解题过程中需要分析问题的数学本质，再利用所学的理论知识解决问题，提升数据处理能力及应用意识.

（四）设计思路

本课例拟采用以下设计思路：高考真题回顾→引导学生阅读题目，提炼数据信息→引导学生分析问题，以问题任务为导向，讨论解题策略→总结概率与统计问题的一类解题方法→变式思考，举例说明→课堂小结.

二、教学过程

（一）一题多解

1. 试题背景分析

引导学生进行试题背景分析，在生物医学迅速发展的今天，科学试验是一种常用的方式方法，小白鼠则是试验的主要对象，这是它生命的“科学使命”；主要观察的数据指标、试验的数据必须真实有效，必须具备严谨的科学态度与科学精神；科学试验的方式方法是科学试验成功与否具体实施途径.

2. 试题数据分析

划重点，即“约定：对于每轮试验，若施以甲药的白鼠治愈且施以乙药的白鼠未治愈则甲药得 1 分，乙药得 -1 分；若施以乙药的白鼠治愈且施以甲药的白鼠未治愈则乙药得 1 分，甲药得 -1 分；若都治愈或都未治愈则两种药均得 0 分.”把试验结果进行赋值，给定了赋值的方式，这是科学试验数据化的常见方法.

3. 第(Ⅰ)题分析

甲、乙两种药的治愈率分别记为 α 和 β，一轮试验中甲药的得分记为 X，要求 X 的分布列. 首先确定 X 所有可能的取值，再计算出每个取值对应的概率，从而可得分布列. 重点关注甲药与乙药的试验结果，特别是甲药的得分. 一般情况，X 的取值由小到大依次进行.

第一种情况：施以乙药的白鼠治愈且施以甲药的白鼠未治愈，则甲药得 -1 分，有

$$P(X=-1)=(1-\alpha)\beta.$$

第二种情况：若都治愈或都未治愈，则甲药得 0 分，有

$$P(X=0)=\alpha\beta+(1-\alpha)(1-\beta).$$

第三种情况：施以甲药的白鼠治愈且施以乙药的白鼠未治愈，则甲药得 1 分，

$$P(X=1)=\alpha(1-\beta).$$

于是得到 X 的分布列：

X	-1	0	1
P	$(1-\alpha)\beta$	$\alpha\beta+(1-\alpha)(1-\beta)$	$\alpha(1-\beta)$

4. 第(Ⅱ)题分析

第(i)题依据假设中 α、β 的值求解出 a、b、c 的取值，可得 $p_i=0.4p_{i-1}+0.5p_i+0.1p_{i+1}(i=1,2,\cdots,7)$，从而根据求证目标整理出符合等比数列定义的形式：$p_{i+1}-p_i=4(p_i-p_{i-1})$，问题得证.

第(ii)题列出第(i)小题证得的等比数列的通项公式，采用累加的方式，结合 p_8 和 p_0 的值可求得 p_1，这是关键，再次利用累加法可求出 p_4.

5. 详细解答过程

解法 1：(Ⅰ) 由题意可知 X 所有可能的取值为：-1，0，1，可得

$$P(X=-1)=(1-\alpha)\beta;$$
$$P(X=0)=\alpha\beta+(1-\alpha)(1-\beta);$$
$$P(X=1)=\alpha(1-\beta).$$

则 X 的分布列为：

X	-1	0	1
P	$(1-\alpha)\beta$	$\alpha\beta+(1-\alpha)(1-\beta)$	$\alpha(1-\beta)$

(Ⅱ) $\because \alpha=0.5$，$\beta=0.8$，

$\therefore a=0.5\times0.8=0.4$，$b=0.5\times0.8+0.5\times0.2=0.5$，$c=0.5\times0.2=0.1$.

(i) ∵ $p_i = ap_{i-1} + bp_i + cp_{i+1}(i=1, 2, \cdots, 7)$,

∴ $p_i = 0.4p_{i-1} + 0.5p_i + 0.1p_{i+1}(i=1, 2, \cdots, 7)$.

整理可得 $5p_i = 4p_{i-1} + p_{i+1}$, $p_{i+1} - p_i = 4(p_i - p_{i-1})(i=1, 2, \cdots, 7)$.

∴ $\{p_{i+1} - p_i\}(i=0, 1, 2, \cdots, 7)$ 是以 $p_1 - p_0$ 为首项,以 4 为公比的等比数列.

(ii) 由(i)知 $p_{i+1} - p_i = (p_1 - p_0) \cdot 4^i = p_1 \cdot 4^i$,

∴$p_8 - p_7 = p_1 \cdot 4^7$, $p_7 - p_6 = p_1 \cdot 4^6$, $\cdots$, $p_1 - p_0 = p_1 \cdot 4^0$.

累加,得 $p_8 - p_0 = p_1(4^0 + 4^1 + \cdots + 4^7)$,即 $1 - 0 = \frac{1-4^8}{1-4}p_1$, ∴ $p_1 = \frac{3}{4^8 - 1}$.

$$\begin{aligned} p_4 &= p_4 - p_0 = (p_4 - p_3) + (p_3 - p_2) + (p_2 - p_1) + (p_1 - p_0) \\ &= p_1(4^0 + 4^1 + 4^2 + 4^3) = \frac{3}{4^8 - 1} \times \frac{1 - 4^4}{1 - 4} = \frac{1}{4^4 + 1} = \frac{1}{257}. \end{aligned}$$

所以,p_4 表示最终认为甲药更有效的概率. 由计算结果可以看出,在甲药治愈率为 0.5,乙药治愈率为 0.8 时,认为甲药更有效的概率为 $p_4 = \frac{1}{257} \approx 0.0039$. 此时得出错误结论的概率非常小,说明这种试验方案合理.

解法 2: 只做第(Ⅱ)题,(Ⅰ)同解法 1,考虑 α、β 一般化情形.

$$0 < \alpha < 1, 0 < \beta < 1, \alpha \neq \beta.$$

因为 $p_i = ap_{i-1} + bp_i + cp_{i+1}$,且由(Ⅰ)可得:$p_i = (1-\alpha)\beta p_{i-1} + (\alpha\beta + (1-\alpha)(1-\beta))p_i + \alpha(1-\beta)p_{i+1}$,所以$(1-\alpha)\beta p_{i-1} - (1-\alpha)\beta p_i + \alpha(1-\beta)p_{i+1} - \alpha(1-\beta)p_i = 0$,即 $\alpha(1-\beta)(p_{i+1} - p_i) = (1-\alpha)\beta(p_i - p_{i-1})$,所以$\frac{p_{i+1} - p_i}{p_i - p_{i-1}} = \frac{(1-\alpha)\beta}{\alpha(1-\beta)}$.

又因为首项 $p_1 - p_0 = p_1 \neq 0$,所以$\{p_{i+1} - p_i\}(i=0, 1, 2, \cdots, 7)$ 是公比为$\frac{(1-\alpha)\beta}{\alpha(1-\beta)}$,首项为 p_1 的等比数列.

设 $q = \frac{(1-\alpha)\beta}{\alpha(1-\beta)}$,由 $\alpha \neq \beta$ 可得 $q \neq 1$,所以

$$\begin{aligned} p_8 &= p_8 - p_7 + p_7 - p_6 + \cdots + p_1 - p_0 + p_0 \\ &= (p_8 - p_7) + (p_7 - p_6) + \cdots + (p_1 - p_0) = \frac{1-q^8}{1-q}p_1. \end{aligned}$$

由于 $p_8 = 1$,故 $p_1 = \frac{1-q}{1-q^8}$,所以

$$p_n = (p_n - p_{n-1}) + (p_{n-1} - p_{n-2}) + \cdots + (p_1 - p_0) = \frac{1-q^n}{1-q}p_1 = \frac{1-q^n}{1-q^8}(n=1, 2, \cdots, 8).$$

所以 $p_n = \frac{1-q^n}{1-q^8}(n=1, 2, \cdots, 8)$.

当 $n=0$ 时，$p_0=0$ 满足 $p_n=\dfrac{1-q^n}{1-q^8}$，故

$$p_n=\frac{1-q^n}{1-q^8}(n=0,\ 1,\ 2,\ \cdots,\ 8)\text{，其中 } q=\frac{(1-\alpha)\beta}{\alpha(1-\beta)}.$$

下略.

（二）一题多变

1. 题源分析

该试题设计背景与科技时代同步，背景对学生来说都不太熟悉，也是公平的.第(Ⅰ)问的设计学生需要掌握概率与统计的基本知识，随机变量的分布列.第(Ⅱ)问的设计与数列进行交叉，设计为综合应用的难题，有点难度，但对于体现高考的选拔功能，也是在情理之中.对于第(Ⅱ)问结果的运用，甲药更有效的概率相当低，从而得到乙药的治愈效果更好，试验结果与预设的期望是一致的，从而得出"这种试验方案的设计是合理"的这一重要结论.类似地，在各种竞技活动中，我们都必须进行合理科学的选择、决策和博弈，这就需要我们学会运用概率与统计的知识去设计决策方案，精心进行计算和统计分析，作出正确选择或决策.

变式 1:(国球比赛问题)(2019 年高考全国Ⅱ卷理科数学第 18 题)11 分制乒乓球比赛，每赢一球得 1 分，当某局打成 10∶10 平后，每球交换发球权，先多得 2 分的一方获胜，该局比赛结束.甲、乙两位同学进行单打比赛，假设甲发球时甲得分的概率为 0.5，乙发球时甲得分的概率为 0.4，各球的结果相互独立.在某局双方 10∶10 平后，甲先发球，两人又打了 X 个球该局比赛结束.

(Ⅰ) 求 $P(X=2)$.

(Ⅱ) 求事件"$X=4$ 且甲获胜"的概率.

解析:该题有应用背景，考查学生分析问题及解决问题的能力，是近几年考试少见的概率题.

(Ⅰ) $X=2$ 就是 10∶10 平后，两人又打了 2 个球该局比赛结束，且这 2 个球均由甲得分或均由乙得分，即 $P(X=2)$ 所包含的事件为"甲连赢两球或乙连赢两球"，然后计算出每种事件的概率，求和即可得出结果，故

$$P(X=2)=0.5\times0.4+(1-0.5)\times(1-0.4)=0.5.$$

(Ⅱ) $X=4$ 就是 10∶10 平后，两人又打了 4 个球该局比赛结束，且这 4 个球得分情况是前 2 个球甲乙各得 1 分，后 2 个球甲得分，即 $P(X=4)$ 包含的事件为"前两球甲乙各得 1 分，后两球均为甲得分"，故所求概率为

$$P(X=4)=[0.5\times(1-0.4)+(1-0.5)\times0.4]\times0.5\times0.4=0.1.$$

题后反思: 本题考查古典概型的相关性质，能否通过题意得出 $P(X=2)$ 以及 $P(X=4)$ 所包含的事件是解决本题的关键，考查推理能力，考查学生从题目中获取所需信息的能力.该

题的试题设计背景是中国人非常熟悉的国球乒乓球比赛，比赛规则也是人人皆知，该项运动的比赛过程、比赛结果与乒乓外交都是中国人引以为豪的，增强了国家认同和民族自豪感，背景环境对学生来说都熟悉，也是公平的. 第（Ⅰ）问的设计是比赛结果最简单的形式，第（Ⅱ）问的设计相对较为复杂，随着比赛场次的增加，比的是整体实力，甲取胜的概率就相对较低，取胜越艰难.

变式 2：（战士选派问题）甲、乙两位战士参加射击比赛培训. 从若干次预赛成绩（单位：环）中随机抽取 8 次，记录如下表：

甲	82	81	79	78	95	88	93	84
乙	92	95	80	75	83	80	90	85

（Ⅰ）用茎叶图表示这两组数据，并分别求两组数据的中位数.

（Ⅱ）现要从中选派一人参加射击比赛，从统计学的角度考虑，你认为选派哪位战士参加合适？请说明理由.

（Ⅲ）设甲战士射击成绩高于 80 环的概率是 0.75. 对甲战士将要进行的 3 次射击进行预测，记这 3 次成绩中高于 80 环的次数为 X，求 X 的分布列及数学期望 EX.

解析：（Ⅰ）如图 1，作出茎叶图.

甲		乙
9 8	7	5
8 4 2 1	8	0 0 3 5
5 3	9	0 2 5

图 1

从茎叶图中得出甲的中位数为 $\dfrac{82+84}{2}=83$，乙的中位数为 $\dfrac{83+85}{2}=84$.

（Ⅱ）派甲参赛比较合适，理由如下：

$$\bar{x}_{甲}=\frac{1}{8}(70\times 2+80\times 4+90\times 2+8+9+1+2+4+8+3+5)=85,$$

$$\bar{x}_{乙}=\frac{1}{8}(70\times 1+80\times 4+90\times 3+5+0+0+3+5+0+2+5)=85,$$

$$s_{甲}^2=\frac{1}{8}[(78-85)^2+(79-85)^2+(81-85)^2+(82-85)^2+(84-85)^2+(88-85)^2+(93-85)^2+(95-85)^2]=35.5,$$

$$s_{乙}^2=\frac{1}{8}[(75-85)^2+(80-85)^2+(80-85)^2+(83-85)^2+(85-85)^2+(90-85)^2+(92-85)^2+(95-85)^2]=41.$$

$\because \bar{x}_{甲}=\bar{x}_{乙}$，$s_{甲}^2<s_{乙}^2$，

$\therefore$ 甲的成绩较稳定，派甲参赛比较合适.

注：本小题的结论及理由均不唯一，如果考生能从统计学的角度分析，给出其他合理回答，同样给分，如派乙参赛比较合适，理由如下：甲获得85环以上(含85环)的概率 $P_1=\frac{3}{8}$，乙获得85环以上(含85环)的概率 $P_2=\frac{4}{8}=\frac{1}{2}$.

$\because P_2>P_1$，

$\therefore$ 派乙参赛比较合适.

(Ⅲ) 记"甲在一次射击中成绩高于80环"为事件 A，则 $P(A)=\frac{3}{4}$.

随机变量 X 的可能取值为0，1，2，3，且 $X\sim B\left(3,\ \frac{3}{4}\right)$，

$\therefore P(X=k)=C_3^k\left(\frac{3}{4}\right)^k\left(1-\frac{3}{4}\right)^{3-k}$，$k=0,1,2,3$.

所以变量 X 的分布列为：

X	0	1	2	3
P	$\frac{1}{64}$	$\frac{9}{64}$	$\frac{27}{64}$	$\frac{27}{64}$

$$EX=0\times\frac{1}{64}+1\times\frac{9}{64}+2\times\frac{27}{64}+3\times\frac{27}{64}=\frac{9}{4}\left(\text{或}\,EX=np=3\times\frac{3}{4}=\frac{9}{4}\right).$$

题后反思： 本题考查数据分析核心素养. 第(Ⅰ)题属于基本要求，主要考查统计图表和中位数的概念；第(Ⅱ)题是开放题，可以给出不同答案，只要依据统计知识给出合理解释即可；第(Ⅲ)题考查分布列和数学期望的概念. 学生在完成第(Ⅱ)题时，对于开放性答案的分析表达有点陌生，不太适应；对于方差的运算，缺乏耐心，需要进一步计算练习.

(三) 一题多说

1. 试题设计方向

(1) 试题设计的背景是相对公平的，与时代发展同步的，能够发挥正能量.

(2) 考查的数学能力很全面，特别是对读图识图能力、数据处理能力、数学运算能力、信息意识与应用意识的考查.

(3) 考查的知识应以主干知识为主，不能留盲点，考试大纲中的知识考查要求仅供参考，可能会提高一个层次进行考查.

(4) 充分运用概率与统计的数学知识，切实解决实际问题，特别是科学决策方面的问题.

2. 备考应对策略

(1) 全覆盖精心准备高考考点的复习，不留盲点.

(2) 侧重主干知识点的复习，兼顾近几年考试的"冷点"复习.

(3) 注意审题，提升阅读能力，特别是在读图识图能力与数据处理能力上多下功夫.

三、学习体验

学生 1:这道被网络热炒的全国Ⅰ卷概率与统计综合应用题,传说超难,许多人碰都不敢碰.通过今天这节课,老师带领我们认真分析,以问题任务驱动,逐步实施完成,感觉没有传说中的那么可怕.

学生 2:我一看到用小白鼠做实验就晕了,总感觉是要解剖什么的,都不敢阅读试题了.但通过这节课认真阅读,原来是帮助小白兔治愈,小白兔的"科学使命"好崇高.逐步分析,解决问题,第(Ⅰ)小题很常规,就是分布列;第(Ⅱ)小题以问题解决为导向,依次完成,有一种"柳暗花明又一村"的感觉.

学生 3:一题多变的方式很好,通过这一题的解决,可以变通地解决一些需要我们进行选择或决策的问题,就心中有底了,学会用数学的眼光去读取试题的本质信息,用数学的思维去处理数据,用数学的语言准确回答问题,相当管用,感觉今后不怕这种较大阅读量的概率与统计试题了.

四、教学反思

新课标和新高考明确提出高考的三大功能:立德树人、服务选才和引导教学,这对我们开展高考备考与试题研究提出新的要求,特别要在培育学生数学学科核心素养方面下功夫.贵州师范大学吕传汉教授提出的"三教"(教思考、教体验、教表达)思想和"情景—问题"教学模式,在数学教学和高考备考中已深入人心、开花结果,本节课充分运用"三教"理念帮助学生提出问题、分析问题,增强学生的运算能力,提高学生"数学运算""数据分析"和"数学建模"的数学核心素养.

近几年的高考概率与统计题中大多是中等难度或较简单的题,但 2019 年高考全国Ⅰ卷理科数学第 21 题综合性强,难度较高,特别是把概率、统计和数列联系在一起,超出学生的备考想象.如若在教学过程中贯彻"三教"思想和理念,学生在解答题中"会思考""会体验""会表达",仍然会得较高的分数.学生通过解答概率与统计题的过程进一步提高发现问题、提出问题及解决问题的能力.这提醒学生任何一个高分的背后都蕴含着艰辛和努力,高分要靠奋斗才能得到!

实践应用能力分为表征分析阶段、提练数量关系阶段、数学建模阶段,依次递进,逐步提升.统计学一般分为两类,其中一类为社会统计学范畴,其中的直方图、柱形图、雷达图、折线图、茎叶图的数据整理、数据分析及列联表,判断生产方式的效率差异等为表征分析阶段.另一类为数理统计学范畴,其中的统计推断、回归分析、方差分析及多元统计分析等为提练数量关系阶段、数学建模阶段.这些都是我们在教学过程中应该重点完成的.

概率与统计题都贴近生活,结合生产、经济的发展,符合大众创业、万众创新、供给侧结构性改革的政策要求,以概率与统计题培育学生的数据分析、数学运算等数学核心素养,是"三教”思想的一个重要作用.

概率与统计大题属于高考必考题，分析近几年高考试题的变化，在全国卷的三套试卷中的主要板块有：(1)线性回归；(2)分布列与期望；(3)独立性检验；(4)正态分布；(5)茎叶图、直方图、折线图、数字特征等主干知识. 但从2019年的全国Ⅰ卷第21题来看，运用概率与统计知识帮助我们做合理解释、科学决策和博弈取胜具有很好的指向性，同时概率与统计及其他知识点进行综合命题也是值得关注的.

五、一题一诗

概率统计应用题，阅读建模是前提.
数据处理靠运算，准确表达悟道理.

参考文献：

[1] 袁景涛. 高中数学常见题型解析[M]. 长春：东北师范大学出版社，2019.

[2] 袁景涛，李时建，吕传汉. 基于培育数学核心素养的行动：教学课例研析(选择性必修篇)[M]. 上海：华东师范大学出版社，2019.

“统计与概率专题复习”解题教学课例

——以 2018 年高考全国Ⅰ卷文科数学第 19 题为例

龙华恩[1,2]（1. 贵州省铜仁市第八中学；2. 铜仁市高中数学覃义超名师工作室）

题名对联

物华天宝龙光再射牛斗墟

人杰地灵徐孺仍感陈蕃恩

一、教学设计

（一）知识要点

频率分布表，频率分布直方图，随机变量的概率，平均数.

真题再现：某家庭记录了未使用节水龙头 50 天的日用水量数据（单位：m^3）和使用了节水龙头 50 天的日用水量数据（单位：m^3），得到如下频数分布表：

未使用节水龙头 50 天的日用水量频数分布表

日用水量	[0, 0.1)	[0.1, 0.2)	[0.2, 0.3)	[0.3, 0.4)	[0.4, 0.5)	[0.5, 0.6)	[0.6, 0.7)
频数	1	3	2	4	9	26	5

使用了节水龙头 50 天的日用水量频数分布表

日用水量	[0, 0.1)	[0.1, 0.2)	[0.2, 0.3)	[0.3, 0.4)	[0.4, 0.5)	[0.5, 0.6)
频数	1	5	13	10	16	5

（Ⅰ）在答题卡上作出使用了节水龙头 50 天的日用水量数据的频率分布直方图（如图 1）.

（Ⅱ）估计该家庭使用节水龙头后，日用水量小于 0.35 m^3 的概率.

（Ⅲ）估计该家庭使用节水龙头后，一年能节省多少水.（一年按 365 天计算，同一组中的数据以这组数据所在区间中点的值作代表）

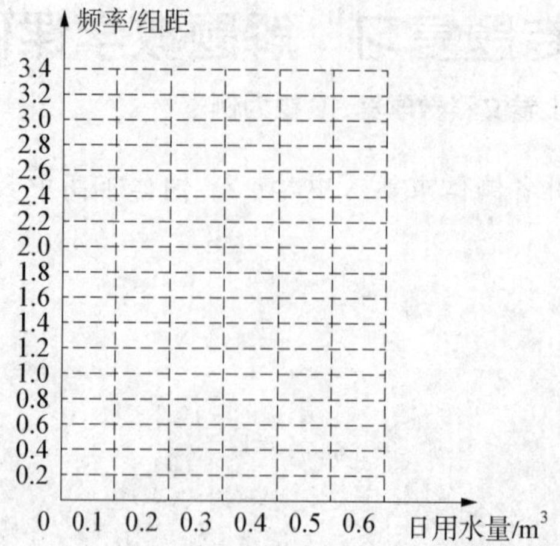

图 1

（二）学习背景

1. 教材分析

统计与概率在人教 A 版教材必修 3 和选修 2－3 均有提及. 必修 3 的第二章 2.2 节介绍了如何用样本估计总体,包括用频率分布表、频率分布直方图和茎叶图等对数据的数字特征进行说明,详细介绍了利用频率分布直方图研究数据的数字特征的方法,这既是对初中知识的拓展延伸,也为后续概率知识的研究做了铺垫. 必修 3 第三章、选修 2－3 介绍了一些随机事件概率的求解方法,这些方法是概率论的基础知识,这些内容起到了承上启下的作用.

2. 考情分析

数学来源于生活又应用于生活,概率统计综合应用题是将数学知识应用于生活的典型代表,对于培养学生的数学应用意识有较好的引导作用.[1]统计与概率是高中数学的重要内容,试题强调应用性,以实际问题为背景,构建数学模型,突出考查统计与概率的思想和考生处理数据的能力以及应用意识. 高考考纲中对"用样本估计总体"的要求是:①了解分布的意义和作用,会列频率分布表,会画频率分布直方图、频率折线图、茎叶图,理解它们各自的特点;②能从样本数据中提取基本的数字特征(如平均数、标准差),并给出合理的解释;③会用样本的频率分布估计总体分布,会用样本的基本数字特征估计总体的基本数字特征,理解用样本估计总体的思想;④会用随机抽样的基本方法和样本估计总体的思想解决一些简单的实际问题.[2]

3. 学情分析

统计与概率一直是高考的重点,学生在之前的学习过程中已经了解频率分布直方图的基本知识,具备一定的解题思维,对求均值、概率等问题有一定基础. 但是学生做统计与概率题的满分率一直不高,学生在做统计与概率题时主要会面临两个问题:一是阅读能力的欠缺,无法由具体情境提炼出数学模型;二是计算能力不足,不能灵活处理数据导致丢分. 基于这样的学情,这节课拟采用探究式的教学方法,旨在引导学生学会分析问题,形成解题思维,培养良好的解题习惯.

4. 核心问题

(1) 如何利用频率分布直方图求数字特征和如何用样本估计总体.

(2) 如何培养阅读分析能力.

(三) 学习目标

1. 知识技能目标

结合实际情境,会画频率分布直方图并能求出样本的数字特征,体会用样本估计总体的思想;会用随机抽样的基本方法和样本估计总体的思想解决一些简单的实际问题,提升处理数据的能力.

2. 核心素养目标

通过本节课的学习,培养数据处理和数学建模的能力;通过对概率问题的分析,培养数据分析能力和数学运算能力.

3. 长见识悟道理

长见识要求:通过本节课的学习,要意识到高考是源于教材并且紧扣考纲的.在今后的复习过程中应吃透教材,理解教材例题的解题思维,发现题目的数学本质,在实际情境中提炼数学模型.

悟道理要求:概率问题强调应用性,一般以实际问题为背景,所以在解题过程中需要跳出问题情境,分析数学问题的本质,再利用所学的理论知识解决问题,提升数据处理能力及应用意识.

(四) 设计思路

本课例拟采用以下设计思路:高考真题回顾→引导学生阅读题目,提炼信息→引导学生分析问题,讨论解题策略→总结统计与概率问题的解题方法→变式思考→课堂小结.

二、教学过程

(一) 一题多解

1. 第(Ⅰ)问之问题分析

老师:第(Ⅰ)问要求画频率分布直方图,那么审题时要注意什么?画频率分布直方图要注意哪些问题呢?

学生:这道题有两个频率分布表,审题时应注意题目要画的是"使用了节水龙头的频率分布直方图",故应该分析第二个表格的数据.在画频率分布直方图的时候应注意纵轴表示的是频率/组距,所以在画图之前应该先求出对应的频率,再将对应的频率除以组距作为对应的纵轴的值.

2. 第(Ⅰ)问之解法分析

解:将频率分布表的数据进行处理,得到以下表格:

使用了节水龙头50天的日用水量频数分布表

日用水量	[0, 0.1)	[0.1, 0.2)	[0.2, 0.3)	[0.3, 0.4)	[0.4, 0.5)	[0.5, 0.6)
频数	1	5	13	10	16	5
频率	0.02	0.1	0.26	0.2	0.32	0.1
频率/组距	0.2	1	2.6	2	3.2	1

所以使用了节水龙头50天的日用水量数据的频率分布直方图如图2所示:

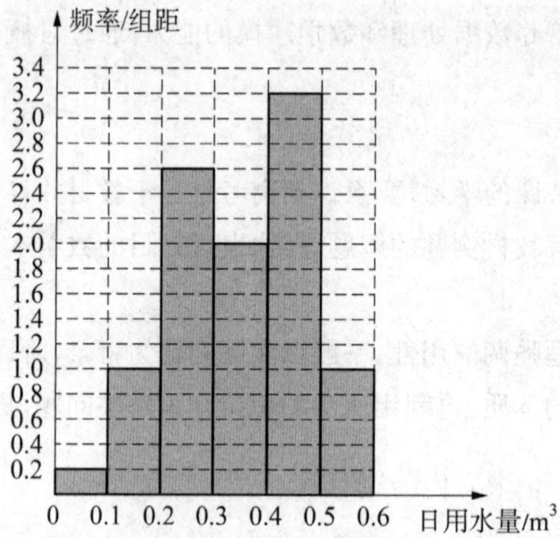

图2

评析:上述解法要求学生理解频率分布直方图的作图方法,能够合理处理题设所给的数据.

3. 第(Ⅱ)问之问题分析

老师:第(Ⅱ)问求该家庭使用节水龙头后日用水量小于0.35 m^3的概率.请问同学们怎样解读题目的意思呢?如何用频率分布直方图求事件的概率?

学生:这道题的概率可以通过频率来估计,所以问题可转化为求使用节水龙头后日用水量小于0.35 m^3的频率,利用第(Ⅰ)问的数据,可以算出对应的频率.

老师:请同学们动手解决这道题,独立完成之后与同学一起交流你们在做题过程中所遇到的困难和你们的解题方案.

学生甲:有解题思路,题目要求的是日用水量小于0.35 m^3的概率,只需要将日用水量小于0.35 m^3的频率加起来就可以了.但是我只能算出[0, 0.3)区间内三组的频率之和,0.35在[0.3, 0.4)之间,我不知道怎么处理这组数据.

老师:同学们认为有什么方法处理0.35这个数据呢?

学生乙：0.35 是区间[0.3，0.4)的中点，我认为可以将区间[0.3，0.4)等分为两部分，即区间[0.3，0.35)和区间[0.35，0.4)，且区间[0.3，0.35)的频率是 0.1，这样就可以计算频率了，进而得到要求的概率.

学生丙：计算频率可以用"频数/组距"计算，即区间[0.3，0.35)的频数是 5，可算出对应的频率.

4. 第(Ⅱ)问之解法分析

解法 1：直接利用原始数据求解.

由题可知用水量在[0.3，0.4)的频数为 10，所以可估计在[0.3，0.35)的频数为 5，故用水量小于 0.35 m^3 的频数为 $1+5+13+5=24$，所求概率为 $P=\frac{24}{50}=0.48$.

评析：上述解法从所给的原始数据直接计算，解题思路清晰，要求学生能分析 0.35 在区间[0.35，0.4)的处理方法，计算要准确.

解法 2：利用第(Ⅰ)问处理后的数据求解.

由题可知用水量在[0.3，0.4)的频率为 0.2，所以可估计在[0.3，0.35)的频率为 0.1，故用水量小于 0.35 m^3 的频率为 $0.02+0.1+0.26+0.1=0.48$，故所求概率为 0.48.

评析：上述解法利用了第(Ⅰ)问的结论，简化了计算.

解法 3：采用逆向思维，从问题的对立事件思考.

由题可知用水量在[0.3，0.4)的频率为 0.2，所以可估计在[0.35，0.4)的频率为 0.1，故用水量不小于 0.35 m^3 的频率为 $0.1+0.32+0.1=0.52$，故所求概率为 $P=1-0.52=0.48$.

评析：上述解法没有从所给的数据直接计算，而是先求出对立事件的频率，进而求出所求问题的概率，简化了计算过程，节省了时间.

5. 第(Ⅲ)问之问题分析

老师：题目给出的数据能让我们求得什么结论？怎样研究一年节省水的情况呢？这道题目考查的是什么知识点？

学生：这道题目考查的是利用频率分布直方图求样本的平均值. 题目给出的数据是用来研究该家庭的日用水量，要求一年节省水的情况需要我们先分别求出使用节水龙头后和未使用节水龙头的日用水量的平均值，然后将每一天节省水的量乘以 365 就能算出一年能节省多少水了.

6. 第(Ⅲ)问之解法分析

解法 1：分别计算未使用节水龙头和使用了节水龙头的一年的用水量，作差求得一年节省水的量.

未使用节水龙头时，50 天中平均每日用水量为

$$\frac{1}{50}(0.05\times1+0.15\times3+0.25\times2+0.35\times4+0.45\times 9+0.55\times26+0.65\times7)=0.506(m^3).$$

一年的平均用水量为 $0.506\times365=184.69(m^3)$.

使用节水龙头后,50 天中平均每日用水量为

$$\frac{1}{50}(0.05\times1+0.15\times5+0.25\times13+0.35\times10+0.45\times16+0.55\times5)=0.35(m^3).$$

一年的平均用水量为 $0.35\times365=127.75(m^3)$.

所以,一年能节省水 $184.69-127.75=56.94(m^3)$.

解法 2:分别计算未使用节水龙头和使用了节水龙头的日用水量,作差求得一天节省水的量,再把这个数值乘以 365,得到一年节省水的量.

未使用节水龙头时,50 天中平均每日用水量为

$$\frac{1}{50}(0.05\times1+0.15\times3+0.25\times2+0.35\times4+0.45\times9+0.55\times26+0.65\times7)=0.506(m^3).$$

使用节水龙头后,50 天中平均每日用水量为

$$\frac{1}{50}(0.05\times1+0.15\times5+0.25\times13+0.35\times10+0.45\times16+0.55\times5)=0.35(m^3).$$

所以,一天能节省水 $0.506-0.35=0.156(m^3)$.

故一年能节省水 $0.156\times365=56.94(m^3)$.

评析:上述解法要求学生提炼出平均值的求法,再根据题目求出一年的节省水的量.

(二)一题多变

1. 题源分析

该考题是从教材上哪些知识变化出来的?首先,我们来看教材中的描述.

(1)(人教 A 版教材必修 3 第 53 页)我国是世界上的第 13 个贫水国,人均淡水占有量列世界 109 位.

(2)(人教 A 版教材必修 3 第 65 页)用样本的频率分布估计总体分布的探究:我国为世界上严重缺水的国家之一,城市缺水问题较为突出.某市政府为了节约生活用水,计划在本市试行居民生活用水定额管理,即确定一个居民月用水量标准 a,用水量不超过 a 的部分按平价收费,超出 a 的部分按议价收费.如果希望大部分居民的日常生活不受影响,那么标准 a 定为多少比较合理呢?你认为,为了较为合理地确定出这个标准,需要做哪些工作?

(3)(人教 A 版教材必修 3 第 73 页)给出利用频率分布直方图求平均数的解法.

从教材中不难发现,高考对统计与概率的考查是贴近生活的,源于教材又高于教材的,需要学生具备一定的数学建模能力.

该考题和教材一样关注节约用水的问题,考查频率分布直方图的相关知识,在第(Ⅲ)问中要求学生能够提炼出求平均数模型来分析问题,体现了高考考查学生数学抽象、数学运算和数据分析能力.

2. 变式训练

我们可以从部分高考题中看到该考题还可以怎样变化.

变式 1:(考查频率分布直方图的相关知识)

(2019 年高考全国Ⅲ卷理科数学第 17 题)为了解甲、乙两种离子在小鼠体内的残留程度，进行如下试验:将 200 只小鼠随机分成 A、B 两组，每组 100 只，其中 A 组小鼠给服甲离子溶液，B 组小鼠给服乙离子溶液. 每只小鼠给服的溶液体积相同、摩尔浓度相同. 经过一段时间后用某种科学方法测算出残留在小鼠体内离子的百分比. 根据试验数据分别得到直方图如图 3 所示:

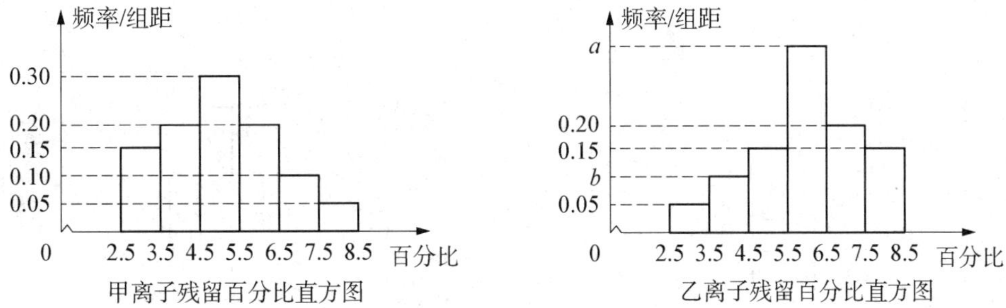

图 3

记 C 为事件:"乙离子残留在小鼠体内的百分比不低于 5.5"，根据直方图得到 $P(C)$ 的估计值为 0.70.

(Ⅰ) 求乙离子残留百分比直方图中 a、b 的值.

(Ⅱ) 分别估计甲、乙离子残留百分比的平均值(同一组中的数据用该组区间的中点值作代表).

变式 2:(考查分布列和数学期望)

(2013 年高考全国新课标Ⅱ卷理科数学第 19 题)经销商经销某种农产品，在一个销售季度内，每售出 1 t 该产品获利润 500 元，未售出的产品，每 1 t 亏损 300 元. 根据历史资料，得到销售季度内市场需求量的频率分布直方图，如图 4 所示. 经销商为下一个销售季度购进了 130 t 该农产品. 以 X(单位:t, $100 \leqslant X \leqslant 150$) 表示下一个销售季度内的市场需求量，$T$(单位:元) 表示下一个销售季度内经销该农产品的利润.

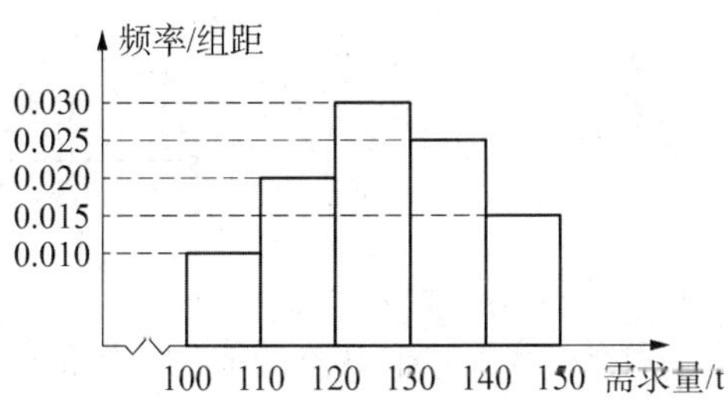

图 4

(Ⅰ) 将 T 表示为 X 的函数.

(Ⅱ) 根据直方图估计利润 T 不少于 57 000 元的概率.

(Ⅲ) 在直方图的需求量分组中，以各组的区间中点值代表该组的各个值，并以需求量落入该区间的频率作为需求量取该区间中点值的概率（例如：若需求量 $X\in[100,110)$，则取 $X=105$，且 $X=105$ 的概率等于需求量落入[100, 110) 的频率），求 T 的数学期望.

变式 3：（考查频率分布直方图与独立性检验）

（2017 年高考全国Ⅱ卷理科数学第 18 题）海水养殖场进行某水产品的新、旧网箱养殖方法的产量对比，收获时各随机抽取了 100 个网箱，测量各箱水产品的产量（单位：kg）. 其频率分布直方图如图 5：

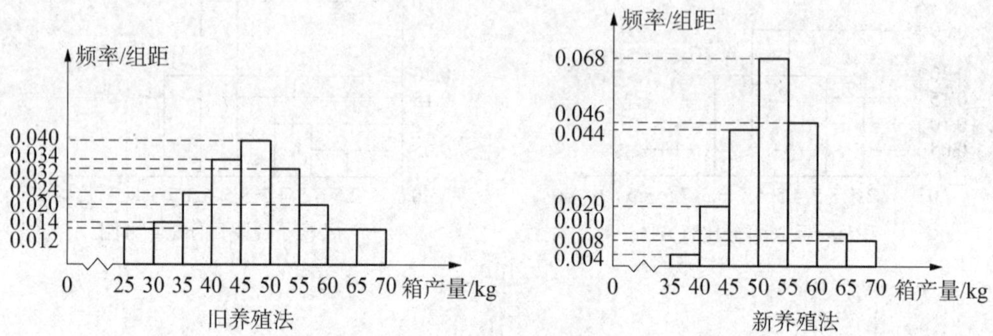

图 5

(Ⅰ) 设两种养殖方法的箱产量相互独立，记 A 表示事件："旧养殖法的箱产量低于 50 kg，新养殖法的箱产量不低于 50 kg"，估计 A 的概率.

(Ⅱ) 填写下面列联表，并根据列联表判断是否有 99% 的把握认为箱产量与养殖方法有关：

	箱产量<50 kg	箱产量≥50 kg
旧养殖法		
新养殖法		

(Ⅲ) 根据箱产量的频率分布直方图，求新养殖法箱产量的中位数的估计值（精确到 0.01）.

附：

$P(K^2\geqslant k)$	0.050	0.010	0.001
k	3.841	6.635	10.828

$,K^2=\dfrac{n(ad-bc)^2}{(a+b)(c+d)(a+c)(b+d)}.$

变式 4：（考查频率分布直方图与正态分布）

（2014 年高考全国Ⅰ卷理科数学第 18 题）从某企业生产的某种产品中抽取 500 件，测量这些产品的一项质量指标值，由测量结果得如图 6 的频率分布直方图：

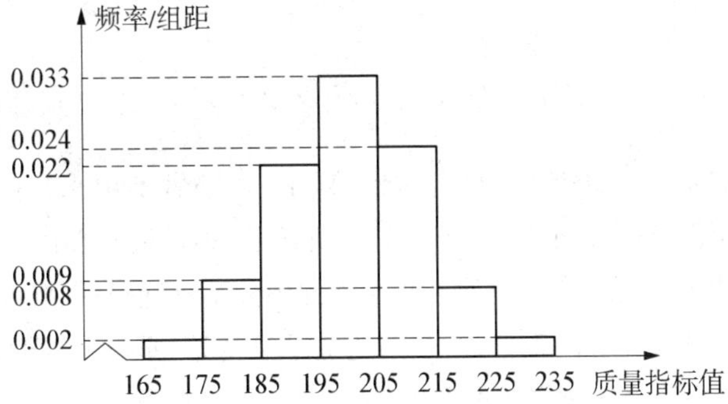

图 6

（Ⅰ）求这 500 件产品质量指标值的样本平均值 $\bar{x}$ 样本方差 s^2（同一组的数据用该组区间的中点值作代表）.

（Ⅱ）由直方图可以认为，这种产品的质量指标 Z 服从正态分布 $N(\mu, \sigma^2)$，其中 μ 近似为样本平均数 $\bar{x}$，σ^2 近似为样本方差 s^2.

(i) 利用该正态分布，求 $P(187.8 < Z < 212.2)$.

(ii) 某用户从该企业购买了 100 件这种产品，记 X 表示这 100 件产品中质量指标值位于区间 $(187.8, 212.2)$ 的产品件数. 利用(i)的结果，求 EX.

附：$\sqrt{150} \approx 12.2$，若 $Z \sim N(\mu, \sigma^2)$，则

$$P(\mu-\sigma < Z < \mu+\sigma)=0.6826,\ P(\mu-2\sigma < Z < \mu+2\sigma)=0.9544.$$

3. 方法总结

统计与概率问题中频率分布直方图的试题强调应用性，以实际问题为背景，培养学生的阅读能力，要求学生能灵活处理数据，有较好的数学计算能力，能够根据频率分布直方图求出对应的数字特征，特别是平均数的求法应该好好理解.

（三）一题多说

学生甲：统计与概率的很多题目都和生活有联系，很能体现数学在生活中的应用. 在以前的学习过程中我很怕统计与概率的题目，主要是计算量有点大，有时候读不懂题目. 比如第（Ⅲ）问中题目的理解是很重要的，另外平均数的计算也要准确！

学生乙：统计与概率的题目一般来说难度不是很大，有解题思路. 但是一些细节的地方要我们认真分析！这道题第（Ⅱ）问的 0.35 是区间[0.3, 0.4)的中点值，解题想法源于平均数中点值的解题思维，因为频率分布直方图中原始数据没有了，只能用理论值了！

学生丙：这道试题源于教材，又高于教材，很经典！主要考查了我们阅读问题、分析问题的能力，培养我们收集数据、处理数据的能力. 第（Ⅲ）问体现了高考对于核心素养的考查，同时考题关注生活中的节约用水的话题，也提醒我们平时要注意节约用水.

三、学习体验

学生 1:我以前很怕概率统计题目,有时候第(Ⅰ)问都做不出来,有时候连题目都读不懂.今天这道题的第(Ⅱ)问把我卡住了,不过现在听懂了,感觉很开心!

学生 2:这节课我最大的收获就是发现我能拿到满分了,以前我做统计与概率问题经常出错,不是题目没理解清楚,就是计算出错.今天这道题目的第(Ⅲ)问是我自己想出来的,其实只要我们静下心来好好体会出题老师的意图,还是可以找到解题方法的.

学生 3:今天这节课老师只和我们重点分析了一道题,却让我们思考了很多解题想法和解题思路,让我对题目的理解又加深了很多,这对于我这种计算能力差的人帮助挺大的.

四、教学反思

统计与概率可以说是高考中的必考题,由于在人教 A 版中必修 3 和选修 2-3 的学习内容相对来说比较简单,学生会形成一种感觉:统计与概率的题目比较简单.其实不然!统计学作为高等教育中数学的一门重要分支,其研究的价值是非常大的,高等教育对于统计与概率的要求也越来越高,近几年高考统计与概率题目的难度也越来越大,甚至在 2019 年高考全国Ⅰ卷还将统计与概率题作为压轴题进行考查.

统计与概率问题是数学在生活中应用的典型例子,是高考的重要考查内容.从高等教育的要求来看,统计与概率基础也是学生今后进入高校必备的知识.通过对近五年高考全国卷试题的分析发现,有关生活、科技等贴合生活实际的问题越来越受到命题专家的青睐,这种趋势也是符合培养数学核心素养要求的,毕竟我们学习知识就是为了服务生活.那么我们应该如何备考呢?

1. 课堂教学要关注考情和学情

高考源于教材、高于教材,这是不变的主题,而这几年的高考试题也是能在教材中找到来源的,所以备考过程中,我们必须关注教材,用教材的理论知识思考问题.

学生在解统计与概率问题时可能遇到哪些问题呢?

(1) 阅读能力薄弱,提炼不出问题的本质.

(2) 计算能力差,有思路但是解不了问题.

(3) 不能合理处理参考数据等.

有了这些问题预设,笔者在备课过程就准备了解决策略,所以课堂进行得比较顺利.这次课让笔者收获很多宝贵的经验.

2. 课堂教学要关注学生的最近发展区和情感态度

张奠宙教授说:"一堂好的数学课,要体现出真善美."那么怎么才能让学生感受到数学的美呢?答案就是在课堂中获得成就感!在上课过程中,学生对例题是有点畏惧的,题目阅读量大、数据太多使得很多学生不敢动笔,怎么才能让学生动起来呢?笔者准备了一些问题引导学生去思考，让学生发表自己的想法，提出自己的解题方案，通过自己的努力解决问题，这个过程需要在课前了解学生的基础，设置合适的问题，让学生在课堂上有话可说，让学生真正参与到课堂上来，进而感受到学习的快乐.

3. 课堂教学要注重揭露数学的本质

高中统计与概率问题的难点是阅读能力的培养，最重要的计算能力的训练，那么教师该怎么做呢？这就要求教师在上课过程中注意揭露数学的本质.

这道题关注了生活中的节约用水问题，在一定的情境下研究问题，教师要引导学生透过现象看本质，要善于揭露问题的数学本质. 比如这道的第（Ⅱ）问中对 0.35 的处理就要求学生理解频率分布直方图中区间中点值的处理方法；第（Ⅲ）问中对于题目的理解也要求学生提炼出问题就是要求两个平均数的数学本质，这样问题就能得到解决了.

五、一题一诗

统计概率高考题，教材解法要分析.
强化阅读建模型，锤炼运算硬实力.

参考文献：

[1] 袁景涛. 高中数学常见题型解析[M]. 长春：东北师范大学出版社，2019.

[2] 教育部考试中心 . 2018 年普通高等学校招生全国统一考试大纲的说明（文科）[M]. 北京：高等教育出版社，2017.

“离散型随机变量中的供需关系问题”解题教学课例

——以 2017 年高考全国Ⅲ卷理科数学第 18 题为例

吴朝霞(贵阳市第九中学)

题名对联

万事留空间朝阳朗照玉佩响

人生长集合霞彩轻辉碧云飞

一、教学设计

(一) 知识要点

离散型随机变量的分布列、期望,需求量、供应量与利润的相关知识.

真题再现: 某超市计划按月订购一种酸奶,每天进货量相同,进货成本每瓶 4 元,售价每瓶 6 元,未售出的酸奶降价处理,以每瓶 2 元的价格当天全部处理完. 根据往年销售经验,每天需求量与当天最高气温(单位:℃)有关. 如果最高气温不低于 25,需求量为 500 瓶;如果最高气温位于区间[20, 25),需求量为 300 瓶;如果最高气温低于 20,需求量为 200 瓶. 为了确定六月份的订购计划,统计了前三年六月份各天的最高气温数据,得下面的频数分布表:

最高气温	[10, 15)	[15, 20)	[20, 25)	[25, 30)	[30, 35)	[35, 40)
天数	2	16	36	25	7	4

以最高气温位于各区间的频率代替最高气温位于该区间的概率.

(Ⅰ)求六月份这种酸奶一天的需求量 X(单位:瓶)的分布列.

(Ⅱ)设六月份一天销售这种酸奶的利润为 Y(单位:元),当六月份这种酸奶一天的进货量 n(单位:瓶)为多少时,Y 的数学期望达到最大值?

(二) 学习背景

1. 教材分析

“离散型随机变量的分布列、期望与方差”的主要内容是通过研究离散型随机变量的概率分布以及计算其期望与方差进行数据分析,从而产生决策的依据. 而作为高三复习的“一题一课”,更应该考虑统计学中的数据分析怎样进行.

2. 学情分析

此题作为高考第一轮复习的解题教学例题,应根据学生的实际情况判断是否需要对离散型随机变量的相关概念进行提示与复习,再开展“一题一课”的教学.本设计基于学生已经相对熟练地掌握有关知识的基础上,拟采用“三教”理念、概率和统计思维及波利亚解题思想对该题进行一题多变的课堂教学设计.

3. 核心问题

(1) 离散型随机变量所有取值的含义是什么?

(2) 如何用供应量、需求量表示利润?

(三) 学习目标

1. 知识技能目标

掌握离散型随机变量,离散型随机变量的分布列,离散型随机变量的期望,供应量、需求量与利润的关系等知识.

2. 长见识悟道理

统计问题文字信息量大,通过对比文字与表格在同一问题叙述上的不同效果,使学生体会到怎样处理有价值信息才能对分析解决问题产生更清晰的思维,并进一步产生定量分析的意识和能力.由此学生领悟出统计学是通过对数据进行科学地分析,产生正确的结论与决策,是生活、生产、经济、科研等方面必须具备的技能.

(四) 设计思路

针对每一小问,引导学生用关键词制作表头,逐渐将题目中相关数据引入表格,使问题的解决思路清晰可见;并利用变式题检验学生对这种做法理解与掌握的程度.

二、教学过程

(一) 一题一解

1. 第(Ⅰ)问之问题分析、解法分析与教学研讨

(1) 第(Ⅰ)问之问题分析

求什么?——需求量 X 的分布列.

需什么?——X 的取值与相应的概率.

有什么?——关于 X 取值的文字叙述和气温与天数关系的频率分布表.

怎么做?——用表格突出气温、需求量、频率的关系.

将题目中“每天需求量与当天最高气温(单位:℃)有关.如果最高气温不低于 25,需求量为 500 瓶;如果最高气温位于区间[20, 25),需求量为 300 瓶;如果最高气温低于 20,需求量为 200 瓶”这段信息和气温与天数的频率分布表转化为以下表格:

最高气温	<20	$[20, 25)$	$\geqslant 25$
需求量 X	200	300	500
频率	$\frac{2+16}{90}=0.2$	$\frac{36}{90}=0.4$	$\frac{25+7+4}{90}=0.4$

(2) 第(Ⅰ)问之解法分析与教学研讨

由已知需求量 X 的取值分别为:200, 300, 500,且用频率替代概率,所以

$$P(X=200)=\frac{2+16}{90}=0.2,$$

$$P(X=300)=\frac{36}{90}=0.4,$$

$$P(X=500)=\frac{25+7+4}{90}=0.4.$$

故 X 的分布列为:

X	200	300	500
p	0.2	0.4	0.4

教学研讨: 统计问题文字长,数据多,信息量大,怎样梳理才能使解题的思维清晰?从所求问题出发寻找数学本质,并将繁长的文字叙述转化为表格使思路清晰可见.而挖掘与所求问题有关的关键词是形成表格的关键,故确定表格中表头的关键词尤为重要.

2. 第(Ⅱ)问之问题分析、解法分析与教学研讨

(1) 第(Ⅱ)问之问题分析

求什么?——六月份一天内销售利润 Y 的数学期望达到最大值时,这种酸奶一天的进货量 n(单位:瓶).关键词:销售利润 Y、进货量 n.

需什么?——销售利润 Y 的取值与相应概率.关键词:概率 p.

有什么?——每瓶酸奶的售价与成本;降价处理的方案;需求量 X 的分布列.关键词:售价、成本、降价、需求量.

怎么做?——用表格突出进货量 n、需求量 X、销售利润 Y 及概率 p 的关系.

按照第(Ⅰ)问的思维方式,利用表格分析数据如何应用,具体如下表:

进货量 n	$n\in[200, 500]$		
需求量 X	200	300	500
销售利润 Y			
概率 p	0.2	0.4	0.4

学生开始填表时会发现当需求量为 300 时，无法列出利润的表达式，故需要对进货量 n 进行分类讨论：$n \in [200, 300)$ 和 $n \in [300, 500]$，才能列出利润的表达式，从而解决问题.

(2) 第(Ⅱ)问之解法分析与教学研讨

由需求量 X 的取值可知进货量 $n \in [200, 500]$.

当 $n \in [200, 300)$ 时，进货量 n、需求量 X、销售利润 Y 及概率 p 的关系如下表所示：

进货量 n	$n \in [200, 300)$		
需求量 X	200	300	500
销售利润 Y	$Y = 200(6-4) - 2(n-200)$ $= 800 - 2n$	$Y = n(6-4) = 2n$	$Y = n(6-4) = 2n$
概率 p	0.2	0.4	0.4

此时，$E(Y) = 0.2 \times (800 - 2n) + 0.4 \times 2n \times 2 = 1.2n + 160$.

此时 $E(Y)$没有.

当 $n \in [300, 500]$ 时，进货量 n、需求量 X、销售利润 Y 及概率 p 的关系如下表所示：

进货量 n	$n \in [300, 500]$		
需求量 X	200	300	500
销售利润 Y	$Y = 800 - 2n$	$Y = 300(6-4) - 2(n-300)$ $= 1200 - 2n$	$Y = n(6-4) = 2n$
概率 p	0.2	0.4	0.4

此时，$E(Y) = 0.2 \times (800 - 2n) + 0.4 \times (1200 - 2n) + 0.4 \times 2n = 640 - 0.4n$.

当 $n = 300$ 时，$E(Y)$ 有最大值 520.

所以，当六月份这种酸奶一天的进货量为 300 瓶时，销售利润 Y 的数学期望达到最大值 520 元.

教学研讨： 统计学中对收集到的数据转化为图表是常用的数据处理方法."收集和整理数据，理解和处理数据"是学生学习统计知识时应获得的能力，教会学生科学地处理数据，并让学生体会到这样处理数据才是学习数学的目的.

本问题中的分类讨论是学生容易出错的地方，要鼓励学生敢于尝试、发现问题，不断修正，从而养成细致周全的思维习惯.

（二）一题多变

从以上分析可以看出，2017 年高考全国Ⅲ卷理科数学第 18 题从供需量与利润关系为设置问题的出发点，以供货量为变量研究利润的期望最值，由于利润与供货量和需求量均有关系，故还可以将需求量设为变量研究利润的变化. 在历年的考题中，2012 年高考新课标卷与

2013 年高考新课标Ⅱ卷正是以此为考点进行了考查.

变式 1:(2012 年高考全国新课标卷理科数学第 18 题)某花店每天以每枝 5 元的价格从农场购进若干枝玫瑰花,然后以每枝 10 元的价格出售,如果当天卖不完,剩下的玫瑰花作垃圾处理.

(Ⅰ)若花店一天购进 16 枝玫瑰花,求当天的利润 y(单位:元)关于当天需求量 n(单位:枝,$n \in \mathbf{N}$)的函数解析式.

(Ⅱ)花店记录了 100 天玫瑰花的日需求量(单位:枝),整理得下表:

日需求量 n	14	15	16	17	18	19	20
频　数	10	20	16	16	15	13	10

以 100 天记录的各需求量的频率作为各需求量发生的概率.

(i) 若花店一天购进 16 枝玫瑰花,X 表示当天的利润(单位:元),求 X 的分布列、数学期望及方差.

(ii) 若花店计划一天购进 16 枝或 17 枝玫瑰花,你认为应购进 16 枝还是 17 枝? 请说明理由.

设计意图: 用例题分析的方法梳理本题中的数据,并快速准确的求解,体会表格化处理数据的优势.

变式 2:(2013 年高考全国新课标Ⅱ卷理科数学第 19 题)经销商经销某种农产品,在一个销售季度内,每售出 1 t 该产品获利润 500 元,未售出的产品,每 1 t 亏损 300 元. 根据历史资料,得到销售季度内市场需求量的频率分布直方图,如图 1 所示. 经销商为下一个销售季度购进了 130 t 该农产品,以 X(单位:t, $100 \leqslant X \leqslant 150$) 表示下一个销售季度内的市场需求量,$T$(单位:元) 表示下一个销售季度内销商该农产品的利润.

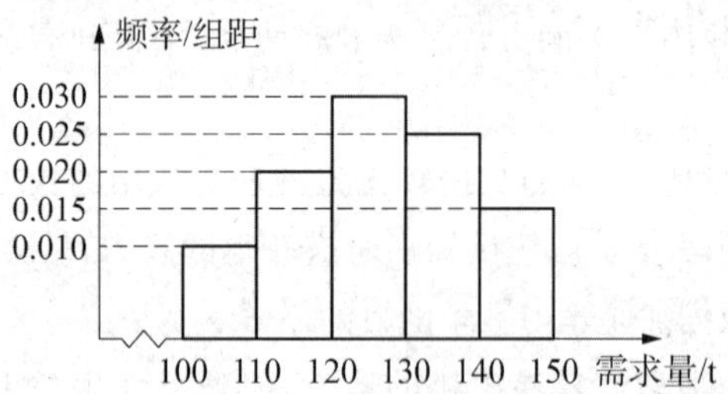

图 1

(Ⅰ)将 T 表示为 X 的函数.

(Ⅱ)根据直方图估计利润 T 不少于 57 000 元的概率.

(Ⅲ)在直方图的需求量分组中,以各组的区间中点值代表该组的各个值,并以需求量落入该区间的频率作为需求量取该区间中点值的概率(例如:若需求量 $X \in [100, 110)$,则取 $X = 105$,且 $X = 105$ 的概率等于需求量落入 $[100, 110)$ 的概率),求 T 的数学期望.

（三）一题多说

2017 年高考全国Ⅲ卷理科数学第 18 题重在考查离散型随机变量、离散型随机变量的分布列、离散型随机变量期望与方差的运用等具体知识的掌握情况，以及化归思想、函数思想的理解与应用情况.

在数学核心素养的考查上，此题着重考查了数学抽象、数学建模、数据分析等方面，因此本题教学的核心素养目标主要就是提高学生数学抽象、数学建模、数据分析的能力.

对学生而言，通过数据分析建立数学模型是难点，因此教师在教学时如何渗透数据分析的核心素养成为关键. 教师要教学生如何去理解数据蕴含着的信息，鼓励学生通过对题目中大量文字信息的再加工，能够理解数据蕴含着信息，得到数据所提供的知识和规律，并用概率或统计的语言予以表达.

三、学习体验

通过本解题课例的学习，要求学生尝试用本节课学到的方法解决“2012 年高考全国新课标卷理科数学第 18 题”，解完后写出解题的体验与感受，部分同学的学习体验如下.

学生 1：之前对题目信息直接是无法处理，感觉特别混乱，现在求分布列的问题有了方向，梳理题目信息能力也得到了加强.

学生 2：课前做题时抓不住重点，读不懂题，理不清楚到底在问什么，对数据处理混乱；课后能列表处理数据，已知及所求更清晰，可以按一定步骤做题.

学生 3：课前不做数据处理，求到哪儿算哪儿，也不知能不能解出来；课后学会了先将数据处理成图表，根据图表一目了然就知道解决问题要什么、怎么做.

学生 4：先前我做统计与概率题看到就烦，不明白重点词句背后的意思，现在我学会将文字图表化后解决这类题的阻力小了很多.

学生 5：听之前，题中的数据较多觉得很乱，从情绪上来说就不想做了；听之后，题中数据通过表格得到了归纳，数据的作用在表上清晰可见，思路也有了，心情愉悦.

学生 6：课前找不到合适的分类标准，也想不到要先列出相关函数解析式；课后学到了用关键词做表头，并进行相关数据再处理，从而读懂题目，找到恰当的分类标准.

四、教学反思

通过本解题课例的教学，结合学生的课堂表现及学习体验，从数据分析核心素养的培养、学生的学习过程、教师的教学过程等方面进行反思.

1. 对数据分析核心素养培养的反思

回想在数据分析部分的教学过程，是否有这样一些做法：压缩授课课时；忽视教材中引导学生分析数据得到结论的内容；不用教材中例题、习题（因为数据不好算或不知怎样用），迷恋教辅；忽略统计思想、统计公式的产生的教学；不让学生体验数据分析的完整过程……

另一方面，曾问学生对统计的认识，他们说：制表、画图，计算；而对于为什么要做这些他们并不清楚. 也就是说我们培养学生的仅仅是“高级计算器”的能力，而不是有思维品质、理性思考的人的能力. 这样的教学怎么可能让学生面临突发的问题时产生分析、解决问题的能力！

为解决以上问题，笔者在平时的教学中采取了如下的一些做法.

(1) 在教授具体知识之前先让学生形成对数据分析的总体认识，即数据分析的完整步骤为：收集数据，整理数据，提取信息，构建模型，进行推断，获得结论.

(2) 细化各部分概念与公式的教学.

① 重视概念应用与公式推导的教学.

② 明确对各类图表应进行怎样的分析.

③ 舍得花时间与学生一起对教材中的“思考”“探究”进行探讨.

(3) 要带领学生尝试、体验数据分析的完整过程.

2. 对学习过程的反思

通过课堂观察及学生的课后反映，在此题的教学过程中，部分学生的学习出现了以下问题.

(1) 部分学生对离散型随机变量分布列问题的认知形成了思维定势，认为不是“超几何分布”就是“二项分布”，没有从该类问题的数学本质上分析问题.

(2) 部分学生感觉听老师分析时确实很清晰，但自己独立解决问题时还是困难重重，困难主要集中在需求量与供货量的比较分类这个点上，说明不具备基本的生活经验.

(3) 大部分学生觉得题目很新颖，分析问题要花时间，担心以后碰到新题还是不会分析.

3. 对教学过程的反思

(1) 充分运用波利亚“怎样解题表”的提示语帮助学生形成思维

在板书时将波利亚的“怎样解题表”的提示语写在黑板上，通过提问让学生体会“有什么”“是什么”“求什么”“需什么”的过程是“盯住目标”“回到定义”“寻找方法”的思维产生的必经过程；在教师示范和引导之下，尝试学习运用怎样解题的提示语解决数学问题，并不断重复使用，最终成为自己解题的“万能钥匙”.

(2) 要引导学生体会“变”和“不变”的辩证关系

从以上三题的设置可以发现“变”的是供货量和需求量哪一个成为定值，哪一个成为变量；而解决这类问题的方法却是“不变”的.

① 利润由需求量与供货量决定，只要抓住供货量和需求量大小的比较就能清晰地进行分类讨论.

② 将题目中的文字语言利用关键词为表头制成表格，会让数据中有用信息的作用更加明显，从而产生解题思路.

教师在解题教学中，要努力教学生“通过解一道题学会解一类题”，达到“一法多用、多题一法”的效果，通过同类题目的对比让学生产生“以不变应万变”信心和能力.

五、一题一诗

概率与统计
就像我用微积分接近你
但你积分再积分疏远我
我们之间距离
也许早已过抛物线的最高点
或许泰勒说得对
n 的取值决定于你的心意
遥远遥远
你未曾正视我一眼
我只能沉默沉默
像一个失去重心的椭圆
不停地绕着伤心打转
概率有太多的变数
统计有大多的因数
概率与统计
也许我们俩就是一个很难解的函数

附录

两道“解三角形”高考题的解法研究、比较分析及教学启示

——以高考全国Ⅲ卷理科数学2017年第17题、2019年第18题为例

杨孝斌[1,2],周国利[3],周娅[2]

(1. 凯里学院理学院;2. 贵州师范大学数学科学学院;3. 贵州大学数学与统计学院)

题名对联

孝为根本仁义礼智信当先　斌兼文武赤黄白黑青胜蓝

周公吐哺礼遇贤才传佳话　国家昌盛圆梦今朝利民生

周生梦蝶天人合一趋妙境　娅出混沌山川湖海万物生

真题再现:

(2017年高考全国Ⅲ卷理科数学第17题)$\triangle ABC$的内角A、B、C的对边分别为a、b、c,已知$\sin A+\sqrt{3}\cos A=0$, $a=2\sqrt{7}$, $b=2$.

(Ⅰ)求c.(Ⅱ)设D为BC边上一点,且$AD\perp AC$,求$\triangle ABD$的面积.

(2019年高考全国Ⅲ卷理科数学第18题)$\triangle ABC$的内角A、B、C的对边分别为a、b、c.已知$a\sin\dfrac{A+C}{2}=b\sin A$.

(Ⅰ)求B.(Ⅱ)若$\triangle ABC$为锐角三角形,且$c=1$.求$\triangle ABC$面积的取值范围.

1　解法研究

限于篇幅,关于2017年高考全国Ⅲ卷理科数学第17题的详细解法,请参见杨孝斌、潘志坚的论文《2017年全国数学理科Ⅲ卷第17题解法分析——兼谈高考数学对数学核心素养的考查》[1],此处不再赘述.下面重点讨论2019年全国Ⅲ卷理科数学第18题的解法.

1.1　2019年高考全国Ⅲ卷理科数学第18题第(Ⅰ)问详解

求什么?——求B,三角形的一个内角.

有什么?——$a\sin\dfrac{A+C}{2}=b\sin A$.

还有什么可以用?——正弦定理,三角形内角和等于180°,等等.

解法1:因为$a\sin\dfrac{A+C}{2}=b\sin A$,及正弦定理$\dfrac{a}{\sin A}=\dfrac{b}{\sin B}=\dfrac{c}{\sin C}=2R$,

所以 $\sin A \cdot \sin \frac{A+C}{2} = \sin B \cdot \sin A$.

因为 $\sin A \neq 0$,所以 $\sin \frac{A+C}{2} = \sin B$.

因为 $A+C=180^\circ - B$,所以 $\sin \frac{180^\circ - B}{2} = \sin B$,即 $\cos \frac{B}{2} = 2\sin \frac{B}{2} \cos \frac{B}{2}$.

因为 $\cos \frac{B}{2} \neq 0$,所以 $\sin \frac{B}{2} = \frac{1}{2}$.

因为 $0^\circ < \frac{B}{2} < 90^\circ$,所以$\frac{B}{2} = 30^\circ$,即 $B=60^\circ$.

解法 2:同解法 1,得 $\sin \frac{A+C}{2} = \sin B$.

又 $0^\circ < \frac{A+C}{2} < 180^\circ$, $0^\circ < B < 180^\circ$,于是$\frac{A+C}{2} = B$ 或$\frac{A+C}{2} = 180^\circ - B$.

又 $A+B+C=180^\circ$,故$\frac{A+C}{2} = 180^\circ - B = A+C$ 不成立.

于是 $\frac{A+C}{2} = B = \frac{180^\circ - B}{2}$,得 $3B=180^\circ$, $B=60^\circ$.

1.2　2019 年高考全国Ⅲ卷理科数学第 18 题第(Ⅱ)问详解

求什么?——求$\triangle ABC$ 面积的取值范围.

有什么?——$\triangle ABC$ 为锐角三角形,且 $c=1$,第(Ⅰ)问的条件和结论(如图 1 所示).

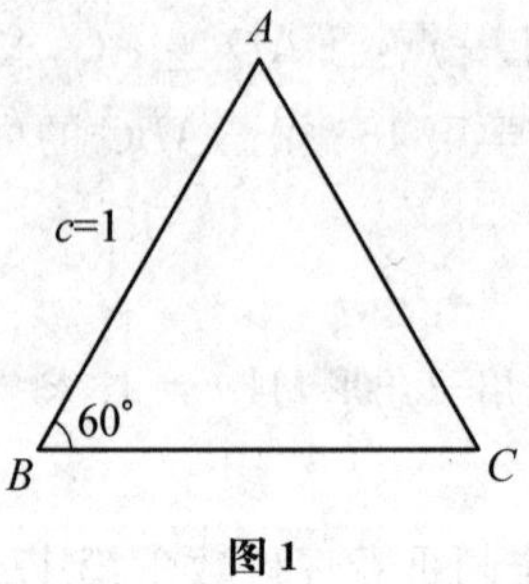

图 1

还有什么可以用?——三角形面积公式,正弦定理,余弦定理,等等.

解法 1:由三角形面积公式,得 $S_{\triangle ABC} = \frac{1}{2} ac \cdot \sin B = \frac{\sqrt{3}}{4} a$.

由正弦定理,得 $a = \frac{c \sin A}{\sin C} = \frac{\sin(120^\circ - C)}{\sin C} = \frac{\sqrt{3}}{2\tan C} + \frac{1}{2}$.

因$\triangle ABC$ 为锐角三角形,故 $0^\circ < A < 90^\circ$, $0^\circ < C < 90^\circ$.

由(Ⅰ)知 $A+C=180^\circ - B = 120^\circ$,于是 $30^\circ < C < 90^\circ$.

故 $\tan C > \frac{\sqrt{3}}{3}$,于是 $0 < \frac{\sqrt{3}}{2\tan C} < \frac{3}{2}$,所以$\frac{1}{2} < a < 2$.

从而有 $\frac{\sqrt{3}}{8}<S_{\triangle ABC}<\frac{\sqrt{3}}{2}$，$\triangle ABC$ 面积的取值范围为 $\left(\frac{\sqrt{3}}{8}, \frac{\sqrt{3}}{2}\right)$.

解法 2:同解法 1,可知 $S_{\triangle ABC}=\frac{\sqrt{3}}{4}a$.

因为 $a=c\cdot\cos B+b\cdot\cos C$(注:这个结论来自于正弦定理的推导过程),

由条件及第(Ⅰ)问,可知 $c=1$, $B=60^\circ$,于是 $a=\frac{1}{2}+b\cdot\cos C$.

由正弦定理,得 $b=\frac{c\cdot\sin B}{\sin C}=\frac{\sqrt{3}}{2\sin C}$.

则 $a=\frac{1}{2}+b\cdot\cos C=\frac{1}{2}+\frac{\sqrt{3}\cos C}{2\sin C}=\frac{1}{2}+\frac{\sqrt{3}}{2\tan C}$.

下同解法 1,略.

解法 3:同解法 1,可知 $S_{\triangle ABC}=\frac{\sqrt{3}}{4}a$.

由余弦定理,得 $b^2=a^2+c^2-2ac\cdot\cos B=a^2+1-a$,于是 $b^2-a^2=1-a$.

于是 $\cos A=\frac{b^2+c^2-a^2}{2bc}=\frac{c^2+1-a}{2bc}=\frac{2-a}{2b}$.

由于$\triangle ABC$ 为锐角三角形,A、B、C 均为锐角,于是 $\frac{2-a}{2b}>0$,所以 $a<2$.

又 $\cos C=\frac{a^2+b^2-c^2}{2ab}=\frac{2a^2-a}{2ab}=\frac{2a-1}{2b}>0$,得 $a>\frac{1}{2}$.

综上有 $\frac{1}{2}<a<2$.

从而有 $\frac{\sqrt{3}}{8}<S_{\triangle ABC}<\frac{\sqrt{3}}{2}$，$\triangle ABC$ 面积的取值范围为 $\left(\frac{\sqrt{3}}{8}, \frac{\sqrt{3}}{2}\right)$.

解法 4:由正弦定理知 $\frac{a}{\sin A}=\frac{b}{\sin B}=\frac{c}{\sin C}=2R$,得 $a=\frac{c\cdot\sin A}{\sin C}$.

再由三角形面积公式,得 $S_{\triangle ABC}=\frac{1}{2}ac\cdot\sin B=\frac{1}{2}\times\frac{c\cdot\sin A}{\sin C}\cdot c\cdot\sin B$.

由条件及第(Ⅰ)问,可知 $c=1$, $B=60^\circ$,代入上式,得

$$S_{\triangle ABC}=\frac{1}{2}\times\frac{1\cdot\sin A}{\sin C}\cdot 1\cdot\sin 60^\circ=\frac{\sqrt{3}}{4}\cdot\frac{\sin A}{\sin C}.$$

因$\triangle ABC$ 为锐角三角形,故 $0^\circ<A<90^\circ$, $0^\circ<C<90^\circ$.

由(Ⅰ),知 $A+C=180^\circ-B=120^\circ$,于是 $30^\circ<A<90^\circ$, $30^\circ<C<90^\circ$.

由于 A、C 均为锐角,显然:A 越大,$\sin A$ 就越大;C 越小,$\sin C$ 就越小;反之亦然.

于是 $\dfrac{\sin A}{\sin C}$ 最大趋于$\dfrac{\sin 90^\circ}{\sin 30^\circ}=2$,最小趋于$\dfrac{\sin 30^\circ}{\sin 90^\circ}=\dfrac{1}{2}$,于是$\dfrac{1}{2}<\dfrac{\sin A}{\sin C}<1$.

所以 $\dfrac{\sqrt{3}}{8}<S_{\triangle ABC}<\dfrac{\sqrt{3}}{2}$, $\triangle ABC$ 面积的取值范围为$\left(\dfrac{\sqrt{3}}{8},\dfrac{\sqrt{3}}{2}\right)$.

解法 5:(受解法 4 的极限思想的启示,视 C 为动点考虑极端情形)

同解法 1,可知 $S_{\triangle ABC}=\dfrac{\sqrt{3}}{4}a$.

如图 2,过点 A 作 $AD\perp BC$,延长 BC 至点 C',使 $\angle BAC'=90^\circ$.

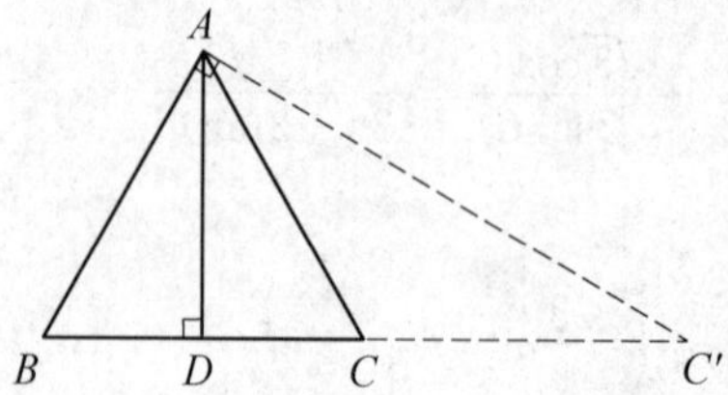

图 2

由条件及第(Ⅰ)问,可知 $c=1$, $B=60^\circ$,则 $BD=\dfrac{1}{2}$, $BC'=2$.

因为$\triangle ABC$ 为锐角三角形,所以点 C 必落在 D、C'之间,从而有 $\dfrac{1}{2}<a<2$.

所以 $\dfrac{\sqrt{3}}{8}<S_{\triangle ABC}<\dfrac{\sqrt{3}}{2}$, $\triangle ABC$ 面积的取值范围为$\left(\dfrac{\sqrt{3}}{8},\dfrac{\sqrt{3}}{2}\right)$.

(也可直接求出$\triangle ABD$、$\triangle ABC'$的面积,即得$\triangle ABC$ 面积的取值范围)

2　高考全国Ⅲ卷理科数学 2017 年第 17 题、2019 年第 18 题的知识点、核心素养考查的比较分析

2.1　2017 年高考全国Ⅲ卷理科数学第 17 题知识点、核心素养考查分析[1]

2017 年高考全国Ⅲ卷理科数学第 17 题,作为高考数学第一个大题,重在考查考生对正弦定理、余弦定理、勾股定理、角的正弦(余弦、正切)的定义、特殊角的三角函数值、辅助角公式、两角和的正弦(余弦)公式、三角形面积公式、三角形中位线、平行四边形的有关性质、一元二次方程的解法等具体知识的掌握情况,同时考查对化归思想、方程思想、数形结合思想等数学思想的理解与应用情况.

整体而言,此题知识覆盖面广,难度并不高,文[1]中所述的各种方法均可奏效,在实际考试过程中需要考生迅速地判断出哪种方法更简单易求,对考生思维的灵活性有较高要求. 在数学核心素养的考查上,此题着重考查了逻辑推理、直观想象、运算能力等方面,同时兼顾数学建模能力、合情推理能力的考查.

2.2　2019 年高考全国Ⅲ卷理科数学第 18 题知识点、核心素养考查分析

2019 年高考全国Ⅲ卷理科数学第 18 题重在考查考生对正弦定理、余弦定理、诱导公式、

半角公式、角的正切的定义、两角差的正弦公式、特殊角的三角函数值、三角形的面积公式、三角形内角和等具体知识的掌握情况，同时考查对化归思想、极限思想、数形结合思想等数学思想的理解与应用情况.

2019 年高考全国Ⅲ卷理科数学试卷将“解三角形”问题摆在了第二个大题的位置，顺序位置的变化似乎意味着难度的增加，贵州省实际阅卷的情况也反映出该题考生高分段较少、平均分较低. 然而，通过上述的解法研究不难看出，此题知识面覆盖广，难度并不大，和全国Ⅲ卷理科数学 2017 年第 17 题一样，在实际考试过程中需要考生迅速地判断出哪种方法更简单易求，对考生思维的灵活性有较高要求. 在数学核心素养的考查上，此题仍然着重考查了逻辑推理、直观想象、运算能力等方面，同时兼顾合情推理能力的考查.

综合上述的分析，结合两题的各种解法，可列表比较如下：

题目	知识点考查	数学思想考查	核心素养考查	特殊解法	答题注意事项
全国Ⅲ卷理科数学 2017 年第 17 题	正弦定理、余弦定理、勾股定理、角的正弦(余弦、正切)的定义、特殊角的三角函数值、辅助角公式、两角和的正弦(余弦)公式、三角形面积公式、三角形中位线、平行四边形的有关性质、一元二次方程的解法	化归思想、方程思想、数形结合思想	逻辑推理、直观想象、运算能力(兼顾数学建模能力、合情推理)	第(Ⅰ)问：利用正弦定理推导过程中的结论 第(Ⅱ)问：联立方程组、利用合情推理(先猜出 D 为 BC 边的中点再证明)、将原图补全为一个大的直角三角形(或平行四边形)	注意逻辑严谨、思路清晰；注意运算正确、书写规范；注意自我监控、适时反思
全国Ⅲ卷理科数学 2019 年第 18 题	正弦定理、余弦定理、诱导公式、半角公式、角的正切的定义、两角差的正弦公式、特殊角的三角函数值、三角形的面积公式、三角形内角和	化归思想、极限思想、数形结合思想	逻辑推理、直观想象、运算能力(兼顾合情推理)	第(Ⅰ)问：分类讨论(解法 2) 第(Ⅱ)问：利用正弦定理推导过程中的结论、极限思想求范围、视 C 为动点考虑极端情形(解法 5)	

3 教学启示

3.1 用波利亚“怎样解题表”的提示语对学生进行解题思维导向

美籍匈牙利数学家、数学教育家 G·波利亚在他的《怎样解题》一书中，首先给出了著名的“怎样解题表”. 在怎样解题表中，波利亚给出了“你必须理解题目”“未知量是什么?”“已知数据是什么?”“条件是什么?”“盯住目标”“回到定义去”“你以前见过它吗?”“有什么方法可以利用?”等一系列提示语，把这些提示语统称为“怎样解题”的提示语[2].

在数学教学中，教师可以尝试用“怎样解题”的提示语开展教学，利用这些提示语对学生进行解题思维导向，帮助学生理解题意、弄清问题、找到问题的解决办法. 学生在教师的示范和引导之下，能够学会用怎样解题的提示语解数学题，并将其逐步内化，最终发展成为自己的解题提示语[3].

3.2 构建“解三角形”问题的解题思路流程图

根据“解三角形”问题的常见题型，构建此类问题的解题思维流程图（图 3）：

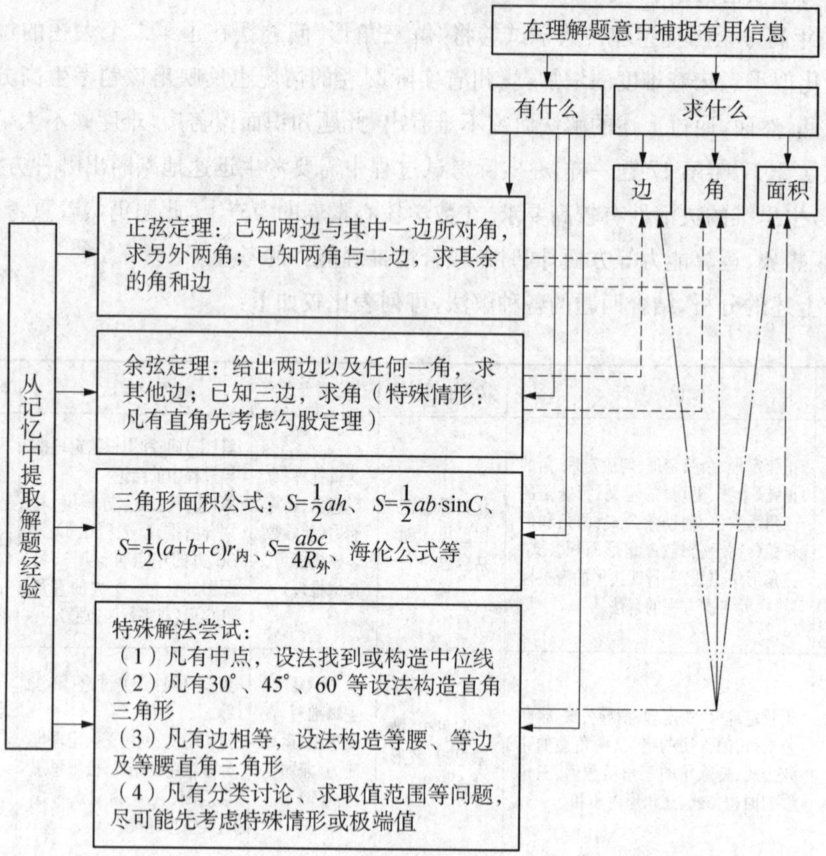

图 3

遇到“解三角形”问题时，首先依据题目中的条件以及熟知的结论（如三内角和为 180°、大边对大角、三角形两边之和大于第三边等），在理解题意的过程中捕捉题目中的有用信息，搞清楚“有什么”“求什么”的基本问题；其次，根据题目中的有用信息（“有什么”和“求什么”），从记忆中提取解题经验，结合实际情况选择恰当的定理或结论进行解题；对满足特殊情形的问题，可尝试特殊解法，有可能发现快速、简捷、巧妙的解题方法.

3.3 注意一题多解、一题多变与一题多用

经过长期的教学实践研究发现，数学解题教学，需要注意“一题多解”“一题多变”与“一题多用”，以提高学生数学思维的流畅性、变通性和迁移性.

（1）“一题多解”培养思维的流畅性

思维的流畅性，是指能在短时间内快速找到问题的不同解法，表现出思维的快速、敏捷和思维过程的连续不间断，并且能适时加以判断，选择最优解. 思维的流畅性一方面表现为速度快，一方面表现为方法多. 要提高学生思维的流畅性，需要对学生进行“一题多解”的训练.

所谓“一题多解”的训练，就是在解题教学中要求学生对问题的条件和结论进行深入分析，尽可能发现问题的不同解法，并快速分析哪种方法最简捷有效. 经过这样长期的训练，最终达到学生在考试中能快速发现问题的多种解法并择其优者而答之. 如 2017 年高考全国Ⅲ卷理科数学第 17 题第(Ⅱ)问的解法 6、解法 7[1]，上述 2019 年高考全国Ⅲ卷理科数学第 18 题第(Ⅱ)问的解法 5，均是快捷有效的解题方法.

(2) “一题多变”培养思维的变通性

思维的变通性，有时又称灵活性，是指能从不同角度、不同方向灵活地思考问题，特别表现为思维过程不受思维定势的影响、能应对问题情境的变化及时调整解决问题的策略. 变通性需要借助横向类比、跨域转化、触类旁通，使思维沿着不同的方面和方向扩散，表现出极其丰富的多样性和多面性. 要提高学生思维的变通性，需要对学生进行“一题多变”的训练.

所谓“一题多变”的训练，就是在解题教学中教师要从某一个问题出发，不断改变问题的情境，变换问题的条件和结论，变更问题提问的方式，让学生进行解题练习，以提高学生应对问题情境变化的能力，提高思维的变通性.

比如，关于解三角形的问题，我们还可以举出类似的考题.

2019 年高考全国Ⅱ卷理科数学第 15 题：$\triangle ABC$ 的内角 A、B、C 的对边分别为 a、b、c. 若 $b=6$，$a=2c$，$B=\frac{\pi}{3}$，则 $\triangle ABC$ 的面积为 ________.（此题直接由余弦定理结合问题的条件可得 a、c 边的大小，再利用两边及夹角可求出三角形的面积）

(3) “一题多用”培养思维的迁移性

思维的迁移性，是指思维主体能根据已经获得的知识、技能和方法等因素，来获取新知识、新技能和新方法的思维能力. 也就是说，是指解题者过去的解题经验对当下解题的影响，这种影响可能是积极的，也可能是消极的，积极的影响称为正迁移，消极的影响称为负迁移或称为干扰. 我们这里当然强调的是正迁移，要实现解题经验的正迁移，需要对学生进行“一题多用”的解题训练.

所谓“一题多用”，也可称为“一法多用”，也就是“多题一解”. 众所周知，对于某个知识点及相关的知识，题目的数量可以说无穷无尽的，但是其类型是有限的. 所谓“一题多用”的训练，就是在解题教学中教师要帮助学生仔细进行问题的特征分析，找到这一类问题的思维突破口，针对不同的问题情境，要透过现象看本质，并不断积累解题经验，实现在解题中学解题，最终达到举一反三、通过学解一道题学会解一类题的目标. 如以上 3.2 所述，构建一类问题的解题思维流程图，是实现“一题多用”“一法多用”“多题一解”，达到培养学生思维的迁移性的目的.

4　一题一诗

射线的旋转诞生了你
运动赋予你无穷的生命力
一组组公式把你诱导

从此数学花园到处有你的踪迹
波动的曲线生生不息
崂山崖下的浪涛
连云港边的潮汐
鼓浪屿岛的琴声
不止一次地让我想起你
和差倍半角函数的相互转换
宋代秦九韶的三线求积
万能公式的虚张声势
泰勒公式的扑朔迷离
变幻的模样灵巧轻盈
舒缓的节奏孕育奇迹
举重若轻的绅士风度
像一根杠杆把地球撬起
……

参考文献

[1] 杨孝斌，潘志坚．2017年全国数学理科Ⅲ卷第17题解法分析——兼谈高考数学对数学核心素养的考查[J]．兴义民族师范学院学报，2018(2)：121-124.

[2] [美]G·波利亚．怎样解题[M]．上海：上海科技教育出版社，2011：7.

[3] 杨孝斌，罗永超．例谈用波利亚"怎样解题"的提示语解高考题——以重庆市2013年理科第22题为例[J]．通化师范学院学报（自然科学），2014(2)：59-60，98.

基于说题模式的高中数学解题策略研究教学课例

——以 2016 年高考全国Ⅲ卷理科数学第 10 题（文科数学第 11 题）为例

王钦双，吕欢（贵阳市卢焱尧名师工作室）

题名对联

王道弘仁贤德无声堪润物　钦师孔孟言传身教双圣贤

吕钟神韵醍醐灌顶开茅塞　欢音妙语指月明悟笑捻花

一、教学设计

（一）知识要点

球的体积公式；圆的外切三角形面积的求法；棱柱相关知识点.

真题再现：在封闭的直三棱柱 $ABC-A_1B_1C_1$ 内有一个体积为 V 的球，若 $AB\perp BC$，$AB=6$，$BC=8$，$AA_1=3$，则 V 的最大值是（　　）.

A. 4π　　　　B. $\frac{9}{2}\pi$

C. 6π　　　　D. $\frac{32}{3}\pi$

此题知识点涉及三棱柱的内切球、直角三角形的内切圆半径和球的体积公式．它考查学生的运算能力和数形结合能力，需要运用数形结合思想处理. 是一道中等难度的立体几何题目，题目可控性强、接受面广，故选择此题开展教学.

（二）学习背景

1. 教材分析

球体作为立体几何学习的重要几何体之一，在高中立体几何中有举足轻重的作用，它的出现常常伴随着内接或外切于其他几何体，教材中介绍了球体体积与表面积等基础知识. 本课作为一堂复习课，更应该以典型题目为例，启发学生对该部分内容的思考，开拓学生的思维.

2. 学情分析

学生已经学习完三棱柱和球体的相应知识点，该题既可以作为学完球体的随堂复习课，也可作为高三的一堂复习课. 这个年龄段的学生已经具备了一定的类比与转化的逻辑思维能力，所以在教学过程中，要根据学生的心理特点，判断其对球这部分知识点的掌握情况，据此进行解题教学中的复习和提示，更重要的是通过此题教学要挖掘一题多变的价值，挖掘解题教学的本质和精髓.

3. 核心问题

球体在几何体内部何时达到最大体积？

（三）学习目标

1. 知识技能目标

（1）通过对一道高考立体几何试题的深入剖析和挖掘，让学生了解试题承载的知识点，明确试题难点的位置、程度和成因，掌握解题的过程.

（2）通过对与该题有关的题目进行归纳整理、引申与推广，让学生初步掌握对题目变式处理的方法.

2. 核心素养目标

培养学生的直观想象和逻辑推理能力，并通过师生的说题，让学生了解怎样利用语言口述探寻解题通路的思维过程和解题策略.

（四）设计思路

（1）对一道高考立体几何试题进行深入剖析，包括：探寻解题思路，克服思维障碍，围绕"有什么、是什么、求什么、需什么、怎么做"等几个环节展开教学.

（2）在教师引导下，学生说对该题的变式处理.

（3）通过该题，师生总结说题模式下的解题策略.

二、教学过程

引导学生读题、审题，明确题目的已知条件和结论，特别要注意挖掘题中隐含条件、了解题意，即"有什么？". 请三名学生回答："你在题目中看到了哪些条件？"然后进行解法探究.

（一）解法探究

角度1：从球能否放入棱柱内部的角度

就学生可能遇到的空间想象能力不足、对三棱柱内切球不熟悉等思维障碍，通过数形结合方法，对该题进行如下剖析.

（1）棱柱内部如果要放入一个球，那么该球的半径不能超过底面内切圆半径（如图1）.

（2）棱柱内部如果能完全放入一个球，则该球半径不能超过棱柱高的一半（如图2）.

(3) 当球半径过小时，不能与棱柱的面相切(如图 3).

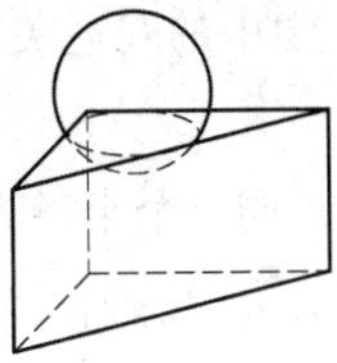

图 1

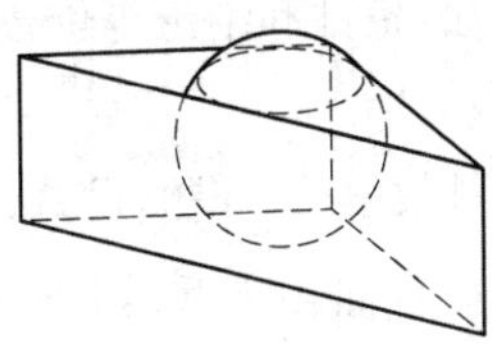

图 2

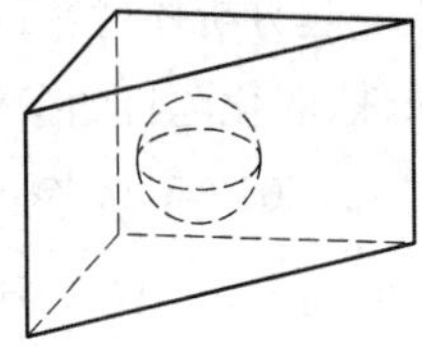

图 3

教学活动:结合图形全体同学深入思考、充分发挥想象力后，在教师引导下说题目所涉及的知识点——即“是什么”(概念是什么？图形是什么？数学表达是什么？形数关系是什么？问题可转化为什么?)并板书.

角度 2:从三视图的角度

如图 4，从学生非常熟悉的三视图入手，深入剖析球体与三棱柱的位置关系，把球的半径“何时最大”这样一个动态的概念转化成“半径只能为$\frac{3}{2}$”的固定数值.

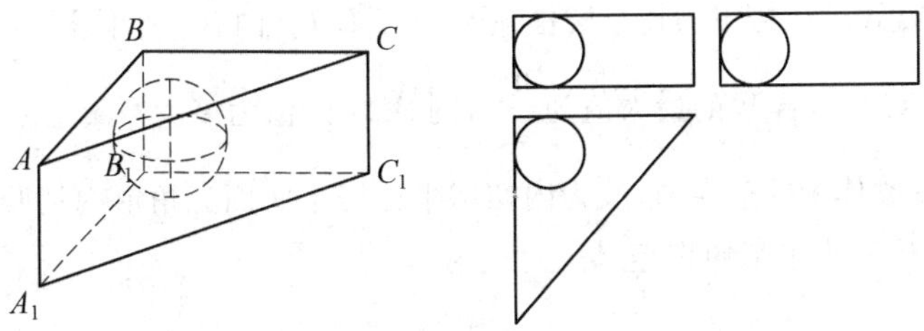

图 4

教学活动:请学生思考当球体在三棱柱的内部达到最大体积时的三视图会呈现怎样的状态？能否尝试画出此三视图？

探究总结:

(1) 说“求什么”:明确目标，不受干扰.

(2) 说条件与条件的关系，即“有什么”“是什么”;说条件与结论的关系，即“需什么”.

(3) 说目标(求三棱柱内部球的最大体积)与条件之间的整合，即“怎么做”.(详见下表)

有什么	是什么	怎么做	需什么	求什么
直三棱柱内部有一个球	球包含在三棱柱内部	取底面内切圆和高的一半中的最小值作为球的半径	球的半径 R	球的最大体积
$AB \perp BC$ $AB = 6$ $BC = 8$	直角三角形	等面积法求半径	三角形内切圆的半径	
$AA_1 - 3$	三棱柱的高		三棱柱高的一半	

（二）一题多变

师生一起分析探讨题目变式的方法：条件和结论等价替换、利用数学中的互逆关系、改变题目的条件、弱化题目的条件等.

变式 1：（2018 年高考全国Ⅲ卷理科数学第 10 题）设 A、B、C、D 是同一个半径为 4 的球的球面上的四点，$\triangle ABC$ 为等边三角形且面积为 $9\sqrt{3}$，则三棱锥 $D-ABC$ 体积的最大值为（　　）.

A. $12\sqrt{3}$　　B. $18\sqrt{3}$　　C. $24\sqrt{3}$　　D. $54\sqrt{3}$

变式 2：（改变题目的数据条件）在封闭的直三棱柱 $ABC-A_1B_1C_1$ 内有一个体积为 V 的球，$AB\perp BC$，且 $AB=6$，$BC=8$，$AA_1=5$，则 V 的最大值是多少？

设计说明： 改变高的大小，使得此时的最大半径为底面内切圆的半径.

变式 3：（弱化其中直角三角形的条件）在封闭的直三棱柱 $ABC-A_1B_1C_1$ 内有一个体积为 V 的球，若 $AB=3$，$BC=5$，$AC=7$，$AA_1=3$，则 V 的最大值是多少？

设计说明： 改变底面形状，将直角三角形变为一般三角形，锻炼学生计算能力，考查学生对三角形内切圆半径求法的认识.

变式 4：（逆向思维）在封闭的直三棱柱 $ABC-A_1B_1C_1$ 内有一个体积为 V 的球，若 $AB\perp BC$，且 $AB=6$，$BC=8$，若 V 的最大值为 $\frac{9}{2}\pi$，则 AA_1 的值为多少？

设计说明： 修改体积的最大值，改为内切球半径等于底面三角形内切圆半径时取到最大值，则此时的高应该不小于圆的直径.

（三）一题多说

1. 说思维障碍

本课例中的题目难度中等，考查了空间几何体、球的体积. 在寻找解题策略中，普遍学生会遇到如下障碍.

障碍 1：难以想象体积最大时，球与三棱柱是什么位置关系. 因此，本题在对条件的解读中需说好关键词“三棱柱内”，怎样才能在内部？本题借助三个图形剖析了球在三棱柱内的条件，直径需小于高，也需小于底面内切圆的直径.

障碍 2：容易误解当球的体积最大时，球为三棱柱的内切球. 受平时学习球的内切、外接问题的影响，部分学生容易理解为球的体积最大时，为三棱柱的内切球. 因此，实际教学中，在对“需什么”的分析中，发现当高与内切圆直径两个数值不一致时，只能取较小的一个数值. 若球的体积最大，则球与三棱柱的部分面相切. 若与三个侧面都相切，则球的半径为 2，直径超过直三棱柱的高，这个球放不进去. 由球与上下底面相切，得到球的半径为 $\frac{3}{2}$，此时该球的体积最大.

2. 说解题关键

本题考查了：(1)三棱柱的内切球；(2)直角三角形的内切圆半径；(3)球的体积公式. 在思

考的过程中需要把“何时最大”这样一个动态的概念转化成“半径只能为$\frac{3}{2}$”的固定数值，与平时学习的球的内切、外接问题挂钩. 总体来说，借助这样一个由“动”到“静”的过程考查了学生运算求解能力和空间想象能力. 解题关键共有四点.

关键1：审题——“有什么”“求什么”.

关键2：探索——“是什么”“需什么”.

关键3：表述——“怎么做”.

关键4：回顾——题目变式（修改数据、弱化条件、逆向思维）.

三、教学反思

1. 对一题多变教学的反思

在基于说题模式下解题策略的教学中，说“题目的变式”，及时挖掘题目的变式价值，即研究一题多变的教学，是必不可少的环节. 可以启发学生通过以下方面进行：修改数据、弱化条件、逆向思维等. 本题一共给出预设的四种变式情况，现场教学过程中也可以根据学生的实际情况，采纳学生设计的题目变式，师生共同在课堂上解决.

2. 价值反思

说题模式下的解题策略研究源自美籍匈牙利数学家、数学教育家G·波利亚. 他在《怎样解题》一书中首先给出了著名的“怎样解题表”. 在怎样解题表中，波利亚给出了“你必须理解题目”“未知量是什么”“已知数据是什么”“条件是什么”“盯住目标”“回到定义去”“你以前见过它吗”“有什么方法可以利用”等一系列提示语，把这些提示语统称为“怎样解题”的提示语. 在数学教学中，正是利用“有什么”“是什么”“求什么”“需什么”“怎么做”这些提示语帮助学生理解题意、弄清问题、找到问题的解决办法. 学生在教师的示范和引导之下，能够学会用怎样解题的提示语解数学题，并将其逐步内化，最终发展成为自己的解题提示语.

3. 局限反思

初步尝试说题模式下的解题教学，容易忘记“解题”这个最终目的，有时会走入“为寻找提示语而寻找”的形式中去. 因此教学中要把握好的关键点是，让学生熟悉寻找提示语的几个环节进而内化为自己的思维模式，而我们可以有计划、有步骤、有选择地安排题目，把此种教学模式穿插于日常教学之中，就会收获事半功倍的效果.

四、一题一诗

棱柱球体手牵手，内接外切走天涯.
探寻策略波利亚，拨开迷雾终见月.

基于学生错解的高中数学解题策略研究教学课例

——以 2019 年高考全国Ⅲ卷文理科数学第 15 题为例

宋薇(贵阳市第五中学)

题名对联

唐宋元明清时代变化万千

蔷薇逢盛世香飘古今千年

一、教学设计

(一) 知识要点

椭圆的概念、几何图形、标准方程及几何性质,平面几何的相关知识.

真题再现: 设 F_1、F_2 为椭圆 C:$\frac{x^2}{36}+\frac{y^2}{20}=1$ 的两个焦点,M 为 C 上一点且在第一象限. 若 $\triangle MF_1F_2$ 为等腰三角形,则点 M 的坐标为 __________.

(二) 学习背景

1. 教材分析

"圆锥曲线与方程"是教材的重点学习内容,其要求一是掌握圆锥曲线的定义、标准方程、几何图形及简单性质;二是能解决一些与圆锥曲线有关的简单几何问题.

2. 学情分析

学情分析是对"以学生为中心""以学定教"的教学理念的具体落实. 本课例是基于学生在高二已经学习过"椭圆的标准方程和简单几何性质"的有关知识,现作为高三一轮复习再次对此内容进行提升梳理,拟采用"三教"理念与数形结合思想对此题进行学生解题的错因分析和一题多解的课堂教学设计.

高三阶段学生善于形象思维、乐于发言、喜欢跟老师合作,且学习能力较高一、高二有一定的提升. 但具体到本课例的教学内容,我校学情存在以下几个方面的问题:第一,高三学生在学习解析几何时会感到乏味,产生畏惧心理;第二,学生对椭圆的基础知识掌握不够牢固,且学生对已有的认知基础和经验不会灵活应用;第三,学生对本学科的学习方法大部分都是刷题,但在刷题的过程中不会积累经验,不会分析知识点的来源;第四,学生在学习椭圆的相关知识时会遇到计算方面的困难.针对以上这些问题,在本课例教学中,一方面让学生定期做对应类型的题,以此来提高学生对相关知识点的掌握程度;另一方面调整本课例的教学难度和教学方法,把重点放在椭圆概念的应用教学上,让学生知道知识点的来源是什么.在授课过程中更多的是让学生自己学会发现问题、提出问题,并通过合作探究等方式解决本课例的问题,尽量"取学生之长,补其之短".总之只有将教师教得最优化和学生学得最优化融合在一起,才能保证教学效果的最优化,真正让学生学有所获,学有所得.

3. 核心问题

如何找到椭圆上一点与两焦点构成的等腰三角形中的两条腰?

(三) 学习目标

1. 核心素养目标

(1) 学生能根据题干的已知条件画出图形.

(2) 通过学生对本题的探究过程,发现学生做题的思维障碍.

(3) 启发引导学生学会思考、学会表达,体验解题的思路,培养学生探索问题,解决问题的综合能力.

2. 长见识悟道理

长见识要求:在解题过程中,要充分运用题目中蕴含着的每一个信息,并综合、灵活地选择解题方法.特别是在对图形的观察中要充分把握整体与局部之间的关系,尽量找到题目中图形之间的数学关系,以便获得解决问题的快捷方法,促进学生的数学运算核心素养和数学建模核心素养的形成.

悟道理要求:在数学解题教学中,要让学生知道关键点是什么,知识点的来源是什么,我们的目标又是什么,根据这些知识点的来源应该如何"搭建桥梁"来达成目标;同时,不仅要关注数学学习的目标性知识,也要掌握解决问题的规律,要让学生在解决实际问题的过程中悟到问题的本质及内涵,深切体会到解决数学问题的方法可以用于解决生活中的问题,体现数学的实用性.

(四) 教学重难点

教学重点:引导学生根据题干画出图形,把文字语言转换成图形语言,探寻解题思路,利用"三教"理念建模解决实际问题.

教学难点:如何引导学生理清思路,辅助学生找到椭圆上一点与两焦点构成的等腰三角形中的两条腰,怎样把图形语言转换成数学语言,提高学生的思维能力,用"教思考、教体验、教表达"的方法培养学生解决问题的能力.

(五) 设计思路

针对题目中的问题,引领学生解读题日,找到题干中的关键词,根据关键词"翻译"出对应的数学知识,从而找到方法解决问题.总之,在解题教学中,引导学生把文字语言转换成数学语言，要让学生清楚有什么、是什么、求什么、怎么做. 对于每一种解题思路，都对学生的错因进行分析以及点评，重在引导学生在解决类似问题的时候消除思维障碍，总结相关的数学知识，形成一定的解题策略.

二、教学过程

学生 1 的解法： 由 $C: \frac{x^2}{36}+\frac{y^2}{20}=1$，知 $a=6$，$b=2\sqrt{5}$，$c=4$，$F_1(-4, 0)$，$F_2(4, 0)$.

设 $M(x_0, y_0)$，则 $|MF_1|=\sqrt{(x_0+4)^2+y_0^2}$，$|MF_2|=\sqrt{(x_0-4)^2+y_0^2}$.

又 $\because |MF_1|+|MF_2|=2a=12$，$\therefore \sqrt{(x_0+4)^2+y_0^2}+\sqrt{(x_0-4)^2+y_0^2}=12$.

$\therefore (x_0+4)^2+y_0^2+(x_0-4)^2+y_0^2=144$.

化简，得 $$x_0^2+y_0^2=56. \quad ①$$

又 $\because M$ 在 C 上， $$\therefore \frac{x_0^2}{36}+\frac{y_0^2}{20}=1. \quad ②$$

联立①、②，得 $\begin{cases} x_0^2+y_0^2=56, \\ \frac{x_0^2}{36}+\frac{y_0^2}{20}=1. \end{cases}$ 解得 $\begin{cases} x_0^2=81. \\ y_0^2=-25. \end{cases}$

教师点评： 这个学生的错因在于没有认真读题，所以没有考虑到题干中的“M 在第一象限”和“$\triangle MF_1F_2$ 是等腰三角形”这些条件，而这两个条件都是解这个题的关键之处，这说明该学生并没有对题中所提供的已知信息进行细致的分析. 同时该学生在计算时还出现了 $\sqrt{A}+\sqrt{B}=C \Rightarrow (\sqrt{A})^2+(\sqrt{B})^2=C^2$ 这样的计算错误. 因此，希望学生在解题时，一定要认真审题，而且要加强计算能力，避免非智力因素造成的计算错误.

学生 2 的解法： 由 $C: \frac{x^2}{36}+\frac{y^2}{20}=1$ 可得 $c=6$，$F_1(-6, 0)$，$F_2(6, 0)$.

M 在第一象限，设 $M(x_0, y_0)$，$x_0>0$，$y_0>0$.

$\because \triangle MF_1F_2$ 为等腰三角形，$\therefore |MF_1|=|F_1F_2|$，$\sqrt{(x_0+6)^2+y_0^2}=12$. ①

又 $\because M$ 在椭圆 C 上， $$\therefore \frac{x_0^2}{36}+\frac{y_0^2}{20}=1. \quad ②$$

联立①、②，得 $\begin{cases} \sqrt{(x_0+6)^2+y_0^2}=12, \\ \frac{x_0^2}{36}+\frac{y_0^2}{20}=1. \end{cases}$

消去 y，整理得 $x_0^2+27x_0-198=0$，解得 $x_0=6$ 或 $x_0=-33$(舍去).

$\therefore y_0=\sqrt{144-(6+6)^2}=0$，即 M 的坐标为 $(6, 0)$.

教师点评： 这个学生的错因在于把焦点坐标求错，这说明该学生对椭圆的概念并没有真正地理解和掌握，学生的基础知识水平还达不到应有的要求. 但这个学生的整体解题思路是没有问题的. 因此,希望学生在解题时,对于基本概念一定要做到心中有数.

学生 3 的解法: 由 $C:\frac{x^2}{36}+\frac{y^2}{20}=1$ 可得 $a>b$,

$\therefore$ 焦点在 x 轴上,$c=\sqrt{36-20}=4$, $F_1(-4,0)$, $F_2(4,0)$.

$\because$ $\triangle MF_1F_2$ 为等腰三角形, $\therefore$ $|MF_1|=|MF_2|$.

又 $\because$ $|MF_1|+|MF_2|=2a=12$, $\therefore$ $|MF_1|=|MF_2|=6$.

如图 1,过点 M 作 F_1F_2 边上的高 MN,由"三线合一",得 $|F_1N|=|F_2N|=4$.

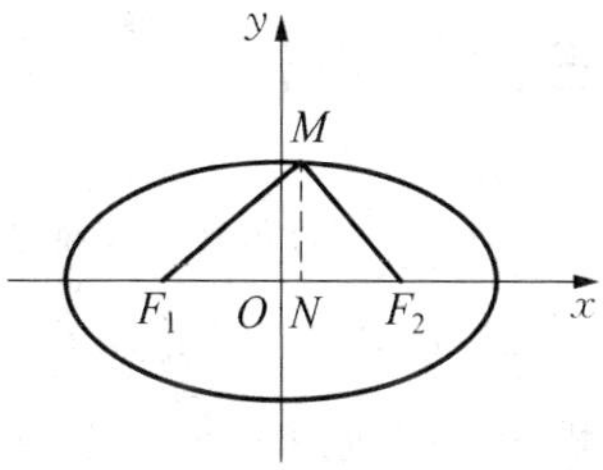

图 1

$\therefore$ $|MN|=|MF_1|^2-|F_1N|^2=36-16=2\sqrt{5}$.

设 $M(x_0, y_0)$,则 $y_0=2\sqrt{5}$.

$\because$ M 在椭圆 C 上, $\therefore$ $\frac{x_0^2}{36}+\frac{y_0^2}{20}=1$.

把 $y_0=2\sqrt{5}$ 代入,得 $x_0=0$,即 M 的坐标为 $(0, 2\sqrt{5})$.

教师点评: 这个学生的错因在于找等腰三角形的两腰的过程,这个学生找到的只是其中的一种情况,还因思维的严谨性不够,造成忽视另外的两种情况,而且所考虑的这种情况并不满足题干的要求,导致该学生在后面的解题中误用了"三线合一". 因此,希望学生在解题时,提高分析问题的能力.

学生 4 的解法: 如图 2, $|MF_2|=|F_1F_2|$.

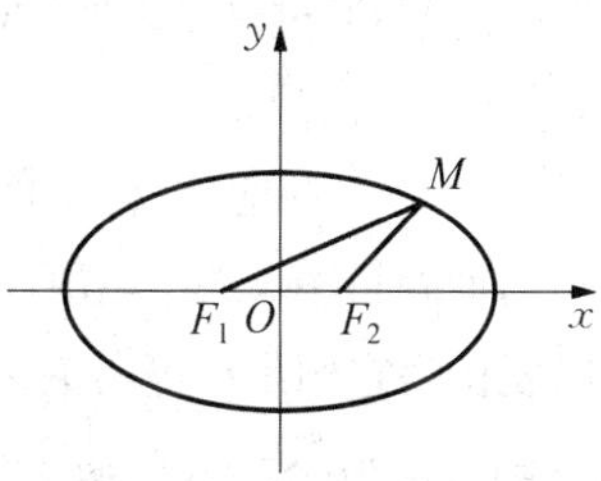

图 2

$\because$ $a=6$, $b=2\sqrt{5}$,

$\therefore$ $c=\sqrt{36-20}=4$, $F_1(-4, 0)$, $F_2(4, 0)$.

设 $M(x_0, y_0)$,则有 $\sqrt{(x_0-4)^2+y_0^2}=\sqrt{(-4-4)^2}=8$,

即 $$(x_0-4)^2+y_0^2=64. \quad ①$$

又 $\because$ M 在椭圆 C, $\therefore$ $\frac{x_0^2}{36}+\frac{y_0^2}{20}=1$. ②

联立①、②,得 $\begin{cases}(x_0-4)^2+y_0^2=64,\\ \frac{x_0^2}{36}+\frac{y_0^2}{20}=1.\end{cases}$

消去 y_0,得 $x_0^2-18x_0-63=0$,解得 $x_0=-3$ 或 $x_0=21$.

当 $x_0=-3$ 时,$y_0=-\sqrt{15}$.

当 $x_0=21$ 时,$y_0=-225$(舍去).

即 M 的坐标为 $(-3, -\sqrt{15})$.

教师点评: 这个学生的错误在于依赖不规范的作图研究问题,想当然地得出错误的思考,而且该学生没有注意到题干中所说的"M 在第一象限"(如图 2),应该有 $x_0>0$, $y_0>$

0. 此外，由题干可知 $c=\frac{2}{3}a$，故焦点应该在长半轴的 $\frac{2}{3}$ 处（靠近右顶点），而该学生把焦点画在了长半轴的 $\frac{1}{3}$ 处（靠近中心），所以在解题过程中，数形结合的思想虽然重要，但画图规范更为重要. 因此，希望学生在解题时，能将文字语言翻译成图形语言、再翻译成数学语言进行思考，同时增强数学建模的意识，回归题目的内涵研究.

三、学习体验

学生 1：看见椭圆我便把与椭圆有关的知识点都列出来，根据这些知识点，我解出了 $y_0^2=-25$，这显然是个错误的答案，但是我又觉得自己的思路是正确的，直到老师讲完了这堂课，我才知道，原来 $\sqrt{A}+\sqrt{B}=C$ 不等价于 $(\sqrt{A})^2+(\sqrt{B})^2=C^2$，而是应该等价于 $(\sqrt{A}+\sqrt{B})^2=C^2$. 通过这堂课的学习，我的运算能力有所提高，今后我会更加注意类似的运算问题，加强我的运算能力.

学生 2：在我的记忆中，椭圆的焦点坐标为 $(\pm a, 0)$，椭圆与 x 的交点坐标为 $(\pm c, 0)$，根据这些自认为正确的概念，最终我解出了 M 的坐标为 $(6, 0)$，但这与 M 在第一象限是矛盾的，而且 $(6, 0)$ 刚好是椭圆与 x 轴的交点，与 F_1、F_2 在同一条直线上，不能构成三角形，在经过老师的提示后才恍然大悟，原来是我把“焦点”与“交点”的坐标弄混淆了，导致我解出了错误的答案. 通过这堂课的学习，我对椭圆的概念更加深刻，我相信以后再遇到这种题型时，我就能够轻松解题.

学生 3：看见“焦点”和“M 在椭圆上”这两个信息，我就马上想到了“$|MF_1|+|MF_2|=2a$”，而题目中又说 $\triangle MF_1F_2$ 为等腰三角形，因为我只想到了 $|MF_1|$ 与 $|MF_2|$ 有关系，所以就认为它们是相等的关系，根据等腰三角形又联想到了“三线合一”，根据这些信息我解得 M 的坐标为 $(0, 2\sqrt{5})$，这与题目中说的 M 在第一象限是矛盾的，后来通过老师提示才想起，当一个三角形为等腰三角形时，应该分三种情况讨论，而我只想到了其中一种. 通过这堂课的学习，我知道了自己的不足之处，反思如下：我看题没有看完整就开始做，这让我走了很多弯路，同时对于问题的分析能力也不够强，所以导致整个题的思维障碍较多，今后我一定加强数学建模的能力，让自己的数学思维能不断提升.

学生 4：在我读题的时候就简单地画了一个草图，因为题目中说 $\triangle MF_1F_2$ 为等腰三角形，从我画的图就直接判断出是 $|MF_2|=|F_1F_2|$，又因为 M 在椭圆上，所以可以联立方程组解出 M 的坐标为 $(-3, -\sqrt{15})$，但 M 是在第一象限的，所以这个结果是错误的. 后来老师讲了这堂课之后，我才知道原来画草图不是随随便便画一个形状就可以了，草图也是有一定的规范性的，在画椭圆的草图时要注意 $a>b>0$、$a>c$ 这些条件，在画草图时也应该体现它们的大小关系，这样就不会出现 $|MF_2|=|F_1F_2|$ 的情况. 同时，这堂课也让我对于“数形结合”有了更透彻的认识和理解，在今后的学习中，我一定要利用好“数形结合”的思想. 总之，这节课让我收获了很多.

四、教学反思

1. 知识方法

本课例的主要知识点是椭圆的概念和几何性质，是高中知识的重要部分，也是高考常考的考点，所以我们要充分挖掘它的作用，从中体会数形结合的思想方法.

2. 成功之处

本课例是以学生为主体的高三一轮复习课，基本上实现了课前预设的课时目标，通过"三教"的教学设计，让学生对椭圆的知识有了更进一步的认识和理解. 通过学生在解题的过程中暴露出来的问题，发现了学生的运算能力不够强、对椭圆的概念也没有掌握好、数学建模能力没有形成等问题. 在教学中，发现了学生不足之处后再抛出问题，在教师的辅助下让学生自己去解决思维障碍，从而梳理出清晰的解题方法. 本堂课学生的参与度较高，气氛活跃，目标完成良好，课堂教学任务基本实现，达到了"长见识、悟道理"的教学目的，让学生收获了更多的数学思维方法.

3. 回归本真

本课例所选的题虽然是一节高三一轮复习中解析几何的一道常态题，但是教学以学情为基础，学生的思维障碍如下：(1)基本概念掌握较弱；(2)运算能力不强、且速度慢；(3)数学的建模能力弱. 回归教学本真的应对措施：(1)每复习一节内容时，概念中所涉及的内涵及关系必须要与学生一起重新梳理；(2)每节课除了解题方法的渗透，学生独立在课堂上完成一定量的计算相当重要；(3)在以后教学中，将数学问题情境化、模型化，让学生找出问题中的"有什么，是什么，为什么，怎么做"，获取解题的策略. 总之，教学是一门艺术，是一门留白的艺术，是一门有遗憾的艺术，笔者将永远以学情为出发点，静待花开，学情在哪，笔者的教学定位就在哪，真正实现数学教学让孩子们"长见识，悟道理"的目的.

五、一题一诗

椭圆象征地球，表示面向世界、走向国际化
椭圆在动态中是最稳定的
稳如磐石，在风雨中屹立不倒

看到椭圆，总有想把它敲打成圆的冲动
做人，你可以像椭圆一样
把握好前进的速度与方向
做人，你可以像椭圆一样
保持一种适度的美
做人，你可以像椭圆一样
站在世界任一点，绕着两个定点，稳健地在自己的轨道里前行
做人，你可以像椭圆一样
一个动点，两个定点构成的稳定的三角形，可等腰、可钝角、可锐角、可直角
随时想着正、余弦定理和面积公式来帮忙
做人要是太圆，就会讨人厌
做人要是太方，棱角太明、太伤人
不如试着做一个像椭圆一样的人
不光不圆滑才最适合

图书在版编目(CIP)数据

基于培育数学核心素养的行动.解题课例研析/杨孝斌,吴万辉,吕传汉主编.—上海:华东师范大学出版社,2020
ISBN 978-7-5760-0203-4

Ⅰ.①基… Ⅱ.①杨…②吴…③吕… Ⅲ.①中学数学课—教学研究—高中 Ⅳ.①G633.602

中国版本图书馆CIP数据核字(2020)第040621号

高中数学名师工作室系列丛书
基于培育数学核心素养的行动:解题课例研析

主　　编　杨孝斌　吴万辉　吕传汉
副 主 编　周国利　卢焱尧　袁景涛
策划编辑　刘祖希
责任编辑　刘祖希　张莹莹
责任校对　张丽洲　时东明
装帧设计　卢晓红

出版发行　华东师范大学出版社
社　　址　上海市中山北路3663号　邮编200062
网　　址　www.ecnupress.com.cn
电　　话　021-60821666　行政传真021-62572105
客服电话　021-62865537　门市(邮购)电话021-62869887
地　　址　上海市中山北路3663号华东师范大学校内先锋路口
网　　店　http://hdsdcbs.tmall.com

印 刷 者　常熟市文化印刷有限公司
开　　本　787×1092　16开
印　　张　21.5
字　　数　441千字
版　　次　2020年6月第1版
印　　次　2020年6月第1次
书　　号　ISBN 978-7-5760-0203-4
定　　价　68.00元

出 版 人　王　焰